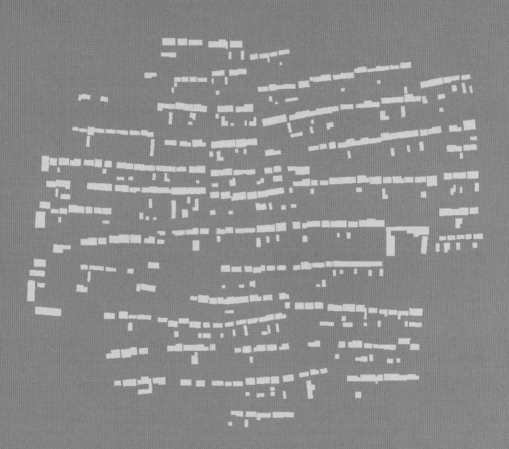

聚

落

国家出版基金项目

国家重大出版工程项目
『十三五』国家重点图书

中国传统聚落
保护研究丛书

浙江聚落

魏秦 著

中国建筑工业出版社

总编委会

《中国传统聚落保护研究丛书　浙江聚落》

一、引子

中国传统文化将一个地方的环境气候和风俗民情的特质和韵味称为"风土"。《国语·周语上》韦昭注："风土，以音律省土风，风气和则土气养也"，即从当地方言的乡音民谣中便可感知一方土地、民风的文化气息，因而"风土"一词与英文的Vernacular近义。"风"指风习、风俗、风气，"土"指水土、土地、地方，所谓一方水土养育一方人，供奉一方神，从这个意义上，"风土"与西方的"场所精神（Genius Loci）"也有一定的关联性。日本近代哲学家和辻哲郎著有《风土》一书，他对"风土"的定义是自然环境气候诸因素加上"景观"，这里的"景观"应指审美角度的自然和人文两个方面，二者相融合的文化景观就是一种典型的传统聚落。

然而，在当今乡村振兴的时代大潮中，传统聚落最常见的关键词是"乡土"而非"风土"，差不多已约定俗成了。"乡土"一词是中国农耕社会中故乡、家乡、老家和乡下的意思，至今中国社会还延续着这个传统的语义。但中文"乡土"与英文Vernacular的语境存在差异，因为西方并不存在以宗法制为基础的传统乡民社会，其乡村也就不会有类似于中国"乡土"的概念内涵。而乡村的发展前景是要走出农耕语境的乡土，留住文化记忆的乡愁，延续场所精神的风土，再造生态文明的田园。再说自近代以来，乡土并不包括城里的传统聚落，比如北京的胡同，西安、成都、苏州的巷子，上海的弄堂等属于"风土"而非"乡土"的范畴。

自1930年朱启钤先生发起成立中国营造学社以来，在梁思成和刘敦桢两位学科巨擘的引领下，我国建筑界对传统民居和乡土建筑的研究持续推进，成就斐然，形成了传统建筑研究的一大专业领域。但如何使这些研究更多地关联和影响城乡建设的进程，对整个建筑类学科都是一个很大的挑战。

二、中国传统聚落的源流与特征

1. "匜居"与城乡同构

中国传统聚落营造的信史可追溯到商周时期的聚落遗址。其中有关"营造"的最早文字记载见于《诗·大雅·灵台》："经始灵台，经之营之"。这里的"经"，是策划、管控的意思；而"营"，原意即"匜居"，是围而建之的意思，例如"营窟""营市（阛、阓）""营垒""营国"等一系列聚落营造范畴的词汇。因此，古代聚落即以"匜居"的方式，形成血缘的乡村聚落，地缘的城邑聚落，以至作为国家统治中心的都邑聚落——都城。这些华夏聚落以宗庙或祠堂为空间秩序的中心，以城垣壕堑为空间领域的边界，虽层级和功用不同，但从深层构成看却大多同构，保持和发展着"匝居"的聚落营造方式，从而部分地诠释了城乡一体的"亚细亚生产方式"学说。因为，一方面，许多乡村聚落拥有城垣、堡楼、街坊、庙宇等要素，俨如一座座城邑，如从汉代的"坞堡"到明清的庄寨、围堡均是如此；另一方面，城邑甚至都邑虽然看上去坚固伟岸，依然不过是政治权力和经济活动高度集中，等级制度极为森严，壕堑防卫更加严密，水平向扩展开来的巨型村寨而已，是乡村聚落的放大升级版。

2. 聚落原型与变换

从"匝居"的外在方式到聚落的内在构成，可以看到中国传统聚落源于商周"井田制"的"井"字形空间概念及其原型意象。所谓"井田制"，即以王室收取贡赋为目的的土地经营制度和划分方式。如周代王室拥公田，公卿以下据私田，遗有周代理想的营国制度，以百亩为夫，九夫为井，九井为国（都邑）。据此制度，田野的纵横阡陌就演变为聚落内经纬交错的街衢，并围合成间、里等空间尺度及单位。后世的里坊、厢坊、街坊，以及后来的胡同、街巷和弄堂等都是这样演变而来的。但这一"井"状网格空间原型的聚落并非处处趋同，而是因地制宜，异彩纷呈，依循了"因天材，就地利，故城郭不必中规矩，道路不必中准绳"（《管子·立政篇》）的变通法则，适应地理环境和地貌条件的差异而产生拓扑变换。这就犹如某种语言，尽管"方言"各异，但"句法"和"语义"相通。或许以这样的解读，方可辩异认同、知恒通变，把握住中国传统聚落的结构本质及其演变方向。

3. 水系与聚落分布

中国传统聚落源于近水的邑居，据《史记·五帝本纪》："禹耕历山……一年而所居成聚，二年成邑，三年成都"。其中，对水畔、雷泽、河滨等的劳作场所描述，均寓意了聚落是伴水而生的文化地景。甲骨文中的"邑"字右边旁加三撇表示傍水，即"邕"字的金文来历，同样表示聚落即环水的邑居。除了统治与防卫上的考虑，古代聚落选址的首要地理条件，是必须依傍满足漕运需要，方便物资供给的水系。因此，自上古以来聚落选址一般都位于大河的二级台地或其支流的一级或二级台地上。在物流以漕运为主的古代，这些水系可以说是聚落生存的命脉，对于都城而言尤甚，如长安、洛阳、汴梁（开封）沿黄河及其支流东西走向一字排开，建康（南京）、江都（扬州）濒临江淮，北京（涿郡）和临安（杭州）则处于南北大运河的两端。实际上历代中心聚落——都城在空间上的移动，均因应了文化地理的条件和漕运线路的兴衰，并与社会动荡、族际战争和人口迁徙相伴随。

4. 乡村风土聚落

在中国古代，与城邑聚落不同的是，乡村聚落社会是按血缘关系和经济共同体为纽带所形成的聚居系统，聚族而居的社会秩序和居住形式仰赖宗法制度维系，特别是自宋代以来，程朱理学倡导"敬宗收族"，形成了以祠堂、族田和族谱为核心的宗族组织及其聚居制度，宗法的社会结构更加趋于自组织化。但由于特定地域下的自然环境（如气候、地貌、水土、材料等）和人文环境（如宗法、宗教、数术、仪式等）的差异，聚落中的宗法秩序和空间布局亦有着同中有异的呈现方式，营造活动很少有统一法式的约束，较之城邑营造更加因地制宜，灵活多变，因而在与自然地景融为一体的有机生长中，保留了纯朴的古风和浓郁的地方性，可以说是千姿百态，谱系纷呈，表现了与西方的"场所精神"相类似的地方特质。以下按地理纬度和等降水量线，将中国各地域的聚落建筑分为四个区段。

1）农耕—游牧混合地区，即400毫米等降水量线以北半干旱北方地区的聚落建筑。如昆仑山南北侧和蒙古草原上游牧民族的帐幕、蒙古包；塔里木盆地周缘突厥语族—东伊朗民族的木构平顶阿以旺住宅；青藏高原上的藏式碉房，甘青地区各族建筑元素相混合的"庄窠"式缓坡顶两合院与三合院，以及青藏高原东部边缘的羌式碉房及合院等。

2）西北、华北和东北地区，即400毫米等降水量线以南至800毫米等降水量线以北之间半湿润北方地区的聚落建筑。如豫、晋、陕、甘各式窑洞，木构坡顶及包砖土坯（胡墼）墙房屋组成的晋系狭长四合院；东北、京、冀、鲁、豫木构坡顶、平顶、囤顶建筑构成的宽敞四合院等。

3）西南、江淮、江南地区，即800毫米等降水量线以南湿润地区的聚落建筑，如川、黔、桂、滇地区，以穿斗体系、干阑—吊脚为显著特征的楼居及合院，藏缅语族各民族的"土掌房""一颗印"（"窨子屋"）"三坊一照壁"等合院；湘、赣、闽北地区"四水归堂"的天井合院或"土库"建筑；江淮地区介于南北方之间的合院和圩堡；徽州地区以堂楼为中心，高耸的马头墙、墙厦、精工木雕、楼面地砖为特色的天井合院；江浙地区穿斗—抬梁混合式的多进厅堂和宅园等。

4）华南地区，即大部处于1600毫米等降水量线范围的高湿多雨地区聚落建筑，如闽南、粤北地区客家、潮汕（闽系）聚落以夯土墙和木屋架构成的大厝、土楼、土堡、围龙屋；粤南广府地区大屋、天井、冷巷构成的合院群等。

总体而言，延续至今的乡村传统聚落基本上都是明清以来的遗存，说明经过两晋南北朝开始的由北而南为主流的历次民族、民系大迁徙，明清时期各地乡村建筑相对稳定的地域分布格局已基本形成，可以从民间流传的营造匠书和聚落族谱中得到印证。如元明之际的《鲁般营造正式》、明万历年间的《鲁班经匠家镜》和清末民初的《营造法原》等，对江南地方的民间建筑影响尤其广泛。

至于少数民族地区的乡村传统聚落，因源于不同的文化传统，其构成及相互关系比较复杂，与汉民族聚落也存在交融现象。比如，明清两代逐渐推进"改土归流"，在南方的少数民族地区以"流官"管理制取代"土司"世袭制，推进了汉族与少数民族的异质文化交融，但后者的"熟化"（或"汉化"）程度，大大超过了前者的"夷化"。

自1930年中国营造学社成立以来，在梁思成和刘敦桢两位学科巨擘的引领下，建筑史界对乡土民居的研究成就斐然，形成了传统建筑研究的分支领域。跨世纪以来，建筑史界对传统民居的人文地理背景和建筑形态分布区系已有一些学术探讨，并有过以传统建筑结构类型为主线的地域区划专题研究。但是这些研究成果怎样对城乡改造中的遗产保护难题产生积极影响，还有待实践中的借鉴和运用。

三、城乡改造与传统聚落

1. 消亡中的乡愁载体

自19世纪末以来，直到改革开放之前，传统中国逐渐从农耕文明走向了工业文明，演变进程是相对缓慢曲折的。尽管传统聚落的宗法社会结构已经崩解，但血缘和宗族关系依然得以延续，聚落的空间结构和传统风貌依然大致如故。随着近30年来城镇化和城乡改造浪潮的冲击，传统聚落的文化特征已发生巨变，大部分古城只保留着少量的历史文化街区。作为乡村传统聚落的大多数村镇，经过撤并集聚或自发式改造，使原有的自然和社会生态系统瓦解或巨变，残留下来比较完整，较多保留着原生态风貌的多在边远山区，占比很大的部分已破败不堪，或被低质化改造，总体上正以极快的速度趋于消亡。

据中外学者的研究，民国时期的城镇化水平不过10%左右，中华人民共和国成立直到改革开放前也只达到17%左右。20世纪70年代末改革开放以来，城镇化开始飞速地发展，城镇化率2018年已达59.58%，其中城镇户籍人口42.35%（包括拥有宅基地的部分镇人口和城中村人口），与欧美约75%～85%及日本93%的城镇化率相比仍差距明显。截至2016年，我国乡村自然村仍有244.9万个，基层自治管理单位"村民委员会"52.6万个，乡村户籍人口7.63亿，常住人口5.6亿，在本地和外地谋生的农民工约2.88亿。2017年全国城乡人均收入倍差2.72，一些贫困的山区和边远地区农村人均收入与全国城乡平均收入倍差则远高于这个数字，这些地方的衰败或空村化现象更加严重（数据来源自2017年、2018年国家统计局公布的数据）。

虽然这种文明进程在任何一个走向现代化的农耕社会迟早都会发生，但是中国作为人类文明诸形态中唯一保持了连续性进化的国家，文化传统的基因和源头即存在于城乡传统聚落之中。这一"乡愁"载体的消亡，不但会使国家和地方失去身份认同的文化根基，而且会使城乡一体化发展的战略目标发生偏差。

2. 风土建成遗产

在中国传统聚落的话语体系中，"民居"是对功能类型而言，"乡土"是对乡村聚落而言，而"风土"是对城乡聚落及其文化地理背景而言，三者均属同一范畴。因此，乡村聚落也是最具文化载体性的风土聚落，呈现了各个地域环境、气候和民族、民系背景下异彩纷呈的风土特质。西方的风土建筑研究可以追溯到法国18世纪新古典主义理论家德·昆西（Quatremère de Quincy），他最早指出了建筑语言的风土（Vernacular）和习语（Idiom）属性。到了当代，英国建筑理论家兼乡村爵士乐作曲家鲍尔·奥利弗（Paul Oliver，1927—），集风土建筑研究大成，在1997年出版了覆盖全球的《世界风土建筑百科全书》（*Encyclopedia of Vernacular Architecture of the World*），他认为研究风土建筑不只是为了记录过往，对未来的文化和经济可持续发展也是不可或缺的。随后R. 布伦斯基尔（Brunskill R. W.）在2000年出版《风土建筑：一部图解的历史》一书，把20世纪以前定义为"风土建筑时代"，以大量的插图详解了数百年来英国风土建筑在农耕时期和工业化早期的形态特征。

"建成遗产"是经由营造活动所形成的建筑、聚落、景观等文化遗产本体的总称。1999年，国际古迹遗址理事会（ICOMOS）在《风土建成遗产宪章》（*Charter on the Built Vernacular Heritage*）中，首次提出了"风土建成遗产"的概念，即特定风俗和土地上所建造的文化遗产，其保护价值今已成为全球共识。首先，"聚落建筑"作为风土建成遗产的第一保护对象，是城乡历史环境的栖居场所，也是民族民系身份认同和乡愁记忆的空间载体，携带着可识别的中国传统文化基因。其次，"营造技艺"蕴含乡遗的工巧智慧精华，是对其进行保护、传承和再生的意匠源泉，而只有将传统聚落的营造技艺真正传承下去，保护才是可持续的，才能使聚落遗产长存下去。再次，"文化地景"（或文化景观Cultural Landscape）呈现聚落的环境因应特征，是人工与天工相交融的在地景观。韩国建筑师承孝相，为了表达地景建筑创意，生造了"Landscript"（地文）一词，本意是强调人的活动在土地上留下的印记，就如大地书写一般。显然，"地文"需要保护和续写，即像日本的"合掌造"民居、中国的西递—宏村那样，严格保护好聚落遗产标本，激活历史环境的"场所精神"（Spirit of Place），在新建筑中创造性地转化风土建成遗产的原型意象。

3. 国家级聚落遗产

根据住房和城乡建设部和国家文物局颁布的最新保护名录，中国传统聚落列入国家保护名录的有三大类，均可看作风土建成遗产。其一为100多处"国家重点文物保护单位"身份的传统聚落；其二为国家历史文化名城、名镇、名村，包括135座"名城"、312个"名镇"和487个"名村"；其三为6819个部分由国家财政资助保护的"传统村落"。此外，皖南古村落西递—宏村、福建土楼、开平碉楼与村落，以及红河哈尼梯田文化景观等4项乡村传统聚落及景观被收入世界文化遗产名录。

这其中的传统村落数量最为庞大，部分还同时具有国家级历史文化名村及重点文物保护单位的身份。其分布特点为：南方约占全国总量的78%，大大多于北方；山区多于平原、盆地，如晋、湘、滇、黔、闽的山区占比超过全国总量的二分之一；方言区多于官话区，如晋系方言区约占北方各官话区总和的40%左右；工业化、城镇化起步较晚的地区多于起步较早的地区，如西北地区多于东北地区；城乡人均收入倍差相对较高的地区多于发展水平相近的较低地区，如贵州、云南处于全国传统村落数量排名前列。

上述的三大类传统聚落遗产保护系列中的前两类，有着相应的国家保护法规及实施细则，生存问题相对无虞。而第三类——传统村落量大面广，没有直接的相应保护法规作保障，其生存问题看似有国家财政资助，实际状况则堪忧。

四、传统聚落的保护与活化

1. 模式与问题

对风土建成遗产的专项保护，比较典型的首推北欧斯堪的纳维亚半岛的挪威和瑞典，这里在第二次世界大战前最早以民俗博物馆的方式，保护和展示当地的风土建筑，这种方式随后风靡欧洲大陆和英国。1952年英国"古迹委员会"将18世纪以前的风土建筑均纳入了保护名录，特别值得注意的是，英国将乡村划为120个自然区和181个特色景观区，这是可以借鉴的乡村文化地景谱系保护策略。日本于20世纪70年代兴起的"造村运动"，是通过农业升级改造、乡村特色塑造和技术培训投入，提振乡村经济社会活力和磁力，最终使乡村聚落得到活化和再生。聚落遗产保护和传承是其中的一个部分，如长野县的妻笼宿和岐阜县的马笼宿，其风土建成遗产在存真、修缮、翻建、活化等方面皆有坚定的价值坚守和丰富的保护经验，可供中国乡村风土建成遗产保护和再生实践学习借鉴。

我国城乡风土建成遗产保护与活化前后已历20载左右，经验和教训并存，其中数量占大多数的乡村聚落遗产保护与活化主要有三种模式。第一种为国家文博体系和大型国企主导的乡村博物馆模式，如山西的丁村、陕西的党家村、湖南的张谷英村、福建的田螺坑土楼群及玉井坊郑氏大厝等，经费、法规、导则等条件较为完善，部分村民通过村委会组织参与经营活动受益。第二种为社会企业主导的风土观光综合体模式，乡村聚落遗产由企业与当地政府、村自治体——合作社以契约形式合作及分成，如安徽黟县宏村、浙江松阳县村落、山西沁水县湘峪村、福建连江县杜棠古村三落厝等。第三种为村自治体主导风土生态体验区模式，以由村自治体所属企业及乡村活化能人掌控风土观光资源，进行乡村聚落开发，村民参与其中的相对较多，受益也相对大一些，如安徽黟县西递村、山西平遥县横坡村、陕西礼泉县袁家村、山西晋城市皇城村、福建屏南县北村等。

不可忽视的是，乡村聚落遗产在保护和活化中存在一些带有普遍性的问题和挑战：一是大多没有以乡村经济、社会的改造升级为根本前提，而是过多地依赖于旅游资源的消耗；二是管理政出多门，既条块分割，又一事多管，造成一些村落一村多名，准入标准和处置方式交错低效；三是原住民生活资料——集体土地、宅基地和房屋处于不确定的流转状态，所有权和使用权分离，但土地与房屋租金普遍低廉，收益分配不成比例，原住民的公平共享诉求难以兑现，存在着大量的权益矛盾和法律纠纷，潜在的社会风险已然存在；四是维修和民宿化改造等多为村民自发行为，存在严重的安全隐患，如结构安全意识薄弱，涉及公众安全的强制性技术规范和安全施工监管缺位，消防间距、人身防护不合规范的状况随处可见，声、光、热等室内环境控制指标大都达不到基本使用要求；五是宅基地内滥建低质楼监管缺失，低质翻建率常在一半以上，严重的达70%～80%，使村落风貌严重失控，而招揽观光的利益驱动导致拆真造假现象也随处可见；六是薪火相传趋于中断，大部分营造技艺面临失传，由于种种原因，"非物质文化遗产传承人"名誉并未起到明显的弥补作用，传统意匠及技艺存续与再生尚待突破，新旧修复材料融合手段薄弱等问题普遍存在；七是同质化严重，社会资金普遍投入乡村聚落保护与再生项目的可能性有限，而传统村落依赖国家财政扶持也是很有限的，且不可持续。

2. 标本保存谱系化

当下我国城乡风土建成遗产的保护与活化，首先并不是个建筑学问题，而是涉及保护什么，如何保护，怎样活化的实质性问题，与经济、社会的可持续发展背景息息相关。从物种标本保存的战略眼光看，传统聚落保护与活化的前提是对聚落遗产标本的保存和研究。

少量被定格在某个历史时期或文化样态下的聚落遗产，比如平遥、丽江古城以及各地名镇、名村一类进入各种遗产名录，是受到严格保护的风土建成遗产标本。但这些遗产标本只是聚落遗产中极小的一部分，我们认为，实际上需将我国城乡风土建成遗产按民族、民系的语族区或方言区进行全覆盖，成体系地作分类分级梳理，为后世存续完整的风土建成遗产谱系标本，兹事体大，关及国家和地方历史身份和文化传承的根基。因此，应依风土建成遗产谱系——甄别、筛选和认定聚落遗产，再以地景修复、聚落修补和技艺传承为基础，将之纳入再生过程。当务之急，是应对其谱系构成缘由与分布有比较系统的认知。

由于语言作为文化纽带的重要性仅次于血缘，而风土在语言学上的含义，即连接一个地方聚居群体的交流媒介"语缘"，既可代表不同的文化身份，也可作为判断各文化身份间亲疏关系的参照。因此，从文化地理学和人类学的角度，可尝试以民系方言和语族—语支为参照，对各地风土建筑做出以"语缘"为纽带的谱系分类区划。总体上看，历史上语族相近，说明有相关的文化渊源；语族的方言或语支相通，说明血缘和地缘存在关联性。传统的汉语族—方言和少数民族的语族—语支是在漫长的历史变迁中，由于地理阻隔及民族、民系迁徙所形成的。虽然建筑谱系和语言谱系是否完全对应确是个问题，但设若不同族群在语言上可以交流，则其聚落及建筑一般也会存在交互关系。

参照语言人类学家的语缘区划，汉藏语系的汉语族民族民系聚落及建筑谱系主要可分为：其一，东北、华北、西北、江淮和西南等五大官话区建筑谱系；其二，华北的晋语方言区建筑谱系；其三，江南的吴语、徽语、赣语和湘语四大方言区建筑谱系；其四，华南的闽语、粤语和客家语三大方言区建筑谱系。少数民族语族区聚落及建筑谱系主要可分为：其一，西南地区汉藏语系藏缅语族17个民族的建筑谱系，壮侗语族9个民族和苗瑶语族3个民族的建筑谱系；其二，北方地区阿尔泰语系突厥语族7个民族，蒙古语族6个民族和通古斯语族5个民族的建筑谱系等。此外，还有少量西北地区印欧语系斯拉夫语族和伊朗语族的民族的建筑谱系，以及华南地区南亚语系和南岛语系民族的建筑谱系。以这样的谱系认知方式，对风土建成遗产谱系遗产的标本系列进行谱系化的保护，是有重要意义的一种尝试。

突厥语族区建筑		其他区建筑	蒙古语族区建筑		其他区建筑	通古斯语族区建筑		其他区建筑
定居区	游牧区		定居区	游牧区		定居区	渔猎区	
北方官话区西部建筑			晋语方言区建筑			北方官话区东部建筑		
河西	关中		北部	中部	东南部	京畿	胶辽	东北
西南官话区建筑			北方官话区中部建筑			江淮官话区建筑		
滇	黔	川	鄂	豫	鲁	淮		扬
藏缅语族区建筑			湘语方言区建筑	赣语方言区建筑	徽语方言区建筑	吴语方言区建筑		
藏区	羌区	彝区	其他	湘西 · 湘中 · 湘东	豫章 · 临川 · 庐陵	歙县 · 婺源 · 建德	苏州 · 东阳 · 台州	
壮侗语族区建筑			客家方言区建筑			闽语方言区建筑		
壮区	侗区	其他	西部	中部	东部	闽中		闽东
苗瑶语族区建筑			粤语方言区建筑			闽语方言区建筑（闽南）		
其他区建筑			桂南	粤西	广府	潮汕	南海	台湾

我国民族民系风土建成遗产谱系分布示意图

3. 大量性传统聚落的出路

除了经典传统聚落风土建成遗产谱系的标本保存，大量性的传统聚落，特别是乡村聚落，总体上面临着景象劣化、原有建筑被大量低质改建、乡村经济和民生有待振兴的境况。因此，需要将聚落有机更新和文化地景再造，作为未来发展的主要方向。实际上，对大量性传统聚落的可持续发展而言，实践中应考虑保存有标本价值的聚落典型建筑，延承风土营造谱系所曾依存的地貌特征、空间格局和尺度肌理，再造出隐含着基质原型、适应生活变迁的新风土聚落及文化地景。

此外，传统聚落遗产管理系统和遗产归口的合理化，遗产运作的信托化，遗产基金、社会"领养"

和活化途径的模式化，营造技艺传承的制度化，以及保护技术的系列化等，都应作为传统聚落保护与再生的改进方面加以关注和实施。

五、关于丛书编纂

这部丛书是第一部关于中国传统聚落特征与保护的大型研究集锦，内容覆盖了各省市自治区传统聚落的历史溯源、地域特征与现存状态、保护与活化的方法与途径，以及未来走向的展望等。丛书中的"传统聚落"聚焦于狭义的"村"和"镇"，并可选择性地涉及"城"，即"县"或"市"的老城区，如北京的胡同和上海的弄堂。书中内容兼顾理论观点和叙述方式的历史性、逻辑性和独特性，引述材料要求真实可靠，体例同中有异，充分表达地域特征，并将之纳入史地维度和经济、社会发展的叙事语境。保护与活化内容要求选取兼顾普适性和典型性的工程实践案例，对乡村振兴中的建成遗产存续和再生问题进行全方位的讨论。由于本丛书仍是以行政区划单位作为各分册的研究范畴，难免存在少量跨省市区之间的互涵和重复内容，但作为一部大型丛书，总体上还是完整统一的，其中不少篇章都可圈可点，对乡村振兴和传统聚落的未来探索有多方面的参考价值。

（本文主要内容及参考文献见《建筑学报》2019年12期）

中国科学院院士、同济大学教授
己亥夏至于上海寓所

聚落，是人类聚居和生活的场所，《汉书·沟洫志》曰："或久无害，稍筑室宅，遂成聚落"。聚落这一概念最早出现时是为了描述区别于都邑的居民点，现在已泛指人类生活地域中的村落和城镇。聚落是在各个地域内发生的社会活动、社会关系和特定的生活方式，并且是由共同的人群所组成相对独立的生活空间和领域。传统聚落主要是指具有一定历史性的城乡聚落，拥有物质形态和非物质形态的文化遗产，是先人运用自己的智慧，依据自然、气候、地理、习俗等环境因素建立的适宜的居住空间，同时具有较高的历史、文化、科学、艺术、社会、经济价值，能够反映一定历史时空的社会物质文化与精神文化的重要载体。

传统聚落是人们与自然协调过程中不断地尝试和调整所形成的，是在一定的时空条件下的总结。传统聚落是一定地域空间范围内的人文现象，它既是一种空间系统，也是一种复杂的经济、文化现象和社会发展过程。其起源、形成、发展均在特定地理环境和社会经济背景中，通过人类活动与自然相互作用下的结果，是对自然地理条件、社会治理结构、文化机制作用等多方面的缓慢调整适应，既是人类不断地适应、改造自然环境的实践积淀和智慧结晶，也是特定地域环境人地关系的空间反映。正如本套丛书之一《云南聚落》编写作者杨大禹教授所说："几乎所有的传统聚落，作为联系自然环境和人文环境的中介，从它们的地理分布、外部整体形态、内部空间结构，到聚落与周围自然环境、山水地形的紧密关系，都体现出因地制宜、和谐有机的共同规律。"这些共识是协调当地的地理条件、社会风俗与生活方式等积累而成的。在以聚居为主的生活模式下，都会充分考虑到聚落的环境特点，尽量找到资源配置最为合理、微气候最为和谐的场所。聚落形态与民居建筑形式的存在，与人们应对自然环境的生理、心理需求有着千丝万缕的联系。所以，传统聚落都能反映出在一定的地域空间环境、一定的民族和一定的历史时期所承载的建筑文化底蕴。

传统聚落作为中华文明的一种载体，凝聚着具有地域性、民族性与艺术性的布局特色和建筑风采，以及文化习俗下构成的聚落分布、空间格局、生产模式、景观形态等风情各异、千姿百态的元素。传统聚落是先人们长期适应自然，与自然和谐相处的历史见证，凝聚着中国悠久的农耕文明，展示着人们自古至今的生存智慧，可以说，传统聚落承载着中华文化精华和中华民族精神。所以，保护传统聚落就是维系中国传统文化的延续，就是在保护中华文明的根。

对于聚落空间的研究，既要把控聚落自身各种要素以及各要素之间的相互关系，也要关注聚落内部空间与聚落外部空间之间的关系，从而进一步了解单个聚落与同一个地域内其他聚落之间的关系，以便获得对聚落空间完整概念的把握。通过对传统聚落特色的系统研究，包括将传统聚落的不同历史发展阶段，各种历史文化要素和不同形态载体归纳合一，作为相互交融、贯通的体系来研究，从理论层面上梳理传统聚落各种有关形成、发展、演化的普遍规律和地区特征，挖掘其精神文化及生命智慧，发现其内在的文化价值，尊重其自身的运营机制，肯定其在现代聚落发展中的积极作用，以丰富我们对于人类聚居的认识。

长期以来，我们的先人经过不断的实践，运用了他们的丰富智慧，无论在聚落总体布局或在民居建筑技术、艺术方面都取得了很高的成就，积累了丰富的经验。传统聚落生存智慧拥有中国优秀传统文化的内核，是体现传统建筑智慧最具特色的代表。如何重新再认识传统聚落所具有的地域性、民族性与文化多样性特征，进一步发掘潜藏其中的营建技艺、理论精华和创造智慧，寻求传统聚落的持续发展相应的理论支撑，是我们当前重要的课题。当然，蕴含着中华文化基因的传统聚落更是当代建筑文化特色形成的基础，值得我们去进行研究、总结、学习和借鉴。

"中国传统聚落保护研究丛书"各卷作者综合运用文献研究法、调查研究法、比较研究法、定性分析法等科学研究方法，建构传统聚落研究的基本思路。采用文献分析、田野调查、理论研究与实证分析结合、系统化分析等方法，通过对学术文献、地方志、文书族谱等史料资料进行梳理筛选，对现有传统聚落进行建筑测绘、口述访谈，在吸取前人研究成果的基础上，归纳总结我国传统聚落发展特点及其背后蕴含的丰富文化和物质内涵，从整体上考虑多元文化影响下的传统聚落特征。丛书作者在编写过程中，借鉴历史学、社会学、建筑学、城乡规划学、文化地理学、景观生态学等跨学科交叉的思路，采用融合融贯的研究模式，既对传统聚落的基本共性特点归纳总结，也对受各区域条件影响的传统聚落比较分析，从整体上来把握研究对象。

在新时代的聚落发展和建设中，对传统聚落的保护与研究就显得尤为重要。传统聚落所呈现出来的优秀空间格局与营造技艺，不仅能给聚落的保护更新提供更为合理的方法途径，同时也能为新时代的聚落建设提供更多的方式方法及可能性。探究历史文化基因的内在联系，研究传统聚落的起源、演变、特点和价值，为传统聚落的传承提出依据，以便于更好地加以保护与利用。与此同时，在弘扬与传承优秀传统文化的基础上，探寻传统聚落发展模式及其保护的策略与原则，对保护与更新提出更为具体的要求与措施，构建整体保护的格局理念，以及与其相适应的、分级分类的传统聚落保护体系，更好地把握传统聚落在当代的发展道路与方向。

"中国传统聚落保护研究丛书"的编写希望以准确翔实的史料、精确细腻的测绘、真实生动的图片来全面展示中国传统聚落悠久的历史、灿烂的文化、淳朴的民风。由于各地区的状况不同和民族差异，以及研究基础也会参差不齐，故在编写中并未要求体例、风格完全一致，而以突出各地区传统聚落自身特色，满足各地区建设的需求为主。同时，丛书的编写，也希望对全国各省、直辖市、自治区传统聚落保护与传承、历史街区与传统村落建设，以及城乡人居环境提升起到重要的参考与指导作用，这是本套丛书研究编写的目的和意义所在。

2020年11月16日

聚落是人类聚居和生活的场所,能容纳人们居住、生活、休息、生产和进行各种社会活动。聚落环境是人类有意识开发利用和改造自然而创造出来的生存环境。古今中外对聚落均有论述,《史记·五帝本纪》中云:"一年而所居成聚,二年成邑,三年成都。"《汉书·沟洫志》也提到:"或久无害,稍筑室宅,遂成聚落。"可见,在古代中国聚落的本义是指人类居住的场所。聚落的出现和形成是由于社会生产力的发展而引起的人类生存方式不断变化的结果。同时,聚落又受地域气候、地形地貌、地质水文与资源状况的限定而具有鲜明的形态特征。聚落作为重要的文化景观,在很大程度上回应了地域的经济发展水平、宗教家族制度与民俗风情等。聚落因城市的出现而分为村落和城市,以及介于两者之间的集镇。本书所涉及的传统聚落主要是指具有鲜明的地域民居建筑风格及建筑群体特征的村落与乡镇。

浙江省具有自然地理条件多元化的特征,全省大部分地区是丘陵和山地,平原面积不足三分之一,此外,盆地、滨海、海岛等类型也占据一定比重,因而地形地貌是影响聚落发展与形态演变的重要因素。浙江地形地貌类型复杂,先民们将山坡开辟成梯田,并在接近水源、地势适宜的山坡或者山岙当中建造聚落和住宅。水源和交通的便利程度是山村聚落选址的重要条件,利用地形地貌和取用地方材料营建最具特色,形成因地制宜的聚落营建模式。除此之外,浙江省的河渠纵横、湖塘四布,耕地面积不多,使聚落分布与形态呈现出与溪流、湖面、海面等水体紧密依存、相互依赖的分布特征。

浙江传统聚落特征也映射出浙江特有的地域社会文化——吴越文化特征。浙江是吴越文化、江南文化的发源地,是中国古代文明的发祥地之一。早在5万年前的旧石器时代,就有原始人类"建德人"活动,境内有距今7000年的河姆渡文化、距今6000年的马家浜文化和距今5000年的良渚文化,是典型的山水江南与鱼米之乡。相比中原地区,六朝前期的吴越文化粗犷中蕴涵精雅,士族文化的阴柔特质及其对温婉、清秀、恬静的追求,改变了吴越文化的审美取向;南宋直至明清时期,吴越文化愈发向士族精神、雅趣精致的方向发展。

东晋南朝时期,江南社会经济得到进一步开发,垦田面积日益增多,耕作技术也有很大改进,形成独具特色的水作农耕制度。唐宋以后,随着北方人口、经济和文化的南移,江南地区成为经济富庶之地。由于江南水网密布,为适应经济、军事的需要,大力兴修水利工程,造船业日益兴旺。到隋代,中国织造业的重心已经转移到了长江流域,唐代更是得到进一步的发展,在明清江南桑蚕丝绸业达到发展的顶峰。经济的发展促进了商业和城市的繁荣,江南成为各地农产业、手工业品与贸易市场的集散地、商业贸易空前繁盛。

浙江多样化的地理环境、气候条件、人文环境与社会经济特征等孕育了异彩纷呈的传统村镇聚落与民居建筑。因而,对浙江传统聚落的研究,应该将传统聚落系统地放在浙江自然环境、历史文化变迁、产业经济发展状况、吴越文化的历史积淀与浓郁的民俗风情这个综合的环境背景中分析与研究其发展成因、聚落构成与特征、空间结构与形态特征。

本书在已有资料文献梳理与大量田野调查的基础上，对浙江地区的不同自然地理条件下的传统聚落形态与民居建筑特色进行深入分析，归纳与总结在不同地理地貌与社会结构条件下传统聚落的选址、空间格局、聚落中的公共建筑与民居建筑特征、聚落景观特征等，以期能够对浙江传统聚落的传承与发展、保护与活化的实践工作，提供可供借鉴与学习参照的依据。

传统聚落的生成生长并非先验确定，是在地域自然、地貌、经济技术、社会文化等诸多因素构成的动态网络中综合作用下演进的结果。因而，对浙江聚落的研究需从多角度、多层次系统地剖析，把握聚落发展变迁的动因。本书从浙江的气候与自然地理视角出发，分析与研究浙江传统聚落的类型。浙江自然地理条件多样化的特征，也催生了多样化的传统聚落类型：平原水乡型、丘陵型、山地型、盆地型、海滨海岛型五种聚落类型。聚落的地理方位、选址定位、空间格局与聚落风貌特征很大程度上与地形、水体、道路等密切相关。聚落的空间结构也展现出集聚人群之间的社会关系，最初以血缘关系为纽带形成的血缘型集聚是村落建设的原始基础，并一直存在于村落发展的每个阶段和形态中。随着村落的发展，逐渐从血缘型集聚向地缘型集聚和其他集聚类型转变。传统聚落的空间形态往往与人们的家庭结构关系反映出一一对应的关系，因而本书从经济与社会文化视角研究聚落的社会组织、社会结构、村落变迁等，解析聚落在社会结构与家族制度影响下的聚落空间格局、聚落形态、聚落景观与建筑特征等。聚落形态规模、分布特征也与经济方式密切相关，如农业耕作半径、产业类型等，因而本书也从乡村产业角度研究产业对聚落交通、聚落格局、公共建筑特征等的影响。

本书不仅重视对聚落理论的归纳与总结，更注重对聚落案例的深度解读与剖析，为专业人员提供实地测绘、图形解析、案例影像等详尽的资料。

全书共分为八个章节：

第一章是聚落发展的历史渊源，包括聚落的起源与演变、从小黄山遗址的庭院式邑落、河姆渡文化的干阑聚落到马家浜文化的土台聚落、良渚文化的城镇聚落。

第二章是聚落发展的自然地理与社会经济动因。其包括自然地理环境、社会文化、社会经济与风土民俗对聚落发展的影响。

第三章是自然地理环境与聚落构成。首先分析了浙江传统聚落的类型，分别从平原水乡型、丘陵型、山地型、盆地型、海滨海岛型五种聚落类型阐述了聚落的地理方位、空间格局、建筑特色、景观风貌等特征，并详细列举了每种聚落的典型案例。

第四章是经济社会与聚落构成。其分别从血缘型、地缘型、业缘型与神缘型聚落类型阐述了每类聚落类型的定义、聚落形态特征、建筑特色与景观风貌，并详细列举了每种聚落的典型案例。

　　第五章是村镇聚落。分别从水乡古镇、家族迁居型古镇、交通商贸型古镇三种类型阐述了每类聚落的界定、典型案例的聚落形态特征、建筑特色与景观风貌。

　　第六章是传统聚落的空间结构与形态。从聚落选址、聚落布局、聚落结构、聚落形态与建筑构成五个方面阐述了聚落形态特征。

　　第七章是传统聚落景观的构成与形态特征。主要分析了山地约束下的聚落边界、以古树为中心的聚落标识、以水系链接的聚落公共空间节点、以构筑物界定的聚落边界四个方面的聚落公共空间与景观形态特征。

　　第八章是浙江传统聚落的保护与活态再生。主要从传统聚落的保护与利用、传承与发展、聚落活态再生几个角度总结传统聚落保护与再生的对策。

魏泰

2021年3月26日

目 录

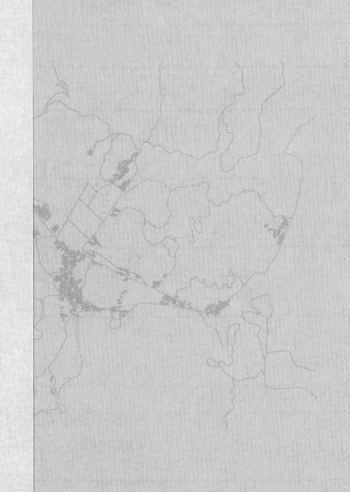

第　一　章

聚落发展的历史渊源

第一节　聚落的起源与演变

一、聚落

"聚落"一词古已有之，《辞海》中对聚落的解释是"人聚居的地方"。简言之，人们共同生活居住的场所，如村落、集镇和城市都是聚落的具体形式。《史记·五帝本纪》中云："一年而所居成聚，二年成邑，三年成都。""聚""邑""都"均是不同规模的聚落。《汉书·沟洫志》也提到："或久无害，稍筑室宅，遂成聚落。"由此可见，古人早已对"聚落"概念有了朴素认知。

"聚落"这一概念，最早是由地理学中提出来的，聚落（Settlement）泛指一切居民点，是人们居住、生活、休憩以及进行各种社会活动的场所，是人类进行生产、生活并具有明显地域分异特征的空间场所。[①]聚落是相对稳定的、有组织定居和生活的场所。[②]按照社会学的定义，指人类从事生产和生活比较集中的地方，即按照一定的社会生产关系而组成相应共同体的人们，其居住生活得以满足和实现的特定空间区域，亦即居民居住和生活的重要物质实体。[③]在人类发展的历史阶段，聚落经历了从史前聚落到早期聚落的演进，聚落构成也是从村落、镇、城市到城市群的从低级到高级的发展过程。从聚落的职能和结构特征，可将聚落分为乡村聚落与城镇聚落，限于本书的篇幅，书中内容更侧重于对乡村聚落的研究。

二、浙江史前与早期聚落概述

（一）史前聚落（夏商周以前）

在漫长的原始社会，人类最初以采集和渔猎等为谋生手段。为了获得天然食物，人类不得不随时迁徙，原始人或栖身于可随时抛弃的天然洞穴，或在树上做巢居住。这些极其简单、原始的居处散布在一起，组成了最原始的聚落。

史前聚落遗址的面积较大和分布范围较广，但现有的发掘面积较小，因此各史前聚落遗址中所发掘出的聚落要素极不完整，即使是发掘面积达2000～3000平方米的河姆渡遗址，也仅仅是发现了干阑式长屋和房屋附近少量的非正常埋葬的小型墓葬，以及干阑式建筑外围作为防卫措施的木桩，而其他聚落要素均未发现。[④]

1. 旧石器时代（约300万年前至1万年前左右）

位于浙西建德市乌龟洞中的距今10万年前的"建德人"所居住的洞穴，某种意义上可称为浙江最早的原始聚落遗址。

旧石器时代的天然洞穴、构木为巢、冬窟夏庐是原始人的居住方式，主要是穴居和巢居为主，但穴居和巢居并不是独立存在的，而是原始人类在迁徙流动的过程中根据地形和气候特征所选择合适的居住行为，随着迁

① 金其铭. 我国农村聚落地理研究历史及近今趋向 [J]. 地理学报, 1988（4）: 311–317.
② 赵之枫. 传统村镇聚落空间解析 [M]. 北京: 中国建筑工业出版社, 2015: 1.
③ 王斌. 马家浜文化研究 [D]. 上海: 上海大学, 2019: 174.
④ 王丹丹. 浙江史前建筑技术若干问题研究 [D]. 杭州: 浙江大学, 2009: 16–17.

徙行为的减少，逐渐演化为半穴居和半巢居的形式，慢慢地原始人类开始尝试在地面居住，从洞穴向地面发展；到旧石器时代中期，生产力进一步提高，原始人类逐渐出现的定居行为形成了原始聚落的雏形，形成了最初的定居点，但此时生产力有限，形成的居民点仍不能长期稳定下来。

2. 新石器时代（约1万年前至5000～2000年前）

新石器时期，这时的人类已经出现较为稳定的定居点，中国大部分地区已从事农作，这一时期的生产力进一步发展，具备农业基础的固定居民点形成了真正意义上的聚落。位于宁绍平原上的距今7000年前的余姚河姆渡文化遗址和位于杭嘉湖平原上的距今6000～7000年前的马家浜文化的罗家角遗址都是中国境内所知最早和最具典型性的原始聚落农耕遗址。

对于浙江史前文化发展阶段，学术界对马家浜文化—崧泽文化（过渡时期）—良渚文化这一脉络的发展谱系普遍认同，以及由此所建立起来的时空框架，为后续深入研究奠定坚实基础。[1]

随着生产力的发展，出现了在相对固定的土地上获取生产资料的生产方式——农耕与饲养。[2]聚落成员逐渐形成了从事不同专门劳动的人群：农民、牧人、猎人和渔夫等。随着人类历史上出现了第一次社会劳动大分工，使得多余的农业产品和畜牧业产品的交换成为一种经常性现象，直接导致了固定的物品交换场所的出现，由此普通聚落逐渐演变出中心聚落。

（二）早期聚落（夏商周以后）

从原始社会晚期的良渚文化到奴隶社会阶段的早期文明，社会逐渐从石器时代进入青铜时代（夏商周～春秋战国），聚落逐渐分化成为以农业为主要生产活动的乡村和以非农业的商业手工业活动为主的城市。[3]中心聚落分化出城市聚落，城的出现是文明开始的标志；在之后的奴隶社会中晚期和封建社会时期，社会逐渐从青铜时代进入铁器时代（秦汉～明清），城市成为人类活动和文明进程中的主要角色，城市和乡村的二元结构体系逐渐形成并延续至今。

古代聚落即以"匜居"的围合方式，形成血缘和地缘的乡村聚落和城邑聚落，以至作为国家统治中心的都邑聚落——都城，也可称之为"中心聚落"。[4]中国乡村由于古代小农经济为主以及农业社会发展的延续性，一直存在着早期聚落的两大特征：一是适应地缘（如地理、气候、风土等）展开的生活方式，汉族以农业活动为主；二是以家族血缘关系为生存纽带的族类聚居。[5]乡村自出现之日起，就注定了以城邑为中心的附庸地位，一个城邑统有着若干村落成为早期城乡关系的基本模式。[6]

---

① 王斌. 马家浜文化研究［D］. 上海：上海大学，2019：2-3..
② 赵之枫. 传统村镇聚落空间解析［M］. 北京：中国建筑工业出版社，2015：2.
③ 潘谷西. 中国建筑史（第七版）［M］. 北京：中国建筑工业出版社，2015：87.
④ 常青. 传统聚落古今观——纪念中国营造学社成立九十周年［J］. 建筑学报，2019（12）：14-19.
⑤ 同注③.
⑥ 马新. 远古聚落的分化与城乡二元结构的出现［J］. 山东：文史哲，2008（3）：94.

第二节　小黄山遗址的庭院式邑落

一、遗址概况

小黄山遗址距今1万~8000年，位于浙江嵊州市甘霖镇上杜山村小黄山，坐落在一个相对高度约10米的坡地（古台地）上（图1-2-1），周围宽10余米的圆形聚落围沟。[①]小黄山遗址原有面积约5万平方米，可能同时并存着两个聚落（氏族），属于新石器时代遗址，是目前长江中下游地区距今9000年前后规模最大的聚落遗址。

从已发掘的情况可知，当时原始人的生活就已经呈现出比较复杂的面貌。通过动植物遗存的发现推断：小黄山先民已进入定居生活阶段，采集、狩猎是小黄山先民的主要食物来源，以及小黄山先民已具备栽培或利用水稻能力。随着对定居生活方式和经济生活内容综合研究的展开，浙江嵊州小黄山聚落遗址的独特性是明显

图1-2-1　小黄山发掘现场（来源：绍兴市档案局 提供）

① 裴安平. 史前聚落的群聚形态研究 [J]. 考古，2007（08）：45-56，2.
② 文璋. 跨湖桥文化再研究 [D]. 长春：吉林大学，2016：19.

的，但由于发掘工作仍未发表简报，翔实可靠的研究结论还有待于后续的考古工作进展。[②]

二、庭院和室

遗址中有一处区域横宽约25米的南坡，明显被人工切成了现存宽5余米的水平台面，北侧沿下切的生土壁，再挖一道基槽，推测是一个颇具规模的建筑基地遗迹，在差不多同一高度上，周边区域也发现了纵横多道类似基槽的遗迹。

台地中的三座建筑遗迹也很值得探讨，其中一座发掘较为清晰的遗迹表处在东西向大灰沟北侧的宽约5米的阶地上，阶地北侧是高近1米的陡直的生土台，紧贴生土台挖有深约15厘米、宽30厘米的排水沟，阶地、沟内和生土台上都发现圆形柱坑，柱坑沿沟排列有序，揭示的柱坑显示这是一排长达25米以上的以生土为后墙的"半地穴"建筑，根据发掘资料显示，这一时期"室"的空间类型已经问世，结合另外两座建筑遗迹推测为"U"形布局关系，且有主次之分。

遗址内发现了大量可能用于储藏的深土坑，储藏坑的形状多为方形或圆形，坑壁陡直规整，坑底平整，个别土坑口小底大略呈袋状，部分储藏坑形式呈现类似台阶现象，可能为了存放、取用时上下储藏坑方便。有些储藏坑的周围发现分布比较有规则的柱坑类遗迹，分析推测储藏坑上应有简陋棚覆盖。这些遗迹集中发现在遗址中的一个区域，可以推断聚落的空间布局具备了类似功能分区的意识。

可以列举出小黄山聚落遗址已经具备了以下特征：[1]

（1）当时的人类已具有防卫意识，人工开挖四周的"回"字形土沟具有防卫功能；

（2）"U"形房屋布局是三合院的形制特征；

（3）有院落的痕迹出现；

（4）房屋分布有主有次，呈现出分区的概念；

（5）房屋集居住、储藏、生产为一体，尚看不出有祭祀功能；

（6）房屋建筑在台地之上，说明当时的人类具有防潮和排水的意识；

（7）遗址中有柱洞、柱网的痕迹出现，主屋的柱洞大且深，次屋柱洞小而浅；

（8）已经使用木构架，并有大空间用大木料的力学意识，柱网很小，说明对木料的拼接能力仍不足。

三、聚落萌芽

文化学者认为"聚落"只是一个氏族的居住单位，"邑落"则是由几个近亲氏族组成部落的群落。对于浙江嵊州小黄山聚落遗址，相关学者认为其聚落内部的族群关系还没有到达"家庭"阶段，根据面积大小进行推测，规模大小很可能是母系氏族社会的一个30～40人的多个近亲氏族混居的群落集合，虽然还没有发展为聚落，但已经具备了聚落萌芽的特征。[2] 小黄山遗址是新石器时代早期遗存的发现，为探索东南沿海地区人类迁徙发展的模式提供了新的案例，阐释了人类由山区丘陵向平原、沿海岛屿迁徙发展的观点。

第三节　河姆渡文化的干阑聚落

一、遗址概况

河姆渡文化遗址，于1976年在浙江省余姚县的河姆渡村被发现而得命名。据放射性碳素断代，年代约为公元前5000～公元前3300年。分早与晚期，早期为约公元前5000～公元前4000年，晚期为约公元前4000～公元前3300年。河姆渡文化遗址总面积约4万平方米，叠压4个文化层，深约4米。河姆渡文化遗址充分反映了中国原始社会母系氏族时期的繁荣景象，出土文物有极高的考古价值。

上古传说中的"有巢氏"，是居住在宁绍平原的古越人的其中一个氏族，有巢氏是"构木为巢"的发明者，可谓是对河姆渡聚落遗址干阑式建筑的一种高度概括。

二、干阑式建筑

河姆渡遗址两次考古发掘，在第二、三、四文化层都发现了木建筑遗迹，尤以第四文化层最为密集和壮观，总数在千件以上，主要木构件有木桩、圆木、长方形木材、带丫杈的柱子和地板。[3] 相关学者根据遗址中遗留的桩木情况推算，第四文化层是一个大型的原始建筑群落，共发现29排木桩（图1-3-1），专家分析这些

① 丁俊清，杨新平. 浙江民居：中国民居建筑丛书［M］. 北京：中国建筑工业出版社，2009：41.
② 同注①.
③ 百度百科.

图1-3-1 河姆渡文化遗址第四文化层发掘出的木桩（来源：百度百科）

图1-3-2 河姆渡文化遗址干阑式建筑复原实景1（来源：百度百科）

木桩至少有6栋建筑组成。相关学者分析，根据木桩的排列与走向，当时的房屋呈西北往东南方向排列。[①]

从单体来看，河姆渡聚落遗址已发掘出的最大的一座干阑式木构架建筑，经过专家复原后估算（图1-3-2、图1-3-3），建筑面宽达23米以上，进深7米，房屋后檐还有宽1米左右的走廊，建筑门洞开在山墙上，能够最大限度起到冬季采光取暖和夏季遮阳避光的作用，推测这可能是一个家族同居的住宅。[②]

从这处建筑遗址中清理出来的建筑构件有几百件，这些木构件遗物上许多都带有榫卯结构的痕迹，说明当时河姆渡先民的木作技艺已取得很大成就，是我国原始时期的绑扎结构进入榫卯结构的最早发现（图1-3-4）。[③]浙江余姚河姆渡聚落遗址是已知最早采用榫卯技术构筑木结构建筑的一个实例。根据出土的工具推测，这些榫卯大都由石器加工成型，特别是发明并使用了大量企口板和燕尾榫，说明当时长江流域的木结构建筑建造的技术水平高于黄河流域。[④]榫卯结构成为中国木构建筑的传统方法，至宋代达到高峰，作为中国

图1-3-3 河姆渡文化遗址干阑式建筑复原实景2（来源：百度百科）

古代建筑木构技艺中的高级嵌接技术，是浙江余姚河姆渡的古人对中国木构建筑的重大贡献，为中国古代成熟的木结构体系形成奠定了基础。[⑤]

遗址中的建筑除了考虑遮雨，还考虑了地面的防潮措施。[⑥]为防止湿气过重，采用地面烧土、填石等措施筑起土台，干阑式建筑先在地上打桩，再将建筑主体架

① 黄定福. 宁波先秦时期的原始建筑雏形——干栏式建筑分析研究[J]. 文物建筑, 2014：21.
② 丁俊清，杨新平. 浙江民居. 中国民居建筑丛书[M]. 北京：中国建筑工业出版社, 2009：43.
③ 同注②.
④ 潘谷西. 中国建筑史（第七版）[M]. 北京：中国建筑工业出版社, 2015：18.
⑤ 丁俊清，杨新平. 浙江民居. 中国民居建筑丛书[M]. 北京：中国建筑工业出版社, 2009：43.
⑥ 同注⑤.

在木桩之上，能够有效解决防潮问题的同时，也能够防止野兽昆虫的侵袭，安全性得到有效提升，更能够适应我国南方地区雨水较多、夏天潮湿闷热、虫多蛇密、野兽遍布的环境，这也是这类空间能为后世所继承的重要原因。[1]

干阑式建筑形制由"巢居"发展而来，基本做法经历四个步骤：下立桩柱横枋、上置地板、板上立柱安梁、芦席遮顶。[2]在建筑形式上具有以下四个特征：[3]

（1）底部架空；

（2）正脊两头翘起；

（3）屋顶结构为二面坡形式；

（4）建筑檐下有走廊。

干阑式建筑是我国南方传统木构建筑的原始建筑雏形和源头，直至今日，我国江南、西南地区和东南亚许多国家的乡村地区仍有这类建筑的分布。河姆渡干阑式地面建筑与在云南、广西吊脚楼的总体特征相比较，区别不大。从河姆渡的建筑遗迹中，对比长江以北黄河流域的新石器时代遗址，干阑式建筑作为长江流域及其以南地区的建筑形制，和黄河流域的古代建筑源于两个不同的系统。[4]

在遗址的第二文化层还发现了迄今为止最早的水井遗迹。水井构筑在直径约6米的锅形水坑底部，用边长2米的四排木桩围成一个方形井壁，再在井口套上一个方木框作为围护，四周还设有圆形栅栏，大概作护岸之用。水井是除房屋之外与社团生活有密切关系的建筑物，对它的建造方式及采用技术水平的复原研究，也是聚落形态考察的一个方面。[5]

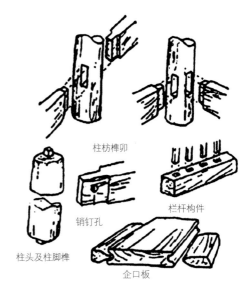

图1-3-4　河姆渡榫卯结构示意图（来源：百度百科）

柱枋榫卯

栏杆构件

销钉孔

柱头及柱脚榫

企口板

三、聚落起始

河姆渡文化遗址中的居住区、墓葬区、制陶场地分区明确，布局有致。房屋的形式也因需求不同而呈现出不同的形状，如圆形、方形、"吕"字形等。

通过对已发掘的干阑式建筑尺度规模进行估算，其人口规模在160人以上，这些不可能是一个家庭，而是一个具有共同血缘的氏族。[6]晚至河姆渡文化时期，原始人类社会的聚居在浙江地区就已经形成了聚落。从浙北杭嘉湖平原到宁绍平原，再到温瑞平原，陆续发现了200多处稍晚于河姆渡时期的原始遗址，例如距离河姆渡遗址不远处的田螺山遗址、慈城傅家山遗址等，大多数都出土了带有榫卯结构的建筑构件，充分说明远古时期的浙江就已遍布大量聚落居民点。[7]

① 黄定福. 宁波先秦时期的原始建筑雏形——干栏式建筑分析研究［J］. 文物建筑，2014（00）：21-22.
② 孙大章. 中国民居研究［M］. 北京：中国建筑工业出版社，2004：12.
③ 丁俊清，杨新平. 浙江民居：中国民居建筑丛书［M］. 北京：中国建筑工业出版社，2009：42.
④ 潘欣信. 河姆渡聚落建筑浅析［J］. 南方文物，1999（02）：32.
⑤ 桑坚信. 浅谈聚落形态考古与浙江史前聚落形态的考察［J］. 南方文物，1992（03）：104-105.
⑥ 丁俊清，杨新平. 浙江民居：中国民居建筑丛书［M］. 北京：中国建筑工业出版社，2009：43.
⑦ 同注⑥.

第四节 马家浜文化的土台聚落

一、遗址概况

马家浜文化是以1959年浙江嘉兴马家浜遗址发掘而命名的一支考古学文化，也是现今所知环太湖流域年代最早的新石器时代文化，被赞誉为"江南文化之源"。[1]距今约7000～6000年，包括上、下两个文化地层，环太湖流域地区是其主要的分布范围，包括江苏南部的苏州、无锡、常州，浙江北部的杭州、嘉兴、湖州以及上海地区。目前，马家浜文化的聚落遗址已发现百余处，经发掘的超过50处，发现了大量与聚落形态有关的遗存。

马家浜文化的早期建筑遗址只有1座，中期建筑遗址至少4座，晚期建筑遗址超过60座，早期和中期的建筑遗址较少，且绝大部分都是干阑式建筑，而到晚期的建筑遗址中建筑形式明确的有36座，其中浅地穴式的地面建筑成为主流，约有30座，但是干阑式建筑的数量也占有相当大的比例。因此，马家浜文化晚期干阑式建筑和地面式建筑共存的可能性较大，结构形式从单纯的木结构也逐渐发展为土木混合结构。[2]

二、土台聚落

海盐仙坛庙遗址是处于马家浜文化晚期至崧泽文化早期之间的一个文化遗址，发掘出一个陶盘底部刻有一幅干阑式建筑，有台基、梁柱、屋顶三部分，是我国高台基、木构架、大屋顶建筑的雏形，遗址位于一个土台之上，台东西长约100米，南北长约60米，房屋呈行列式平置，屋基面积为20～30平方米，形状为方形和长方形为主，这个土台应该是一个大家庭的居住空间。[3]

土台的建造方式大概有两种：第一种是地面挖出浅坑，形成浅穴式，坑内分层填外来生土，使其高出地面并堆成覆斗状，有时在土台外围加筑一层倾斜的护坡；第二种是直接在地面堆筑土台。土台建造完成后，还要在土台内部或周围的地面挖出一些浅沟、灰坑（图1-4-1），推测功能是用于排水。

考古人员认为当时的土台聚落应该是一个从单元到整体的四级结构，包括"单个土台—土台组—成排土台—聚落"，一个聚落大约包括10～12座土台。

马家浜文化的土台聚落内部还设有高祭台和高台墓地，说明宗教活动在马家浜文化聚落中占有重要地位。居住区和墓葬区相隔的聚落布局说明：马家浜先民

图1-4-1 寺前山遗址发现的石砌围沟（来源：王斌《马家浜文化研究》）

① 王斌. 马家浜文化研究［D］. 上海：上海大学，2019：1.
② 郑铎. 马家浜文化聚落形态研究［J］. 东南文化，2020（05）：85-87.
③ 丁俊清，杨新平. 浙江民居：中国民居建筑丛书［M］. 北京：中国建筑工业出版社，2009：44.

在规划聚落时可能已具有功能分区的规划意识。这一类的土台聚落在后期发展演变过程中逐渐形成了高祭台类型聚落。

与河姆渡文化遗址进行比较，马家浜文化时期的居住文化有三个特征[①]：

（1）房屋的体量变小，出现以家庭为核心的住宅单元。

（2）聚落的规模较小。

（3）墓葬区分布在住宅区附近，表现为住祭结合的形式。

三、中心聚落

已发掘的马家浜文化遗址中没有一处是全面揭露的，因而缺乏典型遗址来分析聚落布局和聚落结构。[②]通过对典型遗址的分析可知，马家浜文化时期的聚落选址主要倾向于两种主要地形，一是择取高于四周地面的台墩，而在台墩周围又遍布湖泊、河流或农田等；二是择取靠近湖海或河流的山坡、山脚或平地。[③]

无论是地面式建筑还是干阑式建筑，都有紧密相邻形成集中生活区的迹象，但看不出像兴隆洼、白音长汗等遗址那样的多排分布，也不似姜寨、半坡等遗址朝向唯一的聚落中心，与兴隆洼文化和仰韶文化的向心式聚落相比，马家浜文化聚落的居址建筑大致呈离散式布局。[④]从已发掘出的遗址来看，规模与规格等各方面都明显高于其他遗址的中心聚落还没有出现。但是到崧泽文化早期，礼器的出现以及中心性聚落和从属聚落的分野，是社会初步分化的一个重要标志。

整体来看，从小黄山文化和河姆渡文化到马家浜文化和崧泽文化早期，聚落组织不断分解，出现家庭形式的规模较小的基层聚落，这是社会生产力发展的结果。依托水源建立聚落，生活设施具备良好的抗水性，生产活动充分利用水资源，丧葬活动具有浓郁的神秘色彩，这些特征共同构成了马家浜文化聚落的基本面貌，并被崧泽文化晚期和良渚文化所继承，从聚落形态和特征的连续性看，马家浜文化聚落奠定了江南地区的基本生存状态。[⑤]

第五节　良渚文化的城镇聚落

一、遗址概况

良渚文化及其所代表的良渚文明距今5300～4300年，大约与古埃及文明、苏美尔文明、哈拉帕文明处于同一时代。良渚文化分布的中心地区在钱塘江流域和太湖流域，而遗址分布最密集的地区则在钱塘江流域的东北部、东部，例如上海市松江区广富林文化遗址就是良渚文化分布范围内的一处重要遗址。

① 丁俊清，杨新平. 浙江民居：中国民居建筑丛书［M］. 北京：中国建筑工业出版社，2009：44.
② 郑锋. 马家浜文化聚落形态研究［J］. 东南文化，2020（05）：92-93.
③ 王斌. 马家浜文化研究［D］上海：上海大学，2019：176.
④ 郑锋. 马家浜文化聚落形态研究［J］. 东南文化，2020（05）：88.
⑤ 郑锋. 马家浜文化聚落形态研究［J］. 东南文化，2020（05）：92.

今良渚、瓶窑一带40余平方公里的范围内，密集分布着130处遗址，是良渚文化的核心区域，统称为良渚遗址。遗址位于天目山两支余脉形成的东西长、南北窄的扇形谷口平原上，北面有靠山、南面有屏山，其间有河流穿越，水网密布，用地范围大，可进可退，是立国安邦的理想之地。

二、良渚古城

随着人类生产工具、劳动技能等的不断改进，劳动产品有了剩余，产生了私有制，从而推动了又一次大规模的社会劳动分工——手工业、商业与农牧业的分离。手工匠人和商人寻找适当的地点集中居住，以专门从事手工业生产和商品交换；同时，由于私有财产的出现，为了保护私有财产免受外敌入侵，便产生了筑城而居的需求。浙江在这一时期城镇的杰出代表，就是良渚古国的统治中心——良渚古城（图1-5-1）。

由于在良渚古城中发现了可以围合的人工堆筑、铺垫石头墙基、带有城门的土墙，以及原始文字符号，具备了文明特征，目前，国内外的考古界基本形成共识：良渚文化已经进入"早期国家"的社会文明发展阶段。

良渚古城的中心区是莫角山宫殿区，东西长约670米。南北宽约450米，约30万平方米的土台，高约10余米，内含3个呈"品"字形布局的大型土台，土方量约为211万立方米（图1-5-2）。遗址中的小型建筑多以干阑式建筑为主，屋顶多为双坡或者四坡屋顶。遗址北部发现的1000多平方米的大型建筑基址显示为夯土建筑，推测建筑总面积超过3万平方米，被誉为良渚文化的紫禁城。宫殿区外的内城约300万平方米，外郭城约为800

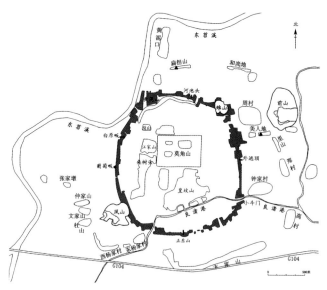

图1-5-1　良渚古城地图示意（来源：360网站）

图1-5-2　良渚古城发掘现场（来源：百度百科）

万平方米。位于城内的反山墓地，10余座贵族墓排列整齐，居中的12号大墓拥有卓然超群的显赫随葬品，眩目中散发着至尊的霸气，是名副其实的"王陵"。[1]

良渚遗址有功能分区和规模等级，大体可分为行政区、生活区、墓葬区、祭祀区。[2]莫角山聚落遗址中有很多土筑的高祭台，其中出现了观象测年的祭坛，

① 摘自百度百科。

② 丁俊清，杨新平. 浙江民居：中国民居建筑丛书 [M]. 北京：中国建筑工业出版社，2009：46.

说明莫角山既是行政中心也是祭祀的礼仪中心，早于炎黄时代，良渚先民就已经有了祭天的活动。到良渚文化时期，聚落遗址已经发展成为具有层级差的聚落集群，其中包括中心聚落、次中心聚落和一般聚落三个不同的等级。[①]

三、城镇聚落

浙江聚落的起源从小黄山文化遗址的聚落萌芽到河姆渡文化遗址的聚落起始，经过马家浜文化时期的积累，在崧泽文化时期产生了中心聚落，最后到良渚文化遗址演变出城市聚落和聚落级差，这是一条完整的发展演变脉络，证明了聚落的演变是由于社会生产力的发展而引起人类生存方式不断变化的结果。聚落的形态最终因社会生产力的发展和人类聚居方式及需求的变化而分化为村落、城市以及介于城市和村落之间的村镇。[②]

古国是指高于聚落以上的、比较稳定的、独立为政的村镇（城堡），方国则是人口较多、规模较大的古国。良渚古城虽然有可以媲美夏都、商都这样的城市建筑遗址以及礼仪中心，具备了城市的雏形特征，但是因为没有成熟的文字和青铜器这两个条件，仍不能称为国家，因此，考古学界又将其称为"良渚方国"。[③]

本书所指的浙江传统聚落并不包括城市聚落，而是指浙江省内形成较早，村民在长期生产生活中积累了较为丰富的历史文化资源，具有保护价值的村镇聚落。

① 王丹丹. 浙江史前建筑技术若干问题研究 [D]. 杭州：浙江大学，2009：27-29.
② 赵之枫. 传统村镇聚落空间解析 [M]. 北京：中国建筑工业出版社，2015：2.
③ 丁俊清，杨新平. 浙江民居：中国民居建筑丛书 [M]. 北京：中国建筑工业出版社，2009：46.

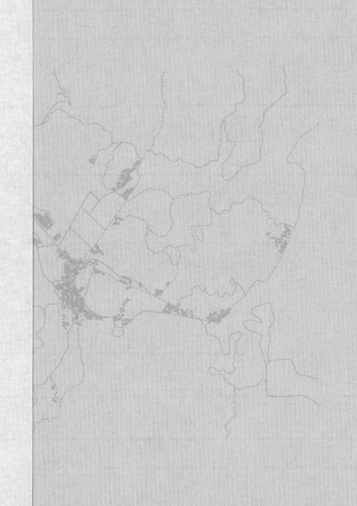

第　二　章

聚落发展的自然地理与社会文化动因

第一节　复杂多样的自然地理环境

一、地理地貌

　　浙江省地处中国东南沿海长江三角洲南翼，地跨北纬27°02′～31°11′，东经118°01′～123°10′。东临东海，南接福建，西与江西、安徽相连，北与上海、江苏接壤。境内最大的河流钱塘江，因江流曲折，称之江，又称浙江，省以江名，简称"浙"。

　　浙江东西和南北的直线距离均为450公里，陆域面积10.18万平方公里，是中国面积较小的省份之一。全省陆域面积中，地形类型复杂多样，地形起伏较大，浙江西南、西北部地区群山峻岭，中部、东南地区以丘陵和盆地为主，东北地区地势较低，以平原为主。山地和丘陵占70.4%，平原和盆地占23.2%，河流和湖泊占6.4%，耕地面积仅208.17万公顷，故有"七山一水两分田"之说。浙江自然地理呈现复杂多样化的特征。[①]

（一）地势西南高东北低

　　浙江地势由西南向东北倾斜，大致可分为浙北平原、浙西丘陵、浙东丘陵、中部金衢盆地、浙南山地、东南沿海平原及滨海岛屿六个地形区。

　　浙江地表以分割破碎的低山丘陵为主，200米以上的丘陵山地达到70%以上，平原较少，只占23.2%。地势由西南向东北倾斜，地形复杂。西南部为山地，平均海拔800米左右。中部为丘陵、盆地交错地区，海拔多在100～500米之间，有浙西、浙东丘陵及金衢、永康、新嵊、仙居、天台等盆地；东北部为堆积平原，海拔在10米以下，地势平坦，有杭嘉湖平原、宁绍平

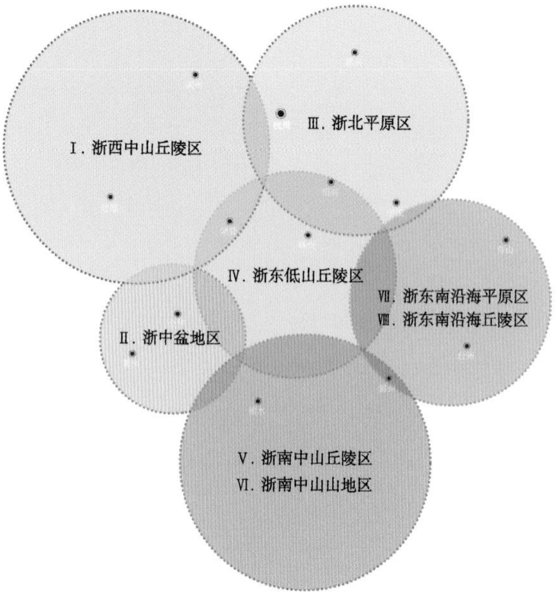

图2-1-1　浙江省地形地貌（来源：康艺兰 绘）

原，是水网稠密的鱼米之乡。

　　水系主要有钱塘江、瓯江、灵江、苕溪、甬江、飞云江、鳌江、曹娥江八大水系和京杭大运河浙江段。钱塘江为浙江第一大江。湖泊主要有杭州西湖、绍兴东湖、嘉兴南湖、宁波东钱湖四大名湖，以及人工湖泊——千岛湖等。

（二）地貌类型多样化

　　从地表形态上看，浙江有山地、丘陵、盆地、平原、海岸与岛屿等多种类型。

　　浙江在海拔500米以上起伏较大的山地主要分布在浙南，其次是浙西，山脉多自东北—西南走向，呈大致平行的三支：西北支从浙赣交界的怀玉山伸展成天目山、千里岗山等，主要分布在钱塘江以西地区；中

---

① 陈桥驿等. 浙江省地理［M］. 杭州：浙江教育出版社，1985：21.

支从浙闽交界的仙霞岭延伸到四明山、会稽山、天台山，入海构成舟山群岛；东南支从浙闽交界的洞宫山延伸到大洋山、括苍山、雁荡山，主要分布在浙东南地区。[①]

浙江的丘陵面积较大，初步估计在3万余平方公里，以绍兴、诸暨、金华等一线为分界线，以西为浙西丘陵，以东为浙东丘陵。浙西丘陵大部分高度在500米左右；浙东丘陵一般海拔在400米左右，地面起伏不大，为丘陵山区重要的农耕区。

浙江的平原约两万余平方公里，只占土地总面积的20%，大部分海拔在10米以下，分为两类平原。一类是沿海平原，主要在浙北杭州附近和浙东沿海，主要有杭嘉湖平原、宁绍平原、温黄平原和温瑞平原，这里地势平坦、水网稠密、水源充足、灌溉与航运便利，是浙江省水稻生产与淡水渔业的重要基地。另一类是河谷平原，主要分布在钱塘江、曹娥江、甬江、瓯江等水系干支流的中下游地区。河谷平原土地肥沃，是山区粮食与经济作物的重要产地。

浙江盆地大约有40多处，错落于丘陵山地之间，以中部地区分布最密集，面积也较大，主要有金衢盆地、永康盆地、仙居盆地、天台盆地等，约占土地总面积的5.6%。尤其是金衢盆地是粮食、棉花、水果等生产的重要基地，被誉为"浙江聚宝盆"。

浙江海岸曲折、岛屿众多，海岸线全长2253.7公里，近海岛屿星罗棋布，沿海共有2161个岛屿，浅海大陆架22.27万平方公里。海洋资源十分丰富，拥有海域面积约26万平方公里，相当于陆域面积的2.56倍；大陆海岸线和海岛岸线长达6500公里，占全国海岸线总长的20.3%。[②]

二、气候条件

浙江位于我国东部沿海，处于欧亚大陆与西北太平洋的过渡地带，该地带属典型的亚热带季风气候区。四季分明，年气温适中，光照较多，雨量丰沛，空气湿润，雨热季节变化同步，气候资源多样，气象灾害繁多。年平均日照时数1710～2100小时，年平均气温15～18℃，最冷月为1月份，平均气温3～9℃；7月份为最热月，平均气温26～28.8℃，沿海部分地区最热月在8月份，5～6月为集中降雨期。受东亚季风影响，浙江冬夏盛行风向有显著变化，降水有明显的季节变化。浙江省年平均雨量在1200～2000毫米。由于浙江位于中、低纬度的沿海过渡地带，加之地形起伏较大，同时受西风带和东风带天气系统的双重影响，各种气象灾害频繁发生，是我国受台风、暴雨、干旱、寒潮、大风、冰雹、冻害、龙卷风等灾害影响最严重的地区之一。

由于浙江气候四季分明、雨热季节变化同步、气象灾害繁多等特点，因而其传统聚落的建造也充分兼顾了日照、保温隔热、通风防潮、防灾适灾等聚落环境调适问题。

三、自然资源

浙江省具有丰厚的水资源，湖泊30余个，海岸线长6400余公里。自北向南有苕溪、京杭运河（浙江段）、钱塘江、甬江、椒江、瓯江、飞云江和鳌江等8条主要河流，钱塘江为第一大河。浙江地处亚热带季风气候区，降水充沛，年均降水量为1600毫米左右，是我国降水较丰富的地区之一。浙江还有着悠久的治水历

① 陈桥驿等. 浙江省地理［M］. 杭州：浙江教育出版社，1985：21.
② 资料来源：浙江在线新闻网站。

史，史传大禹治水"大会诸侯于会稽"，丽水通济堰、鄞县（今鄞州区）它山堰、钱塘江明清古海塘等古代著名水利工程流传至今。

浙江省的土壤以黄壤和红壤为主，占浙江省面积的70%以上，多分布在丘陵山地，平原和河谷多为水稻土，沿海有盐土和脱盐土分布。

浙江省树种资源丰富，素有"东南植物宝库"之称。浙江林地面积667.97万公顷，林地面积667.97万公顷，其中森林面积584万公顷，森林覆盖率达到60.5%。

浙江省海洋资源十分丰富，海岸线总长6486.24公里，占中国的20.3%，居中国首位。其中大陆海岸线2200公里，居中国第5位。有沿海岛屿3000余个，海域面积26万平方公里。面积大于500平方米的海岛有3061个，是中国岛屿最多的省份。浙江海域辽阔，水质肥沃，适宜多种海洋生物的栖息生长，生物种类繁多，素有"中国鱼仓"的美誉。[①]

浙江省具有自然地理条件多元化的特征，全省大部分地区是丘陵和山地，平原面积不足三分之一，此外，盆地、滨海、海岛等类型也占据一定比重，因而地形地貌是影响聚落发展与形态演变的重要因素。浙江地形地貌类型复杂，先民们将山坡开辟成梯田，并在接近水源、地势适宜的山坡或者山岙当中建造聚落和住宅。水源和交通的便利程度是山村聚落选址的重要条件，利用地形、地势和取用地方材料方面最具特色，形成因地制宜的聚落营建模式。除此之外，浙江省的河渠纵横、湖塘四布，耕地面积不多，使聚落分布与形态呈现出与溪流、湖面、海面等水体紧密依存、相互依赖的分布关系。

第二节　源远流长的吴越文化

地理环境包括地形地貌、气候和生产方式在内的生活环境是区域文化形成的内在机制，特定的自然环境对于人的心理、生活行为，甚至风俗习惯等有着潜移默化的影响。生态环境决定文化形态，一定的生态类型与一定的文化形态往往相适应。

"吴越"一词，始于春秋时代，相当于今天的江苏、浙江和上海市，还包括了山东、河南、安徽和江西局部地区。吴越文化位处于河网纵横、湖泽处处的中国东南部，依托江南水乡特有的地理环境优势，吴越先民以兼容并蓄的姿态吸收各派文化，在长期的社会实践中创造出丰富的物质和社会文化，素以清雅灵秀、柔润细腻的文化气质为代表。

一、宗族家族为核心的社会结构

中国传统乡土文化实质上是宗族文化与祠堂文化的缩影，任何家族的聚集均是以祖先崇拜作为信仰纽带，从而形成鲜明的宗族意识与宗亲观念，并以此为基础形成浓厚血缘性、政治性与宗法性的基层社会组织。祠堂作为地方宗族祖先崇拜的物化形态，也是中国

① 资料来源：浙江省统计局网站。

图2-2-1 血缘型村落祠堂分布图（来源：张卓源 绘）

传统儒家文化的产物，是宗法、礼仪、教育、娱乐、习俗等家族文化与乡土文化的载体。[①]祠堂所形成的宗祠文化，不仅仅有祭祀祖先的功能，还具有教化教育意义，更是宗族集体举办公共活动与商议事务的重要场所。宗祠是连接家族关系，维系宗族血脉象征的文化符号，发挥着增强宗族凝聚力、维系乡土文化的价值。浙江属吴越之地，江南富庶之乡，门第繁多，大家族与大宗祠众多，大多散布于村落中。据浙江省的相关资料统计，祠堂作为建筑类不可移动文物共有八千多处，其中文物价值较高的有一千多处，在规模、布局、形制、构架、装饰等几方面具有当地代表性的有五百多处。在此

次调研的传统聚落中，也可看到血缘型村落中祠堂在聚落形态与空间组织中所处的核心地位，如杭州市珠山村中的吴氏宗祠在聚落中的分布状况（图2-2-1）。

随着近代中国社会的转型，加速了家族制度的变革。传统的家族结构较早地开始分裂，家庭规模开始瓦解。"20世纪20年代，中国社会是家族结构式的社会，无论城市还是农村，家族组织具有重要作用。在同一地域中生息劳作的家族依靠地缘关系组成村落共同体，构成以共同的风俗习惯和规范为纽带的自治群体，在内部实行自给自足的自然经济。"[②]家庭或家族文化的变异由此催生从自然经济蜕变的家庭手工业和家族型工业的

① 费孝通. 乡土中国生育制度［M］. 北京：北京大学出版社，1998：6.
② 王沪宁. 当代中国村落家族文化［M］. 上海：上海人民出版社，1991：20.

出现。家庭在一定意义上可以说，是按血缘和姻缘关系建立起来的经济组织。浙江文化传统具有桑稻耕植文化特征，耕作的繁复性培育了农家勤劳与精细的性格与行为。生产的繁复性，使得农家在生活生产中需要有更合理有序的空间布局，如农宅中生活、农具存放与仓储分离，甚至设有养蚕室、桑叶场与蚕茧库等（图2-2-2）。这种组合象征着家庭成为一种标准的自给自足的生产生活单元。

由于浙江地少人多，人口密集而耕地面积不足，旧时农户在外经商，交替着经商、农耕的不同生计方式也是常见现象。历史上中国的十大商帮，浙江的龙游帮、宁波帮就是以地域为中心，以血缘与乡谊为纽带，以相亲相助为宗旨，会馆、公所为其在异乡的活动场所。[①]浙江的地理人文条件和历史进程，使得家族组织或者家庭及其人文精神具备更多的适应性。

二、清雅灵秀的水文化

吴越地区气候温和，土地肥沃，水网密布，长江、淮河、钱塘江等大江大河纵贯其中，太湖等湖泽及港湾，水塘星罗棋布，丰厚的水资源为吴越的物质文化创造提供了得天独厚的条件。水文化发达，是吴越文化的最重要特征之一。首先，丰富的水资源造就了吴越发达的水稻文明，使吴越从过去的荒芜之地变成了富甲天下的人间天堂。明清时期，吴越经济日趋商品化，商业、农业得到长足发展，棉花和蚕桑成为经济作物的两大支柱，使丝织业和纺织业得到了极大发展，自然经济逐步向商品经济转化。其次，兴修水利，河湖密布的自然水域和人工运河的开凿，为吴越编织了一条通达四面八方的水上运输网，水上交通的发达造就了吴越商品经济的繁荣和勃兴。到宋代，吴越之地形成了"五里七里一纵浦，七里十里一横塘"的规模化塘浦圩田体系（图2-2-3），成为吴越农业文化的一个重要景观。最后，水运的发达也为文化传播提供了便利条件，优越的水乡环境，塑造了吴越人机敏、精巧、文弱的性格。智者乐水，水造就了江南人的生存环境，也滋养了江南人细腻的性格特征与精巧的技术手段。

千百年来，浙江先民在利用水、与水和谐相处以及

（a）茧站

（b）煮丝生产车间

图2-2-2　养蚕（来源：王晶 摄）

---

① 杨张乔. 传统家族精神的"进化"——浙江农村现代化进程中一项社会支持系统 [J]. 邓小平理论研究，2001（2）：94-100.

与水拼搏中，孕育了智慧与文明，其建筑文化也处处彰显了对水环境的适应，如面水住宅、跨水民居、聚落水巷、水塘、风雨廊、多姿多彩的桥文化等，水乡文化已经渗透到吴越生活与文化的深层结构。[①]

三、雅俗相得的文化风尚

从浙江的社会环境以及浙江社会历史发展的轨迹可以看出，浙江有以杭嘉湖平原为主体的吴文化，以宁绍平原为主体的越文化，以金衢盆地为主体的婺文化，以及以温丽台为主体的瓯越文化，其文化形态也呈现出各自的特点。浙江地域文化在很大程度上体现出了移民文化中"兼容并蓄、海纳百川、聪慧机敏、灵动睿智"等吴越文化的特征。

随着唐宋战乱造成的大规模移民潮，导致了经济与文化中心的南移，江南的商业勃兴带来了城市的兴起。城市建设上多依山傍水，城市内外水道纵横、桥梁密布。商贾大户更是利用城市中的湖泽丘陵，建造清雅闲逸的私家园林，这种集建筑、造园、美学与一体的艺术形式，为江南文人创造了理想的环境，大量的诗文与画作均创作于此。文人艺术中，以士大夫为代表创作的文人画为代表，将诗、画、书法完美地呈现，还有南宋的官窑青瓷、玉器及其锦绣织物，都体现出文人艺术追求超脱世俗、高雅自然的情趣。[②]

宋元以来盛行于江南的以诗情画意为特色的文人风尚，进一步渗透到民间，渐渐融入现实与世俗化的风格。经济发展也推动了明清江南藏书业与教育事业的发展，明清书院林立，湖州的嘉业藏书楼、杭州的紫阳书院都是当时最著名的教育机构。教育事业发达，也将只在士大夫阶层流行的文人风尚推广到民间（图2-2-4）。

随着经济的繁荣与市镇的兴起，明清时期经济商业的繁盛，带来了社会结构的变化，城市与城镇中的市民阶层日渐壮大。市民脱离了乡村生活，在物质生活满足的同时，呼唤以描绘市民现实生活的市民文艺风的作品陆续出现。浙江的代表精英文化的文人风尚与代表市民大众文化的市民文艺相互融合，在观念上通过"事功"思想，达到一致，在途径上通过浙江发达的农业、工业与商业的繁荣发展，实现了雅俗共赏、共存共融。

四、工商皆本的重商精神

讲求实效、注重功利是浙江传统文化精神的一个显著特征。历史上一些著名的政治家和思想家，都提出过重要的经济思想和发展经济的主张，其中南宋以后兴起于浙东的事功学派（又称永嘉学派）在这一点尤其突出，形成了义利并存、工商皆本，崇尚工商的事功精神。婺商是浙江传统四大商帮之一，早在春秋战国就有范蠡弃官从商，成为中国商人的鼻祖。北宋时期，婺学领袖人物之一陈亮就提出了"农商并举"的理论："商藉农而立，农赖商而行，求以相补。"[③]

长期以来，浙江形成了浓厚的商贸文化传统，唐宋工商业有较多发展，强调义利合一，理欲相容。宋代商品经济发达，商业、农业、城乡手工业、集市贸易和市镇的发展均开全国之先河。明末清初，纺织业与航运业还出现了资本主义萌芽；近代以后，宁绍商帮崛起，更在经济发展史中占据举足轻重的地位。务实的工商实践，更塑造了浙江人柔慧灵活、刚柔相济的处世方式，造就了善于商谋、智巧灵变的文化品格与富民意识。

崇尚工商的事功精神也体现在城镇聚落形态上，南宋都城临安，商业繁荣，处处见茶坊、酒肆、彩帛、食

① 靳怀. 水与中华区域文化——以吴越文化为例 [J]. 河海大学学报（哲学社会科学版），2008（12）：5-10.
② 陈万雄. 吴越文化——中国的灵秀与江南水乡 [M]. 上海：上海远东出版社，商务印书馆，1998：193-194.
③ 林胜华. 婺文化熔铸浙江精神地标 [J]. 文化综合，2021（16）：111-112.

图2-2-3 荻港村水网空间鸟瞰图（来源：林雪晴 摄）

米等各类店铺，建筑多采用前店后宅的商住两用模式；府城内外形成了许多行业街市、店铺等，货摊相对集中于一条街巷，简称"行""团"或"市"，主要有药市、花市、米市、肉市、菜市、布行等，再现了南宋集市的繁荣盛世（图2-2-5）。

五、厚德崇文的尚学精神

江南地区社会普遍崇尚文教，重视文化教育。东晋

图2-2-4 湖州嘉业藏书楼（来源：林雪晴 摄）

以后江南士族多以文才相尚，江南公学、家学发达，世家大族藏书、读书风气盛行。唐至宋以后崇尚文教一直是江南文化最鲜明的特征。

宋代以后，儒学大量传入浙江，在浙江文化背景的影响下，崇尚理性精神，逐渐形成文化发展史上的浙东学派。浙东学派大体有以叶适为代表的永嘉学派、以陈亮为代表的永康学派、以吕祖谦兄弟为代表的金华学派（或称婺州学派）和杨简等为代表的四明学派。浙东学派各派的学说虽有不同之处，但他们的学术本质上都有一个共同点，即主张学术与事功的统一、实事事功，学术的目的在经世致用。面对占统治地位的程朱理学，叶适和陈亮强调学术与事功的统一，力倡"事功之学"。[①]吕祖谦的金华学派提倡博学通识、学以致用的作风，主张"讲实理、育实材而求实用"。明中叶以后王阳明创立的阳明心学，更是对传统儒学进行改造，提出"吾心之良知，即所谓三理也"，强调"知行合一"；黄宗羲的"经世应务"，章学诚的"史学所以经世，固非空言著述"等主张，都

图2-2-5 湖州市荻港村沿运河商铺街市图（来源：林雪晴 摄）

---

① 李泽厚等. 儒学与浙江文化 [J]. 浙江学刊, 1992（1）：58-62.

体现了江南文化提倡的求实务真的精神。[1]

"百工之乡"的产业传统，孕育了浙江人的聪明才智和尊师重教、喜文好学的文化传统。吴越文化博纳宽容的兼容精神，重视人与自然和谐统一的文化传统，也形成了浙江人柔慧灵活、刚柔相济的处世方式。

第三节 重农重商的生计方式

一、和谐共生的农业生产模式

江南地区气候温暖湿润、水网密集，是我国重要的稻作农业起源地。这里的自然生态环境、人文历史、生活习惯、语言等独具特色且自成体系，历史悠久的稻作生产和鱼类水产为主体的农业创造与自然和谐共生的人地关系，孕育了悠久的物质文明、社会文化与朴实的民风民俗。自新石器时代延续到今天的农业生产是传统社会形成与发展的基础，也是农耕文明不断演进的原动力。

浙江农业有着丰富的历史底蕴和辉煌成就，考古发现距今10万～5万年以前的"建德人"就劳动、生息、繁衍在这块土地上。浦江上山文化遗址发现带有栽培稻壳印迹的陶片和石磨盘、石磨棒是迄今为止世界上最早的稻米生产遗迹。河姆渡、良渚、马家浜文化遗址出土的骨耜、木耜、石犁，也证明在新石器时代中、晚期，浙江地面上的生产水平已经从单一的渔猎文化发展到渔猎、采集、农耕相结合的状态。春秋时代，古越地农耕方式生产已经以稻谷为主；东晋及南朝年间，随着大量移民入迁浙地，不仅改良了江南地方的农耕技术，而且随着士族势力的扩张，庄园式的农耕模式普遍兴起，大大促进了农业生产的发展，直到隋唐时期，浙江成为国内主要的粮棉生产基地之一。随着农业户口增多和稻米产量的不断提高，属于农耕范畴的桑蚕、茶叶、麻织等产业，也成为浙江一带城乡经济的重要支柱。到北宋初年，浙江已是全国粮食产量最高的地区。水稻品种的改良和植棉技术的普及，也为明清两代浙江农业经济的全面发展打下了良好基础。[2]

浙江在数千年的农耕生产实践中发展起来的传统生态农业模式主要有桑基鱼塘模式、稻田养鱼模式、稻作梯田模式等。内涵丰富、功能多样的农业生产系统，历经千年发展演变，至今仍然发挥着重要的生产和生态功能，保障着当地农民的生计安全和村落发展。在青田已经延续了1200多年的稻田养鱼，被列为首批全球重要农业文化遗产保护试点。它是一种典型的生态农业生产方式，即在系统内水稻与鱼类共生，通过内部自然生态协调机制，实现系统功能的完善。湖州的桑基鱼塘系统，起源于春秋战国时期，是中国传统桑基鱼塘系统中最集中、最大、保留最完整的区域。人民发明了"塘基上种桑、桑叶喂蚕、蚕沙养鱼、鱼粪肥塘、塘泥壅桑"的桑基鱼塘生态模式，最终形成了种桑和养鱼相辅相成，桑地和池塘相连相倚的江南水乡典型生态农业景观[3]（图2-3-1）。

江南农业经济的发展与农田水利的兴盛密不可分。水利建设始于大禹治水时期，一直成为农业经济发

---

① 景遐东. 江南文化传统的形成及其主要特征 [J]. 浙江师范大学学报（社会科学版），2006（4）：13-19.
② 张雨晴. 乡村振兴战略下的农耕文化传承模式探析 [J]. 农业考古，2020（4）：264-271.
③ 王斌. 浙江省农业文化遗产保护与发展浅议 [J]. 自然与文化遗产研究，2019（11）：90-95.

图2-3-1 桑基鱼塘（来源：张卓源 摄）

展的命脉。传统农业对水资源的合理利用和保持水土采取了许多行之有效的措施，如人们熟知的梯田、陂塘等。浙江古代水利遗产如云和梯田、通济堰等，是合理利用水土资源的典范。云和梯田有着一千多年的悠久历史、一千多层梯级、一千二百多米的海拔落差，被称为"三千梯田"；通济堰位于丽水市西南碧湖平原，距今已有1500年的历史，是我国最古老的大型水利工程，也是迄今为止所知世界上最早的拱坝，该水利工程以引灌为主，蓄泄兼备[1]（图2-3-2）。

浙江农业长期实践中所创造的精耕细作的织田经验，捍海浚湖筑堰的水利经验，轮作复种的耕作经验，用养结合的施肥经验，种桑养蚕缫丝的蚕织经验，粮畜结合的生态农业经验等，不胜枚举。江南传统农业蕴含着资源保护与循环利用、生物间相生相克、人与自然和谐相处的朴素生态观和价值观，对现代农业发展依然具有应用价值。

二、行业繁荣的工商业发展

浙江的商业文明历史源远流长，工商业活动自古就有深厚的民间基础。工商业历史发展有着清晰的发展脉络：春秋末期，"中华商圣"范蠡弃官从商，从国富民强的角度强调了农商并重的主张；隋朝京杭大运河的贯通使得杭州成为江南物资的集散中心；唐代安史之乱后，中国经济重心南移，浙江地区的丝织业进入快速发展时期，海外丝绸贸易不断增加；宋元时期，浙江凭借发达的桑蚕丝织业和优良的海港资源成为"海上丝绸之路"重要的出发点和腹地；南宋时期，中原文化大规模南迁，国都南迁至临安，随之带来了大量技艺高超的丝织工人，极大地促进了浙江丝织业的发展，人口大幅度增加也加快了丝绸贸易以及浙江市镇贸易的发展，各地市镇普遍兴起；明中期资本主义在此萌芽，商品流通领域扩大，商人活动活跃，商帮逐渐形成；明清时期浙江就有龙游商帮和宁波商帮。明朝中叶以后，商品经济的发展带来了金融业的兴盛，丝绸业、棉织业、医药业、银钱业、饮食业、盐业、交通业、文房业、铜铁器业、洋广杂货店业等各行各业堪称独步天下；鸦片战争后，杭州、宁波、温州先后开埠，浙江的对内贸易兴旺发展，宁波帮经营钱庄、海运等；温州帮经营海产等；绍兴帮经营黄酒等；兰溪帮经营大米等；金华帮经营五金、木器；同时，富阳纸业、湖州织造业、青田石雕业以及杭州胡庆余堂的中药业等也方兴未艾，浙江成为近代工商业和商帮的摇篮。[2]

丝织业在浙江传统工商业中发展最为成熟，列于各业之首位，在经济发展史中扮演重要角色。1958年在吴兴县钱山漾发掘出新石器时代遗址文物中的绸片、丝线和丝带等。南朝时，绍兴地区的蚕丝业发展起来，会稽成为米、绢交易中心。隋唐五代随着运河开通，浙江植桑养蚕经济进一步发展；明代朱元璋即位之初，即蓄意发展蚕桑，杭嘉湖地区已开始形成"以桑为业""以蚕代耕"的局面，明代浙江的蚕桑生产，基本上是商品生产。湖州由于地处杭嘉湖平原，土地肥沃，气候

---

① 闵庆文. 我国重要农业文化遗产发掘工作回顾与前瞻 [J]. 自然与文化遗产研究，2020（11）：2-9.
② 金普森. 略论浙江近代经济史研究 [J]. 杭州大学学报，1991（3）：29-37.

图2-3-2 云和梯田与梯田环绕聚落（来源：纪文渊 摄）

宜人，濒临太湖，雨水充沛，非常适宜种蚕、养蚕及缫丝。明清时期，长江流域已经成为全国丝织业发展最发达的地区，尤其是浙江湖州一带。

随着蚕桑丝织商品经济的发展，村镇发展成为地绕桑田、蚕丝成市的集镇。湖州地区市镇星罗棋布，北有南浔、震泽，西南有石门、新市，西北有双林、菱湖，东有临平、濮院，在纵横一百多里的范围内，分布着大小约30个市镇。市镇的兴起必然引起人口结构的改变，大量农业劳动者脱离农村，聚集于市镇中心，导致农业人口不断下降，大量农民转行成为手工业者或者雇用劳动者甚至商人，进一步促使市镇成为工商业活动的基地。随着各行各业人员的聚集，市镇公共设施逐渐成形，商店、酒馆、书院、会馆、市场、工场等一应俱全，也催生了一大批有名的丝织业市镇，如南浔镇、菱湖镇、双林镇等，涌现不少工商巨镇。湖州市镇发展迅速，已具备城市的基本格局[1]（图2-3-3）。

中国传统的五金业也发源于浙江金华的永康。东晋初期平南将军应詹是屯田芝英，带来中原地区五金手工业和先进的金属冶炼技术。创建古芝英之时，为了满足规模日益增大的屯田开发、基础设施建设和武备保障的迫切需要，开始炼制五金。梁朝道观炼丹所带动的五金冶炼，有唐宋以来的继续发展，芝英众多五金手工业才会应运而生，名扬全国，造就了世代相传从事手工业的传统，形成了良好的产业环境氛围[2]（图2-3-4）。

生计方式与经济发展是聚落发展的重要因素，在城镇形成过程中起到了不可或缺的作用。尤其是在江南城镇聚落，城镇一方面将商品经济活动带到了周边农村聚落；另一方面日益兴盛的农村商品交易愈发依赖于城镇的存在，使得城镇不断发展壮大。经济发展始终影响着聚落兴衰，与之兴起相伴随商品市场勃兴、手工业的崛起以及社会文化的变革，形成江南工商业城镇与经济发展之间的深层联系。

图2-3-3　湖州荻港村鸟瞰（来源：林雪晴 摄）

---

① 张帅. 明清时期湖州丝织业与市镇研究 [J]. 现代商贸工业，2020（6）：32-33.
② 应业修. 千年应氏望族地 [M]. 北京：中国文史出版社，2014：176.

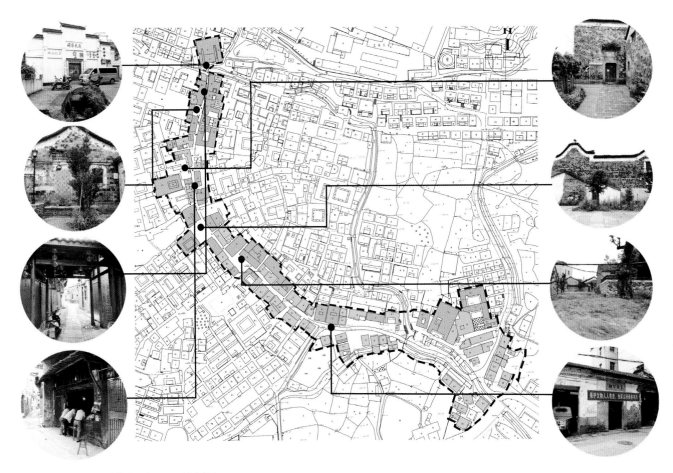

图2-3-4　永康芝英镇古麓街（来源：纪文渊 摄）

第四节　方土异同的民风民俗

　　民俗文化的地域性是指某一地域所具有的传承至今仍然发挥作用的文化传统。民俗文化既属于社会意识形态，又是一种历史悠久的文化遗产，它包含了该区域发展过程中人们所形成的精神风貌、思维模式、民俗传统、宗教信仰、价值取向、行为规范等。民俗起源于人类的日常生产和生活，某个地区或民族中的大众所创造、共享和传承的生活文化，起源于群体生活的社会需要，在特定的族群、时间和空间形成并不断扩展和演变。[①]

　　浙江民俗起源于新石器时代的河姆渡文化、马家浜文化与良渚文化，在进入以中原地区为主导的汉民族文化系统后，虽经移民文化的融合和改造，却依然保持着自身特色，与中原地区存在明显的差异，诸如稻作文化、舟船文化、穿着、饮食、语言等，千百年来成为地方性文化的象征。

---

① 钟敬文. 民俗学概论［M］. 上海：上海文艺出版社，1998：4.

一、以稻作为主的农耕礼仪

农耕仪礼是围绕农业生产而展开的一系列礼仪，伴随着农事生产的进程而开展，在稻作文化中显得尤为突出。农耕民俗文化的范围是很广的，涉及农业生产生活有关的居住、饮食、服饰、家庭、村落、信仰、宗教、节日、作物种植、生产工具、生活用具、民间神话、传说、故事、体育竞技等方方面面。而中国南方稻作文化区域，水田稻作礼仪举行"春祈秋报"活动，在水稻栽培过程中从育秧、插秧到收获，还要举行一系列礼仪，在收获季节用娱乐形式或者赶庙会，演社戏庆祝丰收。[①]

农业生产是人们世代赖以生存的生计方式，祈求农业丰收成为各种民俗活动的主题。浙东地区的"六月六"民俗，蕴含了深厚的农业文化记忆与生产智慧，与当地的气候条件和农作物成长周期密切有关，水稻与麦交替种植，使得田地之力得到充分利用，通过中国二十四节气歌来指导农业生产，这也是中国古代劳动人民对自然敬畏的态度和顺应自然调节生产生活的智慧体现。[②]

农耕礼仪还包括富有特色的地方民俗，金衢地区有斗牛之俗；嘉湖地区有祈求驱蝗的习俗，杭嘉湖地区的蚕俗、丽水地区的香菇节、舟山地区的婚俗、绍兴地区的酒俗、磐安县的茶俗等，无一不是农耕社会的产物。不少聚落里也在村口或者水口处建造禹王庙、马氏仙宫等建筑物与构筑物，以祈求聚落农耕生产风调雨顺、收成饱满。时至今日，农耕民俗中反映出来的强烈的农耕礼仪，依然贯穿于社会生活的方方面面。

二、水文化相关的水乡海岛民俗

随着浙江沿海岛屿人口逐渐增多，渔业、盐业、海运业迅速发展，内地湖泊江河与沿海岛屿均得以开发，其社会经济逐渐繁荣，形成许多具有水乡海岛特色的民俗事象。首先浙江沿海岛屿的渔民建房多为石结构建筑，山墙面向主导风向，脊高檐低，窗户略小，抗风保暖性能良好，以抗海风和潮湿之气；杭嘉湖水乡民居，则多为枕河而居，形成架于水上的民居；新安江、瓯江等江湖上旧时多船上人家，以船为家屋居于水上。

水乡与海岛多桥和多庙的客观环境，为舟山民间的许多信仰民俗提供了客观条件。舟山有"烧十庙、走十桥"的海洋信仰民俗，即与桥和庙有着直接的关系。"走桥""走庙"活动已经成了舟山最普遍性的信仰民俗活动之一，以祈求平安与精神寄托。[③]

第五节　时空演进中的聚落生长

传统聚落的生成生长历程是一个多因素作用的、历史的、动态演进的系统，是在地区自然、经济技术、社会文化等诸多因素构成的动态网络综合作用下的结果，既适应于当地自然环境与资源状况，又体现了地区经济与社会文化的真实性。

不同的自然地理条件使人们产生了不同的理解与认识，当这种认识固化于人们的思维深层结构时，它反而会反作用于人们的社会行为，由此而形成各个地区的社

① 鲁可荣. 乡村传统民俗文化的集体记忆重构及价值传承 [J]. 浙江学刊, 2020 (2)：225-230.
② 董名杰. 浙江"六月六"传统民俗及其农业文化内涵 [J]. 农业考古, 2017 (4)：223-227.
③ 汤力维. 海洋信仰与民俗的高度融合——以舟山"烧十庙、走十桥"习俗为例 [J]. 浙江海洋学院学报 (人文科学版), 2012 (6)：14-18.

会文化特征。社会文化因素最终成为传统聚落形成的主导因素。因而，美国著名建筑理论家拉普卜特认为："住屋是变动的价值、意象观念和生活方式的直接体现。"①聚落空间是社会组织的物质载体，聚落与住居的空间形态往往与地区的社会行为、家庭结构关系反映出一一对应的关系，如形态布局与空间尺寸反映着家庭结构与人们的生活行为，不同使用功能在各部分的区分以及适应不同家庭成员的生活方式。此外，聚落形态表现出空间布局与聚落社会组织相当程度的密切关系。这些充分表明聚落是一个适应特定生态条件制约、反映社会组织与合作的基本生活单位。

影响传统聚落的诸多因素之中，生计方式、经济技术与价值观都会随着时代的发展而有所改变，唯有自然生态因素具备相对稳定性，是传统聚落生成与生长的基础动因，并间接作用于其他动因。而影响聚落生成生长的经济方式是聚落形态演变的主要动因之一。其他因素如社会组织、政治宗教、风土民俗等社会文化要素相互交织，从不同角度、不同程度、持续调整与修正着聚落形态的发展与方向，构成了聚落形态演变的动因系统。各种动因在不同地域或相同地域的不同时期阶段，对聚落空间形态的影响强度也各不相同，存在主次与强弱之分。聚落空间是一个动态的历时过程，不同时期的组织形态共时叠加于聚落的物质形态中。聚落形态的研究必须从历时性的时间维度，解析其生成生长的动因与机制。

浙江多样化的地理环境、气候条件、人文环境与社会经济特征孕育了异彩纷呈的传统村镇聚落与民居建筑。因而，对浙江传统聚落的研究，应该系统地放在浙江自然环境、历史文化变迁、产业经济发展状况、吴越文化的历史积淀与浓郁的民俗风情这个综合的环境背景中分析与研究其发展成因、聚落构成、空间结构与形态特征，以下章节将详细阐述。

---

① （美）拉普普. 住屋形式与文化［M］. 张玟玟，译. 台北：台湾境与像出版社，1997：55.

第 三 章

自然地理环境与聚落构成

作为人类聚居的载体，聚落表达出一种和谐的人地关系，人与周围自然地理的一种相处模式。人类通过改造自然环境，使之适合于自身定居的需要，这是人地关系的主导方面。同时，自然环境对聚落的发展又有很大的制约作用，不同自然环境中的聚落，在聚落形态与生成生长方式上往往有很大的差异。各种自然因素，如地形地貌、气候、水文、自然资源与物产等都会在不同程度上影响聚落的生成生长。

人类为谋求自身的生存与发展，凭借其智慧构建起千姿百态的生计方式，以应对千差万别的自然地理环境。人们在长期的生存实践过程中，通过对生存环境及资源可利用性的认知、适应而逐渐选择形成应对自然环境特色的聚居模式，建立了调节自然地理环境与社会文化、生计方式协调关系的互动机制，从而呈现出多姿多彩的传统聚落形态。

第一节　自然地理学视角下的传统聚落构成类型

自然地理因素包括地域气候、地形地貌、水文地质、自然资源等，是影响传统聚落生成生长的基础动因。因而，本章首先从自然地理视角阐述浙江传统聚落的类型构成、聚落特征与典型案例。

一、自然地理学

地理学是关于地球和其特征、居民和现象，以及空间差异与变化过程的学科体系。[1]地理学专注研究人与自然界的关系，地理学专注于环境和空间是如何被人制造、看待及使用，以及人类如何影响其占用的空间。在地理学视野下，聚落不仅是人类活动的中心，人们居住、生活、生产和进行各种社会活动的场所，也是构成地表人文景观中最主要的部分，它的形成与发展最能表现各区域的特性。

自然地理学是一门研究自然地理环境的组成、结构、空间分异特征、形成与发展变化规律，以及人与环境相互关系的学科。[2]人类在特定的自然环境中，不断聚居，从而形成聚落。自然地理条件是聚落空间形成的物质基础。早期聚落选址多靠近河流、湖泊等水系，获取生活水源与灌溉的需要，聚落沿河伸展，逐渐形成更大规模的聚落空间。限于生产力与技术手段所限，自然地理条件对聚落空间营建起到决定性的作用，地形地貌因素更是自然环境因素中首先考虑的因素。山体、水系既是聚落空间存在的有利自然资源，也是聚落空间生长的限定边界，也会约束聚落有限生长。随着聚落空间的不断发展，聚落空间格局与形态呈现出巨大的差异与丰富的层级关系，而这种层级性与区域自然地理条件有着密不可分的关系。因为从自然地理学的角度研究聚落形态类型与形态特征具有重要研究价值。

聚落地理学是人文地理学的分支学科之一，它是一门主要研究农村聚落形成、发展、分布规律及聚落与周围环境关系的学科。[3]研究将自然地理学与聚落地理学相结合，分析浙江传统聚落的形成、发展、分布规律

① 金其铭. 农村聚落地理 [M]. 北京：科学出版社，1988：15.
② 张小林，盛明. 中国乡村地理学研究的重新定向 [J]. 人文地理，2002，17（1）：81-84.
③ 金其铭. 中国农村聚落地理 [M]. 南京：江苏科学技术出版社，1989：28.

与聚落形态特征，以大量聚落案例为研究案例，通过类型归纳，探讨每一个聚落受自然地理诸因素影响的程度，进而把握聚落在特定地理环境中生成生长的规律，从而对传统聚落的保护与持续发展具有指导意义。

二、自然地理与传统聚落的演化

自然地理环境包括地形地貌、气候、土壤、水文、自然资源等，聚落的形成与发展是这些因素综合作用的结果。

（一）气候

"气候——影响着人类舒适——是气温、湿度、辐射（包括光线）、气流、雨水雾气的综合结果。为了舒适的目的，这些因素的组合达成一定的平衡状况"[1]。宜人的居住环境所涉及的气候因子包括：温度、湿度、日照、通风、气压、降水等，而聚落布局组织、建筑选址、形态等对气候的调适也就是对这些气候因子控制的最佳组合。由于人们驾驭自然的能力较弱，只能被动地选择顺应气候条件的限定，一方面充分利用当地有利的自然气候资源营造舒适的建筑微气候；另一方面通过聚落选址与形态，防避或削弱不利自然气候因素的影响，建筑形态布局、合理的选址、街巷宽度可调节建筑局部的微气候，改善局部环境的热舒适性。中国传统风水理论所推崇的理想选址原则"枕山、面屏、环水"，其中为营造良好生态循环的微气候，对太阳辐射、温湿度及风等气候因素的调控原理是具有环境科学的合理解释的：背山以屏挡冬季北向寒风，向阳获取良好的日照，环水可利用日夜的水陆风效应，缓坡建造利于排水以避涝灾。可见，乡土聚落的选址总是遵循寻取具有良好日照与风向的气候场所，并规避不利风向因素的原则而建造。聚落形态也有防

灾与适灾的效应，浙东南沿海地区的聚落密集紧凑的组织与民居山墙面朝向主导风向也是抵抗台风灾害的最佳印证，加大侧向的抗风刚度。聚落通过庭院、天井与巷道组成完善的自然通风体系来解决浙江夏热冬冷地区的通风、散热与采光需要。

（二）地形地貌

地形地貌按自然形态划分为山地、丘陵、平原、高原、盆地五种不同类型的地形地貌，其土壤及下垫面物质各不相同，造成的植被和水文也有差异，影响了聚落的生产与生活状况。土地在农耕经济时代是最宝贵的生产资料和物质财富。传统聚落极少大规模地开挖平整地基，多创造性地利用地形限制，山形水势营建，化被动为主动，组织聚落形态，是人们在长期实践中总结出的顺应自然、协调生产、营宅立邑的营建经验。

聚落对于地形地貌的利用还体现在节地方面。为了尽量将平坦肥沃的土地让位于农田，尽量利用原始地貌环境中的坡、沟、坎、台等地貌形态，随高就低修建住房，节约了平整土地的人力资源与土方，又利用地形高差错落形成千姿百态的聚落群体景观。在对山丘坡度利用的手段上，可谓千变万化：筑台、提高勒脚、错层、跌落、悬挑、掉层、附崖等，使不同高度坡台上的建筑高低错落，相互衔接，最大限度地利用了土地资源。

（三）水文

水是聚落赖以生存的必要条件，在聚落选址中选择依山傍水的地方进行建村，如：山地聚落总是临山溪就近营建；丘陵地区多寻取山谷水系汇集之处建造；平原水乡尽管水资源丰厚，水网密布，聚落也多人工开挖池塘、溇港、水圳等，营造聚落的人工水网系统。水文因素不仅影响聚落布局形态，还有利于营造宜人的微气

---

① （美）拉普普. 住屋形式与文化 [M]. 张玫玫，译. 台北：台湾境与像出版社，1997：107.

候，利于农业灌溉与防御火灾。本书所涉及的水文因素主要包括河流、湖泊、海洋和池塘等。

（四）自然资源

聚落就地取材建造是对自然限定的积极回应，从浙北聚落的粉墙黛瓦、浙中民居的木构青砖，浙南山区的木构夯土、浙南沿海木构石墙，都体现了自然材料的强烈表现力、虚实关系、色彩、质感，将聚落纳入地区自然地理环境的融合协调之中，也构成了聚落浓厚的景观特质。此外，聚落民居对材料的功能与用途也被挖掘到极致，从支撑结构到墙体围护，从基本结构构件到装饰构件，甚至是材料的搭配、组合与加工，如浙北的空斗砖墙、浙中民居的木构与编竹夹泥白灰墙、浙南山区石基夯土墙与东南沿海的石块墙，都在结构功用与美学效果上获得了完美的组合。

三、传统聚落的地理学类型

在浙江省全域，地貌类型复杂多样，有山地、丘陵、盆地、平原、海岸与岛屿等多种地貌类型，浙江以山地与丘陵地貌为主，达到总面积的70%以上。丘陵地貌分布比较分散，散布在浙北、浙西、浙东，浙东南等地区，但是山地地貌主要集中在浙南山区部分。浙北地区主要以平原与水乡地貌为主，占总面积的23%。盆地地貌主要错落于丘陵山地之间，以中部地区分布最密集，约占土地总面积的5.6%。浙江海洋资源十分丰富，岛屿与沿海岸线占全国海岸线总长的20.3%，浙江地貌还包括大量的海岛地貌与海滨地貌。

因而，本书将浙江省地形大致分为浙北平原，浙西、浙中山地与丘陵，浙东丘陵，浙中金衢盆地，浙南山地，东南沿海平原及滨海海岛等七个地形区。浙江传统聚落也是顺应浙江地理地貌多样化，分布复杂性的地表特征限定，并智慧地回应地理地貌限定形成了类型错综复杂、多元化的聚落与民居类型。本章对传统聚落的类型划分就是基于浙江省地理地貌类型而划分的。通过对110多个浙江省传统村落实地调研，分析不同地理地貌传统聚落的形成、发展、现状分布、聚落空间格局、聚落形态特征、景观风貌等，并详细解析不同地理地貌的典型聚落案例，归纳不同地貌传统聚落的人地关系模式与生成生长的演变规律。

第二节　平原水乡型传统聚落

一、平原水乡型传统聚落类型的地理方位

（一）地理学的平原、水乡定义

平原是"大片平坦或稍有起伏的地区"[①]，且有多样的形成原因，并因之而命名，例如冲积平原、海岸平原、泛滥平原等。平原指海拔0～200米之间，相对高度和地面起伏小、等高线稀疏的一种地形。

依据平原从属关系进行分类，可以分为独立型平原与从属型平原两种类型。独立型平原，如长江下游平原；从属型平原是某种更大地形里的构成单位，如杭嘉湖平原、宁绍平原与温黄平原都从属于长江中下游平原。本节主要针对以上三个从属性平原的传统聚落进行深入阐述。

---

① 穆尔（W.G.Moore），刘伉. 地理学词典［M］. 北京：商务印书馆，1980，9：255.

水乡一般是指"江南水乡"。"江南"的含义在众多文献中是个不断变化、富有伸缩性的地域概念[1]。在中国地理的自然区划中长江三角洲、两湖平原江汉平原及太湖洞庭湖、鄱阳湖等区域通称为长江中下游平原[2]。按照这样的概念长江以南的地区虽不能通称为"江南"，通常江南水乡传统聚落是指集中分布在杭嘉湖平原、宁绍平原地区，即杭州、嘉兴、湖州、绍兴等地区的村镇聚落。

（二）平原水乡型传统聚落的主要分布区域

1. 浙江省平原水乡型传统聚落的分布现状

浙江省平原水乡型传统聚落分布在杭嘉湖平原、宁绍平原、温黄平原（图3-2-1），其中杭嘉湖平原地域范围内的典型传统聚落分布最多，为50个，其中国家级传统聚落24个，省级传统聚落23个，普通传统聚落3个，如杭州市桐庐县石阜镇石阜村、嘉兴市海盐县六里村及嘉兴市桐乡马鸣村。宁绍平原范围内分布数量较少，典型聚落为5个，如宁波市奉化区青云村；温黄平原中分布最少，典型聚落为2个，如台州市椒江区下陈街道横河陈村。[3]

在《浙江省水利志》以及众多文献中提到的浙北平原多指浙江省北部平原地区，其范围包括杭嘉湖平原以及钱塘江以东的部分地区。浙北平原地区河塘众多、水网密布，水资源丰富，尤其是杭嘉湖平原地区河网水系纵横交错，形成特有的浙江水乡风貌。分布在杭嘉湖平原的水乡型典型传统聚落一共有17个，其中国家级传统聚落4个，省级传统聚落12个，普通传统聚落1个，如湖州市南浔和孚镇荻港村、湖州市吴兴义皋村及嘉兴市桐乡马鸣村。

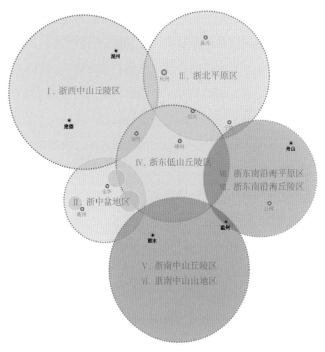

图3-2-1　浙江省平原水乡型传统聚落分布示意图（来源：张卓源　绘）

2. 杭嘉湖平原的地域范围、地理特征及气候环境

杭嘉湖平原位于中国浙江省北部，太湖流域南部，属于浙北平原的一部分，横跨太湖—长江流域与钱塘江流域两大水系，是浙江最大的堆积平原，面积约7620平方公里，主要行政区划包括杭州、嘉兴、湖州。杭嘉湖平原地势较低，大部分地区海拔在10米以下，平均海拔3米左右，整个平原以太湖为中心，形成东南高、西北低的地势。根据平原成因的不同，杭嘉湖平原内部包括沿海平原与河谷平原等从属性平原。杭嘉湖平原东部为沿海平原，由湖泊或潮滩堆积物堆积而成。杭嘉湖平原西部临近天目山区，属于河流侵蚀堆积而形成的谷底平原，较沿海平原地域面积狭小，但地势稍高，一般海拔在50米以内。往往由钱塘江及其支流发育而成，由于不同的地形条件形成狭长的小型平原和

① 郭焕宇. 江南园林与粤中庭园审美文化比较研究 [D]. 广州：华南理工大学，2006：62.
② 李涛. 中国地理（下册）[M]. 长春：东北师范大学出版社，2007：143.
③ 林莉. 浙江传统村落空间分布及类型特征分析 [D]. 杭州：浙江大学，2015：47.

大面积的盆地平原，如杭州市桐庐县深澳村就位于河谷平原，村落周边散布低矮山丘，且临近丘陵地貌。

杭嘉湖平原为亚热带季风气候，年温适中、四季分明、光照充足、雨量充沛，气温呈南高北低分布。适宜的气候环境与丰沃的土壤条件使得杭嘉湖平原成为鱼米之乡、丝绸之府，产业以传统种植业为主。杭嘉湖平原属于吴越传统文化区，其丰富的物产与耕读传家的思想使之成为孕育传统文化的沃土。

3. 宁绍平原的地域范围、地理特征及气候环境

宁绍平原位于浙东北沿海，也是浙北平原的一部分，形成晚于杭嘉湖平原，面积4800多平方公里，主要涵盖了绍兴、宁波两市的中北部及杭州市东南的萧山滨江及江东。宁绍平原由钱塘江、曹娥江、姚江、奉化江及甬江等河流冲积形成，地势平坦，平均海拔5～7米，地表成均一的缓坡，湖沼河渠众多，自东向西、由内地向滨海微微倾斜。

宁绍平原为亚热带季风气候，气候温和湿润，因冬夏季风交替明显，加之依山靠海多变特定的地理位置和自然环境使得各地气候多样、灾害性天气较为频繁。因其温暖湿润的气候与自然环境，宁绍平原盛产稻谷等作物，同时临近海洋，渔业资源丰富。宁绍平原属于沿海渔民文化区，产业以商贸、渔业与农业为主，是以海洋文化为代表的于越文化发祥地。[1][2]

4. 温黄平原的地域范围、地形特征及气候环境

温黄平原位于浙东南沿海，属于沿海半岛丘陵与平原区，是包括温岭、黄岩、椒江及临海等县市的东部临海平原区域，总面积2357.7平方公里，平均海拔5～7米。区域内有永宁江与金清两大水系，属于沿海平原，地势为西南高，东北低，其中西部多为高山峻岭，其主要是由于沿岸海流带来的泥沙堆积而成。

温黄平原属于中亚热带季风气候，热量丰富，雨水充沛，但时空分布不均。沿海海岸曲折，港湾众多，近岸海域有众多岛屿分布。因地理位置与福建相近，其文化属于浙南闽东文化区。浙南闽东文化区矿产资源丰富，航运、渔业、海洋资源丰富，为商业发展提供了便利。[3]

二、平原水乡型聚落的空间格局

（一）平原水乡型传统聚落的选址

自然环境是影响传统聚落选址的关键因素。聚落选址注重因地制宜，最大化利用有限的自然资源。浙江省平原地区地势低平，仅在河谷平原地势稍有起伏或临近山麓，影响选址的自然因素可细分为四点：田地、水源、交通和山麓。

首先，由于田地是最重要的生产资料，平原型传统聚落选择土地平整、肥沃处定居，且聚落往往紧邻田地。同时，土地的丰饶程度也影响了聚落的规模与人口密度，平原型聚落规模往往较大，达到了人地的平衡状态。其次，水源对于聚落的存续至关重要，村落往往临近水源选址。当自然河流或湖泊无法满足聚落生产、生活用水时，往往通过挖取诸如水塘、水井等人工引水或蓄水方式来保证用水需求。再次，交通便利对于村落对外沟通至关重要，聚落多依靠驿道或运河旁支流定居。聚落内外的货物运输与人员出行依靠陆路或水路而行，在水网密集的浙江平原地区更是依靠水路进行内外交通运输。最后，低缓的山麓能为平原型传统聚落提供防卫作用，部分村落较为重视防护或假借山势之利以塑造宜居的微环境。

① 刘圆. 历史上宁绍平原地区的开发和环境变迁——以陈桥驿的论著为研究视角 [J]. 新西部（理论版），2017（06）：76-94.
② 朱丽东，张建珍. 简明浙江地理教程 [M]. 武汉：武汉大学出版社，2012，7：232.
③ 朱丽东，张建珍. 简明浙江地理教程 [M]. 武汉：武汉大学出版社，2012：233-252.

（二）平原水乡型传统聚落的规模

平原水乡型传统聚落的规模受土地资源、地理区位及经济条件的影响较大。因为发达的水系及肥沃的土地，平原型村落较多以传统农业、种植业为生，少部分聚落借助水路交通的便利发展运输业与商业。绝大多数聚落规模普遍很大，往往可以达到千余户、几千人左右。如位于宁波市奉化区的青云村，位于剡江与泉溪相汇处，运输业蓬勃发展，成为远近闻名的商埠，村内共1261户，达3568人。又如位于杭州市的深澳村，居民多姓申屠，还有周、应、朱等姓，村内共千余户，近万人之多。极少数平原型传统聚落规模较小，也有村民千余人，如台州市黄岩区北洋镇潮济村，村民数量达1126人。

（三）平原水乡型传统聚落布局类型

平原水乡型传统聚落外部环境较为优越，水土丰茂，田野广阔。聚落物质空间发展过程受外部自然人文条件限制较少，在土地开阔、水体分布均匀的地方，外部环境因素往往为环心围绕聚落布置，因此聚落的布局类型为环心状布局。而在线状排布的山体或水体的影响下，往往外部环境因素为轴线状引导聚落布局，因此平原型传统聚落的布局类型为轴线状布局。[①]

1. 环心状

环心状传统聚落往往围绕中心布局，聚落外部田、山麓、水体等自然要素环绕村落（图3-2-2）。平原型传统聚落往往为单一或数个姓氏为主的村落，聚落往往以宗祠、厅堂等公共建筑及广场等公共空间为中心。聚落布局的中心并非是聚落形态的中心，规模较大的多姓聚落会存在多个宗祠及支祠，因此会存在多核心的聚

（a）珠山村卫星图（来源：谷歌地图）

（b）布局模式图（来源：张卓源 绘）

图3-2-2 环心状传统聚落（来源：张卓源 绘）

落。但是从聚落整体分析，外部环境因素环绕聚落，聚落内部成为有机整体。例如，杭州市江南镇珠山村由五个姓氏的宗族聚居而成，每个宗族形成各自的核心，但是村落依靠宗族观念形成一个紧密联系的整体，周边田野环绕，构成环心状布局的聚落。

2. 轴线状

轴线状传统聚落形态往往沿轴线线性发展，聚落外部的田地、水体等自然要素也随轴线纵向安排（图3-2-3）。传统聚落的轴线一般多为道路或溪流，道

---

① 业祖润. 传统聚落环境空间结构探析 [J]. 建筑学报, 2001 (12)：21-24.

（a）六里村卫星图（来源：谷歌地图）

聚落

（b）布局模式图（来源：张卓源 绘）

图3-2-3 轴线状传统聚落

路往往穿村而过，溪流多沿道路正中穿越，或溪流呈现出聚落单侧或两侧纵向相夹的状态。对聚落布局具有引导与限定作用的因素除了地形因素之外，还有田地、水体与道路。因受水体或道路的分隔，聚落沿轴线延伸的同时，也向周边田地与道路延伸。但是由于对水源与交通更强的依赖性，聚落沿道路与水系纵向发展的趋势更为突出。而聚落中宗祠往往多临近轴线布置，成为以轴线串联起的一个个节点。例如，嘉兴市海盐县澉浦镇六里村中数个堂、庙都沿穿村溪流排布，两侧田地相夹，凸显了聚落的轴线状布局。

（四）平原水乡型传统聚落形态特征

对于平原水乡型传统聚落而言，影响其聚落形态特征的两个主要因素为水体和道路。平原往往地势平坦，因而基本不受山体影响，仅在临近丘陵的平原边界地带会有村落依托土丘选址布局。水作为重要的生活生产资源对聚落的选址及形态结构起到了重要的作用，而道路作为沟通外部的重要因素，在带来便利交通的同时，也影响聚落的发展模式与形态特征。①

1. 基于水系的聚落结构特征

影响聚落结构特征的水体有河流、水塘两种不同的类型。以河流为代表的线状水体往往为天然形成，决定聚落选址及发展态势，往往有河流单侧或两侧相夹、河流包围聚落等结构特征，而在水网密布地区分布的聚落，其水系结构则更为多样，还会出现如"丁"字形、星形、网格形的不同类型特征。而以水塘为代表的面状水体往往为人工挖掘，满足了聚落发展的用水需求，池塘散布等结构特征。

1）河流单侧或两侧相夹

这类聚落往往依靠一条或数条河流发展而来，因其带来生活生产用水的便利，故而聚落选址于此。首先是河流单侧相邻，但由于河面过于宽大，村落难于沿河两岸协同发展，故而发展成为沿河流一侧发展的村落形态，村落单侧边界形态受河流限制。例如，湖州市南浔区新兴港村（图3-2-4），村落紧邻富春江，由于河面宽度大且汛期水流湍急、河岸落差大，不便于行船及船只停靠，因此形成背河型街巷。其次是河流两侧相夹，由于河流的分割作用，聚落的主体部分被限制在两条河流之间，形态受河岸线影响较大，与田地隔河相望。例如宁波市奉化区青云村（图3-2-5），被两条河流相夹，村落内部建筑布局紧凑，边界形态受河岸线影响而弯曲。

① 林涛. 浙北乡村集聚化及其聚落空间演进模式研究 [D]. 杭州：浙江大学，2012：47-49.

（a）新兴港村卫星图（来源：张卓源 摄） （b）结构特征图（来源：张卓源 绘）

图3-2-4 河流单侧相夹状传统聚落

（a）青云村卫星图（来源：张卓源 摄） （b）结构特征图（来源：张卓源 绘）

图3-2-5 河流两侧相夹状传统聚落

2）河流穿越

河流存在正中穿越与偏心穿越两种状态。首先是河流正中穿越，这类聚落依靠于一条水面宽度适中的河流发展而来。在满足水资源需求的同时，两岸资源平均分布，并且由于水面宽度利于交通，且交通带来商业的便利，此时村落往往沿河两岸均匀发展沿河商业，如嘉兴市海盐县澉浦镇六里村（图3-2-6）。其次是河流偏心穿越，由于两岸资源分布不平衡，这类聚落往往由河岸的一侧优先发展，随着村落的生长扩散到对岸。例如湖州市长兴县泗安镇上泗安村（图3-2-7），河流南岸的

（a）六里村卫星图（来源：谷歌地图）

（b）结构特征图（来源：张卓源 绘）

图3-2-6　河流正中穿越状传统聚落

（a）上泗安村卫星图（来源：谷歌地图）

（b）结构特征图（来源：张卓源 绘）

图3-2-7　河流偏心穿越状传统聚落

聚落发展较成熟，沿河纵深较大，北侧则聚落规模较小，聚落呈现形态中心的南移。

3）河流包围

这类聚落往往依靠多条河流发展而来，密集的水系将村落包围或穿村而过，可视为以上两种类型的结合体。聚落初期往往沿河两岸或单侧发展，随着村落规模的扩张，对于土地需求的增加，逐渐向河岸腹地纵深向发展，最后形成河流包围聚落的结构，例如宁波市西坞街道西坞村被数条河流包围、穿越（图3-2-8）。

4）"丁"字形

"丁"字形平原型传统聚落往往有一条主要水系位于聚落边界，另有一条次水系从主水系中发散出来，多垂直于主水系且穿越聚落而过。两条相交的河道呈"丁"字形，河道交汇处就是聚落入口位置。聚落内部的主要道路平行于次水系，次要道路垂直于主路，聚落沿着河流和道路两侧纵深发展，最终形成了环绕聚落内部水系的"丁"字形聚落结构。例如湖州市吴兴大钱村，自西向东的运河与自南而北的市河相交，聚落以市河为骨架、运河为边界生长，最终形成了"丁"字形传统聚落的水网结构（图3-2-9）。

5）星形

星形平原型传统聚落往往有河流由聚落中心沿河呈放射状扩展，形成了三河或多河交汇的水网，而传统聚落多于河流的交汇点处向外扩散发展，最终形成了放射状的星形传统聚落空间结构。例如嘉兴市桐乡马鸣村，东北向的河流、西南向的河流与西北向的河流交汇，聚落的形态因而以三河交汇点为中心呈放射状伸展（图3-2-10）。

6）网格型

这类传统聚落往往有主水系位于聚落外围，水系围绕聚落分布呈包围状，同时次级水系穿越聚落、纵横交错，最终形成方格网状的聚落水系结构。例如湖州市南浔荻港村，聚落呈密网形布局的团块状发展（图3-2-11）。

7）水塘散布

这类聚落往往自然地表水系并不发达，甚至有的村落地表并无水系。故而，人们会在地面开凿水塘、水井、明渠或暗渠来满足日常用水需求。有的水池位于村首或村尾，有时还会对称布置在宗祠与牌坊等周围，形成人们日常集会活动的场所。例如杭州市江南镇深澳村水塘位于村口（图3-2-12），临近宗祠等空间节点，在深入聚落还有与老街并行的暗渠，沿渠布置坎儿井与渠口以便村民使用。如今居民依旧使用这些渠口，成为居民聚集交流的重要场所。数个坎儿井沿主街巷与渠口、暗渠相连，最大范围地服务于村民生活用水。

2. 基于道路形态的聚落结构特征

道路往往是聚落发展的主要枝干，不同的道路形态也会影响着聚落的结构特征。道路的形态可以分为鱼骨状、辐射状、网状及网格状等不同类型，平原地区土地平坦、充足，因此道路形态都较为规整。

1）鱼骨状道路

鱼骨状道路为一条主要街道，两侧延伸出垂直的次级街道。这类聚落往往沿一条主干道路发展，并向内部延伸出次级道路以连接主路与建筑，满足人们的日常交通出行，村落形态多为带状结构，在水网密布地区往往主道路沿溪或垂直于溪流。例如宁波市海曙区章水镇蜜岩村（图3-2-13），主路平行于江岸纵向穿过聚落，次级道路垂直于主路，往东西向延伸，聚落也沿主路两侧横向扩散。

2）网格状道路

网状道路指在聚落内部彼此交错较为复杂的道路形态，在此基础上排布更为规整便会形成如棋盘网状的网格状道路系统。聚落的网状道路根据道路的结构网络形状，可分为方格与网状道路两类。首先是方格道路（图3-2-14），此类聚落内部道路纵横交错，有明确的网格状关系，聚落形态也比较规则。杭州市桐庐县江南镇窄

（a）西坞村卫星图（来源：谷歌地图）　　　　　　　　　　（b）结构特征图（来源：张卓源 绘）

图3-2-8　河流包围状传统聚落

（a）大钱村卫星图（来源：林雪晴 摄）　　　　　　　　　　（b）结构特征图（来源：林雪晴 绘）

图3-2-9　"丁"字形水网传统聚落

（a）马鸣村卫星图（来源：林雪晴 摄）

（b）结构特征图（来源：林雪晴 绘）

图3-2-10 星型水网传统聚落

（a）荻港村卫星图（来源：林雪晴 摄）

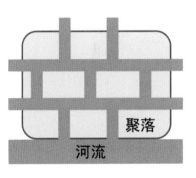

（b）结构特征图

图3-2-11 网格型水网传统聚落

（a）深澳村卫星图（来源：张卓源 摄）

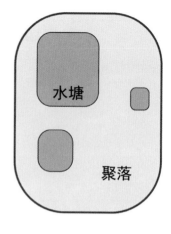

（b）结构特征图（来源：张卓源 绘）

图3-2-12 水塘散布状传统聚落

（a）蜜岩村卫星图（来源：谷歌地图）

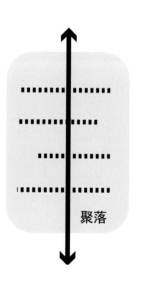

（b）结构特征图（来源：张卓源 绘）

图3-2-13 鱼骨状道路传统聚落

聚落

（a）窄溪村卫星图（来源：谷歌地图）　　　　　　　（b）结构特征图（来源：张卓源 绘）

图3-2-14　方格道路传统聚落

溪村方格状道路则是由环形主路向内延伸的垂直向次级道路交错而成。其次是网状道路，此类村落内部道路纵横，但是没有明确的网格状关系，聚落形态也比较自由，沿着几条道路交错延伸发展，最终形成的是遍布全村的网状道路系统，例如杭州市石阜村村内方格状道路沿两条"十"字状交叉的主路发展而来，并且两条道路向外延伸、交错，最终发展成为网状道路系统（图3-2-15）。

3）辐射状道路

辐射状道路往往围绕宗祠等聚落中心径向向外发散，形成较为笔直的径向道路，同时切向形成环状道路。辐射状道路往往环绕于一个或数个中心，这个中心点往往是村民活动的中心，例如祠堂等公共建筑或重要地形、构筑物等。单一中心的辐射状道路系统包括径向与环向两个方向，而围绕多中心的辐射状道路系统则会呈现径向连续、环向破碎或融合等现象。例如杭州市桐庐县珠山村围绕不同姓氏的宗祠形成了部分环绕、径向贯通的辐射状道路结构系统（图3-2-16）。

3. 平原水乡传统聚落形态特征

在水系与道路结构共同作用影响下而形成的聚落形态，可归纳为以下几类：鱼骨带状、网格团块状以及辐射子母状以及网格双子状。

1）鱼骨带状

鱼骨带状聚落形态多为沿鱼骨状道路纵向伸展的带状形态（图3-2-17）。这种形态的聚落往往是沿轴线布局，鱼骨状道路或穿越的水系是村落生长的轴线，同时边界道路也成为聚落边界的限制因素。在浙北平原地区，存在沿水发展的聚落，例如东梓关村，紧邻富春江建村，聚落临河流沿鱼骨状道路结构"一"字形延伸，成为带状聚落，故而成为鱼骨带状聚落。例如湖州吴兴义皋村河流正中穿越聚落，鱼骨状道路与河流并行，聚落成带状形态。

2）网格团块状

网格团块状聚落形态往往是由于网格状道路均匀发展而形成的团块状布局（图3-2-18），是规模较大的平

（a）石阜村卫星图（来源：张卓源 摄）

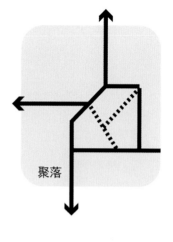

（b）结构特征图（来源：张卓源 绘）

图3-2-15 网状道路传统聚落

（a）珠山村卫星图（来源：张卓源 摄）

（b）结构特征图（来源：张卓源 绘）

图3-2-16 辐射状道路传统聚落

（a）义皋村卫星图（来源：谷歌地图）　　　　　　　　　　　　　　（b）形态特征图（来源：张卓源 绘）

图3-2-17　鱼骨带状传统聚落

（a）鹤鹿溪村卫星图（来源：谷歌地图）　　　　　　　　　　　　　（b）形态特征图（来源：张卓源 绘）

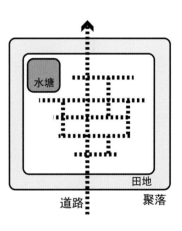

图3-2-18　网格团块状传统聚落

原型传统聚落的典型聚落格局。当传统聚落用地宽松、周边资源分布较为平均时，往往形成圆形、长方形、多边形等团块状聚落形态，并以网格状道路为基本骨架，形成街巷主次分明的道路系统，聚落内部有沿主要道路布置的一个或多个节点，从而成为聚落发展的向心点，例如湖州市安吉县鹤鹿溪村。

3）网格双子状

网格双子状聚落由网格状道路发展而来，但是由于地形因素，如土丘或水系分隔导致聚落发展受限制，而形成分隔的两部分，最终聚落整体呈现为两块协同发展的部分（图3-2-19）。此类型较为少见，当阻隔物两侧资源分布较为平均时，两侧聚落形态发展较为均匀，且聚落内道路结构为网格状，例如宁波市宁海县梅枝田村中央被一土丘相隔，两侧聚落均为网格团块状，以道路连接故而形成网格双子状的聚落形态。当阻隔物两侧资源分布较为不平均时，聚落形态往往会呈大小偏心状发展，最终聚落整体形态会成为一大一小的子母体两部分。

4）辐射子母状

辐射子母状聚落由辐射状道路为骨架，但是由于村落中心的分离，水系或道路的阻隔而分为大小主次不均

的两部分（图3-2-20）。此类型较为少见，如果阻隔物两侧资源分布较为不平均或聚落发展的多中心主次不均时，就会导致聚落发展成为规模不等的数个团块状，同时道路环绕聚落各团块的不同中心，故而形成了辐射状道路结构，例如杭州市桐庐县珠山村中相距较近的四个不同姓氏的宗族共同发展构成了聚落中的主体部分，剩余一姓则相距较远，发展规模较小，最终聚落形态成为辐射子母状。

5）星形放射状

这类平原型传统聚落中，多为河流由聚落中心呈放射状扩展，形成了三河或多河交汇的水系结构。在此水系结构之上，道路往往随水系的方向延伸，最终形成辐射状伸展系的路网结构，因而聚落沿着河流和道路延展，形成星形放射状的聚落形态。这种聚落形态，可能产生的是沿着中心形成团块发展，也可能会沿着中心形成支状发展。例如嘉兴市桐乡马鸣村（图3-2-21）。

（五）平原水乡型传统聚落构成

平原水乡型传统聚落地势平坦，构成要素可分为建筑空间、街巷空间与节点空间。[①]

（a）梅枝田村卫星图（来源：谷歌地图）

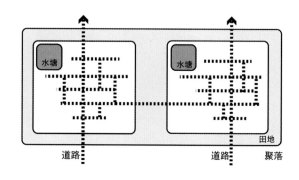

（b）形态特征图（来源：张卓源 绘）

图3-2-19 网格双子状传统聚落

---

① 李笑言. 浙江传统特色平原村镇空间研究 [D]. 杭州：浙江大学，2010：19-31.

（a）珠山村卫星图（来源：张卓源 摄）

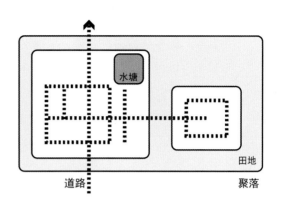

（b）形态特征图（来源：张卓源 绘）

图3-2-20　辐射子母状传统聚落

（a）马鸣村卫星图（来源：谷歌地图）

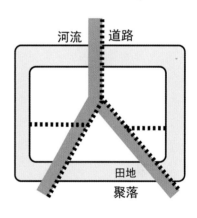

（b）形态特征图（来源：自绘）

图3-2-21　星形放射形状传统聚落

1. 建筑空间

传统聚落内部的建筑空间可分为公共建筑与住宅两大类。公共建筑主要为满足村民的公共集会，以达到祭祀庆典、伦理教化、议事集会的作用，主要包括宗祠家庙为主的祭祖建筑、寺庙与城隍庙等宗教与信仰建筑以及水碓等生产性公共建筑。它们在整个聚落空间中往往起到中心或者主导作用。而民居可分为沿河两侧街市的前店后宅或下店上宅的街排式住宅和普通形制的住宅建筑。

2. 街巷空间

支撑传统聚落结构的骨架就是形态多样的街巷空间，除了交通出行功能之外，街巷空间也承载着村民的日常公共生活。街巷结构主次分明，呈现出鱼骨、网格、辐射等不同的结构形式，这些结构往往由主要道路与次级交通支巷相连接而构成，并连接沿路节点，构成聚落内部点、线、面相结合的形态。在传统聚落中，街巷平面形态丰富、凹凸有序、曲折多变，街巷界面则错落有致，富有节奏。

如杭州市石阜村（图3-2-22、图3-2-23），聚落内主要道路为贯穿全村的南北向纵向道路，还有一条与之相垂直的横向道路，这条主路为进出村落核心与外围区域的重要交通。依这条横向主路，两侧分别规则条状排布不同的房派，房派之间以横向支路为界划分彼此，横向支路之间以垂直向小路沟通，形成了网格状的道路系统。窄溪包围处为聚落核心部分，聚落肌理规则且稠密，房派分界较为明显。村落核心区外建筑建成时间较晚，因为内部居民因土地紧张向外迁出新建，聚落肌理较为凌乱与稀疏。石阜村核心区内的传统民居、历史建筑沿巷弄两侧布置，错落其间，形成了团块状的村落边界形态。

3. 节点空间

平原、水乡型传统聚落的节点包括广场、牌坊、桥、古树等点状标志空间，而节点空间通过街巷的连接形成了村民日常活动的网络。聚落中的广场往往是在聚落空间发展过程中逐渐形成的，与其他重要节点相伴。桥、水埠等节点空间是陆路交通与水路交通的连接点，也是村民进行日常用水时发生初级交往行为的重要空间。

图3-2-22　石阜村形态特征图
（来源：张卓源 绘）

（a）六房弄　　　　　　　　　　　　　　　　　　　　　（b）三房弄

图3-2-23　石阜村街巷空间（来源：张卓源 摄）

聚落内水渠通常有明渠与暗渠两种，明渠以石阜村的窄溪为例，窄溪（图3-2-24）自村落北端宗祠始，包围聚落而过，在村内部分为一明渠，两岸居民常于溪上洗漱浣衣，也是村民重要的交往休闲空间。

三、平原水乡型传统聚落的建筑特色

（一）公共建筑空间

1. 祭祀类建筑

祭祀建筑主要包括宗祠、支祠与厅堂。宗祠的主要功能是宗族集体祭祀共同的祖先，兼具议事奖惩的集会功能；其次，是进行人生礼俗的场所，部分厅堂也作为举办房派内部成员红白喜事的空间；最后，宗祠也是举行文化娱乐活动的场所，如宗祠内戏台。

在聚落内部，宗祠建筑往往等级最高，为数进院落构成，由门屋、拜殿或称享堂、举办祭祀仪式的祀厅、供奉祖宗牌位的寝厅以及厢房各部分构成。部分宗祠也

图3-2-24　石阜村临渠空间（来源：张卓源 摄）

配有耳房，房屋之间通过廊庑围绕院落连接。

宗祠选址对于聚落整体的布局起到决定性作用，宗祠往往布置在村落重要位置，如村落入口或村落中心。杭州市桐庐县深澳村申屠氏宗祠位于村落入口，紧邻深澳大塘，与相邻的宗祠前广场共同构成了深澳村的村口空间，宗祠所代表的宗族文化显示了对于深澳村的凝聚力（图3-2-25）。宗祠与支祠同时存在时，由于宗祠级

图3-2-25 申屠氏宗祠（来源：张卓源 摄）

图3-2-26 珠山吴氏宗祠（来源：张卓源 摄）

（a）第一进透视

（b）第二进透视

图3-2-27 方氏宗祠（来源：张卓源 摄）

别更高，往往居于聚落的核心位置，而支祠则根据所属房派所在位置而设立，形制规模均在宗祠之下。而多姓氏的村落不同姓氏的宗祠则彼此分离，同一姓氏的居民往往围绕各自形式的宗祠而居住，例如杭州市桐庐县珠山村五姓民居各自环绕其宗祠而建，街巷也因此呈放射状，村内主要街巷用以沟通各个宗祠（图3-2-26）。

方氏宗祠（图3-2-27、图3-2-28）位于杭州市石阜村东北，临近石阜公路，南临穿村而过的水渠。方氏宗祠又名积庆堂，始建于清乾隆嘉庆年间，咸丰年间修建，后于1997年和2014年对建筑内部及周边环境进行了综合整治。宗祠坐西北朝东南，占地649平方米；建筑平面为三进院落，面阔三间共19.90米，屋顶为观音兜，墙面为砖石砌筑。宗祠前有一广场，门前有进士旗杆石一对。

方氏宗祠第一进为门厅，第二进为正堂，上挂书有"积庆堂"的黑底金字牌匾，最后一进为祀厅，供有方氏始祖神主牌位。第一进院落天井石板铺地，两侧廊道连接，为双坡硬山顶，第二进院落中有上供道，两侧各有一小天井，为石板铺地。

2. 庙宇

平原型传统聚落往往信奉地域特色浓厚的民间信

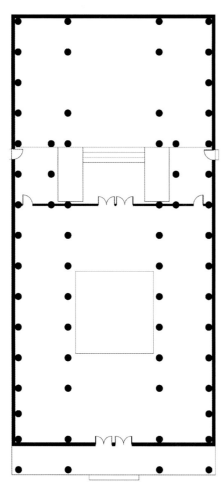

图3-2-28　方氏宗祠平面图（来源：张卓源 绘）

图3-2-29　东梓关村越石庙（来源：张卓源 摄）

图3-2-30　石阜村阜成庙（来源：张卓源 摄）

仰，其信仰建筑因供奉神灵不同而名称各异，例如杭州市东梓关村越石庙（图3-2-29）与杭州市石阜村阜成庙。其设立是为村民提供祈求平安及风调雨顺等愿望的场所，同时也举办庙会等活动，庙前广场的存在也为商贩提供了交易的场所。部分庙宇也为静斋过路的人提供休憩的场所。庙宇的内部布局往往为多进合院，受宗族文化的影响，庙宇等级低于宗祠，因此往往设立在村落边缘，以限定村落边界及保佑平安之意。

石阜村阜成庙（图3-2-30）位于村落北端中段、村中明渠大澳出口处，处于聚落的水口位置。原为土地庙，名为甘泉明王庙，后于清道光年间扩建，做家庙之用。阜成庙坐北朝南，为三进院落，面阔三间，

占地876平方米。庙西原为一佛堂，两进三间，坐北朝南，现已不存。庙东为一关帝殿，修复于1977年，为一进，面阔三间，前殿为文昌殿。阜成庙与关帝殿之间有一夹弄，内有神龛供奉财神。阜成庙第一进明间原为固定戏台；第二进为正堂，面阔四间，平日摆放贡品，戏曲巡演时，可供村民落座观赏戏曲；第三进为祀厅，供奉土地神，每年正月十一迎神出游，正月十五挂灯祭神，八月初一演戏酬神。

3. 戏台

平原型传统聚落的戏台往往位于宗祠、庙宇等建筑物的内部。作为民俗活动中戏曲观演等活动发生场所，

较少独立使用。戏台往往在第一进院落，背向宗祠或庙宇的墙门布置，面向院落及祀厅，如青云村孙氏宗祠中戏台面向祀厅布置，"文澜泉"坐落在宗祠古戏台下方（图3-2-31）。

4. 商铺

商铺多位于街市、水路系统交叉口，商铺大多为满足当地居民的日常生活需要，但也有位于运河附近、依靠河运或陆上交通运输的聚落会形成沿路或河的沿街商铺。这些店铺一种是由外地商人在此定居开设的前店后宅或下店上宅的商业建筑；另一种是当地居民从传统家庭手工业作坊转变为的前店后坊式的商住与生产一体化的建筑（图3-2-32、图3-2-33）。

（二）民居特色

1. 杭嘉湖平原传统聚落民居特色

杭嘉湖平原传统聚落民居的以杭州大屋为主，平面形式一般以三间两厢、四合院为基本单元，往往沿三条轴线组合院落，同时也以纵向封闭式院落为基本单位，组合成多进院落式大型宅院。在立面外形上，杭州大屋多为硬山顶和直屋脊。材料和构造上，暴露结构及装饰构件，如檩架、牛腿、柱等。大屋的梁架结构则以抬梁和穿斗混合式居多，其大木构架基本上是"圆作"，个别承重梁是"扁作"。细部装饰装修风格上，用色肃穆、浓淡相宜。杭式大屋梁架装饰少而精，褐、灰为主色调，较少使用彩色。房屋外部木构部分所用的深色与白墙黑瓦相结合，则体现出肃穆明净的氛围。杭式大屋外立面装饰较少，但在在内部天井中较多使用线脚复杂的砖雕门楼进行装饰（图3-2-34）。

石阜村素吾堂（图3-2-35）平面形态为"十间四厢"，这是桐庐民居的最高标准，"十间四厢"又被称为"十间头"。素吾堂（图3-2-36）建于1935年，坐北朝南，占地391平方米，为砖木结构。素吾堂门前有道地，道地前临水渠，整体为五间三进两天井建筑，进深四柱九檩。天井为青石板铺就，两侧厢房为双坡硬山顶，进深三柱五檩。一楼门窗都以青石做框，并有拱形窗罩；二楼设置了楼阁式天窗。青石门框上有门额，门额为石灰覆盖，上书有"唯吾德馨"，门枕石上以雕刻有松枝图案。[①]

图3-2-31　青云村戏台（来源：张卓源　摄）

图3-2-32　湖州南浔新兴港村民居
（来源：张卓源　摄）

图3-2-33　湖州市南浔荻港村街市
（来源：张卓源　摄）

① 李龙. 耕阜石阜［M］. 上海：文汇出版社，2019，2：160-164.

| （a）立面图 | （b）内部透视图 |

图3-2-34　东梓关村长塘厅（来源：张卓源 摄）

| （a）外部 | （b）内部 |

图3-2-35　石阜村素吾堂（来源：张卓源 摄）

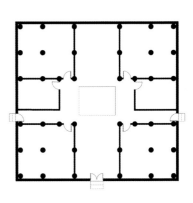

图3-2-36　素吾堂平面图（来源：张卓源 绘）

2. 宁绍平原型传统聚落民居特色

宁绍平原民居以绍兴台门、宁波闾门为主。首先是绍兴台门，按建筑空间布局划分，台门中轴线上依次排布着台门斗、仪门、天井、堂屋、侧厢、座楼。在立面与外形上，局部有石条在大宅墙面下部，主要起到防盗、防潮、防撞击的作用，外部墙体多为封火山墙。室内为三合土或石板铺设地面，天井多以卵石或石板铺砌，同时小青瓦铺设在屋顶上。在材料与结构方面，采用梁柱承重体系，常用结合抬梁式与穿斗式的梁架体系，彻上露明造，多为石质柱础，防潮防霉。绍兴台门用挑檐枋，出檐深远。其细部装饰方面，多运用黑、灰、白、进行色彩的调和，给人庄重沉稳的气势。同时，砖雕、石雕、木雕等雕刻工艺被广泛应用。[①]

宁波平原地区民居则是"一横两纵前后明堂"的H形平面单元为基本原型，通过各种组合与变形，形成样态丰富的民居类型。"一横二纵四明堂"中的横指正屋，二纵为左右厢房。"H"形是通过厢房前后分别延伸两正房而形成，同时前后两侧共围出4个天井。围墙

---

① 黄黎明. 楠溪江传统民居聚落典型中心空间研究［D］. 杭州：浙江大学，2006：8-23.

砌筑在墙外，条石墙基上有青砖砌筑。屋面采用桁椽体系，以望砖覆盖小青瓦；屋脊两端飞起，并常坐花砖压脊；檐口施勾头、滴水、封檐板。房屋内部及天井地面多用尺寸较大的石板铺砌，架空木地板则多使用于居住房屋室内，同时为了排除湿气、加快空气流动，常开凿气孔在墙面勒脚处。宁波闾门较为注重门面装饰，而内部木雕较为简洁、精致。墙体采用须弥石基，磨砖墙面。门窗多采用长窗，纹饰多样，部分前面开窗为石质雕刻窗棂（图3-2-37）。[1][2]

3. 温黄平原传统聚落民居特色

温黄平原民居多"一"字形长屋，平面形式平面呈"一"字形。中间为正堂，两侧开间横向排开，外形小巧而富于变化。长屋多为悬山屋顶，正脊两端微微翘起形成一条长而柔和的曲线。主屋及附属空间互相穿插，层次丰富且富有变化。立面材质对比鲜明，砖墙和木板壁位于墙体上部，可以四面开窗，卵石墙体位于下部。结构主要采用穿斗式构架，柱间置月梁，梁上立蜀柱，构架疏朗，砖石砌筑形成外墙，木板壁多用于内部墙体。建筑装饰较为朴素，雕刻装饰主要集中在悬鱼、檐廊等建筑外立面的细部。

四、平原水乡型传统聚落的景观风貌

（一）自然景观

1. 水体

平原型传统聚落最主要的自然景观营建对象是水体，其中自然因素占主导地位，但人工治水也起到了重要作用。后世传承前代的修筑海塘、疏浚湖泊、整治河

（a）局部透视1

（b）局部透视2

图3-2-37 青云村大茂房

① 李秋香，罗德胤，陈志华，等. 浙江民居 [M]. 北京：清华大学出版社，2010：146-163.
② 蔡丽. 浅析宁波传统民居大木作构架特色 [J]. 华中建筑，2013，31（05）：150-155.

道、建造水库、开凿深井、管理运河等水利工程，为人们创造了良好的生存和发展环境。聚落往往临近水源选址，穿村而过的水体给聚落带来用水便利的同时，水体也作为村落生长的轴线，最终形成带状的聚落形态，例如东梓关村（图3-2-38）。聚落在沿水系发展的同时，为减少洪涝灾害带来损失也不断对水体进行改造，在适应自然环境作用下变迁的同时改变着水系格局。[①]

2. 圩田

平原传统聚落的圩田景观来自于对水环境与土地状况的不断改造，从早期的沼泽地到后期的小圩、小塘浦体现的是对于生产要素的适应性改造。平原型传统聚落往往选址土地肥沃、水源丰富之处，村落也被田地环绕，对于田地与水系的改造最直接地改善生产资料的产出效率。圩田开垦这一改造模式广泛运用于杭嘉湖、宁绍与温黄平原等人居环境营建，使得浙北平原聚落与农田水利等生态环境高度协同，成为丰饶的鱼米之乡（图3-2-39）。[②]

3. 山麓

河谷平原在接近水源处存在少量低矮的山丘，山麓与水体共同构成影响村落选址与空间形态的重要影响因素。山水格局的营建从聚落建设之始就与自然条件、空间结构和审美意象相结合，带来防卫作用的同时也塑造了聚落的重要自然景观。平原型传统聚落往往选址土地平旷之处，但为了营造适宜的微气候以及靠近水源，也会选址在山麓拱卫的平地处，聚落的形态会稍微受到山麓形态走势的影响。例如宁波市宁海县梅枝田村被土丘分为均匀发展的两个部分，杭州市桐庐县深澳村也位于

富春江边山脚下，周边有零星土丘散布，为聚落营造温和的微气候。

4. 古树

嘉兴马鸣村中离马鸣老庙不远处的古樟树，树龄100多年，树围105厘米，高12米，是浙江省古树名木一级保护树木。古樟树属常绿性高大乔木，多生长在南部各省，容易生长，生长至上千年，为"长寿之树"，往往位于桥头、村口、寺院、河边等，人们驻足休息的场所（图3-2-40）。

（二）人文景观

1. 桥梁

桥梁在聚落中保证陆路交通连续性的同时，与水体对于村落形态特征产生重要影响。聚落内部桥梁位置往往处于街巷与河流的交点上，桥梁及桥头是人员聚集交流的场所。聚落边界的桥梁往往起到限定边界的作用，例如深澳村青云桥位于应家溪上，青云庙位于桥梁远离聚落一侧，与桥梁共同限定村落的边界。桥梁多选用石材，因其在样式与构造上的多样性，使之成为浙江平原型传统聚落具有较高观赏价值的人文景观要素（图3-2-41）。

2. 水利工程

为了更好地利用水资源，传统聚落往往兴建种类多样的水利工程，有调控地表水的洪碶、明渠，以及采集地下水的暗渠与水井。种类众多的水利工程在为聚落居民带来用水便利的同时，也成为重要的人文景观，例如前童镇"杨柳洪碶"不仅是调控水流流速与蓄洪控流的水利工程，也成为人们用水、戏水的重要活动场所。深

① 肖佳琳. 基于空间句法的浙东传统聚落景观空间形态研究［D］. 杭州：浙江农林大学，2017：78-92.
② 郭巍，侯晓蕾. 宁绍平原圩田景观解析［J］. 风景园林，2018，25（09）：21-26.

图3-2-38 东梓关村鸟瞰图（来源：张志勇 摄）

图3-2-39 青云村圩田景观（来源：张卓源 摄）

图3-2-40 嘉兴桐乡马鸣村古樟树（来源：张卓源 摄）

图3-2-41 深澳村青云桥（来源：张卓源 摄）

澳村的暗渠与石阜村的明渠不仅将水流引入聚落内部，也起到了限定聚落核心区域的作用，沿渠的取水点成为村民劳作时交流休憩的休闲空间（图3-2-42）。青云村的众多水井与河流等地表水体作用相似，也有限定村落边界的作用。

太湖丰富的水量，通过众多溇港，流向广袤的陆地，灌溉着太湖流域和整个杭嘉湖平原。"以闸管控，双向引排。"通过入湖闸口的启闭调控，在洪峰来临时将洪水导入太湖，旱季则可将太湖水引入溇港，发挥灌溉功能（图3-2-43）。

（a）澳口1

（b）澳口2

图3-2-42　深澳村澳口（来源：张卓源　摄）

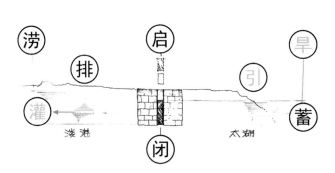

图3-2-43　太湖溇港水闸（来源：林雪晴　图片处理）

图3-2-44　湖州吴兴大钱村牌坊（来源：张卓源　摄）

太湖溇港圩田系统自春秋时萌生雏形，历经两千多年发展，逐步形成了由太湖大堤、运河頔塘、70多条太湖溇港、数条横塘及万顷圩田组成的成熟水利系统。其规模宏大、设计科学，被已故水利界泰斗郑肇经教授誉为"是古代太湖劳动人民变涂泥为沃土的一项独特创造，它在我国水利史上的地位可与四川都江堰、关中郑国渠媲美"。太湖溇港主要分布在太湖西南，并以大钱港为界，以东均名为溇，其西则称为港。经20世纪80年代核实，湖州全境共有溇港74条，其中吴兴区境内有39条。经过历年的整治，目前，吴兴溇港保存较为完好，境内现有31条溇港，其中21条直接通入太湖。

3. 牌坊

牌坊主要是旌表功能，以及聚落入口标志，所以常位于聚落边界，或进入村落的主要入口及沿主要道路布置。平原型聚落的牌坊常为石质或搭配以部分木质构建，依不同建造目的分为功德、节孝或科第牌坊。

大钱村牌坊位于湖州市吴兴区大钱村南约200米处。东西向，四柱三间门楼式，通面宽4.33米，高约5米，占地面积约20平方米，距今已有200多年的历史（图3-2-44）。用材主要是花岗岩，雕刻精湛，有浮雕、透雕等工艺，是湖州市目前保存最精美的石雕牌坊。

4. 水埠

水埠是指由岸边陆地下到水面的功能性空间，是水乡聚落重要的生活和运输性空间场所。水埠设于水体的驳岸上，为应对汛期升高的水位，驳岸常高出水面，同时为了便于接近水面而向下建造台阶。水埠是水乡居民日常生活中汲水、洗涤、运输、停靠的空间场所，是连接人与水的纽带。

五、平原水乡型聚落典型案例

（一）杭州市桐庐县江南镇深澳村——网格团块状传统聚落

1. 地理区位

深澳村（图3-2-45）为第二批中国历史文化名村，位于浙江北部，桐庐县江南镇东部。村落海拔约70米，位于富春江南岸、钱塘江中游，地势南高北低，背依龙门山脉天子岗。

2. 自然与社会环境

1）自然环境

深澳村（图3-2-46）所处的桐庐县位于钱塘江中游，富春江贯穿县域，水系资源丰富。深澳村为两溪相夹，东北面溪流为桐溪，又名荻溪，西南侧溪流为后溪。深澳村位于杭嘉湖平原中富春江流经的河谷平原之中，故而村落周边有少量山丘分布，土壤为河流沉积物堆积而成，土质肥沃。桐庐县属于亚热带季风气候区，年平均温度在15～18℃之间，降水量季节差异大，总体气候四季分明、温和湿润。

2）经济与社会文化环境

申屠氏后裔在宋代南渡避世，后迁居桐溪、发家聚村，深澳村也借助良好的自然环境发展传统种植农业、自给自足。历史上，深澳村以耕、读、樵、商为传统产业，丰富的产业为村落营建提供了富足的物质保障与经济支持，宗族文化是聚落社会文化的核心。村民多姓申屠，少数姓孙。因街巷下筑引泉暗渠（俗称澳），澳内水深难以测量，因此以深澳二字作为村名。村域面积5.91平方公里，1290户，3882人。深澳村为申屠氏聚居的血缘型村落，宗祠作为宗族文化与宗法制度的物化象征，被赋予了最权威的意义。宗族管理村落的发展与诸多事宜，同时村中的宗祠也反映出血脉的兴旺与否，故而申屠氏宗祠选址村口，与深澳大塘构成村落入口空间的重要组成。此外，深澳村有丰富的民俗文化，例如消防组织水龙会。[①]

3. 聚落空间布局与形态特征

深澳村总面积7.5公顷，耕地1500余亩，村落居民1290户，户籍人口3882人。聚落呈环心状布局，四周田野环绕，两面临溪、双侧靠山，周边有零星土丘散布，为聚落提供了较为温和的微气候。

深澳村路网结构（图3-2-47）为规整的方格状，古村被宗祠延伸出的方形环状主路环绕，次级支巷垂直于主路延伸，纵横交错，在聚落内部形成了方格状的道路系统。深澳村内有两纵四横六条街巷，两纵是指两条南北走向的主街：长500余米、宽3米的明代老街和长度相当、宽度稍窄的后朱弄，四横中最为主要的是东西向的怀素堂弄和恭思堂弄，这两条道路与纵向的老街及后朱弄构成了深澳村的环状主要道路。恭思堂弄为一商业街，界面较为开放，除此之外，沿街界面较为封闭，行进时给人强烈的连续感。以方格网状道路为骨架，聚落发展成为团块状的形态，由此构成深澳村网格团块状的聚落形态特征。

① 边恽翻，郝占鹏. 文化视阈下的浙江深澳村传统民居空间特征分析［J］. 四川建筑，2017，37（02）：60-62.

图3-2-45　深澳村鸟瞰图（来源：张卓源 摄）

图3-2-46　深澳村总平图（来源：张卓源 摄）

（a）路网结构与主要建筑图　　　　　　　　　　（b）深澳村形态特征图

图3-2-47　深澳村形态结构图（来源：张卓源 绘）

（a）深澳村村口空间　　　　　　　　　　　　　（b）街廊

图3-2-48　深澳村街巷空间图（来源：张卓源 摄）

　　深澳村的节点空间有水塘、暗渠、渠口、坎儿井、申屠氏宗祠、街廊及广场（图3-2-48）。街廊多位于主巷转折或支巷与主巷交叉处，为人们提供了临时休憩、交谈的场所。而水塘、宗祠前广场及宗祠位于村落入口，开阔的水面与广场衬托出宗祠的严肃与庄重，也为民俗活动中人们的聚集提供了适宜的场所。

深澳村内的水系共有：水渠、深澳、澳口、明渠、塘，五类不同种类的供水系统。

（1）古水渠，水渠是聚落兴建时居民开凿而成的，先民依据聚落的山形地势针对水系进行了整体规划，聚落内部共有六条水系及分散于全村的二十余个坎儿井。

（2）深澳与澳口，在当地方言中，"澳"意为地下的暗渠，而村内暗渠深埋于地下，故被称为深澳。深澳村中的澳引自桐溪上游白石村处的堤坝，长八百余米，自村东头入村，在村口处分为两路，一路为村内暗渠，暗渠深入地下约4米，宽1.5米、高2米，人可进出疏通水道。深澳在老街边开设有澳口（图3-2-49），村民可进入澳口进行日常的取水用水。村内目前有11个澳口，有6个分布在聚落核心区的老街附近，多位于房屋侧面，有供居民上下的台阶。

（3）明渠，是地表水渠（图3-2-50），共三条且与深澳平行，水渠穿越聚落，流经各家各户，在起到提供日常用水的同时，也肩负收集雨水的作用。但明渠已多被覆盖，地面踪迹难寻，仅在景松堂附近有一段露于地表。

（4）塘，聚落内原有23口水塘，其中4口已被改为水井。水塘大多呈簸箕形，一面为石质台阶供人上下取水用水，三面为卵石砌面，深2～3米，依据功能可分为吃水塘、洗涤塘和洗澡塘。最为醒目的是村口的大塘（图3-2-51），大塘主要为村民洗涤农具污物、养鱼放鸭的场所，其他塘分布于村落内部，在保障村民用水的同时也起到消防蓄水、雨水收集引流等作用。[1][2]

4. 聚落民居与公共建筑

1）民居

深澳村民居以四合院及多进院落为主，如位于宗祠东侧、聚落西侧的怀素堂（图3-2-52）。怀素堂保存较好，为县级文物保护单位，建于清嘉庆年间。整座建筑坐北朝南，建筑面积为1187平方米，砖木结构，双坡硬山顶，三进五开间，通面阔16.25米，为四合式天井院"四合屋"。怀素堂由东侧主建筑和1915年增建的西面抱屋组成，平面布局呈"品"字形。建筑立面较为封闭，通过天井进行通风采光。深澳村民居除了纵向串联的布局类型外，又发展出了横向并列组合等新的组合方式，并出现了怀素堂（图3-2-53）。因为受宗族文化等因素影响，深澳村建筑形制与风格较为相似，大多建筑建于清中期，表现为以天井为中心的"堂屋"式民居，多为四面二层的四合式天井院。

（a）澳口1　　　　（b）澳口2

图3-2-49　深澳村水系图（来源：张卓源 摄）

图3-2-50　深澳村塘（来源：张卓源 摄）

① 李政. 深澳村理水探究［D］. 杭州：中国美术学院，2012：11-32.
② 浙江省住房和城乡建设厅. 留住乡愁［M］. 杭州：浙江摄影出版社，2019，10：130-142.

图3-2-51 深澳村大塘（来源：张卓源 摄）

图3-2-53 恭思堂鸟瞰图（来源：张卓源 摄）

（a）室内透视

图3-2-54 申屠氏宗祠鸟瞰图（来源：张卓源 摄）

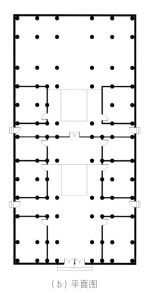

（b）平面图

图3-2-52 深澳村怀素堂（来源：张卓源 摄、绘）

2）公共建筑

位于村口的申屠氏宗祠（图3-2-54～图3-2-56），又名攸叙堂，始建于南宋淳祐九年（1249年），后几经损毁，最近一次重建为康熙年间，并于民国时期重修。因受宗族文化的影响，宗祠的规模与形制为聚落内最高。祠堂坐东朝西，占地面积约920平方米，砖木结构，三进五开间，观音兜屏风墙，双坡硬山顶，由门厅、中后两进和寝宫组成。一进门厅已拆，二进面阔16.6米，进深九檩10.7米。明间后金柱间置石地槛和板壁，上悬"攸叙堂"匾额，栋高7.5米。三进地面较二进升高1米，进深九檩10.6米。宗祠是全族人供奉和祭

（a）正立面	（b）内部透视

图3-2-55 申屠氏宗祠（来源：张卓源 摄）

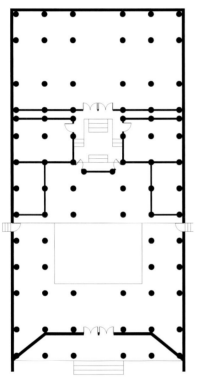

图3-2-56 申屠氏宗祠平面图（来源：张卓源 绘）

祀祖先的场所，宗祠位于村口，彰显了宗族文化作为深澳村的立村之本，门前的广场与水面也强调了宗祠在聚落内的中心地位。宗祠也会举办灯会等民俗活动，同时也是宗族内重要的社交场所，在族长行使宗族权利的同时也起到教化乡民与增强村落凝聚力的重要作用。

5. 聚落景观与自然风貌

深澳村处于三山夹峙的平地，桐溪与后溪两条水系相邻。通过引水、挖渠等水利改造手段，将溪流引入聚落内部，最后流入村内大塘，聚落的水利工程与造景融为一体。深澳村的水系由外部溪流与内部沟渠两个层次构成，外部溪流与圩田景观共同构成村落外围的自然景观。村落内部的暗渠与渠口、坎儿井、水塘构成了聚落内部与村民日常生活紧密联系的水系景观系统。

申屠氏宗祠与门前的广场与水面是聚落内重要的人工景观。除了祭祀活动及议事、断案之外，宗祠也会作为承办民俗活动的场所，此时祠前的广场与水面便作为宗祠内空间的外部延伸。

（二）湖州市南浔区荻港村——水路网格状聚落

1. 地理位置

和孚镇位于湖州市区中部，隶属于南浔区，距湖州仅10公里。镇域东邻双林镇，南连菱湖镇，西与道场乡接壤，北接八里店镇。荻港村位于和孚镇的中西部，北邻和孚镇区与陈塔村，和孚漾大部分水面纳入村域范围（图3-2-57）。

图3-2-57　湖州南浔荻港村鸟瞰图（来源：林雪晴 摄）

图3-2-58　荻港村村域范围（来源：林雪晴 绘）

2. 自然与社会环境

1）自然环境

荻港村地处杭嘉湖平原地区，属湖沼积水网平原地貌。境内地势平坦，平均海拔为3~4米，区内河塘密布，土壤肥沃，水田、旱地交错其间，构成"漾（塘）、田、地"三级立体分布，是传统"桑基鱼塘"的主要集中地。湖州南浔属北亚热带季风气候区，湿润温和，四季分明，年平均气温在15.5~16℃之间，平均降水量在1050~1850毫米，气候四季分明，温和宜人。

2）经济与社会文化环境

荻港（图3-2-58）作为典型的江南水乡古村，被列入第六批中国历史文化名村与第一批中国传统村落名录。村域地表水资源丰富，水域总面积约245.3公顷，约占全村面积的38.9%。全村区域面积6.3平方公里，中心面积1.3平方公里，1146户农户、3616人。村庄四面环水，区内河港纵横，鱼塘密布，有利于农田灌溉和淡水鱼养殖。全村农业产业主要是养鱼、养蚕，工业以纺织、制造业为主，有"苕溪渔隐"之称。此外，荻港在民俗文化方面传承了千百年来的渔文化，如每年举办的渔文化节，促进渔民俗风情的继承和弘扬。

3. 聚落空间布局与形态特征

和孚镇荻港村四面环水，河港纵横，大部分民宅沿河而建，河流的走向决定了荻港的空间结构和形态，河流顺应自然地理地貌流向，聚落也顺应河流形态发展。聚落主水系位于聚落外围，聚落内部的水系为次水系，垂直于位于外围的主水系，形成了纵横交错的水网河道。道路系统依据河道走向而伸展，形成几条主要街道和纵横交错的次街巷。河流与道路的交叉分布关系使得聚落受纵横交错的河道与道路分割为若干个部分，从而聚落形态呈密网形布局的团块状（图3-2-59）。

4. 聚落民居与公共建筑

荻港古宅众多，章、朱、吴三大望族曾留有36座名宅。以三瑞堂——章鸿钊故居、鸿志堂——朱五楼故居、礼耕堂——吴家故居最为著名。

（1）三瑞堂——章鸿钊故居

三瑞堂由章氏八世祖瑚始建于清乾隆年间，是荻港章氏望族2座名宅中规模最大的古建筑群，典型的江南水乡名门望宅建筑，占地6000多平方米，分二轴线、五宗进、东西两便弄。主厅为轿厅、书厅、大厅、楼厅

（a）荻港村路网结构图　　　　　　　　　　（b）荻港村形态特征图

图3-2-59　荻港村水路网结构与主要建筑图（来源：张卓源 绘）

（a）内部

（b）天井

图3-2-60　三瑞堂（来源：张卓源 摄）

等；建筑为梅花墙、观音兜、砖木梁架结构。中国地质学创始人章鸿先生出生于此，现为湖州市文物保护单位（图3-2-60）。

（2）鸿远堂——朱五楼故居

鸿远堂是荻港三十六堂之一，建于清朝年间，是荻港朱氏望族的名宅，有四开间三进深，占地4000多平方米。故居前半部分为雕花门楼三间，由南至北共三进深，二天井；其东厢房西朝向，拱式门槛；后半部分共三进深，二天井；前后6间厢楼房。大门朝南，门上有漆红色对联诗两行"远水振家声，文山传书胄"（图3-2-61）。

（3）礼耕堂——吴家故居

礼耕堂是吴氏望族中十四座名宅里保留最完整的宅院，是吴氏三大体系里的长支吴元晋在清乾隆年间建造的。建筑大门朝南，单轴线，四进，头进为轿厅，二进为大厅，三进为楼行，四进为楼厅带耳房，

<table>
<tr><td>（a）外部</td><td>（b）内部</td></tr>
</table>

（a）外部　　　　　　　　　　　　　　　　　　　　（b）内部

图3-2-61　鸿远堂1（来源：张卓源 摄）

东边设备弄，旁建附属用房。建筑采用砖木结构，占地1080平方米，临河而筑，是典型的江南清代水乡古建筑群（图3-2-62、图3-2-63）。

5. 聚落景观与自然风貌

1）河道景观

荻港地处东苕溪支流龙溪港之滨、京杭大运河（杭湖锡航道）沿线，素有"苕溪渔隐"之称。荻港村曾是历史上太湖至杭州的重要航运节点，也是中国古运河文明的重要历史见证。沿小市河北侧和运河西侧有连续千余米的风雨廊，联系着荻港村主要民居与传统商业街。连廊街巷保存较好，曾是清末水路兴旺时期客流、物流集散地和水产品交易中心，见证了荻港作为水陆交通节点的兴盛[1]（图3-2-64）。

2）农业景观

（1）桑基鱼塘

荻港作为全国典型的桑基鱼塘集聚地，区内河塘密布，桑林成片，其中内塘面积约137.33公顷，以饲养传统青鱼为主，另有四大家鱼和特种水产等；水田93.16公顷，以种植水稻、油菜为主；桑地约109.37公顷，主要为养蚕产茧，提供优质桑叶，少部分为桑茶原料。"河、塘、桑、田"奠定了荻港村良好的自然生态基底，同时"水—塘—田—村"和谐共生的空间格局，更构成了荻港水乡独具特色的自然景观风貌（图3-2-65）。

（2）石桥河埠

荻港村历史上有23座古桥，其中10座古桥目前保存完好，建造年代基本为明清时期。余庆桥、秀水桥、

① 张艳琼. 美丽宜居视角下湖州荻港村传统村落保护利用策略研究 [D]. 杭州：浙江大学，2015：42-58.

（a）外部

（b）内部

图3-2-62　鸿志堂2（来源：张卓源 摄）

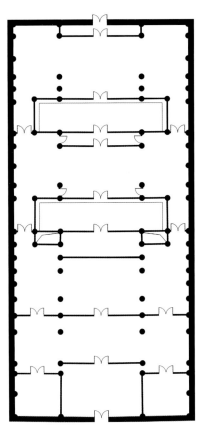

图3-2-63　礼耕堂平面图（来源：林雪晴 绘）

（a）河道两岸

（b）沿河商业

图3-2-64　京杭大运河河道景观（来源：张卓源 摄）

图3-2-65 桑基鱼塘（来源：张卓源 摄）

图3-2-66 秀水桥（来源：张卓源 摄）

图3-2-67 河埠（来源：张卓源 摄）

隆兴桥、永庆桥是市级文物保护单位。村内有数量众多的河埠头，主要分布在杭湖锡线航道和小市河沿岸（图3-2-66、图3-2-67）。

（三）马鸣村——星形辐射状聚落

1. 地理区位

马鸣村（图3-2-68）隶属于浙江省嘉兴市桐乡市洲泉镇，位于洲泉镇西面，北靠夜明村、西邻德清县、东与湘溪村义马村相连、南与众安村接壤。马鸣村是典型的江南水乡平原村落，地处长江三角洲杭嘉湖平原中部，平均海拔3.2米，水域面积112公顷。境内地势低平、河港纵横、土地肥沃、境域气候温和、四季分明、日照充足、雨量充沛、物产丰富。马鸣村境内河流属长江流域太湖运河水系，河道纵横交错，西接余杭、德清来水，东、南、北与运河临近。此外，浜兜遍布于各村坊，漾潭众多。

2. 自然与社会经济环境

全村地域面积6.008平方公里，有955户，共3970人。村内农业以水稻、蔬菜为主，村内农民以蚕桑生产作为生存的主要方式。马鸣村有着4700多年的蚕桑生产历史，逐渐形成了烧田蚕、送蚕花、祀蚕神等独具特色的风俗习惯和文化传统。关于蚕桑的风俗贯穿于全年的农事活动，融入人们的衣食住行、婚丧嫁娶活动。"中国蚕桑丝织"这个项目已经列入人类非物质文化遗产代表作名录，"桐乡蚕歌""轧蚕花"作为子项目列入其中，它的重要价值不言而喻（图3-2-69）。

3. 聚落空间布局与形态特征

马鸣村内河流由聚落中心沿河呈放射状扩展，东北向、西南向与西北向的三条河流交汇，形成了三河交汇的水系。主要道路平行于主路或水系，次要道路垂直于主路或水系，依据聚落中心点沿着河流和道路三面纵深发展。因此，形成了马鸣村团状辐射式发展的聚落形态，聚落中心可通过桥与道路直接到达，同时各分区间又有水系相分隔（图3-2-70）。

4. 聚落公共建筑

1）马鸣老庙

马鸣庙在桐乡西片有"庙中之王"之称。清末民初马鸣庙房子总共有"七十二间半"之多，从南至北，共有五进：第一进为头山门，第二进中间是戏台，东面是申、屠二将军殿，西面是雷公殿；第三进中间是土主殿，东面是天堂殿，西面是地狱殿；第四进中间是观音殿，东面是如来殿，西面是马鸣王殿，这三殿内屋相连通，也通称观音殿；第五进是斋堂，是建在第四进后的一个向北的"倒披"间（图3-2-71）。

2）老街茶馆

马鸣老街是桐乡市现存为数不多的保持着浓郁传统风貌的江南乡村商业街，目前较完整地保存着明清时期的建筑。马鸣茶馆位于马鸣村老街，始建于唐宋，繁华于明清，老街南北向，全长约百米，宽2~4米不等，有居民百余户，有小吃店、杂货店、理发店、茶馆等数十家。但茶馆最具特色，每天凌晨三四点钟，这里的茶馆就开门迎客，"茶馆"是老街最具代表性的江南文化特征，在江南一带都有喝早茶的习惯，老人们在这里赶集、喝茶、吃面、闲聊，休闲，至今仍保持着原汁原味的江南市井生活方式（图3-2-72）。

5. 聚落景观与自然风貌

马鸣村域内河网密布，水多、桥多是当地的一大特色，自古以来人们出入唯舟是行。"人家尽枕河，出门即遇桥"，是马鸣村一道美丽的风景。据《洲泉镇志》载，1982年马鸣村境内有桥梁18座。在马鸣老街的最北端，有一座南北向的桥叫步云桥，因该桥位于马鸣庙前，所以老百姓习惯于叫它"庙桥"。步云桥始建年代不详，原为三孔平梁石板石栏桥，竖壁型桥柱，1979年重修。桥长12.8米，宽2.6米，是马鸣村以南百姓北上德清重镇新市的必经之路（图3-2-73）。

（四）宁波市奉化区青云村——网格团块型传统聚落

1. 地理区位

青云村（图3-2-74）被列入第三批中国传统村落名录，位于四明山区和三江平原交界处的剡江中游南岸，自明代以来就是奉化北部的重要水陆码头和物资集散中心。青云村隶属于宁波市奉化区萧王庙街道，村落海拔约为14米。

2. 自然与社会环境

1）自然环境

青云村位于宁绍平原，恰处于剡江与泉溪相汇处，沿剡江而下可达江口、方桥、大桥等市镇并可东至宁波；溯剡江而上可到溪口、新昌、嵊县（今为嵊州市）等地，沿泉溪可到棠云、袁夹岙等村落。村庄以"连步青云坊"而命名青云村。受亚热带季风气候的影响，青云村四季分明、日照充足、降水充沛。

2）经济与社会文化环境

青云孙氏是一个起自李唐、历经千年的望族。孙氏祖先系出乐安，望于太原。至唐末期，随做官占籍奉化，择据泉溪，后迁至青云村。因水运之便，形成了奉化四大集市之一的泉口市，民国时期萧王庙设镇并成为奉化三大商业贸易中心之一。萧镇因此成为奉西地区的物资集散中心和贸易集市。青云村所在的区域古称盐浦堡，与食盐交易有密切关系，村西堰潭和大水埠头周边是外来船只停泊的场所。

青云村秉持尊师重教、书香传家的文化。自明代孙胜起，青云村人文蔚起。孙氏族人曾先后在村中建竹庄书屋、云村书屋、七千卷藏书楼、青云藏书楼、天孙阁等五处藏书楼。目前村中遗存下来的藏书楼尚有两处，一处为孙鹤皋故居中天孙阁藏书楼，另一处为孙氏宗祠前进院落里的青云藏书楼。[①]（图3-2-75）

3. 聚落空间布局与形态特征

青云村占地面积2.84平方公里，常住人口1261户，

---

① 何倩. 宁波集市型历史文化名村空间形态特征与保护策略研究［D］. 武汉：华中科技大学，2018：34-57.

图3-2-68　马鸣村鸟瞰图（来源：林雪晴　摄）

图3-2-69 马鸣村村域范围（来源：林雪晴 绘）

（a）水路结构与主要建筑

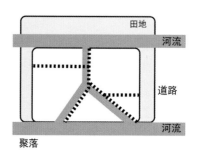

田地

河流

道路

河流

聚落

（b）形态特征图

图3-2-70 荻港村水路
网示意图（来源：张卓
源 绘）

（a）外部

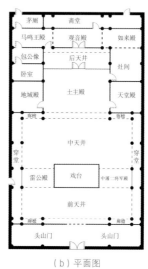

（b）平面图

图3-2-71 马鸣老庙
（来源：康艺兰 摄、绘）

图3-2-72 马鸣老街茶馆（来源：张卓源 摄）

图3-2-73 步云桥（来源：张卓源 摄）

图3-2-74 青云村鸟瞰图（来源：张卓源 摄）

图3-2-75 青云村总平图（来源：张卓源 摄）

（a）路网结构图

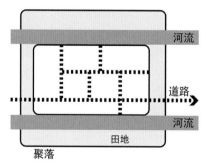

（b）形态特征图

图3-2-76 青云村形态特征图（来源：张卓源 绘）

共3568人。青云村所在的萧镇自古繁华，萧公堰和五里内河带来充沛的水资源，满足生活与农业用水的需求，也使得人口集聚发展。水流交汇处的区位特征，决定了青云村水陆码头和区域性物资集散地的功能。

聚落为环心状布局，南北两侧溪流相夹，周边村落与田地围合聚落布置。聚落形态为网格团块状，青云路与岭东路为进入村庄的两条主要道路，沿河呈东西走向。青云古村内部南北向交通通畅，东西街巷作连接主路的次级街巷。与青云路垂直方向从东至西依次有井潭弄、官房弄、厅建弄、大茂弄、后堂前弄、小堂前弄等，构成了网格状的街巷系统。青云村核心保护范围内的传统民居、历史建筑沿这些巷弄两侧布置，错落其间，形成了团块状的村落边界形态。（图3-2-76）

青云村内建筑物布局集中紧凑，建设密度明显高于一般的村庄，主要空间节点为村落内部孙氏宗祠的藏书楼、议事厅、牌坊、埠头及水井周边空间。议事厅与藏书楼位于孙氏宗祠内部，孙氏宗祠位于门前河凸岸的几何中心位置，各房支祠分布在宗祠南侧的前河畔，孙姓族人以孙氏总祠和房族支祠为核心呈扇形向心式集中布局。

青云村内有三角地、桥里、桥外三口公共水井，满足村民日常的生活用水，位于村落边界的三角地井还起到限定村落边界的作用。埠头位于沿河开放空间，一般供村民日常用水，具有明显的时间性，供与埠头相连的巷弄内的居民使用。牌坊名为连步青云坊，位于青云路东端，青云桥北是村落入口空间的重要标识。

4. 聚落民居与公共建筑

1）民居

青云村传统建筑形式为浙东宁波地区典型的形制和风格，木结构占绝大多数。青砖砖墙紧瓦、砌筑精致，梁柱回廊花格窗雕饰丰富。堂前一般为正屋明间的堂屋，位于整个院落中轴线上，是院落的仪式性中心，主要用于祭祀祖先和红白喜事等集体活动。青云村也保留了一些独立的堂前建筑，一般为单开间或三开间。青云村民居建筑中的封火墙以"人"字墙为主，民国时期也出现了观音兜形式的封火墙。景兴闾门（图3-2-77、图3-2-78）位于青云村洋房弄1号，前临门前河，建于清代晚期，前屋曾开过米店，后屋一直为民居，现前屋已拆除，只剩后屋为正屋。该闾门为单进院落，坐北朝南，占地325平方米，正屋硬山，面阔五间一弄，进深六柱九檩。

青云村还有部分民国时期的建筑，建筑大多为2~3层。如孙鹤皋故居（图3-2-79），建于民国时期。该民宅为"凹"字形，仿洋式，坐北朝南，占地419平方米，重檐两层，顶层有阁楼，硬山双坡洋瓦屋面，面阔三开间，进深二间，明间为厅，次间为房室。青砖石砌墙，内部木结构，厅后有双折木扶梯上楼层，次间砌有壁炉，前有庭园，周砌围墙，大门开于东南角，进大门有隔墙，辟有二门。西侧有便门通外。

2）公共建筑

（1）宗祠

宗祠包括小张房祠堂、孙氏宗祠等。孙氏宗祠（图3-2-80、图3-2-81）位于门前河青云路的中段，各房支祠分布在宗祠南侧的前河畔，孙姓族人以孙氏总祠房族支祠为核心，呈扇形向心式集中布局。孙氏宗祠在原后堂前（诒燕堂）基础上扩建，后堂前现为正殿，建于清代晚期。民国十九年（1930年）由孙鹤皋为发起人集资扩建，形成四合院祠堂，中华人民共和国成立后作过粮店，现经修缮后，由该村老年协会使用。该祠堂坐北朝南，占地644平方米，砖木结构二层，硬山顶、小青瓦屋面，由门厅、天井、戏台、正堂及两侧厢房组成。

祠堂正殿为诒燕堂，面阔三开间，进深五柱九檩，五架抬梁。门厅亦面阔三开间，向内敞开，石库大门开在前檐墙正中，门额上书"孙氏宗祠"四字。东西厢房

（a）立面

（b）内部

图3-2-77 景兴闾门（来源：张卓源 摄）

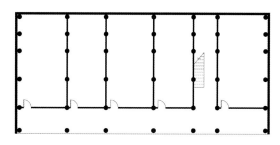

图3-2-78 景兴闾门平面图（来源：张卓源 绘）

面阔五间。正堂为一层，面阔三开间，进深五柱九檩。天井地面由大块石块铺筑。戏台背靠门厅面向正堂，下有一方水池，名为文澜泉。

（a）入口　　　　　　　　　　　　　　　　　　（b）立面

图3-2-79　孙鹤皋故居（来源：张卓源 摄）

  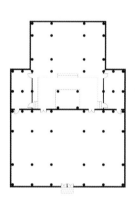

（a）立面　　　　　　　　　　　　（b）戏台

图3-2-80　孙氏宗祠（来源：张卓源 摄）

图3-2-81　孙氏宗祠平面图
（来源：张卓源 绘）

小张房祠堂名亲亲堂（图3-2-82），位于青云村青云路小路弄40号，现存主体建筑为清中期建造，局部在民国期间改建。该祠堂面朝东南，占地500.3平方米，四合院式，前后两进，左右设厢房。第一进门厅三开间，明间梁架抬梁式，次间梁架穿斗式，两侧各有耳房两间，第二进五开间。

除了宗族的公共祠堂之外，青云村还保存有不少支房派的独立堂前建筑，如菊房阊门堂前、杨家堂前、小堂前等，丰富了祭祀建筑的类型。公共建筑朝向面南，入口随基址大多朝向主要道路。

（2）藏书楼、议事厅

藏书楼及议事厅旧址（图3-2-83）位于青云村孙氏宗祠大门外东西两侧，民国十九年（1930年）修缮孙氏宗祠时所建，属祠产。藏书楼位于祠堂左首，坐东朝西，为单檐悬山顶，砖木结构，二层，面阔三间，北侧第一间内设楼梯。议事厅位于祠堂右首，坐西朝东，为单檐硬山砖木结构的二层楼，观音兜山墙，面阔三间一弄。楼上楼下皆设廊，廊首两端设券顶，月洞门，为了透气性能，藏书楼地基设有架空层，故高于议事厅。

（a）立面

（b）内部

图3-2-82　小张房祠堂（来源：张卓源　摄）

（a）藏书楼

（b）议事厅

图3-2-83　藏书楼及议事厅旧址（来源：张卓源　摄）

（3）戏台

青云村孙氏宗祠中戏台（图3-2-84）面向祀厅布置，"文澜泉"坐落在宗祠古戏台下方。古戏台由精雕细镂的木条垒叠而成，顶部螺旋藻井顶与台下清泉巧妙结合，演戏时形成独特的音响效果。宗祠正门面对仙袖山，与古戏台正好在三点一线的中轴上。

5. 聚落景观与自然风貌

青云村南依同山，北隔剡江与大、小西岭相望。村内主要山体为同山支脉青湾山和仙袖山，植被茂盛。青云村北临剡江，村中有门前河和外婆溪两条历史人工塘河穿过，形成了水利灌溉和塘河水运为特色的平原河网乡村。青云村内有三角地、桥里、桥外三口公共水井以及大屋内一口百年大屋井，起到提供水源、限定村落边界的作用。

埠头位于沿河开放空间，与沿河步道共同构成聚落的滨水景观。牌坊名为"连步青云坊"，位于村庄青云路转向孙氏宗祠的路口，如今只剩下三根石柱，每根柱子3米高，曾起到突出村落入口的标志作用，并作为村内人工景观与沿河滨水、周边自然景观的过渡与连接。流经村域的水系不仅将青云村塑造成了重要的商埠码头，也作为重要的景观要素，将圩田、桥梁、码头等不同的景观节点组织成有机整体。

浙江省平原和水乡型传统聚落布局及形态受到河

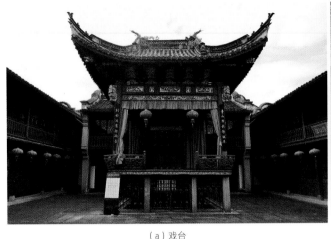

(a) 戏台   (b) 文澜泉

图3-2-84　青云村戏台（来源：张卓源 摄）

流、道路等因素的影响，大多聚落形态较为规整，道路形态清晰，内部建筑排布紧凑，聚落整体与河流、田地等自然景观与牌坊、桥、亭等人文景观，构成了一幅山水画境。

第三节　丘陵型传统聚落

一、丘陵型传统聚落的地理方位

（一）地理学上的丘陵定义

丘陵一般是指分布在山地与平原之间的过渡地带，是陆地上绝对高度在500米以内，相对高度不超过200米，由岩性软弱的地层组成的起伏平缓、连绵不断的低矮山丘。[①]

（二）丘陵型传统聚落的分布现状

浙江现存的古村落最早建于晚唐和五代。伴随宋室南迁在南宋时期出现过一段建村的高潮期，许多地处浙江偏僻区域的丘陵聚落的产生可以追溯到这一时期。而存世最多、保存最完好的丘陵聚落还是以明清两代的古村落为主。

从地理环境形成因素上看，浙江西部及南部地区和浙东沿海地区的丘陵地貌特征较明显，聚落呈现出共性特性。而山脉和河流的阻隔使得地区相对封闭，同类型的地理环境也孕育出丰富多彩的聚落形态与建筑风格。

1. 浙江丘陵区域的地理范围

浙江省地势自西南向东北呈阶梯状倾斜，地形以丘陵山地为主，占浙江省总面积的70.4%，其中丘陵地区（300～500米，相对高差200米以下的丘陵）占地面积

---

① W.G.穆尔. 地理学词典［M］. 刘伉，译. 北京：商务印书馆，1980：255.

的31.27%，仅次于山地面积的49.15%，主要分布在浙西中山丘陵区、浙南中山丘陵区，浙东低山丘陵区和浙东南沿海丘陵区[①]，并且在浙中盆地地区的外延、东部及西部也有丘陵分布，形成了岭谷交错的地形（图3-3-1）。[②]

2. 浙西中山丘陵区

1）地域范围、地貌特征及气候环境

浙西丘陵位于浙江省西部以天目山等西北列山脉为骨架，大致包括苕溪—杭州西南郊—浦阳江一线以西，金衢盆地以北的地区。天目山属于中山山脉，"中山"是指海拔在1000～3500米之间的山脉，和地势起伏相对缓和的"低山"不同，"中山"的海拔高度相对较高，而且相对高度较大，山势相对陡峭。

这里属于亚热带季风气候带，四季分明，温和湿润，雨量丰沛，冬夏长，春秋短，热量资源丰富，降雨

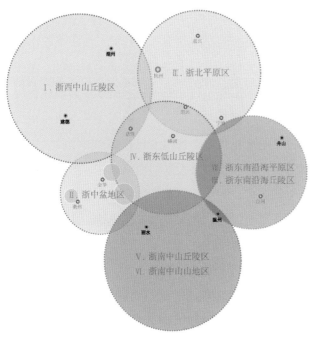

图3-3-1　浙江丘陵地貌分布图（来源：康艺兰 绘）

充沛，但时空分布不均，春季多雨高湿，梅雨期和台风期多暴雨，夏秋多干旱。

2）分布现状

浙西丘陵区的传统聚落主要分布于杭州市西南部的淳安县、桐庐县、建德市地区，衢州市西北部的开化县地区，金华市北部的浦江县地区以及金华市西南部的诸暨市地区。浙西丘陵区地势坡度较大，村落受地形限制，建筑密集度高，街巷、广场空间狭窄。例如，杭州市淳安县鸠坑乡常青村、杭州市桐庐县新合乡引坑村、衢州市开化县马金镇霞山村、杭州市建德市大同镇上马村石郭源自然村。

3）经济和社会文化背景

浙西地区接壤安徽、江西、福建三个省份，交通有五条主要通道，文化交流使这里的住宅形制和风格介于徽州和赣中之间。浙西地区是以朱熹为代表的南宋理学家活动、交流、传播最频繁的区域。南宋理学三大学派都分布在以仙霞岭为中心的东、南、西三个部分，也是浙、闽、赣、皖四省的交接区域。在程朱理学的影响下，浙西丘陵型聚落具有较强的理学特征，遵守社会秩序和道德规范，浙西的宗祠形制最古老，最符合周礼中规定的宗庙图式。

3. 浙中盆地丘陵区

1）地域范围、地貌特征及气候环境

浙中丘陵盆地区，以衢江为轴心向南北对称分布，海拔高度逐级提升，地势南北高、中部低。衢江两侧为河谷，外延为丘陵低山，再扩展上升为低山与中山。东南缘为仙霞岭山脉，有境内最高峰大龙岗。西北及北部边缘为白际山脉南段与千里岗山脉之部分。西部多丘陵低山；中部河谷平原与低丘岗地交错分布；东部则以河谷平原为主，地势平缓。低山、中山形态较为

---

① 罗俊. 浙江丘陵地区村落景观规划设计研究［D］. 杭州：浙江农林大学，2010：9-10.
② 陈桥驿等. 浙江省地理［M］. 杭州：浙江教育出版社，1985：21.

复杂，加上盆地的分隔，山岭走向复杂多变，岭谷交错，地形破碎。这里也属于亚热带季风气候带，因地形复杂，气候多变，具有垂直性特征，灾害性天气频繁。

2）分布现状

浙中盆地丘陵区的主要地形是盆地，丘陵主要分布于盆地外延以及西部，传统聚落多位于衢州市的常山县、龙游县、江山市地区以及金华市的兰溪市、义乌市和东阳市地区。由于浙中部的盆地丘陵地区地势相对比较平坦，形成的村落布局大致以规整的院落组织为主。并且这里与邻省江西、安徽的地理气候较为相似，文化交流也多于省内其他地区，如建德、兰溪、江山等地民居，少开敞院落而多高深天井。例如，衢州市江山市凤林镇南坞村、衢州市龙游县石佛乡三门源村、衢州市常山县东案乡金源村、衢州市龙游县沐尘畲族乡双戴村、金华市义乌市大陈镇红峰村、金华市东阳市虎鹿镇西坞村、金华市武义县俞源乡俞源村、金华市武义县熟溪街道郭洞村、金华市武义县大溪口乡山下鲍村。

3）经济和社会文化背景

浙中地区主要由金华和衢州构成，边界线长，四个方向与邻近地区互相影响，所以传统聚落形态布局和民居类型比其他地区多，具有很强的边际效应。

金华位于浙江的中心地带，且两山夹峙，一江中流的金衢盆地是历史上浙江和江西、福建、湖北联系的大通道。金华一带是浙江部分地区及闽、赣、皖、湘和杭州联系的交汇点和驿站。另外，历史上金华府领金华、兰溪、东阳、义乌、浦江、永康、武义、剡溪所谓"八婺"之地的周边[1]，在与各地区频繁的文化交流中形成了婺派建筑。浙中盆地丘陵型聚落分布在浙中盆地的外延，距离金华很近，历史上行政区划的设置促进了与外界的信息交流。

4. 浙南中山丘陵区

1）地域范围、地貌特征及气候环境

浙南丘陵山脉是浙闽隆起区的组成部分，山脉属武夷山系，主要有仙霞岭、洞宫山、括苍山，呈西南—东北走向，分别延伸西北部、西南部和东北部。

浙南属于中亚热带季风气候，在区位上临近东海，受海洋气候影响较大。地势上多中山丘陵地貌，具有较显著的山地立体气候特征。中亚热带海洋性季风气候与丘陵山地立体气候的叠加造就了该区优越的气候环境，四季分明、冬暖春早，降水丰沛，雨热同步，垂直气候类型多样，是中国的气候养生之地。

2）分布现状

浙南丘陵区主要地形是山地，其海拔普遍较高，而丘陵则分布于山地的过渡地带，传统聚落集中分布于温州市东南沿海的瑞安市、平阳县和苍南县，部分分布在丽水市东北部的松阳县、缙云县和青田县。背靠崇山峻岭、面对大海的独特自然地理环境形成了"耕读文化"浓郁的丘陵型聚落。例如，温州市苍南县矾山镇福德湾村、温州市苍南县桥墩镇碗窑村、温州市苍南县龙港镇鲸头村、温州市瑞安市湖岭镇黄林村、丽水龙泉市西街街道宫头村、丽水龙泉市西街街道下樟村、丽水龙泉市小梅镇金村、丽水松阳县大东坝镇蔡宅村、丽水松阳县大东坝镇横樟村、丽水松阳县大东坝镇七村、丽水松阳县三都乡杨家堂村、丽水松阳县三都乡酉田村、丽水遂昌县北界镇白水村、丽水遂昌县湖山乡奕山村。

3）经济和社会文化背景

浙南地区是南宋事功之学叶适学派的大本营，理想的耕读之地，又因浙南地区山地众多，海拔高，地形封闭、对外交通不便，保留下不少传统的聚落文化[2]。浙

① 赵之枫. 传统村镇聚落空间解析［M］. 北京：中国建筑工业出版社，2015：191-192.
② 程琼. 浙江省山地丘陵居住空间形态研究［D］. 杭州：浙江大学，2010：68.

南历史上有四次大规模的人口迁入，温州文化世家的五分之四来自福建长溪，因而，温州传统文化遗存中大量受福建文化基因的影响。同时，温州是理学之邦，北宋时开创了温州理学之初，到南宋创立了我国历史上著名的永嘉学派。永嘉学派崇尚行实事，务实功，促进了社会经济和文化的繁荣发展，为浙南丘陵聚落奠定了不甚理性、亲近山水、开敞通透等人文背景。

5. 浙东低山丘陵区

1）地域范围、地貌特征及气候环境

浙东丘陵位于浙江省东部，以天台山、四明山、会稽山等山脉为骨架，大致范围在浦阳江干流以东、宁绍平原以南、灵江以北，属于低山山脉。"低山"是指海拔在500～1000米之间的山地。浙东地区由于山体高度不大，仅有少数山峰海拔超过1000米，高低起伏，坡度较缓，由连绵不断的低矮山丘组成，局部多小盆地、小河流。这里是属亚热带季风气候，地处中、北亚热带过渡区。春夏初雨热同步而盛夏多晴热，秋冬光温互补，灾害性天气较多；同时具有典型山地气候特征，水平、垂直方向差异明显。

2）分布现状

浙东丘陵区的传统聚落主要位于台州市西部的天台县、仙居县，宁波市南部奉化市，临海西部等。虽然距海很近，但由于四周山丘的阻挡，夏季受台风影响不大。山区冬季湿冷，夏季闷热，四季温差较大。因此，对通风的要求较高，较浙中盆地丘陵区的传统聚落而言，院落空间更为开敞。例如，宁波市奉化市溪口镇岩头村、宁波市宁海县茶院乡许民村、宁波市宁海县深甽镇清潭村、台州市仙居县田市镇李宅村、台州市黄岩区屿头乡布袋坑村、台州市天台县石梁镇迹溪村、台州市天台县街头镇后岸村、台州市天台县街头镇九遮

村、台州市天台县南屏乡山头郑村、台州市天台县南屏乡上杨村、台州市天台县泳溪乡灵坑村、台州市仙居县横溪镇苍岭坑村。

3）经济和社会文化背景

浙东丘陵型聚落呈现一种尊古尚新的风格，是由于受到了浙东学派的影响。尤其宁波是明清时期中国文化学术重地，浙东学派视经为史，主张"经世致用"与"创新"[①]，崇尚对传统建筑形制的严格尊崇。

6. 浙东南沿海丘陵区

1）地域范围、地貌特征及气候环境

浙东南沿海丘陵区依山面海，地势由西向东倾斜，西北山脉连绵，峰峦迭起。东南丘陵延缓，平原滩涂宽广，河道纵横。南面以雁荡山为屏，有括苍山、大雷山和天台山等主要山峰。

亚热带季风气候，冬暖夏凉，温和湿润，光照充足。受海洋性季风影响，降水充沛，全年降水变化较大，呈峰型分布，另由于受季风不稳定性的影响，夏秋之际多热带风暴侵袭。

2）分布现状

浙东南沿海丘陵区的传统聚落主要分布于台州市三门县，温岭市及临海市东部地区，宁波市东南部沿海的宁海县、象山县，温州市苍南县。浙江东部和东南部地区，因为靠海，是典型的沿海乡土民居，建筑风格厚重敦实。例如，温州市永嘉县岩头镇芙蓉村、温州市永嘉县岩头镇苍坡村、温州市永嘉县岩坦镇屿北村、台州市三门县横渡镇东屏村、台州市临海市东塍镇岭根村、台州市临海市汇溪镇孔坵村、台州市临海市桃渚镇城里村、温州市苍南县马站镇金城村、温州市苍南县马站镇龙门村。

---

① 赵之枫. 传统村镇聚落空间解析［M］. 北京：中国建筑工业出版社，2015：151-152.

3）经济和社会文化背景

沿海丘陵型聚落位处山海相接、相对封闭的特殊地理环境，丰富的森林资源，便捷的海道航运，纵横交错的古道造就了丘陵型聚落的繁华和富庶。浙东南沿海丘陵聚落受到浙东、浙南的文化影响，沿袭了两地的建筑风格，但是它也有其特殊性——海防文化。浙江自明代以来便是我国的海防重地，南起广西钦州，北抵辽宁金州湾，明清时期是我国海防文化的繁荣阶段，特别是戚继光抗击倭寇以来，浙江沿海成了我国海防的主要构成部分。由此，海防文化成为浙东沿海丘陵型聚落的主导影响因素。

总的来说，浙江丘陵型聚落分布非常广泛、形态多样，他们基于不同的地形地貌，顺应自然条件与气候变化，在不同的经济与社会文化背景下逐渐发展，体现与生态和谐的聚落营建理念。

二、丘陵型传统聚落的空间格局

（一）丘陵型传统聚落的选址

丘陵型传统聚落的选址综合考虑了地形地貌、防御安全、水系、生产资料充足、交通便捷、营造良好的微气候等因素。这些影响因素也相互关联，地形地貌关系到聚落的防卫性及其耕地的可用量，影响着聚落微气候的形成及其交通的通达性；水系可作为天然的防卫屏障，同时也是生活、农耕生产的来源；选址则选取避风向阳、通风顺畅的环境营建。总体来说，丘陵型聚落的选址需要满足聚落发展的基本条件，充足的耕地资源，水资源丰沛，聚落具有防御安全的地理状况。对于由于生产集聚而成的聚落来说，还需要有充足的天然生产资料，具备便利的交通运输条件。

（二）丘陵型传统聚落的规模

与平原、水乡型传统聚落相比，丘陵型传统聚落受到地形地貌及生产资源的影响，很难发展成为较大规模的聚落，大多数丘陵型传统聚落为1000人左右的人口规模，3000人及以上人口的丘陵型聚落较少。聚落规模跟聚落环境资源的承载量直接相关，如浦江县的嵩溪村，由于村落附近盛产石灰矿生产资源充沛，在占地面积较小的环境中，聚集了2800人。

（三）丘陵型传统聚落的边界与布局

丘陵区地貌是浙江省主要的地貌类型，在丘陵地区的传统聚落边界呈现出人工因素和自然因素共同作用下的结果。山丘与水系等自然元素就成为聚落内外能量和信息交换的介质空间。为应对复杂多样的地理环境，丘陵型传统聚落的形态多呈现就山丘与水体形态约束后多变的形态特征。

1. 丘陵型传统聚落的边界特征
1）自然因素影响下的聚落边界因素
（1）山丘

浙江丘陵区域山丘连绵不断，对传统聚落边界生长会形成有效的形态限定与诱导。基于丘陵区域的山丘体特征不同，对形态的限定与制约也各不相同，如浙中盆地丘陵地带的金华武义郭洞村，山环如郭，田地、民居均分布在山体围合成的谷地范围内，山体约束聚落范围，构成清晰的聚落边界（图3-3-2）。

（2）自然水系

浙江丘陵区域的河流水系较为丰富，《管子·度地篇》提出"高勿近阜而水用足，低勿近水而沟防省"[①]。水源对于聚落的形成与发展至关重要。浙江丘陵型传统聚落分布在不同的地貌区域，其所处的河流水系在

① 李山. 管子 [M]. 北京：中华书局，2009：297-298.

图3-3-2 金华武义郭洞村（来源：王晶 摄）

聚落周边山丘的共同影响下对聚落的边界形态共同制约与限定。例如浙东低山丘陵地带的宁波市奉化市溪口镇岩头村，岩头古称"岩溪"，地处于天台山余脉，至今已有600余年历史。村庄四面环山，剡溪的支流岩溪由南往北穿村而过，潺潺北流，村民利用竹筏漂流，实施物资运输而发展成为商肆繁盛、富庶一方的重要村落（图3-3-3）。

（3）自然资源

自然资源作为聚落的生产性要素，是传统聚落赖以生存和发展的根本。传统聚落的边界生长依赖于自然资源而产生相应的产业类型，聚落边界也与之密切相关。例如浙西中山丘陵地带的嵩溪村，有储藏量丰富的石灰石资源，系生产石灰的原料。过去多数村民以烧制石灰为生，围绕矿山而建造大量的石灰窑，矿产的分布限定了聚落的边界。

2）人为因素影响下的聚落边界因素

（1）防卫目的

出于防御守卫需要而建成的聚落具有特殊的边界特征，边界形态更为规整和明确，城墙、寨墙在很大程度上界定了聚落边界范围。浙江丘陵地带防卫性质的传统聚落大致分为两种。一种是依托于东南沿海海防体系而建规模较大的城防式聚落。它们注重与自然环境的结合，多位于地势险要之处，如山麓、海边等，边界封闭性较强，形态规整。例如浙东南沿海丘陵地带的温州苍南县蒲壮所城，是规模较大的城防式聚落。唐宋以来素为戍守要地，明洪武十七年（1384年）为防倭寇而建，城墙除北面依山势而建外，其余三面均筑于平地上，城墙三面包围，城外护城河环绕，颇具规模，是典型的出于海防而形成的人工聚落边界（图3-3-4）。

另一种是聚落出于自身防御功能需要而建立起来的

图3-3-3 宁波市奉化市溪口镇岩头村（来源：王晶 摄）

图3-3-4 温州苍南县蒲壮所城（来源：王晶 摄）

堡寨式聚落，多由聚落成员自发建设或一般聚落演化而来，作为边界的寨墙和城垣多采用当地的土石材料砌筑。例如浙东南沿海丘陵地带的温州永嘉苍坡古村，整个村子用鹅卵石按正方形围筑寨墙，寨墙达一人高左右，寨墙内建筑布局规整严谨（图3-3-5）。

（2）生产商贸

生产商贸型的聚落是指基于各种商品生产或附属产业贸易服务的发展成为聚落发展的动因。浙江丘陵区的经济环境在南方经济发达的影响下，生产商贸性质的聚落较多，这类聚落往往占据重要的交通区位，与交通要道联系紧密，聚落边界处的空间流动性较为频繁，例如浙东南沿海丘陵地带的温州苍南福德湾村。福德湾村因采矾而生，炼矾而盛，整个村落沿鸡笼山而建，坐南朝北。福德湾老街全长350米，宽度多在2.2～3.5米之间。老街北向内街、岭脚交接，南与南山坪接壤，街巷顺山势呈南北向阶梯分布，老街也是一条主要的挑矾古

道，自然而然地形成了一个商业集散地，民国鼎盛时期每天有数千人往返于老街。商贸的发展使商业街成为聚落中心，聚落沿着商业街呈带状伸展，聚落边界发展也更为清晰。

（3）人工水系

为满足聚落用水需求和防火防卫需求，往往在内部或边界位置人工开挖水池、水塘、水渠以及护城河，建造人工水系满足聚落生存发展的用水需求。例如，蒲壮所城的护城河、芙蓉村用于防卫而开挖的水渠、水塘。这些水系是聚落与外界分隔的屏障，形成聚落边界的限定。

2. 丘陵型传统聚落的布局类型

从整体地形的特点来看，丘陵地区按照地形特征分为浅丘、浅丘兼深丘地带、深丘地带；按照地貌特征分为山丘、山坪、山坳、盆地、峡谷、冲沟、悬

图3-3-5　温州永嘉苍坡古村（来源：王晶　摄）

崖、陡坎等，各种山丘形态组合构成丘陵地形多样的形态。

在地形复杂的浙江丘陵地区，聚落大多顺应地形有机融合。浙江丘陵型传统聚落空间布局的主要因素有三种：一是依山，即顺应地形而建，聚落整体依托山丘形态呈不规则布局；二是傍水，即利用天然水体或引水挖渠，丰富聚落水资源。聚落整体布局环绕水系，或引入池塘，有水则尽水利，缺水则通过开渠挖沟凿井等措施引水，来保证聚落生存发展的用水需求，形成山环水绕的布局；三是构筑物，其中最直接的是城墙、寨墙对聚落布局的限定，道路交通系统也对聚落布局产生很大影响。

1）依山型

依山型聚落是浙江丘陵型传统聚落中常见的聚落布局模式，通常分布在山腰或山坡坡度较大的丘陵型聚落，呈现出类似山地型聚落的特征。由于缺少丰富的自然水系资源，所以空间布局主要受地形特征影响更大，空间流动感和方向性较弱。受地形地貌的影响，聚落通常顺应山谷坡面的地形建造，建筑群呈阶梯式递落排布。

浙江省丽水市松阳县大东坝镇杨家堂村，坐落于环形的山凹中，左右两翼山峦环抱聚落，坐东朝西，位于五座山丘合拢形成的坡地中，引入山中一条小溪自东而西环绕村落，形成玉带绕村的格局，通过挖沟渠引水到聚落内部满足用水需求（图3-3-6）。聚落上下相邻建筑高低落差约2~3米，常言"地无三尺平"来形容典型的阶梯式聚落。

2）依山穿水型

依山穿水型聚落是浙江丘陵型传统聚落中最常见的聚落布局模式，整个聚落依靠在山腰、山坡之上或是山谷之中，封闭性较强。受地形地貌的影响，居于山坡的聚落通常依靠单侧山坡的山势地形，聚落纵向多呈阶梯式递落排列，横向顺等高线呈弧形伸展。水系从聚落中穿过或临近聚落一侧穿过，因此聚落空间布局受到水系的影响而呈现出较强的流动感且具有较强的方向性。水源作为聚落最重要的生存资源，村民为避免纷争将其以分导建渠的方式，依循地势与水源高程的差异，有序合理地保证不同时间和空间下对水资源和土地的高效利用，有些聚落还将生活用水与生产或耕作用水分开使用。

（a）杨家堂村航拍（来源：施铭 摄）

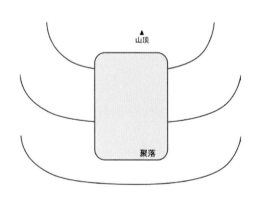

（b）布局模式图（来源：王晶 绘）

图3-3-6 依山型传统聚落

浙江省温州市苍南县桥墩镇碗窑村，坐落在玉苍山山脊上，玉龙河河谷中上游，南北走向，地势不易积洪，地质不易滑坡。水量充沛，多处引用山间泉水和附近的瀑布作为生产和生活的用水资源，利用水营建大量水碓粉碎泥土，作为制窑生产环节（图3-3-7）。

3）依山面水型

依山面水型聚落是浙江丘陵型传统聚落中常见的聚落布局模式，水系临近聚落一侧穿过，一方面出于尽水利的目的，聚落空间的边界容易受到水系的影响而局部呈现出流动性的特点，远离水体的聚落空间则受到地形影响较多，一方面出于避水患的目的，另一方面有些聚落也会与水系保持一定的距离。

浙江省丽水市龙泉宫头村，总体布局受到背靠的凤凰山和正面穿过的岩樟溪水流的综合影响而形成。聚落坐落于凤凰山东北侧的坡面上，龙泉溪的一条支流岩樟溪穿过聚落一侧，水资源充足，面对东北方向的老虎岗山，因水系间隔道路与聚落相距一定距离，因此对聚落布局的整体影响不大，聚落走势呈西北—东南走向（图3-3-8）。

4）河漫滩型

河漫滩型是丘陵型聚落中一种临山近水的特殊布局类型，河漫滩是一种河流地貌，由于河流横向环流作用，"V"形或"S"形河谷展宽，冲积物组成浅滩，浅滩加宽，枯水期大片露出水面成为河漫滩雏形，洪水携带的泥沙不断沉积，历时长久形成河漫滩。

浙江丘陵区雨量丰沛，局部地区的特殊环境较易形成河漫滩地貌，这类聚落布局与山丘保持贴近或相离一定距离，没有依靠山体组织布局；为避水患，聚落与水系也会相离一定距离，整体布局受山体和水系的直接影响不大。有些河漫滩型聚落的布局特征可能会类似盆地型传统聚落或平原型传统聚落的布局特征，但又有所差异，因此河漫滩型聚落布局在丘陵型传统聚落布局类型中是一种特殊的布局类型。

浙江省丽水市遂昌县北界镇白水村，坐落在桃溪岸边，海拔371米，聚落分布在山脚与溪水之间的一片冲击滩地，桃溪呈"V"形绕过，因此冲刷出河漫滩地貌，为防水患，聚落与溪水保持了一定距离，在一片平坦的河漫滩上定居（图3-3-9）。

5）夹山穿水型

夹山穿水型聚落是浙江丘陵型传统聚落中常见的聚落布局类型。这类聚落水资源丰富，顺着山谷径流的水系从聚落内部穿过，聚落空间紧邻水系两侧布局，因此聚落的空间流动感较强且具有明确的方向性。聚落外部边界范围受山丘体影响较大，内部则受水系影响较大，聚落靠近丘体的地形高差较大，聚落群体呈阶梯式递落排布，靠近水系的地形相对平缓。因此，聚落内的建筑顺水系呈线状延展布局，聚落整体既要依靠山势，也要顺应水系形态组织布局，而呈现出多样化的空间布局。

浙江省金华市武义县俞源乡俞源村，聚落背靠梦山冈，一条山溪从村庄东南方流入，进入聚落内部后以东西方向横穿村子，直至村西山脚，后又折向北至村口，溪流在民居与农田之间形成分隔，同时还成为划分不同姓氏的边界。聚落靠近水系地势平坦，靠近山体则出现明显高差，是夹山穿水型的典型布局（图3-3-10）。

6）夹山面水型

夹山面水型聚落是浙江丘陵型传统聚落中常见的聚落布局模式，这类布局的聚落一部分分布在起伏较大的山谷中，常见于多个丘体围合的山谷中或丘陵地带中较大的平缓区域中。

夹山面水型聚落受到山丘的影响较多，自然水系从聚落一侧穿过，周围的山丘与水系近似平行关系，而非垂直关系，聚落封闭感较弱，因此聚落空间的流动感较强且具有多方向性。民居主要沿着河道的平坦地带分布，耕地则分布于山丘间的谷地，耕地一般有山间溪流经过，并且汇入村落前面较大的水系，聚落边界较为清晰。

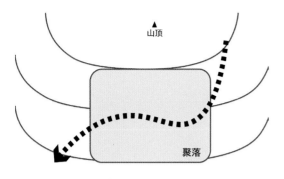

（b）布局模式图（来源：王晶 绘制）

图3-3-7 依山穿水型传统聚落（续）

浙江省丽水市龙泉小梅镇金村，坐落在三座山丘围合的山脚部的狭小平地中。聚落南侧有一条溪水相邻，依山面水，为防水患，建筑沿水岸退出一定距离，依坡建造，沿岸作为耕地（图3-3-11）。

7）山城围合型

山城围合型聚落布局是浙江东南沿海丘陵型传统聚落中一种特殊的聚落布局模式。这类聚落是东南沿海海防体系而建的规模较大的城防式聚落。注重与自然环境

（a）宫头村航拍（来源：王晶 摄）

图3-3-8 依山面水型传统聚落

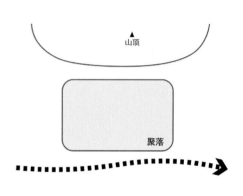

（b）布局模式图（来源：王晶 绘）

（a）白水村航拍（来源：施铭 摄）

图3-3-9 河漫滩型传统聚落

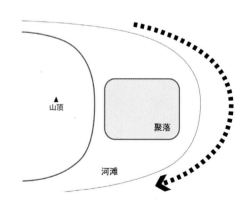

（b）布局模式图（来源：王晶 绘）

（a）俞源村航拍（来源：王晶 摄）

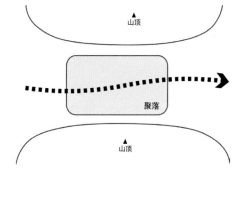

（b）布局模式图（来源：王晶 绘）

图3-3-10　夹山穿水型传统聚落

（a）金村航拍（来源：王晶 摄）

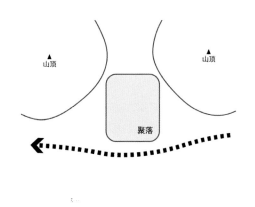

（b）布局模式图（来源：王晶 绘）

图3-3-11　夹山面水型传统聚落

的结合，建造完整的城墙以包围住位于山脚下的聚落，以及聚落所依靠的部分山体，聚落封闭性较强，内部通过引用山泉、溪水或凿井保证用水需求，外部结合自然水系或人工开挖作为护城河以加强防卫工事。此类型聚落布局规整，聚落边界清晰，以人工构筑物限定了聚落范围。

浙江省温州市苍南县蒲壮所城，是中国古代著名的海防城堡建筑。明代为防倭寇而建，北面城墙靠山，为圆弧形，南城面海，东、南、西面有三座瓮城。城墙包围了聚落的所有民居，耕地在城外，城内的山上建有瞭望台，整个聚落有非常强的防卫性（图3-3-12）。

(a)蒲壮所城航拍（来源：王晶 摄）

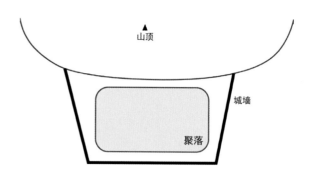

山顶

城墙

聚落

（b）布局模式图（来源：王晶 绘）

图3-3-12 山城围合型传统聚落

（四）丘陵型传统聚落的形态特征

1. 基于道路结构的聚落形态

1）鱼骨状道路

鱼骨状路网结构的丘陵传统聚落分布较广，是一种典型的路网结构。鱼骨状路网结构的聚落体量一般不大，山体和河流限制了聚落沿某一方向轴线伸展，其他道路均由主路向两侧分散出支路而形成。主要道路一般平行于河流，单侧或双侧设置道路；次级道路一般与主路垂直，形成主次分明的道路系统。

例如台州市三门县横渡镇岩下村，村落主路平行河道东西向贯穿村落，次级道路垂直于主要道路，在南面河流与北面山体的共同限定下，聚落沿着主要道路东西向扩张形成带状形态（图3-3-13）。

2）网格状道路

根据道路的结构，网格状道路可以分为方格网和不规则网格两种。方格网道路受到自然环境的限制较少，

特征是路网多垂直相交，道路系统有良好的通达性，行走在聚落中能获得较强的方位感。方格网道路的村落一般分布在较为平坦的低山丘陵地带。例如在楠溪江流域的温州永嘉岩头村（图3-3-14），道路系统呈方格网状，整个村落的肌理因道路系统而呈现出整齐的块状形态。

不规则路网的形成则多受到地形因素的影响，特征是道路交织互不垂直，行走在聚落中方位感较弱，容易迷失方向，典型案例是金华浦江的嵩溪村。嵩溪村为典型的夹山穿水布局，聚落的边界不规则，用地较为紧张，受到山体与水系的共同影响，发展出了不规则的网状道路系统，其主要道路沿着水系南北贯穿村落，两主路之间由密集支路连接，路网不规则（图3-3-15）。

2. 基于水系结构的聚落形态

根据水系与聚落的位置关系，可以将聚落分为面水聚落与水系贯穿聚落。

（a）岩下村卫星图（来源：王晶 摄）

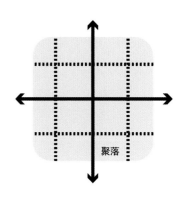

（b）结构特征图（来源：王晶 绘）

图3-3-13　鱼骨状道路传统聚落

（a）岩头村卫星图（来源：王晶 摄）

（b）结构特征图（来源：王晶 绘）

图3-3-14　方格网状道路传统聚落

（a）嵩溪村卫星图（来源：王晶 摄）

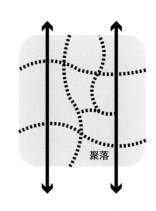

（b）结构特征图（来源：王晶 绘）

图3-3-15　不规则网格状道路传统聚落

1）面水聚落

面水聚落的最大特征是主要河流不穿过村落，在村落单侧或与村落相邻。位于村落单侧的河流一般河面宽阔，作为聚落的水路，同时具有一定的防卫性，是聚落防卫的天然屏障。例如温州永嘉的溪口村，靠山面水，河面宽阔，河运发达，聚落以此发展商业；同时水流湍急，周围山势陡峭，聚落防卫性较好（图3-3-16）。

2）穿水聚落

贯穿聚落的水系一般为溪水或是人工开凿的水系。有水系贯穿的聚落一般分布在高差较大的丘陵地区。由

于溪水带来的洪涝隐患要比河流小，建筑可直接沿溪水一侧或双侧修筑，并在溪流上修建桥梁，便于两岸往来。例如位于丽水松阳县大东坝镇石仓七村，聚落四面环山，依附于溪流两侧，主要道路顺应河流走势，溪流上建数座石桥，便于溪流两岸居民往来；田地夹在民居与河道间，便于灌溉耕作（图3-3-17）。

人工开凿水系由沟渠和池塘组成，满足人们日常用水需求的同时，也能够带来生产的便利，水碓将水的势能转化为机械能，用来经营农产品加工或工业加工，例如碗窑的水碓用来击打高岭土，郭洞村的水碓用来加工

（a）溪口村卫星图（来源：王晶 摄）

（b）结构特征图（来源：王晶 绘）

图3-3-16 聚落面水

（a）七村卫星图（来源：施铭 摄）

（b）结构特征图（来源：王晶 绘）

图3-3-17 河流穿过聚落

谷物。池塘在蓄水的同时也是聚落内部景观营造的重要组成，例如永嘉的溪口村、芙蓉村，在聚落中开渠建池，筑亭台于水池之上，水池成为聚落重要的景观空间。

3. 丘陵型传统聚落的形态

在受山体、水系与道路的共同影响下，可将丘陵地区传统聚落归纳为网格团块状、平行等高线鱼骨带状、垂直等高线鱼骨带状、子母状四种主要形态。

1）格网团块状

网格团块的聚落一般出现在较为平坦的丘陵地区，高差对聚落形态的影响较小，聚落规划思想得以实现，特征为：出现网状道路系统，聚落边界清晰，建筑分布集中，布局紧凑，边界由道路、河流、寨墙等元素共同确立，整个聚落呈现出清晰的团块形态。温州永嘉苍坡村是一个典型的网格团块状聚落（图3-3-18），聚落以寨墙为边界，整个村落总体呈方形块状。村落中有5条主要的南北向街道，南面一条主要街道贯穿东西，其余东西向道路皆为次级道路，主次道路多垂直相交，构成层级分明的网格道路系统。同时聚落内开渠挖塘，水渠池塘与路网相互协调，共同组织聚落内部空间。

2）鱼骨状

鱼骨状聚落形态在丘陵地区比较典型，聚落由一条明显的主路贯通，在垂直于主路的一侧或双侧形成次级道路，主次道路的关系形似鱼骨。

（1）平行于等高线鱼骨带状

平行于等高线鱼骨带状形态的聚落多为沿着鱼骨状道路伸展的带状形态，其主要特征是主要道路与等高线平行，建筑分布于阶梯状的台地上，层叠错落，次级街巷垂直主街巷且垂直于等高线。平行于等高线鱼骨带状形态的聚落常见于两山的相夹地带，两侧山体坡度较大，山谷形成溪流，主要街巷顺应溪流分布。此类聚落多见于浙江南部丽水境内，例如浙江丽水松阳横樟村（图3-3-19）。横樟村的布局为两山穿水型，聚落建在溪岸两侧的台地上，并沿着河流方向伸展，梯田则分布于两侧山体的中部。聚落主路沿着溪岸两侧布置，垂直于主路的次级街巷经过民居通往山腰的梯田，整个聚落沿着地形水系呈现带状特征。

（2）垂直于等高线鱼骨带状

垂直于等高线鱼骨带状的聚落同为沿着鱼骨状道路伸展的带状形态，其主要特征是主要道路与等高线垂直，次级街巷平行于等高线，建筑的分布大多沿着主路

（a）苍坡村卫星图（来源：王晶 摄）

图3-3-18 格网团块状

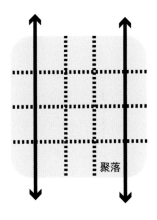

聚落

（b）形态特征图（来源：王晶 绘）

（a）横樟村卫星图（来源：王晶 摄）

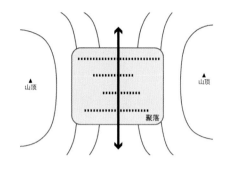

（b）形态特征图（来源：王晶 绘）

图3-3-19　平行于等高线鱼骨带状

（a）福德湾村卫星图（来源：王晶 摄）

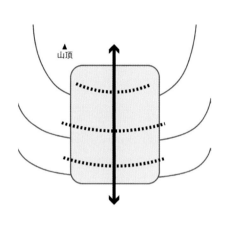

（b）形态特征图（来源：王晶 绘）

图3-3-20　垂直于等高线鱼骨带状

布置，部分沿着平行等高线的次级道路分布在阶梯状台地上。该形态的主路垂直于等高线，因此主路一般有台阶或坡道。垂直于等高线鱼骨带状的聚落多见于高差较大的地区，例如温州苍南的福德湾村（图3-3-20）。福德湾村在挑运矾矿的山道两侧发展为聚落，聚落沿着山道垂直等高线呈现带状。主要道路即挑运步道，沿主路多为商业建筑，民居多沿着等高线分布于台地上，在地势更加陡峭的山腰处建筑密度较小，民居间隔较大，分布稀疏。

3）子母状

子母状聚落有双中心的特征。在血缘型的聚落中，双中心聚落的产生是因为土地资源的限制或房派的迁移，在多姓氏混居的聚落中，各个家族都有明确领地，双中心或者多中心的情况较为常见。丘陵地区的子母状聚落一般受到山水因素的影响，边界较为清晰，各部分组团明显。例如武义县郭洞村（图3-3-21），聚落在初始阶段发迹于两山相夹的河滩平地上，建筑用地相对紧张。随着人口的扩张，原有用地不满足发展需求，新的

（a）郭洞村卫星图（来源：王晶 摄）

（b）形态特征图（来源：王晶 绘）

图3-3-21 子母状

房派脱离"母体"，在距离"母体"村落不远处开辟新的家园，建立祠堂，发展为结构相对完整的子村落。郭洞村的"子母"聚落均受到环境的限制，呈现出团块的特征，聚落边界清晰，水系均穿过聚落一侧，母体聚落有网格状路网特征，而子体聚落路网结构不够清晰。

4. 丘陵型传统聚落的构成

1）建筑空间

丘陵型传统聚落的民居主要满足居住的功能，沿街民居则发展为前店后宅或下店上宅的形式。公共建筑主要有宗教建筑、礼制建筑、产业商业建筑等。礼制建筑在村落中居重要地位，如宗祠家庙，一般位于村落中心或是村口；宗教建筑有寺庙、道观等，一般分布在聚落的外围；同时也有官方信仰类型和民间地方信仰类建筑，如城隍庙、妈祖庙等。产业建筑可以分为生产建筑和商业建筑两种，生产建筑多见于业缘型聚落，例如烧制陶瓷的窑房；商业建筑主要是沿街店铺，例如茶馆、旅店、商店等。

2）街巷构成

丘陵地区的聚落街巷有平面上的鱼骨、网格等特征外，还有垂直于等高线与平行于等高线的类型划分。聚落街巷多有较明显的层级，主要街巷宽阔且笔直，穿过聚落中心，连接聚落的重要建筑，次级街巷则曲折多变，贯穿聚落的各部分。在商业发达的聚落中，街巷还发展成为商业街道，如永嘉岩头丽水街、苍南福德湾村商业街等。

3）节点空间构成

丘陵型传统聚落的节点空间包括广场，村落中心的水池、牌坊、风水树、门楼等。例如金华武义郭洞村，村口有高大的城墙，城墙后有一座石桥与两座庙宇，石桥作为一个重要的节点空间，成为村口空间序列的高潮，有着极强的标志性。丘陵地区的广场大小一般，与聚落的规模成正比，例如金华浦江的嵩溪村就有大型广场位于村口，广场作为交通枢纽连接村内村外，同时广场周围还分布着宗祠和庙宇，是整个村落的信仰中心。又如温州永嘉的芙蓉村和溪口村，其村落的正中央都有方形的水池，建亭于水池之上，亭中设有座椅，是村中最重要的休闲空间。

三、丘陵型传统聚落的建筑特色

（一）民居建筑

浙江丘陵型传统聚落的民居按照规模划分，可分为小型民居和中大型民居，小型民居以"一"字形及其变形为主，小型民居体型简单，体量相对较小，在各个丘陵地区均有分布。中大型民居主要是多院落民居和长屋，受到地域文化影响，不同地区的特征差异性较大。

1. 宁波"大墙门"民居

"大墙门"是浙东丘陵区宁波周边代表性的民居，"大墙门"以"H"形为基本建筑原型，建筑与院墙围合成4个天井，大屋则以这种"H"形的单元进行组合。"大墙门"有较多的院落，大多为两到三进，外墙较高，常刷成白色，外墙上门洞有装饰，屋式门较多；建筑内部较为低矮，天井多但不大，室内装饰朴素大方。[①]例如宁波奉化岩头村毛福梅故居（图3-3-22），该民居平面呈"H"形，门头设在民居侧屋的山墙面上，门前有一个方形庭院，民居有前后两个天井，前面天井宽阔，作为前院使用，后天井较狭窄。建筑内部装饰朴素，门头装饰简洁大方。

2. 台州传统大屋

台州地区的中型民居多以三合院为主，一般为五到七开间，其中正房空间为三合院的核心，左右两侧为厢房，并围绕天井院落形成合院空间。

更加复杂的民居为多院落组合结构，有极强的对称性，多沿着进深方向的轴向延伸。台州大屋院落大而方正，院落底层四周均有檐廊，院中卵石铺砌，环庭院设有排水沟。台州大屋外墙较为封闭，有极强的防卫性，门头多为门屋式大门，有一定装饰。由于受到台风的影响，台州大屋普遍低矮，二层窗户下压一层檐顶，上抵二层檐顶，二层向内院开窗，对外不开窗，窗户较小，窗户设木挡板防风避雨。建筑为砖木结构，外立面多为砖石砌筑，有较好的防卫性能，内部多为木结构。建筑外部墙面多白灰抹面，内部梁柱及窗户有雕刻，其余构件无多余装饰，保留材质原色不做粉刷，较为朴素。例如，台州三门县岩下村的石龙门大院（图3-3-23），建于清朝晚期，坐北朝南，平面方形，为砖木结构的四合院。

3. 浙中套屋

浙中文化对浙江中部丘陵地区产生了影响，儒、匠、农、商相混合的人口结构和耕读的生活方式影响了其住宅特色。浙中丘陵地区代表性的是武义和绍兴的套

（a）毛福梅故居门头 　　　　　　　　（b）毛福梅故居前院

图3-3-22　宁波奉化岩头村毛福梅故居（来源：康艺兰 摄）

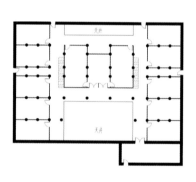

（c）毛福梅故居平面图（来源：王晶 绘）

① 丁俊清，杨新平. 浙江民居 [M]. 北京：中国建筑工业出版社，2009：164-152.

（a）石龙门大院（来源：康艺兰 摄）　　　　　　　（b）石龙门大院平面图（来源：康艺兰 绘）

图3-3-23　三门岩下村的石龙门大院

图3-3-24　俞源套屋（来源：康艺兰 摄）

屋（图3-3-24）。套屋是一座"日"字形或者"目"字形的大屋，两侧再加上侧屋，有单中心、对称的特点。套屋的外部较为封闭，外墙门洞装饰华丽，门洞上方有防御用的窗洞。套屋内部天井较大，满足家族日常使用需求，富庶之家装饰华丽，屋内门窗有奢华的雕刻装饰。天井面对的厅堂层高较高，其余房屋多为两层，如武义俞源村的上万春堂（图3-3-25），平面上可明显区分前后两个部分，两部分均以庭院为中心展开，形如两个"凹"字形建筑组合，庭院之间设有隔墙。

绍兴诸暨斯宅村的"千柱屋"是套屋形式的集大成者，"千柱屋"坐南朝北，建有门楼五座（图3-3-26）。从正门进入，为建筑主轴线，共三进，分别为门楼、大厅和座楼。三进之间各有宽敞的天井相隔。与主轴线平行的四条辅轴线上，各有前后两个楼式四合院，前后两院又由横向的防火巷相隔，形成了整座建筑分设八个四合院的格局，辟有10个大天井，36个小天井。建筑内部空间宽敞、装饰华丽，中轴线上分别是一层的厅堂和两层的宗祠。[①]

4. 浙东南沿海长屋

浙东南沿海丘陵的民居主要形制有"一"字形、三合院、四合院、"H"形等，具有特色的是"一"字形的长屋和多院落式长屋。"一"字形长屋设前廊，居民可在廊下休憩劳作，堂屋宽而深，其他房间前为起居室、后为卧室。院落式长屋则为两进建筑，建筑不沿进深方向展开而是以水平方向展开，建筑入口多位于建筑长边方向，较为出名的有温州永嘉芙蓉村的司马第大屋（图3-3-27）。司马第大屋坐落在村落西北角，建于清康熙年间，主体由三座二进制院落组成，院子之间有连廊连接。建筑主要采用的是传统六架三柱抬梁式木构架，悬山顶，用料讲究，装饰精美，但该建筑于2020年被大火烧毁。

5. 浙南民居

在丽水地区，丘陵的民居风格受到周边地区的影响，带有浙江西部、闽南北部民居的特点。例如丽水松阳的石仓七村（图3-3-28），该村居民由福建迁移而来，

---

① 黑陶，斯盛居. 江南巨宅"千柱屋"[J]. 环球人文地理，2012：168-169.

（a）上万春堂门头（来源：康艺兰 摄）

（b）上万春堂天井（来源：康艺兰 摄）

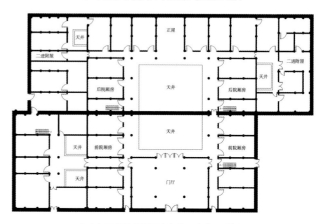

（c）上万春堂平面图（来源：康艺兰 绘）

图3-3-25 金华武义俞源上万春堂

106

建筑带有闽南风格，大屋依山而建，横向展开，天井大且深远，每个大屋都有厅堂，门头装饰精美。大屋为院落式住宅，沿中轴线的天井较大，其余天井狭小，大屋前多设前院，前院左右两面又设小合院。大屋外立面为砖石砌筑，泥灰抹面，门窗及牛腿部位有雕花装饰。

（二）公共建筑

1. 祭祀建筑

宗祠在村落中的分布有位于村口、村子中心、村落外围及与住宅相结合四种情况。祠堂位于聚落中心的情况较为普遍，典型的案例有宁波奉化岩头村，宗祠设在带状聚落的中部，临街面溪，占据着聚落最核心的位置。

位于村口的宗祠作为村落的标志性建筑，祠堂前一般有小广场或池塘，以便宗族向外界展示其形象，村中的活动集会，都会在村口区域展开。例如温州永嘉屿北村、金华武义俞源村（图3-3-29）、金华武义郭洞村（图3-3-30）、金华浦江嵩溪村。

祠堂位于聚落的外围主要是受到产业、多姓氏以及用地紧张等因素的影响。业源型的复姓聚落宗祠一般不设在聚落中间而设于聚落外围，例如温州苍南碗窑村的生产和商业空间占据着聚落中心位置，宗祠坐落在聚落外围的山腰上。房派增多所建立起的支祠因为用地限制也会分布在聚落的周围，这种情况大多出现在大型血缘型聚落之中，例如苍南的蒲壮所城。

在交通闭塞、多匪患的丘陵地区，大型的住宅也会与宗祠相结合，例如绍兴诸暨斯宅村（图3-3-31），宗祠位于建筑轴线上的最后一进，横纵轴线将建筑划分为四个区域，每个区域被分配给不同房派使用，从建筑平面上体现出一种以宗祠为中心的家族社会组织。

2. 宗教建筑

道观和佛寺一般分布在村落附近的山中，而属于民间信仰的各类庙宇则分布比较灵活。一些庙宇位置分布与其"功能"发生的场所相一致，例如治水的神仪空间一般设置在村落水源或者靠近溪流的位置；象征防卫的神灵，例如关公庙、禹王庙会建在村口位置。因为古代人们遇到难处皆求神保佑，是神皆可拜，三教合一已经屡见不鲜，例如宁波奉化的岩头村钱潭庙（图3-3-32），温州永嘉岩头村塔湖庙（图3-3-33）都有多神共拜的情况。

在笔者调研的聚落当中，苍南的蒲壮所城是典型案例，整个蒲城的宗教与神仪建筑超过30处，包括一般普遍熟知的宗教及其建筑，例如佛教的东庵、西庵、南庵、景福寺，道教的三官庙、雷神庙；官方信仰建筑，例如城隍庙、晏宫殿（东西两座）、土地庙、关帝庙；民间信仰建筑，例如杨府庙、五显庙、五福庙、太妃宫、太阴宫、白马庙、大王宫等。这些宗教建筑分布在城内外各处，见缝插针地镶嵌在民居之中或者分布在聚落边缘地带（图3-3-34）。

3. 文教建筑

文教建筑有书院与文峰阁、文峰塔等。其中，书院又可以分为有私办或者半公办性质的书院和私塾。书院讲求理学，博习经史，研读课考；私塾则作为一种乡间最普通的办学方式，包括家塾、义塾、蒙馆等，以识字学习计数为主。[①]书院选址非常讲究，大多数书院选在风景优美且安静的地方，与自然景观相结合，远离世俗，潜心求学，也有书院如永嘉芙蓉书院和溪口东山书院位于村落中心，与就近村子中心的水池亭台等人文景观结合，展示出宗族的文风兴盛。

丘陵地区的文峰塔和文昌阁一般位于聚落边缘的高

---

① 胡念望. 芙蓉、苍坡以及楠溪江畔的其他村落 [M]. 杭州：浙江摄影出版社, 2001：120-125.

（a）千柱屋航拍

图3-3-26　绍兴诸暨斯宅村千柱屋（来源：康艺云摄）

（b）千柱屋正立面

图3-3-26　绍兴诸暨斯宅村千柱屋（来源：康艺兰 摄）（续）

（a）司马第大屋鸟瞰（来源：温州大学建筑工程学院官方微信）

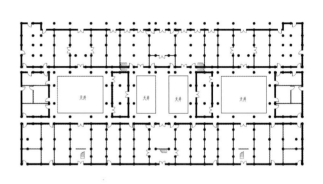

（b）司马第大屋平面图（来源：王晶 绘）

图3-3-27　温州永嘉芙蓉村的司马第大屋

（a）德为福基鸟瞰

（b）德为福基庭院正立面

图3-3-28　丽水松阳石仓七村德为福基住宅（来源：施铭 摄）

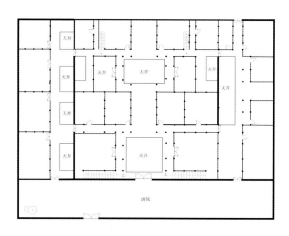

（c）德为福基庭院　　　　　　　　　　　　　　　　　（d）德为福基平面图（来源：康艺兰 绘）

图3-3-28　丽水松阳石仓七村德为福基住宅（来源：施铭 摄）（续）

图3-3-29　金华武义俞源俞氏宗祠（来源：康艺兰 摄）

图3-3-30　金华武义郭洞何氏宗祠（来源：康艺兰 摄）

图3-3-31　绍兴诸暨斯宅村宗祠（来源：康艺兰 摄）

图3-3-32　宁波奉化岩头村钱潭庙（来源：康艺兰 摄）

图3-3-33 温州奉化岩头村塔湖庙（来源：康艺兰 摄）

图3-3-34 蒲城宗教建筑（来源：王晶 绘制）

地上，例如永嘉岩头村的文峰塔、文昌阁位于聚落西南侧的山丘上（图3-3-35）；斯宅村的文昌阁位于村落背后的山腰，周围风景优美风光旖旎，在选址和景观营造上彰显古代文人的审美观和景观意蕴。例如温州永嘉的芙蓉书院处于芙蓉村的中心位置（图3-3-36），书院由

东向西依次为泮池、仪门、明伦堂和讲堂，讲堂后有小天井。书院南侧是花园，花园西面是山长住宅。

绍兴诸暨的斯宅村华国公别墅位于聚落外围，坐北朝南，背靠象山，面向开阔的耕地，是集家庙、私塾为一体的三进院落的功能混合建筑（图3-3-37）。建筑正门设小广场，广场两侧为东西门房，前设半圆形泮池。主体建筑一进为门厅，二进思诚堂，三进春秋享堂。一进和二进之间东西厢房为教室之用，第三进东西向有两个耳房，天井用矮墙分隔，形成相互独立的6个天井院落。

4. 产业建筑

产业建筑主要是指商贸建筑和生产建筑。商贸建筑如茶馆、客栈、商店、当铺等，生产建筑包括生产陶瓷、木炭、石灰的窑及其附属用房。

楠溪江流域的聚落位于温州，是前往乐清、缙云、仙居等地的交通要道，是山区与温州进行物品交换的集散地，一些聚落发展出了小规模的商业街巷，典型案例是温州永嘉岩头村的丽水街（图3-3-38），丽水街建在人工修砌的湖岸上，湖岸建造于嘉靖三十五年（1556年），受到耕读文化的影响，宗族不允许在湖堤上建设商业用房，随着商业的发展，清朝末年已经形成了一定规模的商业街。丽水街沿着湖东面堤岸单侧而建，有石阶下到湖面。商店前店后寝，二楼多储物，单檐悬山屋顶，出檐4米，形成了总长400米的檐下商业空间，檐柱间有美人靠，街道两端有古亭古树，供路人歇坐纳凉。[①]

温州苍南县碗窑村是以生产日用瓷器为主要产业的古村落（图3-3-39），清朝时期形成了较大规模。由五大氏族生产经营瓷器，出现了以瓷器交易为主的街巷。碗窑的街道通长50米，位处山腰较平坦的区

---

① 陈志华. 楠溪江中游古村落［M］. 北京：生活·读书·新知三联书店，1999：19-26.

（a）岩头村文昌阁　　　　　　　　　　（b）岩头村文峰塔

图3-3-35　温州奉化岩头村文教建筑（来源：田常赛 摄）

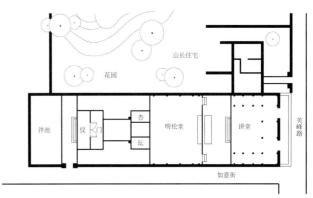

（a）芙蓉书院（来源：田常赛 摄）　　　　　　　（b）芙蓉书院平面图（来源：康艺兰 绘）

图3-3-36　芙蓉书院

域，街道两侧为二层店铺，店铺前店后宅，街道较为开阔，街头处有古戏台和三官庙，是集商业、娱乐、民间信仰活动为一体的复合空间。

5. 防卫建筑

聚落通过修建防卫性的建筑来提高聚落的防御性，例如挖河建城墙，设炮楼、瞭望塔等。金华武义郭洞村的入口筑有城墙，城墙与聚落两边的山体共同形成了抵御外敌入侵的屏障，同时城墙周围高大的树木增加了村落的隐蔽性，进入村落的寨门设在城墙一角，常年有人驻守。

在地势较为平坦的温州永嘉楠溪江地区几乎所有村庄都有自己的寨墙、寨门以及炮楼、谯亭等防御建筑（图3-3-40）。一些村落甚至有两道寨墙，外围还挖有护寨河，例如芙蓉村的共有7座寨门，其中最主要的是作为主要入口的东门，始建于元朝，为二层阁楼式建筑，二层作为谯楼，三开间，重檐歇山顶，有较强的防御功能。[①]

---

① 胡念望. 芙蓉、苍坡以及楠溪江畔的其他村村落［M］. 杭州：浙江摄影出版社，2001：80-85.

（a）华国公别墅入口（来源：田常赛 摄）

（b）华国公别墅前院（来源：田常赛 摄）

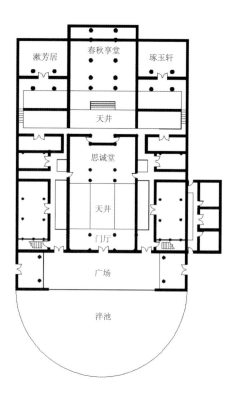

（c）华国公别墅平面图（来源：王晶 绘）

图3-3-37 华国公别墅

图3-3-38 温州永嘉岩头村丽水街（来源：田常赛 摄）

图3-3-39 碗窑村街道（来源：田常赛 摄）

（a）芙蓉村东门　　　　　　　　　　　　　　　　　　　　　（b）芙蓉村寨门与寨墙

图3-3-40　温州永嘉芙蓉村（来源：田常赛 摄）

四、丘陵型传统聚落的景观特色

聚落景观是聚落发展过程中与自然环境不断进行相互作用的产物，涵盖了生态、生活、生产三个方面，受到社会形态、地域文化、民风民俗、宗教信仰等多维度的影响而呈现出多样性。[①]基于丘陵区复杂地貌的空间环境，根据景观塑造的主导因素不同而产生的"山水相依"的景观风貌和人居环境特征也呈现出地域性、多样性和复杂性，多种景观要素和理景手法综合作用于景观塑造。

传统聚落景观层次性丰富，具有山、水、村、田等自然基底空间，形成了浙江传统聚落的山—水—田—聚落的景观格局。丘陵地貌、湖泊、河流、池塘、水网、古树名木与聚落完美地融合，形成一个生态和谐的自然景观结构。

（一）因山

一般来说，丘陵地区的山体丘体较浑圆，山峰或圆形，山岭轮廓柔和，形态别致柔和丰满，景观秀美，独特的地理环境使丘陵型传统聚落具备良好的自然生态环境，具有独特的审美价值，形成山山有景、村村景逸的景观格局（图3-3-41）。

（二）理水

浙江丘陵区有大量水系，水体是浙江丘陵地区自然景观最具代表性的因素之一。丘陵型传统聚落中的水体可分为点、线、面三类主要的形态，这三种水体形态又分别塑造了不同的传统聚落空间。

点状形式存在的水体，一般说来最常见的是池塘、水井、水院等，这类水体对塑造空间品质起到画龙点睛的作用。例如丘陵型聚落中常见的水口景观，村头理景在传统人居观念的影响下形成了丰富的入口序列空间，虚实结合、高低呼应，自然与建筑相结合，利用不同的山势、冈峦、溪流、湖塘，配置牌楼、厅榭、桥梁等，形成富有地域特色的水景，例如温州永嘉岩头水亭祠（图3-3-42）。

线状形式存在的水体，以河流、溪流、山泉的形式居多，为聚落景观提供了天然的风景轴和生态轴，起到

---

① 罗俊. 浙江丘陵地区村落景观规划设计研究［D］. 杭州：浙江农林大学，2010：25.

图3-3-41　丽水松阳县大东坝镇七村（来源：施铭 摄）

图3-3-42　温州永嘉岩头水亭祠（来源：田常赛 摄）

视觉引导作用，使聚落具备一定的空间流动感。线状水体从聚落内部穿过或从聚落一侧直行经过、环绕而过。无论是自然水系还是人工水系都可以调节聚落的微气候，从而使得聚落景观富有生机活力，例如宁波奉化岩头村（图3-3-43），山溪从聚落中穿过，一年四季泉水叮咚，生机勃勃。

面状形式存在的水体，通常由静水经地表径流或人工开渠引水汇聚而成，因此一般分布在聚落的凹地形，如湖泊、水圳和较大的水池、水塘。面状水景由于其面积大、视域开阔，空间通透，是聚落中营水的重点空间。温州永嘉芙蓉村水系纵横，村落中心的池塘上建有长塘亭，池水倒映着白墙灰瓦，又与远处的山岩交相辉映，呈现出静谧祥和的村落之景（图3-3-44）。

（三）古树名木

传统聚落的古树往往具有悠久的历史年代，居于聚落入口处或村落核心位置，形成村落的入口标志与公共休闲空间。例如蒲壮所城城墙上的古树，茂密遮天，是夏天村民乘凉休憩的场所，构成了城墙上特殊的景观（图3-3-45）。郭洞村中因呈等腰三角形而誉为"郭洞金字塔"的西山坡，全是树龄六七百年的天然古木。树种很多，有国家一级的珍稀树种，如矩叶卫、虎皮楠、

图3-3-43 宁波奉化岩头村（来源：王晶 摄）

图3-3-44 芙蓉村的池塘（来源：田常赛 摄）

图3-3-45 古树名木（来源：田常赛 摄）

豹皮樟、红皮树、青冈栎、罗汉松、秃瓣杜英等。围绕古树名木展开建筑布局和理景空间，是浙江丘陵型传统聚落理景的重要方式之一。

（四）田园

农田是浙江丘陵区传统聚落最重要的景观构成要素。梯田散落在崇山峻岭丘陵谷地中，层层叠叠、高低错落、自然柔美的曲线阶梯，伴着云海、竹林、溪流、瀑布、雾凇以及古朴的村落等景观，构成了一幅人与自然和谐共生的田园图景（图3-3-46）。

（五）构筑物

丘陵型传统聚落的构筑物有亭、榭、廊、阁、城墙、寨墙、桥等构筑元素，往往并不是依靠某一构筑元素单独成景，而是结合地形特征与山水背景进行景观塑造，例如武义郭洞村的拱桥，桥上建有亭，背靠青山，

图3-3-46 杨家堂村梯田（来源：施铭 摄）

四面竹树环合（图3-3-47）。

亭者，停也。水乡山村，道旁多设亭，供行人歇脚，有半山亭、路亭、半江亭等。结合了人文意境的亭是聚落中景观抒情的重要载体，例如岩头村接官亭，建于在聚落的西南角池岸边，视野开阔，是村民乘凉休憩的好去处（图3-3-48）。

水榭是指建于水边或水上的亭台，以供游客休息、观赏风景的中国传统建筑。水榭多从驳岸突出，以立柱架于水上，建筑多为单层，平面或方形或长方形，结构轻巧，四面开敞，以博取宽广的视野。临水的一面，常设座凳栏杆和弓形靠背，称为美人靠，供人凭栏而坐，如温州永嘉溪口村的水月亭（图3-3-49）。

城墙寨墙在以防卫功能为主的丘陵型聚落中也成为一种独特的景观元素，既有防卫目的，也有造景的作用，例如芙蓉村环绕村落的寨墙，用河滩卵石砌筑，古朴自然，自成一景。

五、丘陵型传统聚落典型案例

（一）温州永嘉县屿北村

1. 地理区位

屿北古村位于浙东南沿海丘陵区楠溪江上游的永嘉县境，南距岩坦镇3公里，是楠溪江流域古村落历史风貌区内保存较为完整的村落之一，屿北村被评为"中国景观村落"，同时被列入第一批中国传统村落名录（图3-3-50）。

2. 自然与经济环境

1）自然地貌

楠溪江河谷由苍山与雁荡山的山脉夹合而成，村落所在的岩坦溪则是苍山东南—西北方向的山脉所夹合而成，形成了两山夹水的格局。

图3-3-47 郭洞村口拱桥（来源：王晶 摄）

图3-3-48 岩头村接官亭（来源：王晶 摄）

图3-3-49 温州永嘉岩头村水月亭（来源：王晶 摄）

2）社会文化

屿北村建于唐代中叶，兴起于宋朝。最开始是福建的徐雷、徐泽两兄弟因战火迁居于此。屿北人烟稀少，而汪氏族人迁入此地，辛勤劳作，成为屿北的望族。民间信仰在屿北十分盛行，村民们建庙烧香，有强烈的地方色彩。同时每年都会组织声势浩大的信仰活动，例如元宵节前后的舞龙大会、二月十一的灯会[①]。

3. 聚落空间格局与形态特征

屿北村面积2.8平方公里，为夹山穿水型布局。村落四面环山，尚山、屿山、昔山、金山、阳山分布在村落周围，西面有楠溪江穿过，村落所在位置东高西低，周围是平缓的农田，村落位于山脚地带。

整个村落有寨墙围合，边界清晰，田地分布在村周围的平地和缓坡上，整个村落呈现出网格团块状的聚落形态（图3-3-51-a、图3-3-51-b）。屿北村道路为网状结构，主要街道是西面的街道，主要街道连接了北门街、下街路、四面路等街道。进入村落的主要道路

---

① 宋绍杭. 屿北：楠溪耕读村状元归隐地［M］. 杭州：浙江大学出版社，2010：7-14.

图3-3-50 屿北村鸟瞰（来源：王晶 摄）

（a）屿北村路网结构与主要建筑图（来源：王晶 摄）　　　　　　　　　　　　　　　　　　（b）聚落形态模式图（来源：康艺兰 绘）

（c）屿北村主入口鸟瞰　　　　　　　　　　　　　　　　　　（d）屿北村街巷航拍

图3-3-51　屿北村（来源：王晶 摄）

原在南面，道路穿过两个山包中间的豁口以及村前的池塘到达寨门（图3-3-51-c）。寨门左右两侧连接环绕寨子的环路，环路与聚落中的纵横相交的网格状道路一起，形成了复杂的道路网络（图3-3-51-d）。道路两侧围墙、民居外墙一般用河滩卵石砌筑，具有良好的防御性。

屿北村拥有的建筑类型包括宗祠、庙宇、私塾、戏台、寨墙、水渠、墓葬等等。屿北水利建设十分完备，

村民们对屿北的水系进行了有序规划，满足用水的需求，疏通水系，形成良好的水网系统以解决排水问题。其次修建堤坝，开挖水渠，将溪水引入人工开挖的水池，增加蓄水总量，满足农田灌溉的需求。

4. 聚落民居与公共建筑

1）民居

屿北村的建筑形式丰富多样，有"一"字形、"L"

形、"H"形、"口"字形、"日"字形等多种建筑形式。民居建筑大多坐西朝东，平面形制以三合院居多（图3-3-52）。三合院厅堂居中，左右厢房，前院较大，院墙低矮。正堂一般七开间，多为敞厅，部分民居为两层，民居之间较为开阔，建筑密度不大。民居宽敞通透，出檐深远，门窗面积较大。民居多为砖木、砖石结构，较好地保存了宋朝时期建筑风格，堪称宋代木作的"活化石"。民居屋顶多为悬山顶，屋脊有弧度两端起翘，山面出檐深远，上面铺设灰瓦。建屋时就地取材，外墙为河滩卵石砌筑，建筑少有装饰，墙面多白色石灰抹面，或直接石材外露，古朴淡雅。

屿北村受待耕读文化的影响，每一座民居都有其堂名，命名的古民居共有19座，例如三槐堂、三多堂、积善堂等。积善堂坐落于村落西北角，靠经护城河与横街，建筑呈"L"形，院落方正，院落内包含菜畦。积善堂为两层木结构建筑，外墙下部用石材砌筑，上部白灰抹面，暴露出木质结构；内部院落有檐廊，层高较低，木构门窗装饰简洁。

2）公共建筑

屿北有大小十座庙宇，规模较大的有屿北宫、福昭寺、三官庙等。其中最重要的是位于村西面的屿北宫，始建于明朝，占地面积约为1100平方米，坐北朝南。按轴线由南向北依次为主入口、前殿、戏台、院落，大殿等（图3-3-53）。前殿面阔五间，硬山式，两边的次间各为4米，用木板于明间相互隔断。院落中的戏台为方形，歇山顶，梁架与前殿相互搭接。院落两边是庙宇的厢房，厢房为五开间。院落的北侧是大殿，为七开间的悬山屋顶。三官庙位于村落东侧，周围是农田，庙宇三开间，硬山顶，入口位于左侧，带有檐廊（图3-3-54）。

屿北村原有7座房族宗祠，分别是六房、月头街、四房、大川、三房、五房和新坵祠堂。其中最重要的祠堂是尚书祠，位于村落南寨门旁。宗祠建造于宋朝，于清朝乾隆年间经历大修。宗祠面积3199平方米，对称

图3-3-52 屿北村民居航拍（来源：王晶 摄）

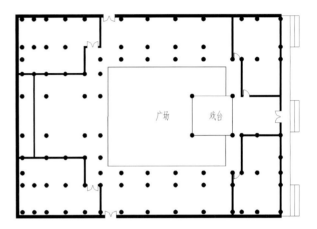

图3-3-53 屿北宫平面图（来源：王晶 绘）

图3-3-54 三官庙（来源：王晶 摄）

式布局，由敕门、照壁、前厅、中厅、两厢轩、敦睦祠等建筑组成。敕门位于南寨门的左边，紧挨着寨门，是皇帝下赐的里门，现已经毁坏，只剩下台基。进入敕

门是大院，大院的正面为门屋，门屋前面设照壁。天井面对着祠堂的中厅，中厅面阔五间，台基位三合土砌筑明间8根柱、其余10根柱，明间较为宽敞，清水脊上覆小青瓦，较为古朴①。明间之后的巡廊有向院子突出的戏台，但是戏台已经倒塌，留有台基。院落两侧被梁轩包围，再往后是祠堂的享堂，享堂后为后花园。（图3-3-55）

3）寨墙

屿北村环村都有寨墙，长度约为2000米，墙高大约为2米，大基座做法，下宽上窄。整座寨墙在平面上大致为方形，城墙上设有九座寨门，有极强的防卫性

（图3-3-56）。墙体由卵石筑成，墙体表面用材较大，中间由较小的石块填充。墙体上有防卫性的铳眼和排水孔洞，排水孔洞与墙外的排水沟相连。

5. 景观

屿北村山水环绕，村子有左右两条溪流围绕，涓涓流淌。村口景观空间营造十分秀美，由寨门（图3-3-57）、古树、尚书祠、村口池塘、小桥组成，寨门前石桥跨过水面，进入村子要先过桥，穿越石寨门，再穿过木门楼，由石墙围绕，进入村落。村后的山丘起伏，山脚开辟梯田，田园景色秀美。村落

（a）尚书祠前厅（来源：王晶 摄）

（b）尚书祠内院（来源：王晶 摄）

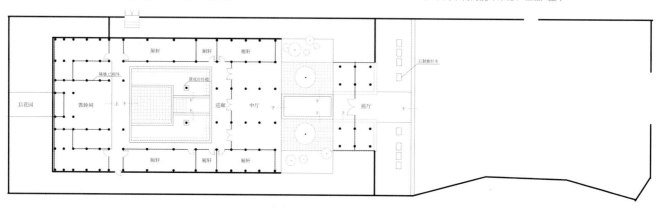

（c）尚书祠平面图（来源：康艺兰 绘）

图3-3-55 尚书祠

---

① 乡愁丛书编委会. 留住乡愁：中国传统村落浙江图经（第一卷）[M]. 杭州：浙江摄影出版社，2016：336-337.

图3-3-56 寨墙（来源：王晶 摄）

图3-3-57 寨门（来源：王晶 摄）

内部，卵石铺砌的小道和卵石墙面勾勒出独特的村落小径。

（二）浙江金华浦江县嵩溪村

1. 地理区位

嵩溪村位于浙江金华浦江县白马镇北部，属于浙中丘陵区。地处嵩溪上游平坦的谷地中，村以溪水得名，是中国第一批国家级的传统村落（图3-3-58）。

2. 自然与经济环境

1）自然环境

嵩溪村村域面积1112平方米，背靠浦江的名山鸡冠山，大青山、小青山等位于村西面，源于鸡冠岩的嵩溪分为两个支流穿村而过，并且在村口的桥亭位置汇集成一条溪流。

2）经济与社会文化环境

嵩溪村始建于宋朝，有季、项复姓定居，村以嵩溪为名，始祖徐处仁，宋末元初，邵氏始祖邵正鸾举家迁居于此，柳氏则于明初迁入。清朝初年，王氏迁入，并逐步发展成为石灰生产的大户，经历千年的发展，松溪逐渐形成了以徐姓为首，邵、王、柳、诸次之的复姓村落。

嵩溪村的产业主要以农业与和生产石灰为主。农业主要集中在聚落的南面河流淤积区，以稻作为主，其余山地种植蔬果，物产丰富。嵩溪盛产石灰石，其烧石灰的历史可以追溯到唐代，在清朝时石灰生产达到鼎盛时期。嵩溪的石灰质量上乘，受到临近地区的青睐，每到春夏之交，各地商贩纷至沓来，在石灰生产最鼎盛的时期，窑灶昼夜生烟，似云似雾，宛如仙境。

嵩溪是一个受耕读文化影响深远的古村落，该村自古崇文重教，村民们除了耕作之外，也大力拜访名师，课读子弟，希望后代能学有所成。清康熙年间，徐尊臣创立嵩溪学社，延续一百二十余年，书画代代相传，村中善书画者不计其数。

3. 空间布局与形态特征

嵩溪村坐落于浦江县东北部的山谷之中，整个村落随着山脉形态和溪流走势发展，逐渐形成了以南北为走向的三山穿两水布局（图3-3-59）。聚落选址体现了防卫特性，嵩溪外围群山环绕，村口位于两山之间，平面上为倒梯形，利于防守。嵩溪村具有网格团块状的形态

图3-3-58 嵩溪村鸟瞰（来源：王晶 摄）

（a）嵩溪村总平面（来源：王晶 摄）

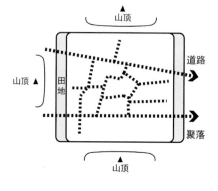

（b）聚落形态模式图（来源：康艺兰 绘）

图3-3-59 嵩溪村

特征，两条水系沿着山脚由北向南流淌，山与水共同界定出聚落边界。

流经村子的两条水系于村口位置汇合，整体呈现"Y"形，汇集之后的溪水通过地下涵洞流出村外。涵洞上方为村口广场，是村落通往村落外部的必经之地，在整个村落中起着交通枢纽功能（图3-3-60）。聚落

图3-3-60 嵩溪村村口（来源：王晶 摄）

图3-3-61 嵩溪村街道（来源：王晶 摄）

（a）晓窗故居

（b）白石灰抹面民居

图3-3-62 嵩溪村民居（来源：王晶 摄）

的主要道路沿着两条水系由村口的广场向北面延伸，以前大路、后大路，后殿巷以及横街组成为"日"字形的街道骨架，巷道小径四通八达，形成不规则的网状道路结构（图3-3-61）。

4. 聚落民居与公共建筑

1）民居

嵩溪水村依山傍水，整个村落因地势而建，古屋分布密集，错落有致，数量庞大且保存完整。现存传统建筑建于明朝、清朝以及民国时期，共有大小建筑60余幢，保存较好的民居有小厅门里、新屋里、晓窗故居、塘角里等。嵩溪村的民居多为"一"字形、"凹"字形、"L"形，因为建筑用地紧缺，建筑密度较大，间距较小。民居外墙有两种做法，一种为泥灰抹面刷白石灰（图3-3-62），干净简洁，另外一种利用生产后的废弃材料——石灰矿渣砌筑，朴素自然。

小厅门里为嵩溪村最古老民居，为明朝正德年间所建，原建筑为三进三开间，正厅已毁，现存堂楼（图3-3-63）。位于村落西北侧的孝友堂为村内规模较大民居（图3-3-64），建于清代，为二层砖木结构，原为四房四厢。住宅内部规整有序，对称布局，院落两进，左右两边各两排侧屋，正厅堂用材较好，牛腿雕刻生动，屋内装饰精美。

2）公共建筑

嵩溪村的公共建筑有徐氏宗祠、邵氏宗祠、关帝庙、四教堂等。其中徐氏宗祠较为精美（图3-3-65），宗祠位于村口，坐南朝北，面向村口广场。该祠堂始建于清康熙三十五年（1696年），砖木结构二层，为三进五开间，由门廊、戏台、厢房、正厅、拜厅、钟鼓厅、寝室组成。原建筑在太平天国运动中被毁，于清同治至光绪年间在原址重建。祠堂除了发挥祭祀活动的作用之外，还肩负着私塾的功能。

3）产业建筑

石灰窑群位于聚落东侧，占地15公顷，有大小古窑60余座，现在聚落的东面山下还保留有6座大型石灰窑，石灰窑高大雄伟，宛如城墙。石灰窑为石块砌筑下位台基，逐渐向上收口，台基下部有拱形洞口，便于出料（图3-3-66）。

图3-3-63 小厅门里（来源：魏秦 摄）

5. 景观

嵩溪村依山傍水，整个村落因地势而建，古屋分布密集，数量庞大且保存完好。村内水系全程3000米，两溪一明一暗，很多建筑都横跨在暗溪之上（图3-3-67），

（a）孝友堂鸟瞰（来源：王晶 摄）

（b）孝友堂立面（来源：王晶 摄）

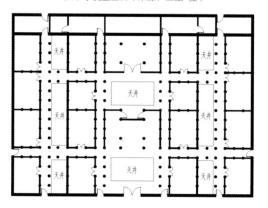

（c）孝友堂平面图（来源：王晶 绘）

图3-3-64 孝友堂

| （a）徐氏宗祠外立面 | （b）徐氏宗祠内部 |

（c）徐氏宗祠戏台　　　　　　　　　　　　　　（d）徐氏宗祠平面图

图3-3-65　徐氏宗祠（来源：王晶 摄、绘）

（a）石灰窑　　　　　　　　　　　　　　　　　　（b）石灰窑底部

图3-3-66　石灰窑（来源：魏秦 摄）

（a）暗溪水口

（b）暗溪内部

图3-3-67 暗溪（来源：魏秦 摄）

形成一段段可进入的隧道，是古村落中一个非常独特的景观。暗溪的拱壁用石头砌筑，高约2米，人可以在暗溪内通行。整条暗溪上建有5个取水口，便于村民汲水，也利于暗溪的疏通维护。

嵩溪村的建筑材料来自于石灰烧制产生的矿渣，是矿石通过高温煅烧之后产生的一些质地坚硬的砌筑材料，矿渣砌筑的墙面朴素美观，极具特色（图3-3-68）。

嵩溪村村口在村落的南端，位于青龙山和白虎山之间，连通了后佛线、外大路、前大路和后大路等主要交通巷道，是进入村落最重要的景观节点（图3-3-69）。村口的广场是整个聚落最大的聚会广场，围绕广场有徐氏宗祠、关公祠、嵩溪、古樟树等，是村落信仰建筑较为集中的地方，也是村落最主要的休闲空间。桥亭建于溪水之上，三开间，硬山顶，向外设两个门洞，向内完全打开，桥亭下常有村民休憩，是进出村落的必经之所。

图3-3-68 矿渣墙面（来源：魏秦 摄）

屏村地处澍水山脉龙母山麓，南连眠牛山，有着"宅屋临渡头，村树连溪口"之美誉。村落靠海，因此有独特的海禁、海防遗存，被誉为中国"海禁遗址第一村"和"海防文化第一村"，为第二批国家级传统村落（图3-3-70）。

（三）台州市三门县横渡镇东屏村

1. 地理区位

东屏村位于浙东沿海三门县东南，横渡镇西南，东

2. 自然与经济环境

1）自然环境

东屏村控山带海，气候温和湿润，四季分明，光照

（a）村口外部

（b）村口广场

（c）村口桥亭

（d）村口老樟树

图3-3-69 村口（来源：魏秦 摄）

图3-3-70 东屏村（来源：王晶 摄）

充足。夏季受热带海洋气团控制，炎热多雨，冬季受极地大陆气团控制，天气温凉，具亚热带气候特征。村落连接白溪入琴江与大海相连，村庄背依大山，前接河海，山谷小盆地宜耕宜作。

2) 经济与社会文化环境

元朝至正年间（1341～1368年），陈氏一族择居东屏，形成村落雏形。明初，东屏作为同衢之地得到开发。东屏有着"一年之耕，三年之食"的肥沃土地，再加上"林矿之饶，渔盐之利"，因此更加人丁兴旺。明朝实行海禁，海上交通贸易及渔盐营生被封锁，沿海民生凋敝，倭患愈演愈烈。海禁于清代达到顶峰，在此期间人口锐减。清康熙二十二年（1683年），沿海人民终于迎来了开禁，东屏人的生活才重新安定下来。清嘉庆年间，东屏陈邦泰、陈大雄等率族众开辟白栲岭山道，为东屏再次崛起奠定了基础。在铁器业、榨油业的带动下，东屏人大量购买田地，兼并竹山，迅速积累了大量财富，村落格局基本形成。如今东屏村有居民753户，人口2416人，是三门县陈姓聚居第一大村。①

东屏村因山而生，因海而活，兼得"林矿渔盐之利"。丰富的自然资源，便捷的古道、海路，东屏人亦农亦商，奔走于吴越，经营渔盐、铁器、木材、丝绸等货物，山海贸易成就了东屏的繁华和富庶。

东屏村地处三门湾，紧邻健跳港，是古代兵家必争之地，明代中期饱受倭寇侵扰，海防、海禁、海战等一系列活动给东屏村民带来了巨大苦难，因此东屏具有深厚的海防文化，其独特的地理位置也使得东屏成为一个重要的海防要塞。

3. 聚落空间布局与形态特征

东屏村坐落于北侧凤凰山、堂门口溪和东侧屏山围合成的三角地带，村落中间有吞里溪穿过，溪水汇入堂门口溪水。因受山体限制，聚落呈西南—东北走向，沿着吞里溪向上下游方向延伸，呈现出夹山穿水式布局，山水围合关系明显，聚落边界较为清晰。聚落选址于群山之间，除了近处的凤凰山与屏山之外，东屏村还受到了远处的金山、眠牛山、龙姆山的庇护，进入村落需要跨过水流湍急的堂门口溪，体现了极强的防卫性。

公共性建筑例如寺庙、宗祠分布于村口，民居则分布在吞里溪两侧，以宗祠为中心向外扩张。整个古建筑群布局紧凑，有着典型的内向封闭特征，体现了"群屋一体"的建筑组团特点。聚落的生产田地大量分布在堂门口溪以南，少量分布于堂门口溪以北岸以及吞里溪的上游。村落西面建有风水墙、北起凤凰山、南接祠堂水口，与溪水、环山、合院共同构筑了村落的防御体系。

聚落原有部分呈现出网格团块状的形态特征，团块边界清晰（图3-3-71）。主要道路沿着吞西溪河岸西南—东北方向延伸，跨过堂门口溪、途径镇东堂、祠堂等公共建筑。吞里溪北侧空间较大，建筑密度高，各道地之间互相分离形成巷道。这一区域巷道横纵相交，其中主要街巷有大皮巷、三道坎、吞里溪北侧的水口街、环山路等。吞里溪以南空间较小，建筑密度低，道路网格较大，主要街巷为听松巷。

4. 聚落民居与公共建筑

1) 民居

东屏村民居主要为院落式布局，这样的建筑形式在当地被称为道地。以吞里溪为界限，北侧分布民居较多、保存较好，有石滩道地（也称第一道地）、老屋道地、下新屋道地、圆道地、山脚道地、亚魁道地（也称上新屋道地）、长道地、上道地等；吞里溪南侧道地分

---

① 三门县文化广电新闻出版局. 东屏：中国画里的村庄［M］. 北京：现代出版社，2010：6-8.

（a）东屏村总平面（来源：王晶 摄）

（b）聚落形态模式图（来源：王晶 绘）

图3-3-71　东屏村总平面

图3-3-72　东屏村民居

（a）东屏村巷弄　　　　　　（b）过街楼

图3-3-73　东屏村街巷空间（来源：王晶 摄）

布较少，如门前田道地、上门前道地（图3-3-72）。

　　东屏村民居最大的特点是组团紧凑，院落之间通过穿堂、回廊、巷弄、街楼等相互连接（图3-3-73），这体现了聚落内部的连接性较强，使村落内形成较强的凝聚力，是村社文化、海防文化的典型反映。

　　民居外墙由石头堆砌而成，道地内部主体由木构架搭建而成。为防止山匪海盗的侵扰，建筑基本以厚墙、窄窗、狭弄为主，易守难攻。大门用厚木方制作，门杠或纵或横，坚固厚实；窗门窄小，普遍使用"石漏窗"，即雕花石窗，既坚固又美观。院落四周垣墙选用当地十

分丰富的乱石（鹅卵石）叠砌，占整个山墙高度的三分之一或四分之一，上部用青砖。院落内部构件精美，细节讲究，道地天井铺砌采用卵石拼花，石板线条走向多以直线为主，个别采用斜线，图案呈菱形形状。木构件雕工精美，装饰多见于牛腿、斗栱、月梁、门窗部位。

　　（1）亚魁道地

　　亚魁道地坐落于东屏村中心，位于村内"大台门"的东侧，是村内目前保存最完好的清代早期建筑（图3-3-74）。亚魁道地坐西北朝东南，面临呑里溪，背依凤凰山，为二进制四合院，占地846平方米，建筑

（a）亚魁道地鸟瞰

（b）亚魁道地入口

（c）亚魁道地内部

（d）亚魁道地平面图

天井

图3-3-74　亚魁道地（来源：王晶　摄）

面积1427平方米，面阔23米，进深37米。道地门楼上镶嵌有"庚子科亚魁"石匾，跨过石阶进入第一天井，天井狭小，转而向北来到二进院落。二进院落的有门厅，厅内设照壁，院落为石板铺地。二进正房七开间两层，当心间为堂前，有卷棚顶前廊，两侧为五开间的厢房。第一进以南是商业以及作坊区域，临街一侧为两层两开间店铺，街楼合一，设酒坊、染坊，临街重檐起翘，出檐深远。

（2）石滩道地

石滩道地也称作第一道地（图3-3-75），建于清朝早期，占地面积475平方米，建筑面积762平方米，坐西北朝东南，南侧大皮巷子，毗邻下新屋道地，东侧为老屋道地，为木构双层四合院建筑。石滩道地虽形制简单，但结构严谨，平面不对称，院落与外界设多个出入口，第一进开设两门，于东侧厢房位置又开一门。建筑内部用材讲究，雕饰华丽，做工精细。

（3）上道地

上道地位于聚落北侧，岙里溪的北侧，靠近福履桥，建于清朝（图3-3-76）。该民居坐北朝南，平面呈"H"形，有前后两个天井，前天井较大，后天井

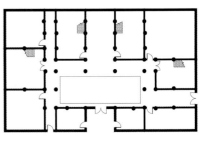

（a）石滩道地鸟瞰　　　　　　　　　　　（b）石滩道地内部　　　　　　　　　　　（c）石滩道地平面图

图3-3-75　石滩道地（来源：王晶　摄）

（a）上道地鸟瞰　　　　　　　　　　　　　　　　　（b）上道地入口

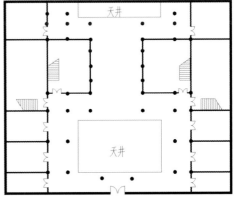

（c）上道地内部　　　　　　　　　　　　　　（d）上道地平面图

图3-3-76　上道地（来源：王晶　摄）

较小。建筑为两层木结构建筑面积521平方米，中间设中堂，三开间，两侧为四开间厢房。建筑院内石块铺地，白墙灰瓦，木质门窗，装饰较少，简洁朴素。

2）公共建筑

在三门湾乡村普遍存在着泛神崇拜现象。东屏村的宗教祭祀建筑包括陈氏宗祠、镇东堂、金山庙、上泗洲堂、下泗洲堂、猎坛将军庙等。

陈氏宗祠位于村口，为对称式合院布局。宗祠建于岸边，前临水口街和吞里溪，进入宗祠需要经过溪上石桥。正门上方是骑楼，骑楼下部沿河有美人靠，村中老人常聚集于此喝茶聊天。祠堂院落为方形，靠近入口一侧有戏台，院落左右两侧为两层厢房，二层有精美护栏，不设门窗，向内院打开。正殿五开间，青瓦屋顶，斗拱精美。陈氏宗祠装饰精美，石雕、木雕、彩绘特色鲜明，例如门楼石础上雕刻有云鹤图案，门楼的廊房布满吉祥纹案，戏台上的梁枋、柱头、斗拱、雀替等构件上布满山水花鸟，采用大量和玺彩绘与旋子彩绘，戏台

屋脊装饰有龙凤等瑞兽。宗祠是后人祭祀祖先的场所，也是族人议事决策、娱乐活动的地方。东屏村后来能发展成三门县陈姓第一大村，陈氏宗祠扮演了极为重要的角色（图3-3-77）。

5. 景观

东屏村四面青山环绕，景色优美，吞里溪由东北往西南穿村而过，与南溪交汇于村西，成为村落的水口，形成"双涧回澜"的景观，清流潺潺，绿水漾洄。

吞里溪上建有七座拱桥，现剩下三座桥（风月桥、折桂桥、福履桥），因溪面不宽，都是一跨过溪，建造

（a）陈氏宗祠鸟瞰

（b）陈氏宗祠入口

（c）陈氏宗祠院落

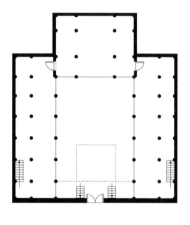

（d）陈氏宗祠平面图

图3-3-77　陈氏宗祠（来源：王晶 摄）

拱桥的材料取用鹅卵石，只有桥面用石条铺砌，现如今藤萝催倒，古朴沧桑。

呑里溪边的街巷以及民居顺溪而建，远山、近水、石桥、石埠，石堰，竹木等元素丰富了亲水空间的层次，形成了富有特色的水岸空间（图3-3-78）。

东屏街巷景观也别具特色，巷弄曲折深远，宽度大多为建筑高度的五分之一，产生"一线天"的景观。为了便于排水，巷子呈鱼脊状，中间高，两侧低，采用河滩卵石铺砌，多见菱形、圆形、"人"字形、龙鳞状图案，这些图案使得街巷生动活泼，充满趣味。巷弄之中不仅有灰瓦高墙，水井、过街楼、夹墙与古树等穿插在巷子两侧，充满着浓郁的农家气息（图3-3-79）。

（a）古桥

图3-3-78　呑里溪沿溪景观（来源：王晶 摄）

（b）沿街溪岸

（a）巷弄

（b）一线天

图3-3-79　巷弄景观（来源：王晶 摄）

第四节　山地型传统聚落

一、山地型传统聚落的方位

（一）"山地"在地理学上的定义

《地理学辞典中》对山地的解释是这样的：山地是一种统称，由山谷和山岭组成，它应具备两个特点，即具有较大的绝对高度，并且具有一定的相对高度。但是国际上至今尚未对绝对高度和相对高度的具体数值形成统一规定。1960年，中国科学院地理研究所又进一步将山地细分为山地和丘陵：以"相对高度200米，绝对高度500米"为界限，"绝对高度>500米，相对高度>200米"的地形属于"山地"[1]。本书是按照地理学概念上的山地来界定山地型聚落。

（二）山地型传统聚落的主要分布区域——浙南地区

1. 浙江省山地型传统聚落的地理分布及现状

浙江的山地区域主要分布在浙南，其次是浙西。按绝对高度的划分标准，为大多属海拔高度1000米左右的低山和中山，主要山脉有白际山、天目山、千里岗山、龙门山、仙霞岭、大盘山、天台山、四明山、会稽山、洞宫山、括苍山、雁荡山[2]。

目前，浙南山区共有2850个行政村、12101个自然村、2.43万个村民小组。其中本书涉及的传统村落共计306个，其中五批次国家级传统村落有255个，占总行政村数量的9%（表3-4-1）。

浙南山区传统村落按所处地形地貌分类，主要有平原型、丘陵型、山地型三大类。其中，平原型村落21个，约占总量的7%，主要分布在松古平原、碧湖平原、壶镇平原上；丘陵型村落共计93个，约占总量的30%，大部分分布在三大平原周边丘陵地区，少部分处于山区的丘陵型村落也多围绕河谷小盆地分布，多为乡镇驻地内或周边村落；山地型村落共计199个，约占总量的63%，散布在浙南山区地带。[3] 由此可见，浙南山区传统村落主要以山地型聚落为主。

另外，浙南山区传统村落地形地貌分布存在差异：丽水南部庆元县、青田县、景宁县、龙泉市等地的传统村落多以山地、丘陵地貌为主，村落选址大多在河谷两岸或山谷内相对开阔的阳坡或山侧南向缓坡上，充分利用自然环境，营造适宜的居住环境；丽水中北部的莲都区、松阳县、缙云县等地的传统村落多分布在平原小盆

浙南山区传统村落数量一览表　　　　　　　　　　　　表3-4-1

类型	全市	缙云	莲都	青田	遂昌	松阳	云和	庆元	景宁	龙泉
行政村	2850	253	368	414	203	401	168	345	254	444
传统村落	306	20	16	7	30	85	13	20	60	55
五批国家级传统村落	255	12	13	4	24	75	9	15	54	49

---

① 李宁. 浙江地理简志［M］. 杭州：浙江人民出版社，1985：51-52.
② 李孝聪. 中国区域历史地理［M］. 北京：北京大学出版社，2004：60.
③ 章明宇，李王鸣. 丽水地区传统村落空间特征与综合价值研究［J］. 重庆：西部人居环境学刊，2005（05）：53-58.

地、低海拔丘陵地带，村落选址地处山脉与溪江环抱之中，山水格局协调。

山地、丘陵型村落是丽水传统村落的主体构成部分，全市传统村落总量中约94%的村落分布在山地、丘陵地区，受到丽水地区"九山半水半分田"地形地貌的直接影响。

2. 浙南地区的地域范围、地形特征及气候环境

1）地域范围

浙南即浙江省南部地区，主要是指以丽水市为中心，包括与其接壤的衢州、金华、台州和温州等地区的一小部分区域，包括1个市辖区（莲都区）、1个县级市（龙泉市）、7个县（缙云、青田、松阳、云和、遂昌、庆元）、以及少数民族自治县（景宁畲族自治县），总面积大约为17298平方公里。

2）地形特征

浙南地区的地貌类型主要为中山和丘陵，间有低山和河谷盆地，其中山地加上丘陵的面积占总面积的近九成，而仅有不到6%为可耕面积，聚落、河流、道路等总面积大约为6%。因此浙南地区素有"九山半水半分田"之称。

浙南地区的总体地势形态也同样呈现西南高、东北低，自西南向东北呈阶梯式下降倾斜的特征。这里的山脉有括苍山、仙霞岭、洞宫山等，都属于武夷山系，总体呈现西南向东北走向。浙南地区的平均海拔达到800米以上，海拔＞1000米的山峰便有3500多座。浙江省海拔＞1500米的高山大多聚集于此，有244座之多，浙江省第一高峰——"龙泉凤阳山黄茅尖"、第二高峰——"庆元百山祖"均坐落于此，其海拔均在1900米左右。

3）气候环境

浙南地区属于中亚热带季风气候，气候特点主要表现为山地立体气候。年平均气温较为适中，大约在11～18℃之间。这里四季雨量较为充沛，空气湿润。

二、山地型传统聚落的空间格局

（一）山地型传统聚落的选址

浙南山地地形可分为山丘形、山梁形、平台形、夹谷形、山嘴形、山勘形、盆地形、山垭形八类[①]。其聚落选址原则主要是以下两点：环农业与适形，即依山走、跟水行、靠耕地。聚落往往选择背靠山坡或高地，面向开阔河谷或平地的区域，在避开水害的同时让出更多耕地。聚落选址时最好选在沉积岸，而不是冲刷岸。考虑到日照因素，选址坡位以南坡等向阳坡为佳。传统山地聚落通常选址在前后左右有山冈遮挡之处，以形成一个闭合的领域，聚落形态能较好地与自然山形相融合（图3-4-1）。

（二）山地型传统聚落的规模

大规模的传统聚落建设需要平坦开阔的地带，而丽水范围内有且仅有甄江支流松阴溪流经的松古平原适宜一些大中型聚落的建设，因此大量聚落的选址则只能在山地地貌中散布的河谷缓地带。另外，大量战争难民的涌入并定居此处，介于防卫性与隐蔽性的需求，使得这些移民多选择在山区中生活。受地形高差与交通不便等问题所限，适宜聚落建设的地形往往非常有限而导致山地村落的规模普遍较小，一般为50～300户，因此，浙南传统聚落分布呈现数量多、大分散、小聚居的特性。

① 金其铭. 农村聚落地理［M］. 北京：科学出版社，1988：25，61.

图3-4-1 浙南山地聚落风貌（来源：纪文渊 摄）

山地型聚落中200户以上的为大规模聚落，例如丽水松阳庄后村，总户数为280户，人口数量达到1218人；户数100户以上，200户以下的为中等规模聚落，例如丽水遂昌大柯村，总户数为169户，人口数量达到527人；户数100户以下为小规模聚落，例如丽水龙泉上畲村，总户数为98户，人口数量仅371人。

（三）山地型传统聚落布局类型

1. 地貌影响下的山地型传统聚落类型

山地型聚落往往会顺应着地形地貌生长，其聚落边界也会随着这种生长而产生多种形态。这种边界特征是由于人们生产力水平低下而导致对自然被动地适应，但却创造了人地关系和谐的生态模式。

聚落随着时间而缓慢发展扩张，在聚落外部会呈现较松散游离的状态，其边界适度地向山水自然渗透、交融，寻找发展方向的突破口，而在聚落内部则呈现紧凑向心的格局。山地聚落的布局主要受到山体形态的影响，主要分为沿山顶分布、沿山腰分布、沿山谷分布以及沿山坳分布（图3-4-2）。

2. 山地型传统聚落的布局特点

1）沿山顶分布

此类聚落由于处于山顶，海拔较高，聚落内部的地势相对平缓，分布较为集中，聚落形态多数呈现团状结构。这种聚落规模一般不大，由于交通不便，聚落形态发展维持较为稳定。例如丽水松阳西坑村位于整座山体的顶部，四周地势都向下延伸，故村落以山顶为中心向外发展，形成团状结构。位于龙泉的上畲村与前者不同，它位于山顶平地的侧旁，村落受到地势影响沿等高线向山腰发展，呈现团块状向带状结构发展的态势（表3-4-2）。

2）沿山腰分布

此类聚落处于半山腰处，地势呈台阶状，聚落形态主要呈现沿等高线伸展的带状结构。建筑依山势布置，错错落落，呈现丰富的空间层次关系。顺应地形建造不仅可以大大减少营建过程中的挖土、填土方量，而且可以避免对地貌建设性破坏所带来的滑坡等自然灾害。顺应地形的山地聚落组织结构，主要包括平行于等高线和垂直于等高线两种基本方式。一般为了满足交通和生活生产活动，聚落往往内部道路采用平行于等高线组织布

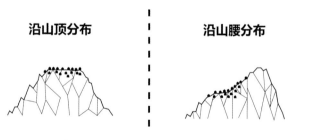
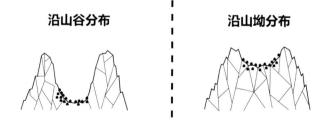

图3-4-2 山地型聚落与山体的位置关系（来源：纪文渊 绘）

局；而为了加强与外部交通联系的便利，聚落道路则多沿垂直于等高线布局。这两种基本方式经常结合在一起，使村落呈现出建筑阶梯状布置，横向日常生活道路折线延伸与纵向外部的道路垂直于等高线，并将曲折的横向道路连接起来。

例如位于遂昌的大柯村以及位于松阳的陈家铺村、景宁的小佐村，则依地势沿阶梯布置民居，形成错落参差的聚落景观（表3-4-3）。

3）沿山谷分布

此类聚落位于两侧山体形成的峡谷之中，聚落地势相对较为平缓，内部往往有一条水系穿过聚落，形态上主要呈带状分布，主要分为两种主要类型。

第一种聚落往往受山体限制了村落发展，村落规模小。由于平整土地少，可耕地面积不足，大部分山谷平地用于耕种。聚落位于靠近谷地的低山缓坡地带，沿山势分散建造，通过道路连接各部分，如位于丽水遂昌的独山村。

第二种则是较为集中的山谷中心聚落。由于水系流经在山谷间形成小片冲积平原，主要用于农业耕作。聚落沿溪水单侧或者两侧分布，通过桥梁相连，聚落平行于等高线阶梯状布置，结构紧凑，聚落形态往往开始呈团状分布，并逐渐随着聚落规模的扩张而发展成带状的趋势。例如位于丽水龙泉的大窑村以及位于丽水松阳的南岱村都是临山谷的水系边选址，方便了人们日常生活用水。整个聚落沿着溪水呈带性生长，部分农田布置在两侧的山腰之上（表3-4-4）。

4）沿山坳分布

沿山坳分布的聚落一般海拔相对较高，两侧山体与聚落基底的相对高度较低，相对于山谷分布的聚落来说，水系穿过的可能性较低。由于山坳的山体形状对聚落发展的限制，聚落形态多呈现带状或者团块状的布局。例如龙泉龙井村、松阳平田村以及景宁高演村均位于山坳之中，与位于山谷中山地聚落不同的是，山坳处地势相对较高，聚落基底平均海拔更高，难以见到水系

沿山顶分布聚落类型   表3-4-2

聚落名称	聚落鸟瞰	聚落分布示意
丽水松阳西坑村		
丽水龙泉上畲村		

（来源：纪文渊、康艺兰 绘）

沿山腰分布聚落类型　　　　　　　　　　　　　　　　表3-4-3

聚落名称	聚落鸟瞰	聚落分布示意
丽水遂昌大柯村		
丽水松阳陈家铺村		
丽水景宁小佐村		

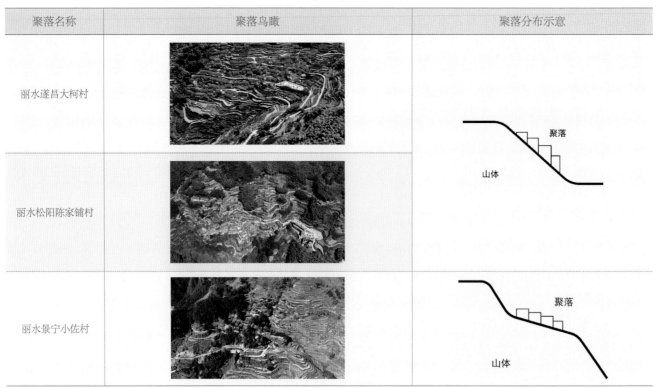

（来源：纪文渊、康艺兰 绘）

沿山谷分布聚落类型　　　　　　　　　　　　　　　　表3-4-4

聚落名称	聚落鸟瞰	聚落分布示意
丽水遂昌独山村		
丽水龙泉大窑村		
丽水松阳南岱村		

（来源：纪文渊、康艺兰 绘）

穿过村落，偶尔只有蓄水的水塘以及水井作为居民的生活用水（表3-4-5）。

（四）山地型传统聚落的形态特征

1. 基于水平结构的山地型传统聚落形态

按照平面形态分类，山地聚落可分为团状、带状、枝状以及散漫状分布（表3-4-6）。

1）团状分布

这类聚落由于其各方向生长都受到地形地貌的一定限制，致使聚落形态呈不规则多边形或近似方形。这类聚落多位于有较大平缓地形的山顶或山腰地区（图3-4-3），例如丽水龙泉的南弄村聚落形态为不规则形，松阳的球坑村聚落形态则呈现近似方形。

2）带状分布

这类聚落多夹在山谷中，夹谷中有溪水，聚落多靠

沿山坳分布聚落类型　　　　　　　　　　　　　　表3-4-5

聚落名称	聚落鸟瞰	聚落分布示意
丽水龙泉龙井村		
丽水松阳平田村		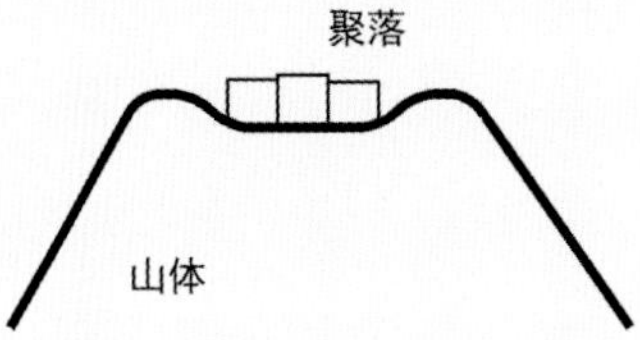
丽水景宁高演村		

（来源：纪文渊、康艺兰 绘）

基于水平结构的山地传统聚落形态　　　　　　　　　表3-4-6

团状分布	带状分布	枝状分布	散漫状分布
			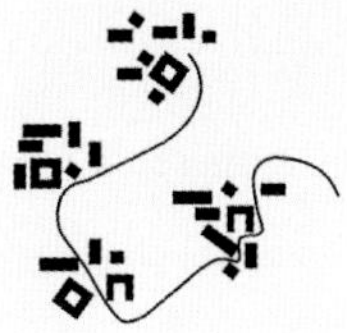

（来源：纪文渊 绘）

（a）丽水龙泉南弄村

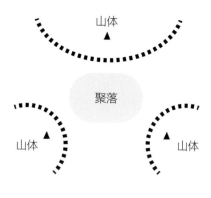

（b）团状分布模式图A

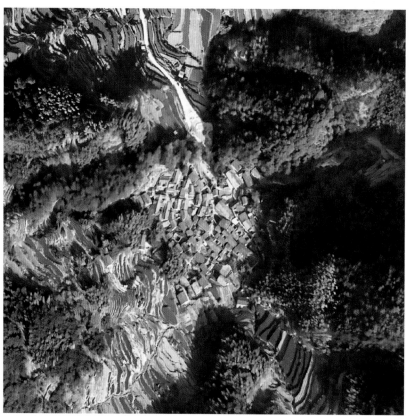

（c）丽水松阳球坑村

（d）团状分布模式图B

图3-4-3　团状聚落形态（来源：康艺兰 绘）

近溪水，沿溪生长，聚落多单侧沿溪，或者双侧夹溪水发展，有时虽然没有溪水在夹谷中穿过，但因地貌限制，缓坡地面较少，为满足平缓用地作为耕作，以及避免水患侵袭，聚落甚至靠山脚依等高线延伸，或者在较高的山坡处呈带状发展，例如丽水缙云县壶镇镇岩下村和丽水松阳新兴镇山甫村。

带状聚落可能发展成为较大规模的村落，随着家族扩大与分化，聚落可能会分化成几个村，聚落长度可延绵几公里，甚至于出现村与村首尾相连的现象。带状聚落的优势是耕地分别分布在聚落的两侧或一侧，农宅距耕地较近。这种聚落如果处于交通要冲位置，往往会发展成为商业繁华的街巷（图3-4-4）。

3）枝状分布

部分聚落选址在由多个山体形成的峡谷地区，聚落主要沿着峡谷限定的边界向外生长，形成"Y"形或者"十"字形的聚落形态，路网也类似树枝状将聚落各部分联系在一起，例如台州市黄岩区布袋坑村与丽水松阳安岱后村（图3-4-5）。

4）散漫状分布

有些聚落其地形被很多小山丘分隔为多个零散的区域，这类聚落多呈现散漫状布局，以宗祠为中心辐射发展，也有部分聚落在山口建宗祠，辟一方场地，植风水树或架设廊桥，营造散漫状聚落的核心空间，例如丽水市云和县叶山头村与丽水松阳沿坑岭头村都是分散式聚落，多呈现不规则多组团形态（图3-4-6）。

2. 基于竖向结构的山地型传统聚落形态

聚落沿竖向结构分布，主要分为平地形态、缓坡形态和阶梯形态。平地形态的聚落往往处于相对地势较为平坦的区域，例如山顶、山谷地带等。缓坡形态的聚落一般在山脚附近，地面具有一定高差。阶梯形态的聚落往往存在于山腰区域，地势变化较大，建筑错落有致（表3-4-7）。

3. 基于道路的山地聚落结构

山地型聚落的道路形态可分为平行于等高线和垂直于等高线布置。聚落内部主干道为1~2条，支路多条，主路多平行于等高线布置，较少的高差变化利于通行也可以减少土方开挖量，例如位于丽水遂昌的独山村，属于山地条件主导影响的传统聚落，村内街巷系统主体形成"三纵三横"的结构，以"明清一条街"为代表的三条主要纵向街巷贯穿南北，横向街巷垂直于等高线以步行石阶梯为主（图3-4-7）。

另一种山地街巷形式是垂直于等高线。这类聚落地形往往高差较大，坡度较陡，因而通过垂直方向的台阶步道连接平行于等高线的主路或支路。例如丽水龙泉的季山头村，聚落位于海拔600米的半山腰，聚落内部主干道沿山势呈"之"字形向上，从主干道分出的支路在平行等高线的同时，增加了很多垂直于等高线的竖向支路连接，同时减少了一些尽端道路，保证了良好的道路连通性（图3-4-8）。

由于地形地貌的差异，不同类型的山地聚落具有形式各异的聚落与道路构成关系（表3-4-8），其中尽端式道路结构在位于山顶的聚落中较为常见，单侧通过、中间通过以及偏心通过道路结构在位于山腰以及山谷的聚落中较为常见，环绕通过常常出现在较为分散的山坳聚落中。

4. 山地型传统聚落的形态特征

基于以上论述，山地聚落形态往往和其所在的地貌形态，居于地形的位置关系、通行道路以及水系密切相关，可以发现具有以下规律：

1）位于山顶的聚落：其竖向结构往往是缓坡或者平地，聚落形态主要呈现团状和带状，水系较少，主要水源为水塘和水井。通往外界的道路形态基本呈现尽端式道路，内部道路主要是平行于或垂直于等高线的网格状道路结构。聚落类型主要以山顶平地团状以及山顶缓坡团状为主。

（a）丽水缙云县壶镇镇岩下村

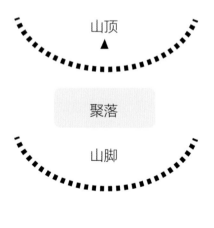

（b）带状分布模式图A

（c）丽水松阳新兴镇山甫村

（d）带状分布模式图B

图3-4-4　山间带状聚落形态（来源：康艺兰 绘）

（a）台州市黄岩区布袋坑村

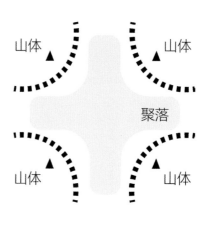

（b）枝状分布模式图A

（c）丽水松阳安岱后村

（d）枝状分布模式图B

图3-4-5 枝状聚落形态（来源：康艺兰 绘）

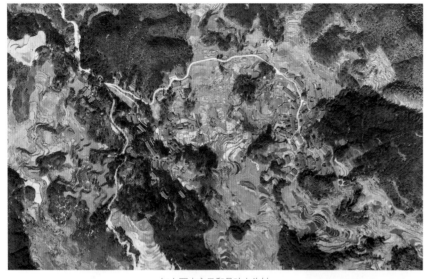

（a）丽水市云和县叶山头村

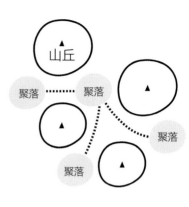

（b）散漫状分布模式图A

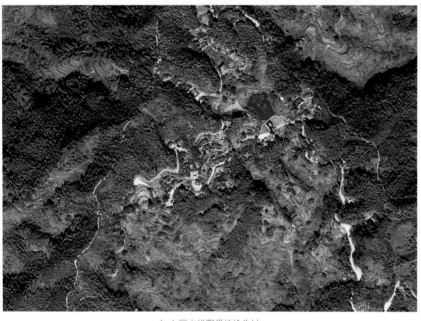

（c）丽水松阳沿坑岭头村

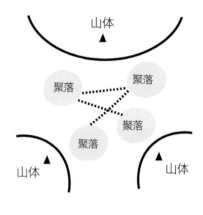

（d）散漫状分布模式图B

图3-4-6 散漫状聚落形态（来源：康艺兰 绘）

山地型聚落的竖向结构   表3-4-7

平地形态	缓坡形态	阶梯形态

（来源：纪文渊 绘）

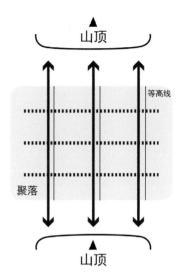

图3-4-7 丽水遂昌独山村卫星图及路网结构（来源：康艺兰 绘）

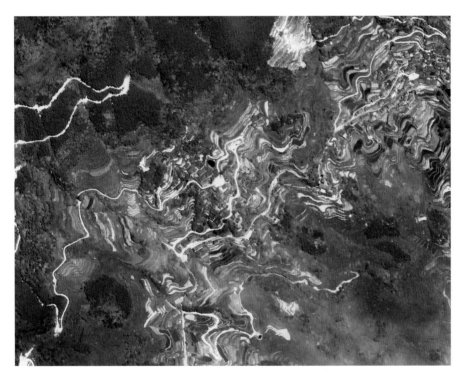
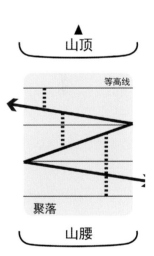

图3-4-8 丽水龙泉季山头村卫星图及路网结构（来源：康艺兰 绘）

道路类型	尽端式道路	单侧通过	中间通过	偏心通过	环绕通过
聚落与道路	道路 → 聚落	聚落 道路 →	聚落 道路 ↑	聚落 道路 ↑	聚落 道路

（来源：纪文渊、康艺兰 绘）

2）位于山腰的聚落：其竖向结构呈现为缓坡或者阶梯，聚落形态主要呈现带状和枝状，水系较少，或者邻近山里的溪流。通往外界的道路呈现为中间通过、偏心通过以及环绕通过，内部道路主要呈现树枝状结构。聚落类型主要以山腰阶梯带状、山腰缓坡枝状以及山腰阶梯散漫状为主。

3）位于山谷的聚落：其竖向结构呈现为缓坡状态，聚落形态呈现带状和枝状，水系较为丰富，主要水源为山间溪流。通往外界道路主要以单侧通过、中间通过以及偏心通过为主，内部道路也多呈现树枝状结构。聚落类型主要以山谷平地带状以及山谷缓坡团状为主。

4）位于山坳的聚落：其竖向结构呈现为缓坡以及平地状态，平面形态以团状、枝状、散漫状为主，水系较少，主要水源也为水井和水塘，通往外界道路主要为尽端式道路、单侧通过和环绕通过，内部道路主要为不规则的网格状道路结构。聚落类型主要以山坳平地团状以及山坳缓坡团状为主。表4-2-9是对山地型传统聚落的形态类型归纳总结。

（五）山地型传统聚落的构成

1. 建筑空间

浙南山地传统民居的建筑构造和风格表现得更为内敛、谦逊和质朴。从建筑与环境的关系协调方面来看，表现为因地制宜、亲和自然的建筑态度。建筑最突出的特征在于采用"随山采形，就水取势"的营建原则。山地地形复杂多变，民居建筑为了与山区环境相契合，从体量、造型、布局、结构、接地方式等各个方面都顺应起伏的地形进行选择，从而表现出丰富、自然的建筑风格以及对自然环境谦逊的态度。山地聚落的浙江山地型聚落建筑特色主要可概括为以下几点：

1）横向发展：民居主要以"一"字形长屋、多院落式长屋为主，其共同的特点是横向发展，加上旁侧附属用房等，构成变化多样和互相穿插的体形。

2）开敞通透：不像浙西小天井民居，用马头墙把自己围合得很严密，而是向外开散，四个面都开门开窗，独立对外，既可纳入四方之风景于建筑中。

3）体型错落：山地聚落民居依山就势建造，往往建筑形体不受拘束，多自由组合灵活搭配，屋顶高低错落，体型丰富多样。

4）檐多深远：从造型角度讲，浙南民居最大的特色是檐多而深远，屋面外挑形成很深的屋檐，有遮阳和避雨的作用。

5）古朴厚重：浙南山地民居多采用木结构、夯土与石材相结合的材料，忠实体现结构构件的力学功效，而较少采用过多的构件装饰，凸显古朴厚重的民居风格（图3-4-9、图3-4-10）。

2. 街巷空间

山地型聚落的街巷空间与的建筑及其周围环境共存，共同构成山地型聚落形态的结构骨架，也决定了聚落的主要空间肌理。

山地型聚落结构与肌理顺应山形山势相对自由，聚

聚落名称	聚落分布与山势的关系				竖向结构	水平结构	水系
	沿山顶分布	沿山腰分布	沿山谷分布	沿山坳分布			
丽水松阳西坑村	√				平地	团状	无
丽水龙泉上畲村	√				缓坡	团状	水塘
丽水松阳塘后村	√				阶梯	带状	无
丽水遂昌大柯村		√			阶梯	带状	无
丽水松阳陈家铺村		√			阶梯	散漫	无
丽水松阳下田村		√			缓坡	枝状	小溪
丽水景宁东弄村		√			阶梯	带状	无
丽水景宁季庄村		√			缓坡	枝状	无
丽水景宁董川村		√			阶梯	散漫	无
丽水景宁小佐村		√			阶梯	散漫	无
丽水遂昌独山村			√		平地	团状	小溪
丽水龙泉大窑村			√		平地	带状	小溪
丽水景宁隆川村			√		缓坡	带状	无
丽水景宁黄谢圩村			√		平地	带状	小溪
丽水景宁深垟村			√		缓坡	带状	小溪
丽水景宁桃源村			√		缓坡	带状	小溪
丽水松阳南岱村			√		平地	带状	小溪
丽水龙泉龙井村				√	平地	团状	小溪
丽水松阳平田村				√	缓坡	散漫	水塘
丽水松阳庄后村				√	缓坡	团状	无
丽水景宁高演村				√	缓坡	团状	水塘

（来源：纪文渊 绘）

落以线性道路为主要骨架，道路多呈现直线形、折线形和曲线形三种形态。

1）直线形

这种街巷一般出现在商业主街或具有一定仪式感的主要入口街道上。这种街巷空间或庄重或流畅，具有一种的秩序感和引导性（图3-4-11）。

2）折线形

山地型聚落受自然地形的限制及土地产权等因素影响，聚落内建筑与建筑之间会存在一定角度，相应街巷便由许多折线组成。此类街巷体现了与地形的最大程度契合，并增加了聚落空间的引导性（图3-4-12）。

图3-4-9 丽水松阳陈家铺村民居（来源：纪文渊 摄）

图3-4-10 丽水遂昌大柯村民居（来源：纪文渊 摄）

图3-4-11 丽水遂昌独山村直线街巷（来源：纪文渊 摄）

图3-4-12 丽水遂昌大柯村折线街巷（来源：纪文渊 摄）

图3-4-13 丽水龙泉大窑村曲线街巷（来源：纪文渊 摄）

3）曲线形

曲线形街巷是街巷空间中最优美的形态，往往因顺应山地等高线走势，连接村入口和村中心的缓坡坡道。从视觉角度上讲，蜿蜒曲折的街巷让山地街景逐一展开，避免了视线单一的封闭压抑或者一览无余，产生不断深入的视觉体验（图3-4-13）。

3. 节点空间

山地型聚落村民主要聚集交流和活动的节点空间主要有三种类型，分别为聚落主入口、祠堂与庙宇、公共广场等。

1）聚落主入口

聚落主入口是村民日常生产生活场所，也是外界进入聚落的必经之路。它既体现了村民对聚落的认同感和归属感，也是山地型聚落边界的空间符号（图3-4-14）。

2）祠堂与庙宇

祠堂是以宗族维系的血缘型山地聚落的重要公共节

<table>
<tr><td>（a）丽水松阳西坑村村入口</td><td>（b）丽水遂昌独山村寨门</td></tr>
</table>

图3-4-14　山地型聚落主入口图（来源：纪文渊 摄）

（a）丽水松阳庄后村文武庙　　　　　　　　　（b）丽水景宁季庄村马仙公庙

图3-4-15　山地型聚落庙宇（来源：纪文渊 摄）

点空间，也是过年期间村民聚集举行村宴以及进行红白喜事的场所。山地型聚落的祠堂一般规模不大，多为四合院落形制。庙宇与信仰空间往往是山地聚落神圣的场所，庙宇内常常供奉土地公佛像，信仰空间则供奉一些历史英雄或者人物以祈祷风调雨顺，生活通达富足（图3-4-15）。

3）公共广场

公共广场是聚落街巷路网的枢纽，主要道路的交会点，与周边各区域联系紧密，可达性强。公共广场也是山地型聚落民日常交流活动最主要的场所，包括晒太阳、聊天、晒农作物、晾衣物等行为活动，是整个村最具有活力的场所。

三、山地型传统聚落的建筑特色

（一）民居特色

1. 民居类型

浙江山地民居从平面上来说主要形制有"一"字形、曲尺形、三合院、四合院、"H"形、"日"字形、街屋式等。其中，常用形制为"一"字形和庭院式，最具特色的是"一"字形长屋和多院落式长屋。①

1）"一"字形长屋

在中国古代"臣庶居室制度"严格控制着民居的规模，所以只能在面阔的限制下向纵深发展。长屋打破了开间数量上的限制，面阔超过五开间、七开间的比比皆是，至于九开间、十一开间的长屋也屡见不鲜。

长屋的基本特征是长，还有一个特点是设"屋檐头"，即明间与次间设置前廊（图3-4-16）。前廊一般深1.75米左右，加上出檐约1.35米，总深达3.1米而檐口高在2.85米左右，这里是人们休息乘凉、劳作的场所，具有很好的遮阳与避雨作用。"一"字形的民居与左右两厢，便构成了曲尺形或"凹"字形的平面。民居堂屋较宽敞，进深较大，明间与暗间均通过木板壁隔成前后两间，前面的作为起居室，后面的作为卧室，各套间以前廊作为通道，梢间无前廊，作为厨房与储藏间。建筑二层明间作为祖堂，供奉祖先牌位，两侧次间为居室。此类民居一般不设围墙，通过建筑围合成长面宽与开放性的三合院（图3-4-17）。

2）院落式民居

相较于"一"字形长屋，院落式住宅面宽相对较窄，以一进院落为主，平面形制有三合院、四合院等，以三合院为主。从空间布局来看，三合院中间轴线上的建筑天井一般尺度较大，由主人使用，两侧院落分别由子女使用，形成左昭右穆的格局。从平面形制来看，一进为天井，天井由三面环廊围绕，两侧分别为厢房，天井后面为两层楼居，底层为正厅，二层为居室，两侧为上二楼的楼梯间。如丽水松阳塘后村合院式民居是一进三合院的民居，天井面宽略宽，呈现长方形院落（图3-4-18、图3-4-19）。

图3-4-16 "一"字形长屋立面

2. 建筑装饰与材料

浙南地区在建筑材料选择上，往往以当地夯土、毛竹、木材、石材为主要建筑材料。当地的建筑工匠在漫长的营造过程中积累了丰富的技术工艺经验，在材料的合理选用、结构方式的确定、模数尺寸的权衡与计算、构修的加工与制作、节点及细部处理和施工安装等方面都有独特与系统的方法或技艺，并有相关的禁忌和操作仪式。建筑营造技艺通过控制建筑单体进而拓展到影响整个传统聚落的空间形态，这种营造技艺以师徒之间"言传身教"的方式世代相传，延承至今（图3-4-20）。

（二）公共建筑空间

1. 宗祠

山地聚落中，宗祠是村落中心最重要的公共建筑。在选址方面，宗祠位于聚落中心位置，周边民居建筑围绕宗祠向外发展。因此，越靠近宗祠附近的民居年代相对越久远。在平面形制上，山地宗祠建筑往往有五开间以上以及多进制院落，常为山地聚落中最大体量的建筑。在空间形态上，主要表现出中轴对称的特点，有

① 丁俊清. 浙江民居［M］. 北京：中国建筑工业出版社，2009：223-231.

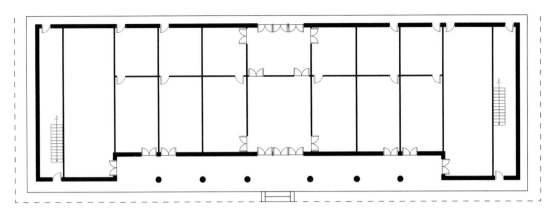

图3-4-17　畲族山地聚落的一字屋平面图（来源：康艺兰 绘）

图3-4-18　丽水松阳塘后村合院式民居（来源：纪文渊 摄）

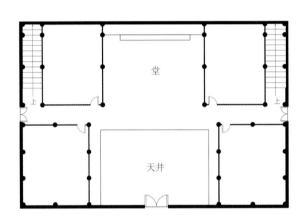

图3-4-19　丽水松阳塘后村合院式民居平面图（来源：康艺兰 绘）

图3-4-20　山地聚落的夯土建筑（来源：纪文渊 摄）

较强的仪式感和肃穆感，体现当地居民对于先祖的敬重和感恩之情。

例如丽水松阳南岱村吴氏宗祠（图3-4-21、图3-4-22），宗祠建于清嘉庆五年（1800年），单层建筑，二进五开间，入口在建筑的西南侧，第一进为入口院落，第二进为中心区域面宽约7.6米的天井，平面形态上保持中轴对称的特点。功能上分为入口院落、前厅、中间天井以及后厅，其中后厅中主要供奉着吴氏祖先画像。建筑结构为抬梁穿斗混合结构，门楼为重檐歇山顶式屋面，木雕工艺精美。

图3-4-21 丽水松阳南岱村宗祠（来源：纪文渊 摄）

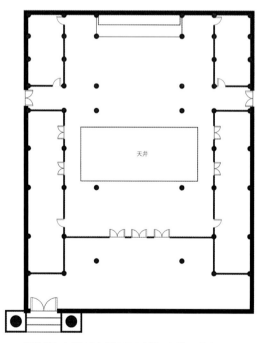

图3-4-22 丽水松阳南岱村宗祠平面图（来源：康艺兰 绘）

2. 戏台

浙江流行戏曲，出现过明末清初、清乾隆嘉庆、晚清民初三个兴盛时期。这一时期建造的宗祠内多设有戏台。戏台向院内凸出，结构与门屋脱离，其面积约同于明间戏台，以门厅和两侧次间为后台，次间和梢间上部常作夹层，以扩大后台。戏台的三面完全向观众敞开，民间把戏台称作"万年台"，象征戏曲艺术永续不断地绵延和发展。戏台装饰往往非常精美，横梁、柱头、牛腿与藻井都是重点装饰的部位，例如丽水龙泉龙井村五显庙戏台（图3-4-23）。

3. 庙宇

1）香火堂

古代的祭祖制度等级森严，皇室庙祭，贵族墓祭，庶民只能家祭。所谓家祭，就是在居室的中堂设立一个神龛，陈列祖先牌位，逢年过节祭拜。当祖宅破损后，家族往往已是枝繁叶茂，分门别户，就合力建起祠庙，安置祖宗神灵。如果不足三代或者经济能力有限的情况下，往往将无人居住的祖宅改成香火堂，例如丽水龙泉上畲村香火堂（图3-4-24）。

2）菇神庙

菇神庙为菇民上山时在菇寮里供奉菇神的场所。神位位于菇棚中央，面向东方开门处，神坛左右及其上方都大加张贴。此类菇神大多为木雕或泥塑，长40～50厘米，由一寮之主从家乡带出。在菇山劳动时，每逢农历初一、十五都要虔诚祭拜，菇神庙主要分布于浙南地区庆元、龙泉、景宁三处，例如丽水龙泉下田村的菇神庙（图3-4-25）。

3）神仪空间——土地庙、五显庙、禹王殿

土地神源于远古人们对土地权属的崇拜。土地能生五谷，是人类的"衣食父母"，因而人们祭祀土地。土地庙作为人们集中祭祀土地神的地方，自然随之兴盛起来。五显庙供奉的神明是五显大帝，姓马，名灵耀，民

图3-4-23　丽水龙泉龙井村五显庙戏台（来源：纪文渊 摄）

图3-4-24　丽水龙泉上畲村香火堂（来源：纪文渊 摄）

图3-4-25　丽水龙泉下田村的菇神庙（来源：纪文渊 摄）

间俗称马王爷、马天君，是浙江、福建、广东等地重要的中国民间信仰之一。传说玉皇大帝给其封号，从此万民景仰，农耕者五谷丰登，有求必应，每年农历九月二十八日五显大帝生日这天要举行隆重的庙会，祈求风调雨顺。古往今来，老百姓把大禹尊称为神禹，建禹王殿供奉大禹，以纪念大禹治水的丰功伟绩。五显庙与禹王殿一般往往位于村落的水口与村口位置，冀求村落能够一年风调雨顺国泰民安。

例如丽水龙泉龙井村五显庙（图3-4-26、图3-4-27），位于龙井村村口，每年来自龙泉、庆元、景宁各地的香菇客聚集到五显庙庆贺香菇的丰收，祈求来年的好收成。寺庙建有厅堂与戏台，平时也是附近乡民节日唱戏，农闲娱乐的理想场所。从平面形制上来看，为传统的五开间两进制院落建筑，层数为二层，二层主要为连廊，供当地居民观看演出。建筑正中心入口中心对称，西侧小门可以通过楼梯上二层连廊。一进天井为入口庭院，四周被环廊包围，二进天井为戏台观看场地，北侧为戏台，东南西三侧被环廊包围，后厅主要供奉着五显神像。整体建筑结构为抬梁穿斗混合结构，建筑构件装饰较为丰富。

四、山地型传统聚落的景观风貌

（一）自然景观

1. 山体

山体是山地聚落最为重要的景观元素，其中，山形可细分为山脊、山坳、山谷。位于山脊一侧的山地聚落中，视点随山路移动时，山体一开始呈现点状山包形态，沿着山路向上走，陡峭的山脊逐渐映入眼帘，空间特点主要表现为陡峭悬崖的压迫之感（图3-4-28a）；山坳为相邻山脊间谷地，位于山坳的山地聚落，四周被山脊环绕，山体成为聚落的自然背景，空间特点主

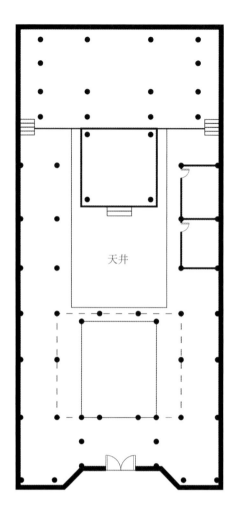

图3-4-26　丽水龙泉龙井村五显庙（来源：纪文渊 摄）

图3-4-27　丽水龙泉龙井村五显庙平面图（来源：康艺兰 绘）

要表现为四面围合的稳定之感（图3-4-28b）；位于山谷的山地聚落，由于谷地空间较为开阔，且将视线引向远方，空间特点主要表现为面向远方的悠远之感（图3-4-28c）。

2. 溪水

溪水主要存在于山谷型的山地聚落之中，是山地居民日常生活中最为重要的自然资源之一。由于地转偏向力的影响，山地溪水往往呈现"S"形曲线的形态，与两侧聚落民居建筑交相辉映，构成独特的聚落空间层次。山地聚落的溪水水源主要为山泉，水质较为清澈。溪水底部主要为上游冲下的石头，水中常常有鱼类、虾类等，构成人与自然和谐的微生态系统。

综上所述，山坡、山间平地以及溪水以不同方式组合，丰富的竖向高差变化构成了山地聚落的不同典型剖面，形成了形态各异的山地聚落自然景观环境（表3-4-10）。

（二）人文景观

廊桥从属于拱桥，又称屋桥、花桥、风雨桥等，指

（a）丽水松阳塘后村陡峭山脊

（b）丽水龙泉蛟垟村环状山脊

（c）丽水遂昌大柯村开阔山谷

图3-4-28 不同类型山地聚落的山体景观（来源：纪文渊 摄）

在桥上架有木构长廊或屋、亭，在桥面上盖建廊屋而形成的特殊桥梁。全球共有2000余座廊桥，中国大约保存500多座，绝大多数在福建的闽东、闽北、闽西山区

和浙江南部的温州、丽水、庆元等地区，共300多座，占全国总量的60%。

从建筑的材料来划分，廊桥有木拱廊桥、木石拱廊桥、石拱廊桥之分。其中，木拱廊桥在中国木构桥梁中技术含量最高，是世界桥梁史上绝无仅有的独特创造，中国现存的木拱廊桥仅约110座，主要分布在福建、浙江两省交界处。

廊桥不仅是一种交通设施，同时也是乡村物质、文化、社会活动的公共空间，是村民公共活动的重要活动载体。第一，组织交通、遮日避雨是廊桥最基本的功能。第二，具有商业贸易功能，廊桥开敞透亮，是民众聚集与交流的场所。廊桥一般建在村头水口、村中或村尾等重要位置，往往成为村中的商业中心或作为集市使用。第三，廊桥往往成为村民交流活动、休闲娱乐的重要场所。第四，廊桥也是民俗活动场所，庆元县月山村就有祭祀迎神走桥的传统习俗。廊桥的桥屋内常设神龛，供奉神灵，廊桥成为村民民间信仰的载体。

木拱廊桥按照拱架结构进行分类，可以分成六类，分别是：木支架廊桥、八字形拱廊桥、"八"字拱与"人"字拱组合廊桥、两组八字拱廊桥、三节拱与四节拱组合廊桥、三节拱与五节拱组合廊桥。其中，三节拱与五节拱的组合，是现存木拱廊桥的主要拱架结构类型，也是当前浙江木拱廊桥发展的最高形式。

三节拱与五节拱组合的木拱廊桥主要包括：

桥台系统：桥台和桥墩，桥墩通常用石料砌筑而成。

桥面系统：桥面系统是紧贴桥跨之上，供人们通行的部分。由木板、砖块、石块等铺成，使桥面平整，利于通行。

桥拱系统：木拱廊桥的桥拱最为复杂，它由"三节苗""五节苗""将军柱"等结构构成，两个系统相互穿插形成一个整体，共同承担桥的荷载。

廊屋系统：廊桥是桥与廊相结合的产物。桥面上部的廊、屋、亭、阁可统称为桥屋或廊屋。桥上建廊，除

山谷（两侧梯田）	山谷（一侧梯田一侧坡地）	山谷（两侧坡地）
山坡两侧（两侧坡地）	山坡两侧（两侧梯田）	山坡一侧（单侧梯田）
山坡一侧（单侧坡地）	山坡一侧 （单侧梯田加坡地）	山坳 （一侧梯田一侧坡地）

（来源：纪文渊 绘）

了建廊以保护桥身，便于行人通行外，还可借助廊屋的重量稳定木拱结构。

庆元县的月山村古时有着"二里十桥"的美誉，因其十座古廊桥而闻名遐迩。延续至今村内仅存五座古廊桥，分别是：如龙桥、来凤桥、白云桥、步蝉桥和秆坑桥（表3-4-11）。月山村是涵盖古廊桥种类最多的村庄，也是全国文物保护古廊桥数量最多的村庄。如龙桥是目前已知的保存完好、时代最早的木拱廊桥，是唯一一座被列为全国重点文物保护单位的木拱廊桥（图3-4-29）。

如龙桥：如龙桥位于月山村尾的举溪之上，列入2001年全国第五批重点文物保护单位。桥内由数根粗大圆木纵横组合铆接而成，形成架设廊屋的拱骨平面。

来凤桥：来凤桥位于月山村头的举溪之上，列入2013年全国第七批重点文物保护单位。桥中设佛龛，

次间有供行人小憩的木凳，桥身高出地面十余米，采用半圆形石拱（图3-4-30）。

五、山地型传统聚落典型案例

（一）丽水松阳塘后村——山腰带状型聚落

1. 地理区位

塘后村隶属于浙江丽水市松阳县四都乡，始建于元大德二年（1298年）前后，南朝皇帝陈霸先后裔陈氏伯琛公从武义县竹客乡迁居，因塘后村地理位置好，山间平地阳光充足，水利与地理条件较好，故迁至此地，并形成村落。明末清初，因财主多，人丁兴旺，开始大肆修建住宅。现存的建筑和村落格局是清代中期由"有"字辈的陈姓后代在明代建筑废墟之上盖起的大屋，以及

桥名	始建年代	修建年代	等级	类别	走向	桥长度	宽度	开间
如龙桥	不详	明天启五年（1625年）	国家级	木栱	南北走向	28.2米	5.09米	11间
来凤桥	不详	清道光十八年（1838年）	国家级	石栱	东南—西北走向	30米	5.5米	11间
步蟾桥	明永乐年间	民国六年（1917年）	国家级	石栱	南北走向	52米	5.5米	18间
白云桥	清光绪二十八年（1902年）	无	省级	八字撑木	东西走向	8.35米	3.75米	3间
秆坑桥	清咸丰五年（1855年）	无	县级	平梁伸臂式木	东西走向	6.8米	2.9米	1间

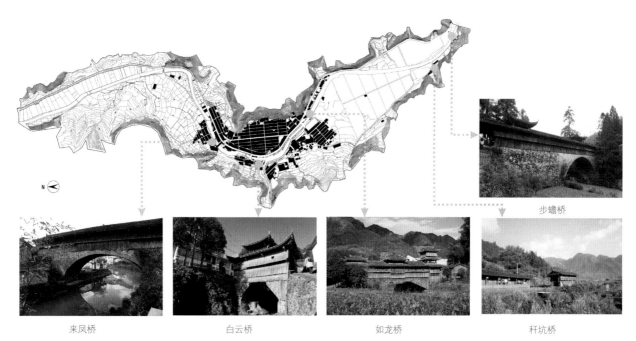

步蟾桥

来凤桥　　　　白云桥　　　　如龙桥　　　　秆坑桥

图3-4-29　庆元县月山村廊桥（来源：张卓源 摄）

图3-4-30　庆元县月山村如龙桥与来凤桥（来源：张卓源 摄）

第十七代孙陈永彬发迹后的"四房头"儿子建成的四座大宅，原址坐落在谷底形成的龙潭后，村庄原名滩后。

整个聚落的构成主要是由农田、林地以及村内建筑组成。在聚落选址上，塘后村选择在离溪流较近，有一定坡度的土质坚硬的山腰台地上。建筑背山面水，顺应着等高线布置建筑，与周边自然地形有机结合，由北向南，由东向西，整齐有序地排列（图3-4-31）。

2. 自然与社会环境

1）自然环境

村落东、南、北三面环山，古官道沿着山势匍匐向上，向北绵延而下，两山之间在村庄的东面冲积出一块巨大的平地。村落内水系依地势由东、南、北向西面奔流，塘后老村为五水汇聚之地，其中三条经过村庄现址，呈"三溪汇流"的格局。明清时期民居环绕水井布置，形成五个组团，便于生活取水。

2）经济与社会文化环境

塘后村因地处松阳与武义的交界处，曾隶属宣平、遂昌、松阳三县，受到了各地文化的影响，马灯、洪拳武馆、松阳高腔等都是从外引入而来。马灯是长江中下游一带在汉族民间的活动，其渊源可追溯至《诗经》所记载的"祃祭"，即出师前祈祷胜利的出师祭（图3-4-32）。

3. 聚落空间布局与形态特征

塘后村位于海拔800米的山地之上，村域面积4.6平方公里，从东往西地势沿等高线下降，高差高达113米，这使得塘后村形成东、南、北三面环山，西面邻崖的较为完整的微观地理单元。

从大格局而言，塘后村这种山环水抱的山水格局可视作一个封闭式单元，既满足了古聚落选址中安全防御因素的考虑，又有利于形成良好的生态和局部小气候：背山屏挡冬日北来的寒流，使环境单元内的气温稳定；

面水迎接夏日南面的凉风；朝阳争取良好的日照，这样的山水格局为塘后村民的生产、生活产生巨大的影响。

从聚落总体布局来看，巷道皆为卵石路面，纵横交错，网格状道路连着一座座民居；聚落中的建筑大都坐南朝北、坐东朝西、坐北朝南，顺应山势有秩序排列分布，聚落形态呈不规则团块向带状伸展的趋势。竖向上聚落建筑随着山地高差错落有致，与山地的绵延起伏相得益彰，呈现出"水跟山走，田跟水走，房跟田走"关系的总体布局（图3-4-33）。

4. 聚落民居与公共建筑

村内传统建筑建于明清，有祠堂、名居、寺庙、书院、驿站等二十余处。建筑多为木结构1~2层，有三合院和"一"字形民居两种。三合院民居，中轴线上依次排列大门、天井、正屋和两侧厢房。正屋面阔多为三开间，明间兼顾祭祖和会客功能，内部装饰较为精美。民居厅堂结构采用木构架穿斗、抬梁式相结合，建筑内部装饰以木雕为主，辅以石雕、砖雕和彩绘。

1）民居

塘后村现存有20幢清代古民居，还有陈氏宗祠、洞主公庙、清末陈树丰住宅、陈立民住宅、清末陈树钱住宅等10幢分布在村内。

陈立民故居，位于村落中心，建于明末清初，三合院，木结构二层，重檐硬山顶，占地面积332平方米，由大门、天井、正屋和厢房组成。中轴线上辟砖砌大门，门墙内侧设单坡披檐与厢房腰檐相连，形成四水归堂格局。正屋面阔三开间，中堂设香火堂。厢房面阔两开间，隔扇门窗，天井地面块石铺筑（图3-4-34）。

2）公共建筑

陈氏祠堂及周边区域

陈氏宗祠建于南宋，名号为"文明堂"。祠堂正入口铺地为一个八卦图，预示着"招财进宝"。祠堂四合院两进院落，建筑面积480平方米，陈氏祠堂有戏台，也是过年村民聚集举行村宴以及红白喜事的场所（图3-4-35）。

5. 聚落景观与自然风貌

1）聚落主入口

聚落主入口的选址与村民的日常生产生活息息相关，体现了村民对塘后村的认同感和归属感，该区域包括民居、晒台、休息区、厨房等，与陈氏祠堂呈南北轴线关系，是进入塘后村的第一个空间序列。

2）街巷形态

塘后村街巷是与地形共同围合形成的一个三维立体式交通网络结构。街巷道路走向呈现平行、斜交和垂直等高线三种关系。除了有一条纵向主路垂直于等高线贯通整个聚落，其他次路均平行于等高线，与主路垂直，连接不同高差的民居院落。民居多依据等高线灵活分布，形成错落有致的平台，连接着曲折蜿蜒的山间小路。这些街巷各具特色，或宽阔通直；或依山而上，蜿蜒盘旋；或幽暗神秘，曲径通幽。它们不仅具有交通功能，同时是聚落的景观节点，为整个塘后村平添了许多空间层次感与趣味性（图3-4-36）。

3）古道

古道位于村北侧，建于清代中期。塘后至竹客村的山道长3000米，全部由条石埂地，中间有三段又长又陡的岭，被村民称为"肚饥岭"，大百步岭有三百六十级台阶，寓意走过一年四季；小百步岭120级台阶，寓意走过一季时光。在百步岭的一侧，全是四季常青的槐树和四季分明的枫树，如枫槐古道。

（二）丽水遂昌独山村——山谷带状型聚落

1. 地理区位

独山村位于浙江省丽水市遂昌县西南焦滩乡境内主要道路多平行于等高线。始建于南宋，因天马山独立于乌溪江东岸，类似一道天然屏风把整个村庄隐藏在山后，故名独山村。南宋孝宗年间，曾任尚书左丞相叶梦得的曾孙叶峦，自松阳县迁居独山形成村落。清光绪年间的《遂昌县志》卷之二《山水》记载："独山，在邑西八十里，上下山皆不相续，又名'天马山'"。独山南临乌溪江，背靠龙山山系，聚落地窄人稠，独山村文物古迹、历史遗留众多（图3-4-37）。

2. 自然与社会环境

1）自然环境

独山村处于群山环抱之中，较大的海拔高度差异形成山地垂直带，因此独山村气候差异显著。村落位于九孔山麓，乌溪江东岸。西靠海拔高度341.7米的天马山，东靠石梯峰、笔峰诸山，聚落位于群山环绕的中部山谷地。

2）经济与社会文化环境

元朝至明朝，独山村主要姓氏为朱、叶、周、邵，在明天顺年间，朱、周、邵三大家族相继外迁，村中以叶姓为主，在明嘉靖四十一年（1562年），叶以藩得中进士，父母均受到皇帝敕封，村内立宗祠，建寨墙，民间有"独山府"之称。村域面积约10.8平方千米，115户，388人（图3-4-38）。

3. 聚落空间布局与形态特征

从山形地貌来看，独山村南北都有山地包围，东面和西面是开敞的空间，从北往南地势沿等高线下降，其最高点与最低点的高差不大，属于缓坡地形。这使得独山村形成南北夹山、东西开阔的较完整的微观地理单元。既满足了安全防御因素，又有利于形成良好生态和局部小气候，南侧的乌溪江又给独山村提供了充足的水源。

从聚落街巷肌理看，村西面乌溪江蜿蜒而过，江边平原为开垦的农田。村庄整体因古驿道和古渡口与外界建

图3-4-31　塘后村鸟瞰（来源：纪文渊　摄）

图3-4-32 塘后村总平面图（来源：纪文渊 摄）

（a）塘后村路网结构与主要建筑图

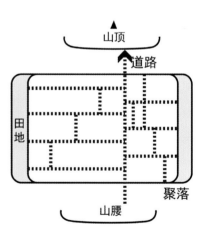

（b）塘后村形态特征图

图3-4-33 塘后村的聚落形态结构图（来源：康艺兰 绘）

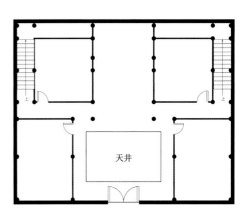

图3-4-34 塘后村陈立民住宅及平面图（来源：康艺兰 绘）

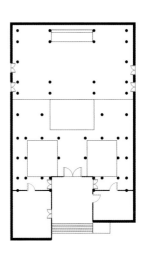

图3-4-35 陈氏祠堂入口及平面图（来源：康艺兰 绘）

图3-4-36 塘后村街巷（来源：纪文渊 摄）

图3-4-37 独山村鸟瞰图（来源：纪文渊 摄）

图3-4-38 独山村总平面图（来源：纪文渊 摄）

立联系，街巷多平行于等高线，有清晰的网格状脉络，其中南侧古驿道进入村庄后分枝为三条街巷，街巷南北向贯穿古村，并在北侧的文昌阁汇合后经古寨墙通往渡口。村庄内建筑依托三条街巷，自西向东连接不同高差的民居院落，构成了村庄的主要肌理。村庄北侧依托渡口设置了文昌阁和村口古树，构成了村庄北侧的重要入口节点。

从聚落总体布局来看，巷道皆为砖石路面，纵横交错，连着一座座古民居；街道主次分明，村中心的一条古街贯穿整个聚落，连接聚落内部，被称为"明代一条街"。民居均选址在较为平缓的坡地建造，建筑多坐北朝南，顺应山势整齐而有秩序地排列分布，聚落形态呈现顺应等高线延伸的带状布局，竖向上民居随着山地高差错落有致地排列，与山地的绵延起伏相得益彰（图3-4-39）。

4. 聚落民居与公共建筑

独山村传统建筑有明代建筑7座，清代建筑2座，采用木结构、石料、砖及夯土建造，多为院落式布局，四周高墙林立。天井是整个民居的中心，有相对严格对称的中轴线。平面布局追求灵活多变，民居以独立而开敞的院落居多，住房一般三间，堂屋除生活起居外，也有手工业劳作的场所。

1）叶尚同民居

叶尚同民居位于独山村明代一条街一侧，清代建筑，坐北朝南，三进五开间两厢式，面积374.52平方米。民居西面临主街，西南角有门亭，亭前台阶正对街道。转过门亭为大门前雨道，卵石铺面。雨道南侧设花窗墙，正屋砖砌墙，花砖挑檐（图3-4-40）。

2）公共建筑

（1）叶氏宗祠

叶氏宗祠坐东北朝西南，二进三间四合院形制，总面宽15.79米，总进深43.47米，总占地面积686.39平方米。祠前门坛、村路，两侧墙设拱券门，村路经拱

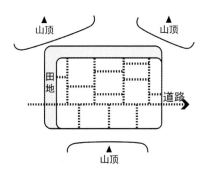

（a）独山村路网结构与主要建筑图 　　　　　　　　　　　　　　（b）独山村形态特征图

图3-4-39 独山村聚落形态（来源：康艺兰 绘）

图3-4-40 叶尚同民居（来源：纪文渊 摄）

门而过。路内侧祠当中四级台阶上至门坛，台阶两侧坛边设石狮子一对，花岗石制，须弥式底座。须弥座雕刻图案较深，狮子蹲坐，体形直立，具有明代制作的风格。门墙两侧角设旗杆墩一对，青石打制，须弥座式。正立面三间四柱三楼石牌坊贴入入口门楼，两边次间位置设券顶小门，顶檐下墙面设四个扇形洞窗建筑结构为抬梁穿斗混合式，柱子的主要材料为石材（图3-4-41）。

（2）葆守祠

葆守祠与叶氏宗祠相邻，叶氏宗祠和葆守祠之间仅一条不足1米的小巷相隔。葆守祠建于清末，是一栋三开三进的建筑。大门原是方形门，后历经多年风霜坍塌，1985年重修时将大门改成当地常见的月亮门，祠堂三进三开间，明间梁架七檫前后单步抬梁用四柱，次间穿斗用五柱。檐柱设牛腿，梁面和雀替雕刻花纹。地面铺方砖，阶沿铺条石，天井内铺卵石。建筑四面泥墙，硬山顶，封火山墙，屋面板瓦阴阳合铺（图3-4-42）。

5. 聚落景观与自然风貌

1）独山石牌坊

山地型聚落的牌坊并不多，独山石牌坊具有一定的代表性。它位于独山村东南隅，建于明隆庆三年（1569年），也称"隆庆牌坊"。牌坊坐东朝西，花岗石质，三间四柱五楼歇山顶构造，面阔7.30米，高8.40米，牌坊至今保存完整，1997年公布为省级文物保护单位。明隆庆三年（1596年），遂昌知县在独山村为叶氏建造牌坊，彰明叶氏再受皇帝恩宠之意（图3-4-43）。

2）古井

（1）正统九年井

位于村西部天马山脚公路边，建于明正统九年（1444年）。花岗石制井圈，外壁六边形，内壁圆桶形。

（2）隆庆元年井

位于村中心小弄路边，建于名隆庆元年（1567年）。花岗石制圆鼓形井圈，井深约6米，井壁卵石砌筑，上下部略小，中部略大（图3-4-44）。

图3-4-42　叶氏宗祠（来源：纪文渊　摄）

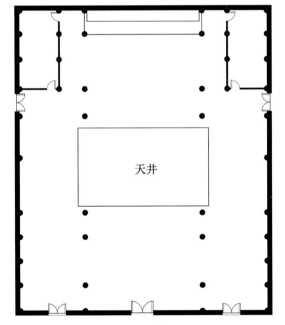

图3-4-41　叶氏宗祠及平面图（来源：康艺兰　绘）

图3-4-43　独山石牌坊（来源：纪文渊　摄）

图3-4-44 独山古井（来源：纪文渊 摄）

3）独山古寨墙

明嘉靖二十年（1541年），村人叶宪在天马山南北两麓建南北寨墙，分别从天马山两端山脚向文笔峰和石梯峰的山坡上绵延，并在通道处设寨门形成拱卫村庄的屏障。现存南寨墙长110米，高0.5～2.5米，大块石垒砌，依山坡地势而筑。村南部的小溪和村路沿山脚通过寨墙，涵洞北部设寨门，寨门前部位为石券门。门内设木构四柱二层楼，两边泥筑山墙，前部墙上开一望窗，可探望前面道路情况。后部设上下檐，形成层楼式，故称"憔楼"（图3-4-45）。

图3-4-45 独山古寨墙（来源：纪文渊 摄）

（三）丽水松阳平田村——山坳散漫型聚落

1. 地理区位

平田村位于松阳县北部四都乡，东北与武义县竹客村接壤，西南邻陈家铺村，东南接塘后村，西北与午岭村隔山相望，始建于北宋政和年间（1111～1118年）。据《江氏族谱》记载，江姓是大禹贤臣伯益公的后代，直至北宋政和年间，传至十六世奎公自括苍郡迁至平田，奎公为江氏始祖，至明朝时期，人口逐渐兴旺（图3-4-46）。

2. 自然与社会环境

1）自然环境

四都乡位于松北山脉，地形起伏较大，耕地稀少，林木植被覆盖率高。村落选址于松古盆地北侧鸡毛山山坡上，海拔610米。三面环山，东面背靠鸡毛山，北面有天台尖，南面有杨梅花山。按照传统村落规划布局，村庄远看像一只栩栩如生的凤凰，故又名凤凰村。建筑依山而建，似凤凰展翅的身体和羽翼。一条丽金茶马古道穿村而过。南面有寨矾背瀑布，西面有周坑源瀑布。

图3-4-46　平田村鸟瞰图（来源：纪文渊 摄）

2）经济与社会文化环境

平田村至今仍保留了丰富的非物质文化遗产。每年伊始即有江氏祭祖、舞龙灯等活动，三、四月份向神明祈福保佑村庄风调雨顺，在七、八月份举办还愿戏，感谢神灵眷顾，通过一系列的传统活动，保佑全村的平安和丰收。松阳传统民居均采用夯土墙体，平田村完整地保留了传统的夯土墙工艺，当地称之为打墙。墙脚砌好后在上面用木板将四周固定，然后加入黄泥进行捶打，打墙技艺在平田村流传了几百年的历史（图3-4-47）。

3. 聚落空间布局与形态特征

平田村位于山坳之中，三面环山，东有靠山，南北有古树林屏障护卫，西侧邻崖相对开阔。发源于鸡毛山的小溪——牛路源自东向西流至山坳处分成南北两支，溪水分叉处形成水口。水口上方较为平坦的一块地成为村落中心，修建有祠堂、香火堂。村中江姓分为上、下

两支，分别围绕各自香火堂建造住宅，形成两个居住团块。平田村按照建造年代和形态可分为上村、下村两部分。上村以江氏祠堂、香火堂一线为轴线，形成方整的聚落形态。下村环绕上村，民居沿等高线散布，建筑朝向相对自由。

在道路系统方面，上村民居密集，相邻而建，街巷较为局促狭窄，形成了不少仅能容纳一人通过的"尺巷"。下村道路利用自然地形纵横交错，随弯就曲，巷道高低错落，自由灵活，块石小道四通八达。巷道两侧建筑与菜地间隔分布，富于生活气息。另外，村外尚存540米左右的丽金古驿道穿村而过（图3-4-48）。

4. 聚落民居与公共建筑

平田村的现存历史建筑建于清至民国时期，共有古民居15幢，有祠堂、民居、书屋、社庙、古驿站等，大部分坐落于村庄中心区域，其中2幢被列为县级历史

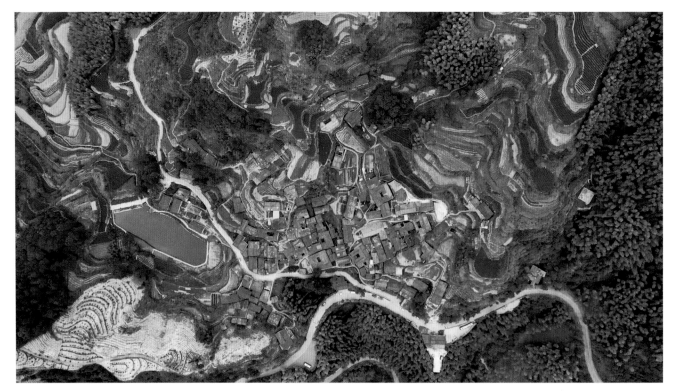

图3-4-47 平田村总平面图（来源：纪文渊 摄）

（a）平田村路网结构与主要建筑

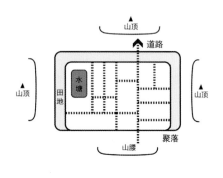

（b）平田村形态特征图

图3-4-48 平田村聚落形态图（来源：康艺兰 绘）

文化建筑，是松阳山地农耕聚落的范例。村中主要建筑呈现东南—西北走向，包括江氏宗祠、上村香火堂、下村香火堂以及一些建造年代较早的传统民居。

民居建筑多为木结构夯土墙1~2层，有"一"字形和合院式两种类型。"一"字形的民居，若门前为陡坎，则门前设影壁。大部分建筑朴素简洁，甚少装饰，门、窗形式简单，以木板门与格栅窗为主。合院式民居，一般正屋多为三间或五间，中间面宽较大为堂屋，用房面阔通常只有一间，进深比次向面阔窄约一步，保证次间卧室的采光。天井一般较小，排水沟较深，天井周边二层建有腰檐。建筑装饰集中在幅扇门窗、牛腿、雀替等木构件上。灶间、柴火棚、猪圈等均单独建造附屋。

平田民居面阔三间、五间、七间不等，两侧附屋宽敞，附屋面阔基本与主建筑进深相同。外形均为硬山顶，石质墙基，夯土泥墙，青红屋瓦。建筑立面构成前低后高两翼拱卫的轮廓，使建筑有主有次，有藏有露，富有空间秩序感。

平田村民居建筑装饰朴素，除主要的祭祀建筑有石雕、砖雕、木雕、彩绘、墨书墨画、卵石拼花等等工艺，一般民居建筑基本为石基泥墙的原始状态，体现了平田村以农耕文化为村庄主要生产方式的特点（图3-4-49）。

1）江氏宗祠

江氏宗祠位于村中心，建于清代晚期，木结构单层四合院，占地面积200平方米，建筑面积192平方米，二进三间，由门厅、两侧廊厢、天井和正堂组成。大门为八字门，正中悬挂"江氏宗祠"匾。门口两侧影壁彩绘财神和文曲星画像，月梁、牛腿、雀替

图3-4-49 丽水松阳平田村民居（来源：纪文渊 摄）

木雕雕刻花卉、草纹图案，大门对面壁画绘制麒麟。正堂三开间，中设神橱。祠堂四面墙上有彩色壁画。木柱鼓形石柱础，牛腿、雀替木雕雕刻松鹤延年、太狮少狮、凤凰等图案。天井地面块石铺筑，四面设有排水沟（图3-4-50）。

2）香火堂

上村香火堂位于上村九弄，始建于明末清初。木结构二层合院式，建筑面积38.9平方米。面阔三间，正堂设神龛。下村香火堂即江成根等民居，位于下村六弄，始建于明末清初，也为木结构二层三合院，重檐硬山顶，建筑面积187.6平方米。由大门、天井、左右厢房和正屋组成。正房面阔三间，正堂设神龛供奉香火（图3-4-51）。

3）泉林书屋

泉林书屋始建于清朝，相传由二十一世正山公建造。书屋布局严谨，左右对称，体现了平田村民对教育的重视，其功德对后代子孙的影响绵延数百年。"文革"时期，书屋藏书皆尽焚毁，现仅存部分墙基和主体屋架部分，房屋墙体及屋顶、屋瓦坍塌部分较多。

5. 聚落景观与自然风貌

平田村历经几百年的风雨沧桑，沉淀了许多的历史要素，其中有4类重要的历史环境要素。

古桥：位于龙鼎山下，建于清代的青石桥全部由石头堆砌而成，桥身古朴具有浓重历史气息，桥下山泉水泊泪流过，与桥相互辉映。

古树：位于平田村村域内有古树300多棵，主要为苦储、柳杉、柳树、香樟等，树龄300年以上的古树1棵，树龄200年以上的古树1棵，树龄100年以上的古树6棵。现今已挂牌的古树有5棵（图3-4-52）。

古道：平田村东北保留一段卵石铺地的古道，长约540米，为丽金古驿道的一段，丽金古驿道是古时连接丽水、金华的交通贸易要道。

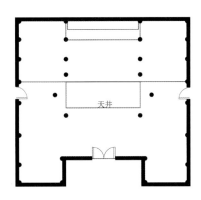

图3-4-50　丽水松阳平田村江氏宗祠及平面图（来源：康艺兰 绘）

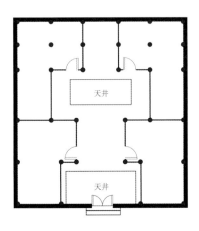

图3-4-51　丽水松阳平田村香火堂及平面图（来源：康艺兰 绘）

牛路源：村溪自东向西，蜿蜒而下，穿村而过，保佑所过之户幸福长生，故又名长生溪。

此外，宗祠、庙宇、亭台、古井、古树、石拱桥等，是人们日常生活或举行重要活动的空间场所，这些村落公共空间节点是人们对村落的乡土记忆与场所认同。乡村的自然与人文景观也是聚落景观的重要组成部分。

图3-4-52　丽水松阳平田村古树（来源：纪文渊 摄）

第五节　盆地型传统聚落

一、盆地型传统聚落的地理方位

（一）"盆地"在地理学上的定义

《地理学辞典中》对盆地的解释为：岩层从四面八方向中央倾斜的地区。广义上人们认知的盆地是四周高、中间低的地区，中间可以是平原或丘陵，周围被山地或高原包围的地貌类型。《浙江地理简志》一书针对浙江省地区的盆地总结其海拔特征：多数盆地海拔为500～1000米的山地所环绕，底部一般在50米左右，盆地边界线多在150～200米左右变动[①]。省内主要的几大盆地因所处位置和形成方式有所不同，海拔从40米到200米不等，丽水地区的高山盆地海拔达到1000米以上。

故本书在盆地地理释义的基础上将坐落在浙江省盆地区域，村域主体满足盆地海拔要求或盆地地貌特征的聚落定义为盆地型聚落。

（二）盆地型传统聚落的主要分布区域——浙中地区

1. 盆地地貌类型分布区域

浙江省地形跌宕起伏，盆地地貌只占5.6%左右。省内共有大小盆地30余处，规模较大的盆地密集分布于浙江中部地区。除了浙北平原和沿海几个平原之外，浙江的盆地由于地貌的变迁和发展成为构成浙江省地貌形态的重要组成部分。浙江省盆地主要散落在金华、绍兴、台州、衢州、丽水地区，是浙江省除浙北平原外另一个人口聚集区域。传统农业经济得以良好发展的地域，平原首当其冲，次之便是盆地。

2. 主要盆地概况

浙江省内盆地数量众多，而且大小不一的分布散落在各地，省内规模较大的盆地有9个（图3-5-1），整体地理环境较优越的盆地主要有金衢盆地、永康盆地、诸暨盆地、新嵊盆地、松古盆地。

1）金衢盆地：金衢盆地是钱塘江流域最大的走廊式盆地，被千里岗山脉、仙霞岭山脉、金华山脉包围。面积达4700平方公里，几乎由西向东横贯浙江中部，从东北到西南涵盖了东阳、义乌、金华、兰溪、龙游、衢州几座城市。低山丘陵和众多水系组成了金衢盆地丰富的地貌和自然资源。光、热、降雨充足，河谷土地肥沃，是浙江省内粮食、棉花、甘蔗等农作物的重要产地，在古代曾被称为浙江"聚宝盆"。

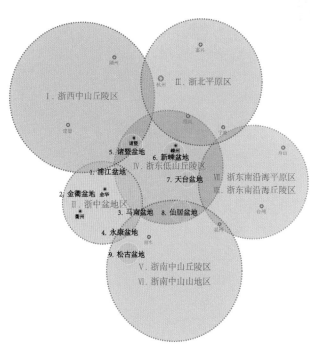

图3-5-1　浙江省主要盆地分布示意图（来源：康艺兰 绘）

---

① 李宁. 浙江地理简志［M］. 杭州：浙江人民出版社，1985：61-62.

2）永康盆地：与金衢盆地隔山而望的为永康盆地，面积达800平方公里，盆地整体形状不规则，多低山丘陵起伏分布，但总体地势较为平坦。

3）诸暨盆地：地势平坦，整体海拔在50米左右，自南而北平缓倾斜，由于浦阳江河道弯曲的影响，构成较大的冲积平原阶地。北部河网交叉，湖荡密布，田块系围垦湖滩而成，称"诸暨湖田"。诸暨盆地内平原广阔，土地肥沃，主要种植稻米与小麦。

4）新嵊盆地：盆地整体形态呈蘑菇状，整体海拔在70米左右，地势平坦，以嵊县（嵊州市）为中心分布有大面积的河漫滩。由于盆地内丹霞地貌和狭窄的河谷导致新嵊盆地是绍兴市内热量最为充足之地，适合多类农作物的生长。

5）松古盆地：涉及松阳县的西屏镇、古市镇、赤寿乡、新兴乡、樟溪乡等8个乡镇。总面积175平方公里，地面海拔高度50米左右，有大片河流泥沙冲积而成的河谷平原，地形平坦，谷地开阔，气候温和，雨量充沛，盛产烟叶、蔗糖、稻米等经济产物，是丽水地区与松阳县的主要农耕区，也是松阳县的政治、经济与文化中心。

6）台州市境内的天台盆地、仙居盆地：天台盆地边界清晰，较为封闭完整，盆地内有河谷平原、红岩低丘、高丘和玄武岩台地。仙居盆地则因红岩高丘的深入被切分成五块，因错综复杂的水系，盆地内多为冲积扇和谷底平原为主。

余下的浦江盆地、马南盆地和一些大小不一、零星分散的盆地，因规模不大导致地理优势不突出，传统聚落的数量分布对比其他盆地较少，故在此书中不展开详细描述。

3. 盆地区域气候、经济与社会文化特征

1）浙中盆地地区，属于亚热带季风气候，年均降水量在1500毫米以上，水资源和水力资源都较为丰富。但因盆地四周环山中间地势低，特殊的地质地貌和水文条件，同时会导致洪涝、泥石流和山体滑坡等自然灾害[①]，这也是盆地由于地形原因对聚落营建的不利影响。

2）追溯浙中盆地的历史沿革，早在万年以前的上山文化时期，先人就已在浦江盆地内种植水稻等农作物。东汉后期，浙中地区诞生除了一种新的地域文化体系——婺学文化。婺学文化因子包含了学术、手工技艺、婺商、戏曲等方面，并对浙中地区人们的生计方式，生活方式以及思维方式等产生了显著影响。富足的水资源和良好的生态环境是浙中盆地的最大优势，在当时的农业条件基础上也催生出丰裕的农产品。除此之外，当地人很早开始了向手工业和商业谋出路，如唐代产火腿，宋代产酒，明清两代织染业与药业发达。随着徽商活跃，发达的徽州文化顺新安江而下[②]，促进了浙中的商贸发展。近代义乌为中心的小商品生产贸易业，以永康为中心的五金产业迅速发展，也成为浙江中部的主要传统产业之一。

3）浙中盆地地区的传统聚落大部分呈现以宗祠为标志的血缘聚居特性，是宗法制度的重要体现，也展现了中国传统社会最典型的家族社会关系。农耕时代以农业为根基，树立了自给自足的地方性经济模式，形成了"耕读传家"的文化传统，也深刻地影响着世代后人。

4. 盆地型传统聚落的总体特征

浙中盆地型传统聚落的分布随着盆地整体规模的大

① 朱丽东，张建珍. 简明浙江地理教程［M］. 武汉：武汉大学出版社，2012：23-24.
② 陈志华，楼庆西，李秋香. 中国乡土建筑——新叶村［M］. 重庆：重庆出版社，2000：12-13.

小呈正向增长的趋势，盆地规模越大，传统聚落的分布越密集，数量也越多，呈现出多数团块状、少部分带状的聚落形态。盆地内传统聚落趋向分布在临近水系的开敞平原和地形较为隐蔽的临山区域。在针对盆地型传统聚落调研的42个国家级传统村落中，金衢盆地中数量占比46%左右，永康盆地中占比25%左右，仙居盆地和天台盆地共占比10%左右。

1）金衢盆地作为传统聚落集中分布的代表性地区，金华市下辖的兰溪市与东阳市，衢州下辖龙游县与柯城区都为盆地型传统聚落的集中分布地区。宋南迁都临安后，金衢地区鉴于其区位优势，在社会、经济、文化等方面得到长足发展[1]。社会动荡助推了村落的迁徙，并潜移默化地影响着村落营建，例如金华兰溪市地长乐村、社峰村均为先人根据得天独厚的地理优势建村繁衍。芝堰村作为"严婺古驿道"的所在地，由于商贸活动逐渐富有而规模不断壮大。

2）金华境内的永康盆地、台州境内的仙居盆地和天台盆地为另外一个盆地型传统聚落聚集区。其中，永康的厚吴村、大陈村、芝英镇，台州的高迁村、张思村、街二村等都体现了强烈的以血缘为纽带的聚居特点。

3）浦江、新嵊、松古盆地等盆地的地形地貌较为复杂，传统聚落的类型也更加多样化，整体传统聚落的基数庞大。

二、盆地型传统聚落的空间格局

（一）盆地型聚落的选址

浙江盆地型传统聚落选址建村的缘由，最早追溯到北宋时期民族大迁徙的背景，迁徙的主要目的地之一就是浙江，盆地作为有天然适宜聚居的地貌优势吸引了各族先人前往定居。从历史成因的角度讲，多数盆地型传统聚落属于民族迁徙型和历史迁入型。根据资料显示大部分盆地型聚落的建村时间都在宋代，如北宋年间的兰溪虹霓山村、嘉庆年间的永康厚吴村；或更早的元代，如兰溪永昌村、衢州泽随古村。在古老的农耕文明时代，农业生产活动提供了生活来源，盆地型传统聚落的选址通常将土地资源和水资源放在首位；其次则是出于躲避自然灾害和战乱的安全性考虑[2]。同时，对小气候的营造也有进一步的要求。可主要归纳为以下几点：

（1）从宏观地理层面来说，盆地地貌山脉包围，形成较为封闭的环境，为传统聚落的繁衍发展提供了与复杂外界环境的阻隔，盆地地形具有天然的防御性，易守难攻，便于躲避战祸，维持了较好的聚落原生形态。

（2）从中观层面来看，有利于农业生产活动。盆地有着适合耕作的大面积平地，为农业耕作与劳动效率的提高提供了天然的优势；较低的海拔可缩短农作物的成熟周期提高产量。

（3）从微观层面来看，有利于营造适宜聚居的微气候。中国传统聚落营建的环境观提倡选在枕山、面屏、环水的区域建址。背靠山，能够有效阻挡冬天的寒气，遮蔽夏天的烈日；周围有水系，方便村民取用，促进雨水的排出，改善空气的温湿度；面屏，利于调节温度和风向等因素，营造适宜生产生活的微气候。

（二）盆地型传统聚落的规模

浙江盆地型传统聚落多处于盆地中的海拔低于200米较为平坦的地形，团块状聚集特征明显，建筑密度偏高。多数聚落为血缘型聚落，所以盆地型传统聚落的规模普遍较大，多数聚落人口数量在2000～4000人左

① 斯高阳. 金华历史文化名村空间特征量化研究［D］. 杭州：浙江农林大学，2014：19-20.
② 卢轩菲. 东阳市蔡宅村蔡氏宗祠建筑研究［D］. 杭州：浙江理工大学，2016：20-21.

右。其中规模较大的王羲之的后裔聚居地——嵊州华堂村全村2132户，人口达到5800多人；兰溪诸葛八卦村，村域面积2平方公里，人口数量达到5000人以上，其中诸葛亮后裔就有4000多人；建德市新叶村面积18.5平方公里，共有人口3900人；村域面积相对前面较小的永康厚吴村人口也达到800户，3000人以上；衢州泽随古村人口达到3000人以上，天台张思村人口达到2900人以上。

规模相对适中的兰溪西姜村、永康大陈村人口数也可达300户，800人以上。整体面积不大的天台盆地、松古盆地的聚落规模相比金衢盆地、永康盆地内的聚落规模小一些，但也达到近千人的聚落规模。

（三）盆地型传统聚落布局类型

1. 地貌影响下的三种盆地型传统聚落

盆地地貌复杂多样，为了便于分类总结，故将盆地型聚落根据海拔高度、山体对聚落布局的影响和村域内地貌情况具体分为三种盆地型传统聚落（图3-5-2）：

（1）普通盆地（平原盆地）型传统聚落：聚落整体海拔较低，多在150米以下，聚落主体离四周大范围山脉距离较远，地处大范围开敞的平原中。

（2）丘陵盆地型传统聚落：低山丘环绕在聚落附近，或在村域范围中有低山起伏。聚落总体海拔较低，村域大部分主体坐落在平坦地势范围中。

（3）高山盆地型传统聚落：坐落在海拔较高的500～1000米以上、群山环绕的连续平地上的聚落。

2. 盆地型传统聚落的布局特点

盆地型传统聚落有着环农业，不与农业争地的基本布局特征[①]。从盆地型传统聚落的整体布局来看，各个聚落分隔明确，边界清晰，村域面貌完整地散落在盆地内。就单个盆地型传统聚落的布局特点来看，综合受到村域与地貌状况、村域与水系关系、民居建筑群的组织方式、街巷走势等因素的影响，可主要分为环心式布局、轴线式布局和环心分散式布局三种类型。

1）环心式布局

环心式布局是典型的盆地型聚落的布局方式，村域整体较为集中（图3-5-3）。"心"不一定指村落的几何中心，指的是宗族、氏族的核心，即为宗祠。宗祠是这一氏族各户房派单元布局的核心，住宅环绕区集聚布置。对于一个大的多姓氏族的血缘型聚落，除了总祠还有支祠的布置，各家各户分布在自己的宗祠或支祠附近居住，形成不同的房派组团，天台张思村、东阳蔡宅村

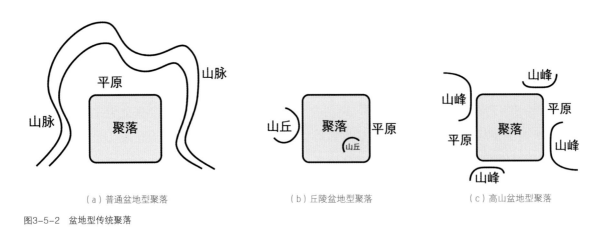

（a）普通盆地型聚落　　　　　（b）丘陵盆地型聚落　　　　　（c）高山盆地型聚落

图3-5-2　盆地型传统聚落

---

① 丁俊清，杨新平. 中国民居建筑丛书——浙江民居［M］. 北京：中国建筑工业出版社，2009：71.

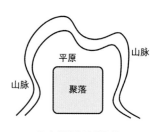

（b）普通盆地型聚落

（a）金华市寺平村航拍　　　　　　　　　　　　　　（c）环心式布局

图3-5-3　环心式布局聚落（来源：张健浩 绘）

皆为围绕宗祠的典型环心式布局聚落。

　　第二种环心的情况是环绕特殊景观。一种为环绕村中心大水塘布局，如兰溪虹霓山村、建德新叶村、永康芝英镇，一般中心水塘旁皆建有宗祠。第二种为环绕村内的山峰布局，如兰溪社峰村村中云峰为祖峰，村落整体布局也是因为村内山水脉络走势决定的；衢州泽随古村两支水流环绕村落一直向南汇入衢江，溪流和村里坐落中央的珠峰山被称为"双龙戏珠"。

　　2）轴线式布局

　　轴线式布局，沿聚落中明显的轴线发展，或为道路，或为水系。整个村落布局规整，有明显的秩序感。以道路作为轴线，一般有一条或两条主要街巷引导，如兰溪芝堰村、长乐村，街巷和房屋皆以村中古驿道作为中轴线布置；兰溪永昌村有明显的一条主商业街作为引导聚落整体的轴线向外延伸。另一种轴线式布局是将水系作为主导，主街道沿水系布置，如景宁畲族自治县大漈乡（图3-5-4）。

　　3）环心分散式布局

　　环心分散式布局是盆地型传统聚落较为少见的布局类型。因地形地貌的原因，聚落呈现中央环心，部分有规律地分散布局。因布局形式特殊，案例集中于丘陵盆地型传统聚落。如兰溪市渡渎村，整体地势南低北高，聚落主体以东南部水塘为中心，由于四周低山丘陵的限制道路向四周伸展发散，村落随道路走向伸展辐射，由此聚落形成部分环心、部分沿街巷枝状生长的布局特点（图3-5-5）。

　　将以上盆地型聚落布局模式整理成表格（表3-5-1）。

　　（四）盆地型传统聚落的形态特征

　　除了地形地貌影响盆地型传统聚落形态以外，影响聚落形态的另两个主要因素就是水和道路，因而将从基于道路因素的聚落结构和基于水系的聚落结构来阐述其特征。

　　1. 基于道路的聚落结构特征

　　道路作为聚落结构的重要组成部分，宏观层面上决定了聚落的整体形态特征。由于地形缘故，盆地型传统聚落内部的街道布置有规律可循，大多走向明确，主次

图3-5-4 轴线式布局聚落（来源：谢健渊摄）

（b）高山盆地型聚落　　　　　　　　　　（c）轴线式布局　　　　　图3-5-4　轴线式布局聚落（来源：张健浩 绘）（续）

（a）兰溪市渡渎村

图3-5-5　环心分散式布局聚落（来源：张健浩 绘）

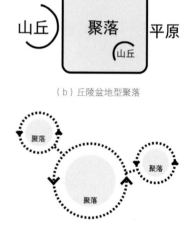

（b）丘陵盆地型聚落

（c）环心分散式布局

盆地型传统聚落布局类型　　　　　　　　　　　　　　　　表3-5-1

村落案例	聚落布局	聚落与山体	聚落鸟瞰
金华市婺城区寺平村	聚落	平原　山脉　山脉　聚落	
金华市兰溪市虹霓山村	聚落	山丘　聚落　平原　山丘	

村落案例	聚落布局	聚落与山体	聚落鸟瞰
丽水市景宁畲族自治县 大漈乡大漈村			
兰溪市女埠街道渡渎村			

道路网络层次丰富清晰。主街道可识别度高，支路虽复杂、灵活多变，但总体来讲盆地型聚落的路网结构较为清晰，主要分为以下几种形态类型：

1）环绕宗祠状

这类聚落道路明显围绕宗祠的选址进行布置，宗祠前多挖有水塘，是典型血缘型传统聚落的道路结构。围绕宗祠组团的道路一般为主要道路，支路多位于围绕宗祠布置的住宅间。房派增多后形成多条环宗祠式道路，各房派组团的道路呈现贯通融合的状态，形成聚落的整体道路网络，但也会由于地势因素而出现少数支路连接断裂破碎的状况。例如，东阳蔡宅村是典型的按房派环宗祠布置路网，同时聚落内连续的冈埠会导致尽端路的出现（图3-5-6）。

2）网格状

网格状道路常见于普通盆地型传统聚落，依据平坦地势发展路网。聚落主街通常沿宗祠两侧纵横布置，形态规整，各支路垂直于主路，交错布置且通达性高，有着明显的网格状形式。例如兰溪姚村由崇德堂西侧纵向的一条老街，和齐政堂前横穿聚落的一条路组成"H"形的主路结构，支路分别沿两条主路纵横

延伸。兰溪长乐村为一条贯穿村落的主路发展并组成网格状道路（图3-5-7）。

3）鱼骨状

鱼骨状道路，顾名思义需要有一条鱼脊椎骨一样的道路为主街，次级道路垂直于主路延伸开。作为道路的"主心骨"，一般是聚落中的古驿道、商道。如兰溪芝堰村，村中央的古驿道作为明显的轴线，引导整个聚落的生成生长（图3-5-8）。

4）辐射状

辐射状道路分为两种，一种为异形辐射状，如兰溪西姜村，整个村落按扇形辐射状布置，辐射中心为聚落东侧的广场，圆弧状道路半径逐渐变大，富有层次感。另一种为中心辐射状，如永康芝英镇，辐射中心为聚落中心的方口塘，随着聚落的规模不断外扩，道路也由中心向四周不断延伸，形成较为均衡的中心辐射状（图3-5-9）。

5）树枝状

树枝状道路在盆地型传统聚落中较为少见，个别案例为兰溪渡渎村。聚落往往由于地形因素或者其他因素，由中央主路发散出几条枝状道路沿一到多个方向延

（a）东阳蔡宅村（来源：张健浩 摄）

（b）环绕宗祠状道路（来源：张健浩 绘）

图3-5-6 环绕宗祠状模式图及案例

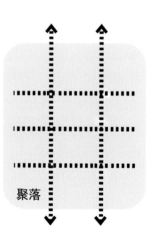

（a）兰溪长乐村（来源：张健浩 摄）

（b）网格状道路（来源：张健浩 绘）

图3-5-7 网格状道路模式及案例

(a)兰溪芝堰村（来源：张健浩 摄）

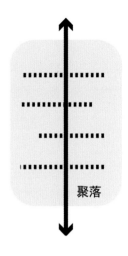

(b)鱼骨状道路（来源：张健浩 绘）

图3-5-8 鱼骨状道路模式及案例

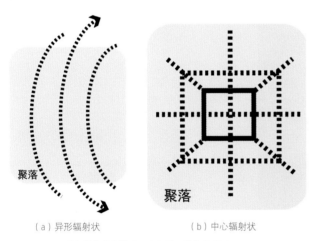

（a）异形辐射状   （b）中心辐射状

图3-5-9 两种辐射状道路模式图（来源：张健浩 绘）

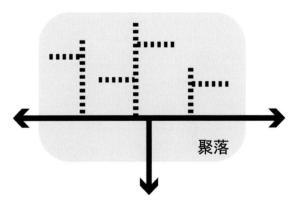

图3-5-10 枝状道路模式（来源：张健浩 绘）

伸，各枝状道路独立生长，彼此间由于间距较大互不干扰，道路整体类似于树枝向外生长的状态（图3-5-10）。

2. 基于水系的聚落结构特征

由于盆地地形的丰富多样，大部分盆地型聚落的选址、布局及结构均离不开水系的影响，可以分为大型天然水系和人工水系。基于水系影响的盆地型传统聚落结构主要有以下几种类型：

1）水系环绕聚落，一种为聚落选址在水系环绕的地带，如衢州泽随古村、兰溪虹霓山村；第二种为根据原有的水系继续人工整修水渠环绕聚落，如从玉华山引入双溪水形成内溪和外溪的建德新叶村，解决了人畜用水和农田灌溉的需求，同时起到泄洪的作用（图3-5-11）。

2）水系在聚落一旁，对聚落整体结构和形态影响较小。水系与聚落形成缓冲距离，既满足了生活需求，也避免了水患的影响（图3-5-12）。以兰溪芝堰村、永康后吴村为典型，水系离村落距离适中，天然的优势使得村民不用投入大量人力物力修筑水渠。

3）水系穿过聚落，是浙江省传统聚落常见的形态之一，一般水系穿过聚落将聚落分成两个部分，如兰溪市姚村、衢州龙游三门源村、景宁畲族自治县大漈村。还有通过穿村的水系区分不同姓氏的组团，如兰溪永昌村，河流以东为赵姓聚居，以西为杂姓聚居。一般河流穿过的聚落都有池塘分布（图3-5-13）。

4）水塘散布型的聚落体现了先人对于水资源的物尽其用，也从一定程度上影响了村落的结构。例如兰溪诸葛村、永康后吴村。诸葛村围绕着钟池，聚落还有上塘下塘、聚禄塘、上方塘等十几个大大小小的池塘，影响了聚落的建筑布局和整体形态。无论人工还是自然形成，几乎所有团块状的盆地型传统聚落都有水塘的布置（图3-5-14）。

3. 盆地型传统聚落的形态类型

基于路网和水系对于聚落形态的共同作用，本着不破坏周边农田的布局原则，盆地型传统聚落的形态类型以团块状居多。具体可以分为网格团块状、环塘团块状、环塘网格团块状、鱼骨团块状、鱼骨带状、环心辐射状、环塘网格辐射状和发散枝状8种。

（a）衢州泽随古村（来源：天地图）

（b）水系环绕（来源：张健浩 绘）

图3-5-11 水系环绕聚落模式及案例

（a）永康后吴村（来源：天地图）

（b）水系一侧（来源：张健浩 绘）

图3-5-12 水系一侧聚落模式及案例

（a）衢州三门源村（来源：天地图）

（b）水系穿过（来源：张健浩 绘）

图3-5-13 水系穿过聚落模式及案例

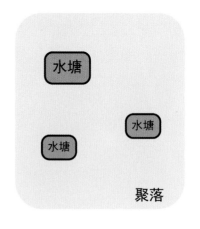

水塘

水塘

水塘

聚落

（a）兰溪诸葛村（来源：张健浩 摄）　　　　　　　　（b）池塘分布（来源：张健浩 绘）

图3-5-14　水塘散布聚落模式及案例

1）网格团块状

网格团块状是规模较大的盆地型聚落的典型形态之一，是由网格状道路为基础发展成的团块状聚落，整体格局较为紧凑，道路结构主次分明，连接方式清晰。内部节点空间多为水塘。典型例子有建德市里叶村、李村、上吴方村，嵊州华堂村（图3-5-15），永康厚吴村。

2）环塘团块状

此类聚落是典型的环心状布局，明显以水塘为环绕中心，水塘边布置宗祠或家庙。各氏族房派再以宗祠或支祠为中心，呈包围状团块集聚而成，主要道路以环塘道路连接各组团间的次级道路组成。典型案例为兰溪诸葛村、建德新叶村（图3-5-16）。

3）环塘网格团块状

环塘网格团块状兼具环水塘布局和网格状道路两项特征，以兰溪姚村为典型案例，聚落中心为日月塘，道路以纵横向为主呈网格状，井然有序，由此基础发展成的团块状聚落，整体形态均匀规整（图3-5-17）。

4）鱼骨团块状

此类聚落以鱼骨状道路为基础发展。道路结构以村中的古驿道、古商道、老街为明确的主轴线，连接两旁的次级道路和支路。对于聚落整体而言，轴线的延伸长度有限，建筑密度高，整体形态仍为紧凑的团块状，如兰溪长乐村、芝堰村村中皆有古驿道，兰溪永昌村有一条古商业街贯穿始终（图3-5-18）。

（a）嵊州华堂村卫星图（来源：卫星图）　　　　　　　　　　　（b）聚落模式图（来源：张健浩 绘）

图3-5-15　网格团块状聚落案例

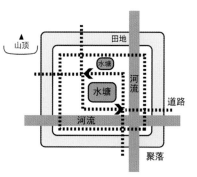

（a）建德新叶村航拍图（来源：张健浩 摄）　　　　　　　　　　（b）聚落模式图（来源：张健浩 绘）

图3-5-16　环塘团块状聚落案例

（a）兰溪姚村航拍图（来源：张健浩 摄）

（b）聚落模式图（来源：张健浩 绘）

图3-5-17　环塘网格团块状聚落案例

（a）兰溪永昌村航拍图（来源：张健浩 摄）

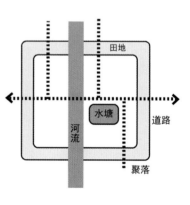

（b）聚落模式图（来源：张健浩 绘）

图3-5-18　鱼骨团块状聚落案例

5）鱼骨带状

鱼骨带状聚落与鱼骨团块状聚落的区别为：当聚落的主轴线延伸较长，加上周围山体的影响，聚落的整体形态发展成带状。典型案例为景宁畲族自治县大漈乡的核心集镇区，两侧的山体将聚落夹于中央狭长的带状地带，中央穿过的沐鹤溪为轴线将聚落分成沿溪两侧的两个部分，聚落整体的建筑密度也要低于鱼骨团块状的聚落（图3-5-19）。

6）环心辐射状

环心辐射状聚落，是由一个中心，道路均匀地层层向外辐射，中间穿插支路连接，明显的扇形特征，属于极少见的个案，兰溪水亭畲族乡西姜村为环心辐射状聚落（图3-5-20）。

7）环塘网格辐射状

永康芝英镇为典型的环塘网格辐射状聚落，环塘指的是聚落环绕中心水塘，沿水塘四周布置的主要道路方向明确，次级道路也较为规整，路网结构呈现突出中心向外发散的网格状。部分主路有明显的向外辐射的趋势，聚落形态随道路的延伸逐渐扩张（图3-5-21）。

8）发散枝状

发散枝状聚落有一个或几个发散中心，发散中心为聚落较早集聚的部分，聚落形态的扩张是沿道路而展开的。兰溪渡渎村的聚落中心部分为环塘团块状，村落北侧林立的矮山丘将聚落切分，中心部分沿东西向生长，几条独立的道路环绕着山丘，引导聚落北侧部分继续生长，形成枝状发散的聚落形态（图3-5-22）。

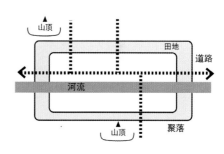

（a）景宁大漈乡航拍图（来源：张健浩 摄）　　　　　　　　　　　　　　　　　　　（b）聚落模式图（来源：张健浩 绘）

图3-5-19　鱼骨带状聚落案例

（a）兰溪西姜村航拍图（来源：张健浩 摄）　　　　　　　　（b）聚落模式图（来源：张健浩 绘）

图3-5-20　环心辐射状聚落案例

（a）永康芝英镇卫星图（来源：天地图）　　　　　　　　（b）聚落模式图（来源：张健浩 绘）

图3-5-21　环塘网格辐射状聚落案例

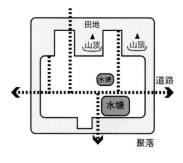

（a）兰溪渡渎村航拍图（来源：张健浩 摄）　　　　　　　　　　（b）聚落模式图（来源：张健浩 绘）

图3-5-22　发散枝状聚落案例

将以上聚落案例及聚落形态类型整理成如表3-5-2所示：

盆地型传统聚落形态类型表　　　　　　　　　　表3-5-2

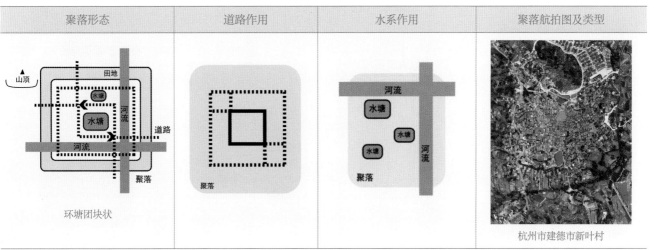

聚落形态	道路作用	水系作用	聚落航拍图及类型
环塘团块状			杭州市建德市新叶村

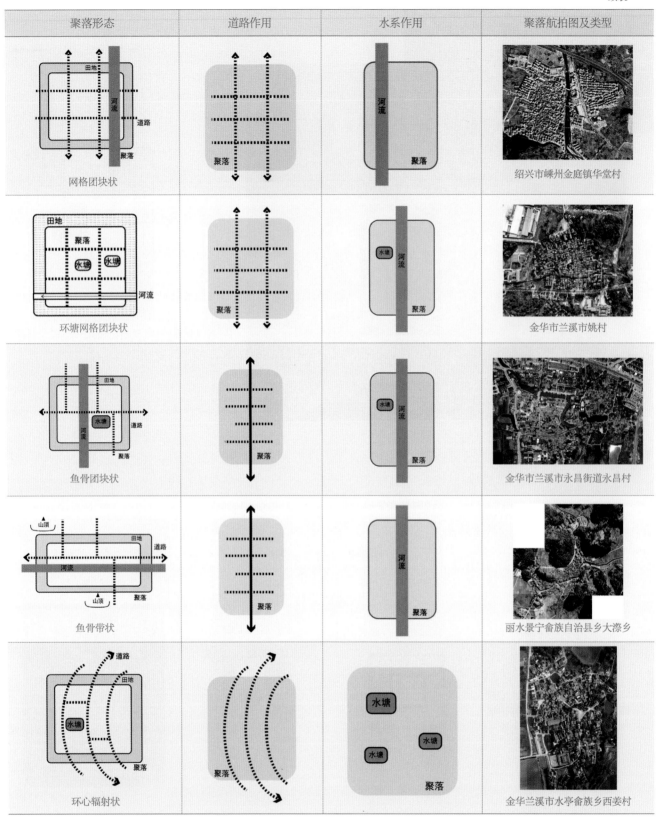

聚落形态	道路作用	水系作用	聚落航拍图及类型
网格团块状			绍兴市嵊州金庭镇华堂村
环塘网格团块状			金华市兰溪市姚村
鱼骨团块状			金华市兰溪市永昌街道永昌村
鱼骨带状			丽水景宁畲族自治县乡大漈乡
环心辐射状			金华兰溪市水亭畲族乡西姜村

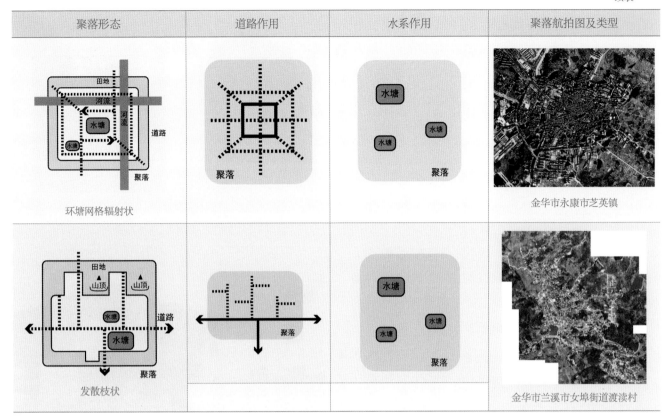

聚落形态	道路作用	水系作用	聚落航拍图及类型
环塘网格辐射状			金华市永康市芝英镇
发散枝状			金华市兰溪市女埠街道渡渎村

（五）盆地型传统聚落的构成

1. 建筑空间

对于浙江盆地型传统聚落来说，以大中型规模的聚落居多。首先大中型传统聚落在长期以血缘氏族为基础发展的过程中，形成以家庙、宗祠建筑为主要的功能单元，围绕其建造民居和其他功能建筑的模式。宗祠建筑的设立，将整个聚落的结构变得更加稳定，各房派单元有了精神上的信仰和支撑。聚落会有多个祠堂建筑使得聚落内部形成多元文化的交流，不同文化单元间形成了基本的社会交流系统[①]。其次围绕着祠堂建筑，民居会形成具有农业性质的组团靠近周边的农田，方便农耕活动的开展。最后在农业不能满足大中型聚落的生活需求后，资源上的交流贸易便催生出了商业建筑，如商铺、药铺等。

2. 街巷空间

盆地型传统聚落的街巷有几个明显的特征，首先由于地势平坦的缘故，聚落一般有足够的空间延展和布置街巷。其次从形态构成上来说，一般都有主要街巷和支路。农耕时代土地是乡村的基本生活资源，为了聚落外围留有充足的耕地，聚落布局一般密集紧凑，适度压缩街巷尺度。而支路的生成，往往是由于聚落规模的不断扩大，从主路延伸出去的次路与支巷逐渐形成道路骨架。对于血缘型的聚落，由于家庙和支祠的设立，使道路系统变得更为复杂，为了突出主

---

① 刘涵. 金衢盆地乡土聚落空间格局研究［D］. 北京：北京林业大学，2019：67.

街的统领地位,次路与支巷一方面分隔各房派之间,另一方面由形成各自环绕宗祠中心的道路结构,进一步生成网格状街巷或环绕式街巷。兰溪芝堰村、永昌村是典型商贸型聚落,商业街作为主街巷,沿街设店进行商业活动;支巷通往民宅,垂直于主街,街巷整体形态呈现鱼骨状结构。

3. 节点空间

道路链接了聚落各部分,但是在道路交叉处或者较为开阔处的节点空间,往往形成了村民日常的公共活动场所,体现乡村"里仁为美,则不处仁"的居住文化,有着凝聚村民、促进邻里之睦的作用。几乎所有盆地型传统聚落都有多个节点空间,主要分为以祠堂为中心的广场和以水塘为中心的活动场所。

1)宗祠广场

宗祠承载着祭祀活动的功能,也是村民日常生活、公共活动的中心。盆地型传统聚落一般在宗祠前都留有足够的面积设立广场,方便村民聚集交流,或举行一些仪式活动。广场空间充足,地面平坦,铺陈有排列秩序的花岗岩和卵石,干净讲究,村民也会利用宽敞的空间晒麦晾衣。旁边配有休息平台,有绿植覆盖。如建德李村一本堂前广场(图3-5-23),地面铺装更为平整,景观设施更完善。兰溪芝堰村孝恩堂前的广场(图3-5-24),村民会利用中央坦道两旁的卵石地面晾晒衣物。

2)以水塘为中心的节点空间

水塘是盆地型传统聚落的重要构成部分,聚落以水塘为中心辐射发散生长是盆地型传统聚落的布局特点之一。如果没有水系经过,水塘则是村民主要用水来源之一,常见于丘陵盆地型聚落。大型水塘旁一般伴有公共活动场所,例如兰溪渡渎村,有"泮池",池塘旁建有宗祠、寺庙或书院等建筑;例如建德新叶村中心的南塘,南侧为宗祠有序堂,与水塘周围共同组成一个核心活动场所。

图3-5-23 建德李村宗祠前广场(来源:张健浩 摄)

图3-5-24 兰溪芝堰村孝恩堂前的广场(来源:张健浩 摄)

三、盆地型传统聚落的建筑特色

浙江盆地型传统聚落的建筑类型多样,整体风格既富有生活气息又不失庄重典雅,体现了浙中地区深厚的文化底蕴。相比于水乡型聚落建筑粉墙黛瓦的优雅清新,浙中地区的建筑多了一份严谨和庄重。浙中由于盆地地形的闭塞,与外界交流相对封闭,建筑形式相对稳定和统一。金华、衢州、东阳三个地区的建筑风格为其中的翘楚。浙中地区在地理位置上更靠近古徽州,所以徽派建筑对于浙中盆地地区的建筑影响深远,徽派建筑中的典型建筑元素,如马头墙会在聚落建筑中多有体现。东阳精美的木雕工艺对浙江周边的民居产生了强烈的影响，甚至被应用于紫禁城的修缮中。浙中地区留有众多东阳木雕的代表作，例如东阳市蔡宅村明清建筑群、建德市新叶村的民宅木雕。

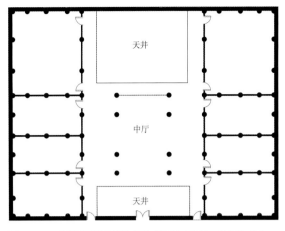

图3-5-25 盆地型聚落常见的"H"形民居（来源：康义兰 绘）

（一）民居特色

浙江中部因地理位置，四个方向与邻近地区相互影响，民居的类型多样。浙江中部盆地型聚落的民居有金华民居、衢州民居、东阳民居和八婺民居等称呼。浙中传统小型民居以"一"字形开间一堂二室为基本单元，当地叫作三间头。其中数量最多，特色最突出的是东阳民居，皆以三间头或十三间头为模式的基础上增减厢房，增加倒座，纵横组合而成。主要有以下几种民居类型：

1）"H"形合院式民居

"H"形、中厅、天井前后封闭式大屋由三个背靠背的三合院组合，开口处用墙封闭，形成一个矩形平面，以敞厅为中心，前后为天井，两侧为房间。合院式民居是最为常见的民居形制之一，多数为三间两搭厢或十三间头演变而来（图3-5-25）。

2）"日"字形大屋

通常是前进是院落，后进是天井的"日"字形格局，例如永康厚吴村的日字形大屋，为十八间头加七间两搭厢拼接而成。这种"日"字形屋没有主从空间，交通廊道是直通式的，不需要经过某幢房子的门洞到另一幢的走廊（图3-5-26）。

3）明宅

明代的住宅是浙中盆地型聚落的另一种特色民宅，在兰溪地区可常见。明宅布局简明，空间高敞，用料粗硕，线条流畅。平面布局稳定规整，有大天井的前堂和小天井的后堂，墙体敦实，砖块的尺度大，如诸葛村长乐村民居、渡渎村余庆堂（图3-5-27）。

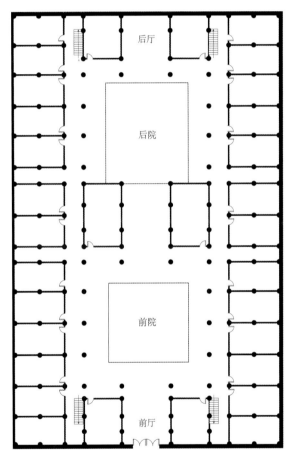

图3-5-26 盆地型聚落的"日"字形民居（来源：康义兰 绘）

图3-5-27 兰溪渡渎村余庆堂（来源：张卓源 摄）

（二）公共建筑特色

公共建筑是传统聚落精神与文化的空间代表，公共建筑在整个聚落建筑群体中地位高，其建造规格一般依据当地建造的最高标准进行，所聚集的人力物力会高出普通民居很多，因此公共建筑形式和周边建筑的关系能很好地突出盆地型聚落的文化氛围及布局特点[1]。盆地型聚落的公共建筑主要分为几大类，第一类是祭祀性质的公建以宗祠、家庙为主；第二类为仪式性的公共建筑厅、堂。第三类是信仰性建筑如神殿；第四类公建是生活类建筑，例如祈祷文运昌盛的文昌阁、文峰塔，供人们游览观赏的戏台；第五类是商业性建筑。

1. 祭祀性建筑——宗祠、家庙

祭祀性活动在中国传统礼制中占有重要的地位，对于大部分以血缘为纽带的盆地型传统聚落来说更是重中之重。祭祀活动可以分为祭天地和祭祖，承载这些活动的建筑就是宗祠和家庙。

1）宗祠

浙中盆地区域内完整地保存了许多规模宏伟、装饰精美的祠堂，常见的姓氏祠堂多数为村落宗祠，如东阳蔡宅村蔡氏宗祠、嵊州华堂村王羲之后人所建的王氏宗祠。兰溪长乐村的金氏大宗祠是其中的代表，也是长乐等级最高的祠堂。整体规模宏阔，装饰十分华丽。宗祠坐南朝北，空间序列为广场—门厅—天井（两厢）—独立正厅（享堂）—天井（两厢）—后寝[2]（图3-5-28）。整体布局为"回"字形，正厅面阔五间，进深十三檩，单檐歇山顶，周围廊式，每面出台阶。明间前檐挑出重檐歇山顶门楼，脊上有鸱鱼吻兽，檐下出双翘五踩象鼻昂斗栱，并用素面撑拱支托，正中横书"百世瞻依"。

2）家庙

家庙属于另一种祭祀类建筑，发展到一定程度即为宗祠，常常是各房派分支所建，功能与宗祠相似但更单一，主要供奉祖宗、先辈神像、灵位，供族人祭祀。例如兰溪渡渎村建于宋代的章氏家庙，为章懋公辞官归乡后，办书院讲学。后代在其学里门旁建家庙"睦亲堂"[3]。

① 王鲁民，张建. 中国传统"聚落"中的公共性聚会场所［J］. 规划师，2000，16（2）：75-77.
② 张书恒，杨新平. 江南古村落——长乐［M］. 杭州：浙江摄影出版社，2000：57-68.
③ 章立，章海君. 浙中的祠堂建筑［J］. 寻根，2007（02）：56-59.

（a）长乐村金大宗祠（来源：张健浩 摄）　　　　　　　　　　（b）金大宗祠平面图（来源：吴欣桐 绘）

图3-5-28　兰溪长乐村金大宗祠

（a）象贤厅入口　　　　　　　　　　　　　　　　　　　　（b）象贤厅戏台

图3-5-29　兰溪长乐村象贤厅（来源：张卓源 摄）

2. 仪式性建筑——厅堂

厅堂有时功能会和宗祠重合，主要为村落中集会，承办婚丧大事的场所。例如衢州泽随古村有明代塘沿厅、兰溪虹霓山村亦政堂、兰溪长乐村的象贤厅为五进明代建筑，厅中有戏台，为村中举办社戏等公共活动之地，亦有纪念刘伯温和朱元璋相会的意义。每逢农历二月二，村民便在象贤厅内集会看戏，经常门庭如市（图3-5-29）。

3. 信仰性建筑——寺庙

盆地型传统聚落有着种类繁多的民间神信仰，与浙中地区寺庙与宗祠显示出同构的关系，建筑形制大体相同，只是使用方式和精神文化内涵有区别。如旧时兰溪地区几乎人人信神，村村有庙。兰溪长乐村祭祀民间俗神"五圣"的五圣庙，祭祀土谷之神的杨柳庙；兰溪诸葛八卦村关帝庙、徐偃王庙；社峰村汉寿亭侯庙；金华婺城区寺平村安乐寺（图3-5-30）供奉了古时当地的东瓯国国王。建德新叶村玉泉寺，盛时香火旺盛，寺内僧侣20余人；丽水宫前村的南宫寺，唐代以前为村道教活动中心。

另一种寺庙为佛寺，如景宁大漈乡时思寺，寺前庭院内先后建有大雄宝殿、三清殿、马仙宫、钟楼、弥勒殿（已毁）和梅氏宗祠等。明宣德元年（1426年）改院为寺，是更完整的寺庙建筑形制（图3-5-31）。

4. 文教类建筑——文昌阁、书院

古时盛行科举制度，浙中地区较为富饶，重视教育，乡民都希望后辈能通过读书走向仕途改变命运，所以文教建筑兴盛。在规模大的聚落，书院、祭祀文昌帝君的文昌阁，还有利用私人民宅正厅改建的私塾，一应俱全。诸葛村有南阳书舍、文昌阁对面建有义塾；新叶村有序堂、荣寿堂的书房作为私塾，文昌阁、抟云塔更是占据东南方水口处的重要位置。规模稍小的聚落也一般建有文教建筑，如渡渎村文枫书院（图3-5-32）、社峰村文昌阁、长乐村仁山书院等。

5. 生活类建筑——戏台

经济富裕的村落常有戏台，作为戏曲演出场地，主要围绕着"娱神""娱人"两个方面展开[①]。对于盆地地区的传统聚落来说，一种戏台伴随祠堂而建，为总祠戏台，多建于大门内的庭院，常位于中轴线上与主殿相对，体现娱神功能，戏台建筑本身也较恢宏，装饰精美，以衬托宗庙主体建筑的格局，如金华寺平村百顺堂内戏台（图3-5-33）；另一种建在水边或村落中心的公共地带，为公共戏台。如兰溪姚村的戏台建于村中心位置，体现娱人的功能。

6. 商业性建筑——商铺

商业性建筑主要出现在商业贸易发达的聚落中，如典型的商贸型聚落兰溪永昌村和芝堰村。永昌村主街店铺林立，形制多为"一"字形两侧排开（图3-5-34），下店上宅。而芝堰村主街上的商铺则与住宅形制融合得更为自然，没有刻意、突兀之感。

诸葛八卦村以中药材、手工业为产业，村内商业区有葆仁堂、寿春堂、天生堂等六家国药店，村内上塘附近为商业中心（图3-5-35）。村内商业建筑分为排门式、石库门式以及水阁楼式。排门式建筑多为沿街而建的店铺，一进门一开间，两层建筑，下店上宅或储藏。大一些的店面三开间两三进，前店后坊或前店后宅；石

图3-5-30　金华婺城区寺平村安乐寺（来源：张卓源 摄）

图3-5-31　景宁大漈乡时思寺（来源：张健浩 摄）

① 桑轶菲，应佐萍. 浙江古戏台建筑空间形态分析及利用［J］. 浙江建筑，2018（12）：2-6.

（a）枫山书院外立面 （b）枫山书院内部

图3-5-32 兰溪渡渎村枫山书院（来源：魏秦 摄）

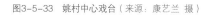

（a）戏台外观 （b）戏台藻井

图3-5-33 姚村中心戏台（来源：康艺兰 摄）

图3-5-34 兰溪永昌村主街店铺（来源：张健浩 摄） 图3-5-35 诸葛村上塘附近店铺（来源：张健浩 摄）

库门式简而言之就是住宅式，两三进居多，临街一进是三间两搭厢的店面部分，后进为住宅或作坊；第三种是水阁楼式，为农民建造，较为简陋，架在水面不占地面。一般呈一排建造，3米左右的开间，进深5～6米，底层高敞，便于营业，邻水有挑台，供洗涤或取水用，是一种形式特殊但接地气的商业建筑形式（图3-5-36）。

四、盆地型传统聚落的景观风貌

（一）自然景观

1. 山体

盆地的山体影响聚落选址、布局与形态，带来拱卫和改善气候作用的同时，也为组成聚落景观的一部分，营造良好的审美意象。盆地型传统聚落山体营造的景观一般有三种：第一种是连绵不断的山川围绕聚落，与聚落相隔一片空间，平坦的聚落和雄伟的山峦遥相呼应，是大部分平原盆地型传统聚落的景观特征；第二种为聚落坐落于山脚下的平地，如衢州龙游县三门源村，村边有饭甑山，海拔660余米，一峰独立，气势峻伟。饭甑山为火山，锥形火山口形似一个硕大无比的饭甑得名，云烟缥缈至村里；第三种聚落内有起伏的山丘，村落的布局和形态也因此改变，如兰溪诸葛村中，山丘和建筑交替生长在聚落里，是丘陵盆地型聚落的常见景观特征。

2. 水系

盆地型聚落主要聚集在冲积扇平原与河谷平原，造成此地貌附近一定有充足的水源或溪流经过。河流从四面八方的山脉向盆地中心汇聚，例如金华境内有莘畈溪、沙溪、厚大溪、梅溪等穿过。水系的充足也为盆地

型聚落提供了溪水环绕、水塘散步的聚落景观面貌。

1）水圳

绍兴市嵊州华堂村东侧平溪江经过，从江水引入一水圳，长357米，宽0.8米左右，用当地鹅卵石砌筑；呈"弓"字形，沿途有明沟、暗渠、埠头、池塘、和水井等[①]。水圳整体弯弯曲曲地穿街入户，忽而流进了民居院落，忽而从灶间流出，时隐时现，继而拐向中心街，一直向西通往村外的农田（图3-5-37），被称为华堂"九曲水圳"。

2）水塘

水塘是盆地型传统聚落中另一种围绕"水"的主要景观。水塘同样是影响村落布局的一大因素，作为聚落核心的池塘，附近大多是聚落景观的核心地带。比如兰溪虹霓山村村落中央的水塘，郁郁葱葱的植物、邻塘而建的凉亭使村里多了几分诗情画意。兰溪姚村村中央的池塘被分为两个——日塘和月塘，分别形似汉字"日"和"月"，惟妙惟肖，十分形象。周围戏台、水井、广场一应俱全，是村民最惬意的活动场所（图3-5-38）。

3. 农田

相比于水乡聚落桑基鱼塘的水网纵横，山地聚落梯田的错落有致，盆地聚落的田地景观更加"平庸务实"。农耕时代的田地是放在首要的，聚落需要先给田地留出充分的空间，再组织村落布局的内部关系。聚落需要靠近农田，又不过多占用农田，因此盆地型聚落便形成一种紧凑的聚落、开敞的农田景观。农田依附在聚落旁有两种情况：一种是盆地形传统聚落最常见的景观，整齐的田畈环聚落布置，一望无际，如兰溪西姜村、永康厚吴村、东阳李宅镇、丽水宫前村等；另一种是由于聚落选址山水条件的特殊性，需要适应聚落形

---

① 宋源. 嵊州华堂九曲水圳琐谈［J］. 浙江建筑，2018（07）：10–15.

图3-5-36 诸葛村上塘附近店铺（来源：张健浩 摄）

图3-5-37 村内流过的暗渠（来源：张健浩 摄）

（a）日塘

（b）月塘

图3-5-38 姚村日、月塘（来源：张卓源 摄）

态与山水穿插交替布置农田，如建德新叶村、兰溪长乐村、衢州三门源村等。

（二）人文景观

1. 古桥

一般位于村落水系之上，主要作用是方便交通，有时兼顾区分边界之用。盆地型传统聚落古桥大多建造于清代，极少数建造于元代，种类以石板桥为主。例如兰溪永昌村永昌桥、兰溪姚村村口石板桥。

2. 古井

水井是帮助村民扩大用水来源和方便取水的设施，多数位于村落的水系旁或民宅中，一般为圆形石制筒井，直径多为1~2米。古水井与聚落布局有关系，例如金华寺平村井的数量和位置与村落整体的形态有着密切的关系，并决定了聚落的范围。古井亦有着凄美动人的民间故事，如上文提到的寺平村古井，其中有一口"银娘井"（图3-5-39），据传村中的银娘用井水洗脸，被选妃入宫，井水变得清纯甘甜；兰溪渡渎村的"登科井"（图3-5-40），因为有了这口井后，渡渎村人才辈出，科举考试连连夺魁。古井代表的不仅是村民对于环境的改造，同样是文化底蕴的一部分。

3. 牌坊

牌坊作为纪念性的建筑，常常用来歌颂村内的道德典范或是褒奖孝义之用。一般位于村口，街巷的开端

图3-5-39　寺平村的银娘井（来源：张卓源　摄）

图3-5-40　渡渎村的登科井（来源：张健浩　摄）

① 陈志华，李秋香. 诸葛村［M］. 北京：清华大学出版社，2010.

或尽头。盆地型传统聚落大多牌坊属于功德坊和道德坊。兰溪长乐村最著名的牌坊为半月塘南侧的一节孝牌坊，为纪念清代张氏忠贞不贰的事迹而建。牌坊两柱一间三楼，宽4米左右，高6米余。匾下横额"节孝"两个大字（图3-5-41）。另一座进士坊年代久远，为表彰明代进士金盛而建，因火灾如今只剩四根石柱及柱脚两侧的靠背石（图3-5-42）。

4. 照壁

照壁通常作为规避视线的屏障，一般位于水塘前、广宅门外。例如上文提到的长乐村节孝坊和进士坊之间，两坊之间有一照壁，挡住了直接观望水塘的视线。照壁建于清雍正年间，体量高大，歇山顶覆以筒瓦，底部须弥基座，壁面光洁（图3-5-43）。诸葛八卦村钟池前有一八卦照壁（图3-5-44），阻隔了街巷到钟池的视线，壁上的八卦图案象征了村落的布局和神秘的气质。

五、盆地型传统聚落典型案例

（一）兰溪市诸葛八卦村——丘陵盆地型聚落

1. 地理位置

诸葛村，又名诸葛八卦村，是第二批国家级传统村落。建村之初曾被称为高隆村，是诸葛亮高卧隆的事迹隐阔而来①。村落位于兰溪、龙游和建德三地交界处，是兰溪与"二江（新安江、富春江）一湖（千岛湖）一山（黄山）一草（兔耳岭）"衔接点和必经之地。附近有水路石岭溪至游埠入兰江，东北通向杭州苏州，西北上溯徽州和景德镇，四通八达的地理区位是诸葛村成为古时商业中心的重要条件。

图3-5-41　长乐村贞洁坊（来源：张健浩　摄）

图3-5-42　长乐村进士坊（来源：张健浩　摄）

图3-5-43　长乐村两牌坊间的照壁（来源：张健浩　摄）

图3-5-44　诸葛村八卦影壁与钟池的关系（来源：张健浩　摄）

2. 自然与社会环境

1）地貌与气候

诸葛村坐落在兰溪市金衢盆地边缘。村域主体中间低，四周高，平地和起伏不平的丘陵交错，属于丘陵盆地型地貌，海拔60米～90米不等，因地势高低起伏村落内容易挖建水塘；地属亚热带季风气候，温和宜人，四季分明。

2）社会文化与习俗

诸葛村的社会经济经历从传统农耕到商贸产业的转变过程。原本诸葛村以农业为主要生计方式，但由于诸葛村地势比附近的水系偏高，河水无法引流入村，又易

遇旱灾，农业发展受到水源的限制。到了明清两代后，随着商品经济的勃兴，诸葛村所在位置本就处于交通枢纽，为发展工商业提供了优势的交通条件。诸葛村在良好的手工业生产基础上，又发展了商品经济，清朝后期更完成从农耕经济逐渐过渡到商品经济。诸葛村总体来说还处于农业社会，民风淳朴，乡民重礼重义。

诸葛村作为最大的诸葛亮后裔聚居地，祭祀祖先是必不可少的宗族仪式活动，农历每年的四月十八和八月二十八为诸葛亮春秋二祭，村中最重要的宗祠大公堂香火缭绕，各辈分的后人从各地赶来参加庄严肃穆的焚香礼拜。诸葛村自清代以来就有正月开灯会的习俗，第一

期由宗族组织，第二期由商会组织。第一期活动为孟、仲、季三房出龙灯，第二期环绕店铺巡行龙灯，商铺门前扎花灯，盛况非凡。

3）产业类型

诸葛村不仅手工业发达，更具特色的是中药产业。中药业的兴起源于滋树堂派的族人在外省开设中药店，药业生意作大后将之引回兰溪，后人经营批发药材，中药业不断发展壮大。药商们提倡积累资产胜过追逐科举入仕，突破了村里已有的传统产业，纷纷回乡置办产业，建立宗祠、厅堂和住宅，提升了经济生产与家族的生活水平，药材产业的发展传统也一直延续至今。

3. 村落布局与形态特征

1）聚落选址与布局

诸葛村选址于山脉边缘，背面有大慈岩，西面有岘山，群山之间就是诸葛村所在的丘陵盆地区。村子西侧南侧皆有小山丘，山丘中的树木可作为木材取用。东侧有水系经过，宜于捕鱼或农耕。总的来讲，诸葛村的选址为开展多种农业活动提供了便利（图3-5-45）。

诸葛村的聚落布局与水塘、山丘和宗祠有直接关系，属于三个因素共同影响下的环心状布局(图3-5-46)。

诸葛村的水塘分布特征十分明显。首先，钟池是整个村落的布局中心，围绕着钟池分布有西坞塘、上方塘、上塘和下塘，这几个主要池塘围合出了聚落的核心部分。剩下规模不大的池塘多为方便村民日常生活而挖筑，对整体布局影响较小。

第二，从山丘分布来说，在大公堂和丞相祠堂附近的一座山丘，把村子分为东北和西南两部分，基本将聚落的整体布局分为西北—东南。聚落呈现出中间高、四周低的态势。

第三，宗祠的分布与水塘息息相关，主要的祠堂边都伴有池塘。基本呈现出以钟池旁的大公堂为中心的环心分布祠堂的布局。祠堂分布大致有两个层次，第一个层次是以大公堂、丞相祠堂和崇信堂一起作为村落最早建设的核心部分，聚落也围绕着这各部分向外扩张布置。第二个层次是以尚礼堂、始基堂、春晖堂、雍睦堂和大经堂为主的外围祠堂分布圈。房屋由于地势分成几片，虽然太平天国之乱一把火烧掉了西南方向的大量民宅，之后向外围避灾难的原住民不再回到这里，使聚落的环心式布局没有原有的分布明显、均匀，但仍然可以根据现存的状况作出判断（图3-5-47）。

火灾过后的诸葛村，分成了商业区和老住宅区，上塘附近接着过去零星布置的店铺发展成了商业区，被称为"街上"，偏北部；传统的老住宅区为偏南部和东南部，被称为"村上"。聚落整体的建筑布置疏密有致，有着强烈的环绕特征。

2）聚落形态

诸葛村的整体聚落形态是环塘团块状。水塘为居民基本生活的保障，环塘指的是不同的房派单元簇拥在几个主要大水塘边发展。团块状指的是居住团块，主要有两种：第一种是房派单元簇拥在房派的宗祠附近组成的团块，分为孟、仲、季三大姓氏族群聚居团块，以各自的支祠为中心，这些团块组成村落的主要部分。三个姓氏三分后往下分成各级房派，各房派成员的住宅大多建在本房派的厅堂附近，形成以厅为核心的团块；第二种是以祖屋为核心的团块，经济状况比较好的家庭就在旧

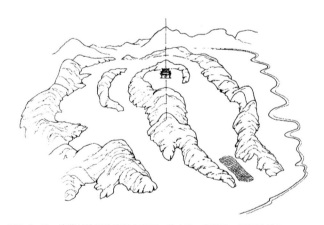

图3-5-45 诸葛村地形结构图（来源：陈志华，李秋香．《诸葛村》）

图3-5-46 诸葛村鸟瞰（来源：张健浩 摄）

图3-5-47 诸葛村街巷结构与主要建筑图（来源：张健浩 绘）

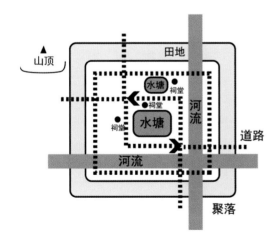

图3-5-48 诸葛村形态模式图（来源：张健浩 绘）

的宅基地旁建新宅，住宅代代相传后，变成了以"祖屋"为核心的团块。这种团块以支祠或家祠为核心，居住团块的规模比较小（图3-5-48）。这两种团块构成由于经年累月和不可抗的人为因素（如火灾等），部分结构变得破碎模糊，但现今的大部分聚落主体仍清晰地保留了层级式的团块结构。

3）街巷空间

聚落街巷因为中心凸起的矮丘陵被切分为几块，街巷整体结构清晰，分为以聚禄塘为起始，延伸到上下塘部分（村东大道），再从上下塘部分沿外围环绕至西坞塘部分的外围主要街巷（村西大道），这一部分同时是古时的驿道，外围的主要街巷基本靠近聚落边界；而聚落中心部分环绕各宗祠或池塘的主要街巷，通过各级支路延伸至外围，形似蛛网，层层环绕。支路不长，但较为曲折，比较少有近端道路的出现，容易通向有高差的地带、宗祠和水塘边。

4）聚落节点

诸葛村的聚落节点空间多数为围绕水塘和宗祠附近布置，另外一部分是因为起伏的冈阜营造的空间。

围绕水池的节点空间以钟池和下塘为代表（图3-5-49），四周为宗祠与民居，形成一个较封闭的空间。大公堂前的钟池广场，是平日里附近居民的主要公共活动空间，有台阶作为广场边界的区分。四周延伸出八个巷口，有的是尽端路，有的通向支巷；另一种以下塘为代表，水边的空间宽敞，沿路向不同方向展开，水面空阔，两岸房屋不高，保证了围合的基础上空间不压抑。各级祠堂的节点空间，通常和门前的水塘、广场结合在一起，从街巷通往这类节点，是空间发生强烈变化的地方，视野逐渐变得宽阔，例如大经堂、尚礼堂、春晖堂前的广场。

另外一种节点空间为冈阜上的空间。例如大公堂后冈阜上郁郁葱葱，柏树下有一个小花园，曲折的小巷上到冈阜后从园中，园中有步道和凉亭，凉亭向下望去可

图3-5-49　钟池广场（来源：张健浩 摄）

图3-5-50　冈阜上的诸葛村景象（来源：张健浩 摄）

以看到上塘下塘全貌（图3-5-50），对面有街巷附近层层叠叠的建筑群。还有一些因为高差造成的绿化空间，例如行原堂（旧址）建在有高差的坡地，废弃后附近变成了一个绿化空间，并通过台阶衔接了上方塘前的广场。

4. 建筑特色

1）民居

诸葛村的平面图中呈现的封闭式天井住宅，三间二厢，有明确的中轴线。其左右对称，中为正厅，面向天井，陈设桌椅字画。两旁为卧室，天井两侧是厢房，楼梯多设在正厅后壁。大门入口一般正对正厅，但也有设在旁边的。一些规模较大的住宅，则沿中央纵轴线向后延伸为二进或三进的多进深组合，如下塘路65号住宅（图3-5-51）。民居结构多为二层木构体系，抬梁和穿斗并用。外部粉墙黛瓦坡屋顶，轮廓比例和谐，典雅清新。层层跌落的马头墙，高低起伏，相互辉映。有民居设木雕内檐、砖雕门罩、石雕柱础，而不施彩画，朴实无华，洁素高雅，集中反映了兰溪民居的地方风格。

（1）诸葛高嵩宅（信堂路83号住宅）

该住宅为三间二进二明堂建筑，属于前厅后堂楼结构。建于明末清初，位于大公堂西侧，坐北朝南，东临

大公堂前的院落，南部通往行原堂弄堂，西邻民居，北为院落和侧屋。硬山顶，马头墙，阴阳合瓦。面阔12米，进深约21米，占地250平方米。正门设东厢，苏式砖雕门楼。第一进前檐为一内八字雕砖照壁，楼下用抬梁，楼上天井设阳台。后进为三间两搭厢楼上厅建筑，前后二进之间有天井，后进台基高于前进，天井中有台阶往上[①]（图3-5-52）。

（2）诸葛波宅（信堂路106号住宅）

诸葛波宅位于大公堂西南侧，坐西朝东，清中后期建，为典型的三间两搭厢建筑。宅院占地110平方米，硬山顶马头墙。明间面阔3.6米，次间3.1米。进深5.6米。靠天井用重檐，上檐用斜撑式牛腿，下檐用卷草纹牛腿。厢房面阔2.7米，进深2.2米。青石天井，面阔4.8米，进深2.3米。大门设北厢，北厢成为门厅，北厢与北次间、北厢与天井之间有屏门隔断。明间楼下中槛设四柱，后金柱间设槅门，后廊设楼梯，自南往北上。楼上靠天井设隔断，明间下部用板，上部有花窗，次间和厢房各设抹板窗二扇，其余部分用夹竹泥墙。

2）公共建筑

（1）大公堂

大公堂作为整个村的核心公共建筑之一（图3-5-53），

① 《诸葛村》编纂委员会. 诸葛村志 [M]. 杭州：西泠印社出版社, 2013：245-246.

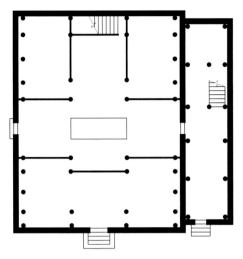

图3-5-51　诸葛村民居（下塘路65号）形制（来源：吴欣桐 绘）

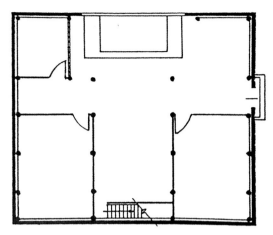

图3-5-52　诸葛村民居（三间两搭厢）形制（来源：陈志华，李秋香《诸葛村》）

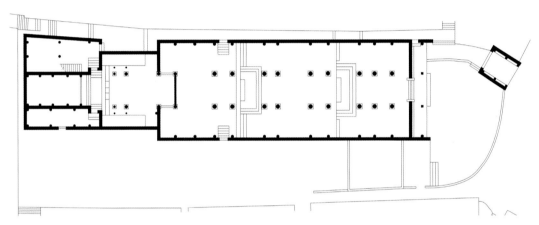

图3-5-53　诸葛村大公堂平面图（来源：吴欣桐 绘）

是祭祀诸葛亮的场所，但大公堂并不是宗祠，只是诸葛亮的纪念堂。《宗谱》记载"大公堂为始迁祖所建"。元代中叶始迁祖宁五公以祭祀诸葛亮为名，在村子"正穴"处建了一个不大的纪念堂。大公堂位于村落中央钟池的西北角，现状为民国时建造。一共为四进，有前院作为前导空间增加了层次，内部都为三开间；隔一道4米宽的天井后便是高敞宏伟的中庭，进深8.3米；中庭之后又是一个4米宽的天井，接着便是正厅，明间后金柱设太师壁。转过后为拜厅，左右各有一个小天井，合称"日月井"。天井全全为水池，拜厅前后的两只后角上，各有四根柱子组成一簇。据说这种做法在族中只有级别较高的官员才能在祠堂里采用，因为诸葛亮贵为丞相，才有资格。

大公堂按当地的传统，天井的四根前后金柱，分别用柏、梓、桐、椿四种树木制作，谐音"百子同春"。各厅堂几乎所有的柱子都是漆黑色，猪血麻纱地仗。柱子前脸漆红底黑字的楹联，都是颂赞诸葛亮德行和功绩的。中厅、正厅和两廊，没有门窗装修，全部向天井敞开，纵深感很强。无论规模尺度、空间处理、色彩装饰还是楹联祖训，都强调出祭祀性建筑庄严肃穆的纪念性（图3-5-54）。

（2）丞相祠堂

丞相祠堂是高隆诸葛氏的总祠，是村子东南角入口

| （a）大公堂正门 | （b）大公堂内部 |

图3-5-54　诸葛村大公堂（来源：张卓源 摄）

的第一座大型建筑物，占地宽42米，建筑高度是按诸葛亮的丞相身份定形制和规划的。主体建筑物依山而建，层层高升，中轴线上分布有门厅、中庭和寝室；两侧有庑屋、厢房和钟鼓楼，形成一个中庭独立、四周闭合的"回"字形建筑。门庭前有小院落，院落的两侧有边门，都建有单间小门厅，正屋外侧的南北两边另加附屋房各三间。

正门的厅前有前院，进深3米，通宽22米，占地面积66平方米。前院两侧有边门，都建有单间小门厅，前院与外界用围墙隔断。门屋五开间，面阔约17米，进深约8米，正脊上刻有"隆中云礽"四个大字，两端有鸱鱼正吻，中置葫芦状宝瓶。门厅的两侧有厢房、单间，厢房与门厅有小开间隔开。

丞相祠堂华丽的中庭与四周的庑屋、寝室和门屋形成了强烈的对比。它位于内院正中，与四面房屋不相连属。这座高大的敞厅，面阔五开间，进深三开间。歇山顶，柱子和牛腿上的雕刻极为精致，构图饱满。祠堂的后进寝室为七间带两廊。寝室中央供奉着诸葛亮的塑像，西侧为诸葛亮儿子诸葛瞻的塑像，东侧为武侯公长孙诸葛尚塑像。中庭与寝室后面有一庭院，左侧为钟楼，右侧为鼓楼。中庭的两侧为庑屋，与中庭间有天井隔开，每件庑屋中都有神龛和祖宗神主牌。丞相祠堂在千百年来经历了数次改扩建，但依然是诸葛村形制最为华丽和最重要的祠堂建筑之一（图3-5-55）。

（3）大经堂

大经堂建在诸葛村村东大道邻下塘处，坐东北朝西南。大经堂始建于明代，保存良好。旧时厅前有道院，道院前有木结构门屋。建筑三进三间，第一进中榀为三柱五檩，月梁，边榀四柱落地；第二进中榀为四柱九檩，月梁，边榀为五柱落地，小月梁；第三进中榀和边榀均为四柱九檩，全用方梁，三间都有吊顶。因临近下塘附近的药铺，展现诸葛村传统的药材事业文化（图3-5-56）。

（4）雍睦堂

雍睦堂始建于明代，位于下塘附近。门面是苏式砖雕牌楼，雕刻精美，共三进三间，中央部分凸出于两侧的檐口之上，两柱三楼式，总高度10米。檐下有砖雕小斗栱，枋上有"亚"字纹和动物图案，上方的匾额刻有"进士"二字。两侧的墙全是平整的素面，烘托对比出牌楼中央的华丽精细。经重修后的雍睦堂恢复了第二进建筑，第三进仅作为单坡屋架与中进连为一体（图3-5-57）。

5. 聚落景观与自然风貌

诸葛村中大大小小的水塘十几个。池塘均匀分布在

（a）丞相祠堂中庭

图3-5-55 丞相祠堂（来源：张卓源 摄）

（b）丞相祠堂后庭

图3-5-56 诸葛村大经堂（来源：魏秦 摄）

图3-5-57 雍睦堂门楼（来源：魏秦 摄）

各居住区内和多数分祠边，成为住宅组团的中心，除了生活必需，池塘所到之处可以改善周围的绿化环境，植被遍布，调节小气候。诸葛村自古就有的"十八塘十八井"之说，钟池主导了村落整体的布局。钟池的形成有先天因素，也有后天人为改造的因素。钟池形似太极图，水池部分和广场部分各有一口井遥相呼应。北侧是崇信堂，东北侧是大公堂，周围的建筑将其围合起来，形成一种空间秩序，营造一种平静肃穆的氛围。上下塘部分则是另一番景象，周围店铺林立，连接许多小支巷，水面开阔，倒映着天光云影和来往的人们，与钟池的祥和静谧形成鲜明的对比。其余的大多都是通过曲折

狭窄的小巷，或是曲折的台阶连接后汇聚于一个宽阔开敞的水塘，水塘大小不一，营造的景观也异彩纷呈（图3-5-58）。

（二）杭州市建德市新叶村——普通盆地型聚落

1. 地理位置

新叶村曾属于浙江兰溪市，1958年时被划归杭州市建德市，延续至今。新叶村的距诸葛八卦村只有11公里，整体地理位置与兰溪诸葛村相差无几，地处兰江

（a）钟池

（b）聚禄塘

（c）下塘

图3-5-58 诸葛村池塘（来源：张健浩 摄）

和新安江之间，邻近大慈岩镇。2010年，新叶村被列入第五批中国历史文化名村之列。

2. 自然与社会经济

1）地貌与气候

建德大慈岩镇处地带为浙中丘陵盆地区的边缘，仙霞岭、龙门山和千里冈的延伸把境内分隔出许多小型盆地，新叶便坐落在这些浅山丘陵区的盆地中。纵观这个地区的等高线地形图，村域整体地势几乎没有任何起伏，属于被山脉包围的典型盆地型聚落。气候受地形影响，冬季冷空气被阻挡在盆地外缘，冬季比同纬度其他地区温度相对较高；夏季由于处在副热带高压带上，高温持续较久。

2）社会文化与习俗

兰溪、建德都是历史上的文物名邦，教育普及度十分高。宋明两代朱熹、宋濂、王阳明等人都来此讲过学，《金华书录》里提到的"婺洲藏书，独胜兰溪"。来往乡间的文人墨客将文教渗透到此地的乡村中，新叶村清代也曾出过进士。新叶的建筑传承了兰溪与建德优秀的文化传统，文昌阁和书院层出不穷，建筑装饰题材也多为"琴棋书画"四种元素。建德自古以来就是兵家的必争之地，几百年间，几次改朝换代和起义战争，这里都是主要战场，如元末朱元璋率兵过境曾驻村外。

新叶村的庙会文化是我国古代乡村农民娱乐文化的范本，自元代玉华叶氏三世祖东古公至今，每年农历三月初三以玉泉寺为中心举办各种祭祀仪式和娱乐活动。正月会打年货、祭灶送神、掸尘埃、贴春联年画舞龙灯等。新叶村的"新叶草昆"是浙江省十大文化遗产发现之一。另外，新叶有着非常严格的家训祖训传统，如会按量奖励读书求取功名之人，同时也会惩戒不诚信之人。

3）产业类型

兰溪所处的浅山丘陵包围，地形本不利于农业。水系对于小气候和农业同样重要，原本新叶附近没有河流水系直接经过，村域所处的自然条件也不适合农业发展。于是新叶人开垦荒地，从玉华山筑渠引水改良土壤，发展出大片富饶的村落。但由于新叶人本分老实的性格，村里一直没有手工业和商业的发展。但兰溪附近繁荣的经济贸易还是对新叶造成了潜移默化的影响。

3. 村落布局与形态特征

1）聚落选址与布局

新叶村选址同样看重山水、土地状况，新叶村选址在北向的两座山，玉华山和道峰山之间的峡谷东南口上，意为"山起西北，水聚东南"[①]。这里方便进入林木茂密的山区取材柴薪，山前是开阔的谷地用来种植五谷。村西的玉华山中有两股水流，村北的道峰山有一股水流，流经村落灌溉农田（图3-5-59）。

新叶村的规划布局从选址到理水，从建造宗祠寺庙、修筑路田，都是宗族主持。前人多从整体规划考虑，由于地处偏僻，商品经济没有得到充分发展，商业对于聚落规划几乎没有产生太多影响。整体的宗族关系十分牢固稳定，村落的布局也由宗族管理起到决定性的作用，是典型的环心状布局，聚落核心即宗祠有序堂和门前池塘——南塘（图3-5-60）。

2）聚落形态

聚落的整体形态为环塘团块状，围绕着有序堂进

行布置，住宅居于其两侧；发展到中期崇字行分房派建造分祠时，分祠建在有序堂的左右和后方，所以南塘周围聚集了很多祠堂。每个房派成员的民宅都建造在本房派祠堂的两侧，形成以分祠为核心的组团；后代有分支的时候再重复这样的结构，外围建造低一级的支祠和民宅，形成环绕中心层层向外扩张的团块状形态（图3-5-61）。

3）街巷空间

各氏族组团之间以街巷为界限，所以组团并不封闭。聚落整体有两条主要的街巷，曲折蜿蜒横向贯通村落。一条经过宗祠有序堂，另一条经过崇仁塘前，宽度都在2.5米左右，再通过支巷连接到一起。村中宗祠大多朝北向道峰山，建筑形制比较规整，宗祠的长度达到20米以上，长宽比较大，导致南北向的街巷结构较为整齐清晰，同时十分密集。其他方向的街巷均围绕着南塘向村落内部延伸（图3-5-62）。

4）聚落节点

除了村南的子母塘外，余下的所有水塘都分布在宗祠前面。宗祠为组团的中心，水塘也就为组团的中心，所以聚落的节点空间，基本以村中各个祠堂和水塘

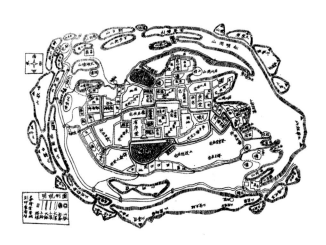

图3-5-59　新叶村里居图（来源：《新叶村宗谱》）

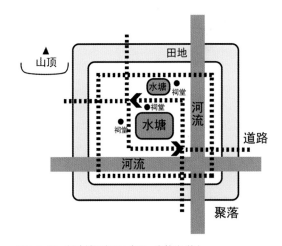

图3-5-60　新叶村形态图（来源：张健浩 绘）

---

① 陈志华，楼庆西，李秋香. 中国乡土建筑——新叶村 [M]. 重庆：重庆出版社，2000：12-13.

图3-5-61 新叶村鸟瞰图（来源：张健浩 摄）

图3-5-62 新叶村街巷结构与主要建筑图（来源：张健浩 绘）

的前导空间为主。村子里大小不一的水塘不仅解决了村民生活所需，同时点缀了村落的景观。古时候水塘边一般种有景观树，甚至有过园林，如崇仁堂前的半月塘附近就有过梅园。

整个村落最主要的节点空间是南塘，作为最大的水塘，尺度与整个聚落规模相得益彰，是村落明显的核心。农耕时代村民公共生活不发达，作为全村唯一的公

共活动中心，每年的新叶村庙会便举办于南塘附近的空地上，村中红白喜事的部分仪式也要来此举行。不仅如此，南塘担负着旧时消防灭火的作用；即使天罕不降雨，宽阔的南塘也不会枯竭，保证着村民的生活。

4. 建筑特色

1）民居

新叶民居从明代开始便已定形，以合院式住宅为主（图3-5-63）。新叶住宅有个规定："不过三间"，多数住宅由正房、两厢和天井组成。正房三间，厢房一间，被称为"三间两搭厢"，前面用高墙封闭起来，因此天井被称为"吸壁天井"。

四合院式不同于北方，被称为"对合式"，它是连续的整体，两厢仍只有一间，天井狭窄，大门开在前屋明间，另外设侧门，与厨房、猪圈、牛舍等偏屋相连。当"三间两搭厢"和"对合式"不能满足居住需求的时候，便纵向发展成三进住宅，比如叶荣春住宅和叶桐住宅。

（1）种德堂

种德堂是新叶为数不多的代表性大民宅，建于民国时期，位于新叶村中部，坐南朝北。住宅由一个对合式和一个三间两搭厢外加一个"一"字形空间组成，对合式为主体部分，三间两搭厢建于西侧，轴线垂直于四合院，在它们的前面是一个宽达6米的前院。院落正中是4.2米长、1.7米宽的大水池。后院宽4.5米，长8米，有小池塘、两间半敞廊和三间敞厅。敞厅南侧有门通书房及厨房，北侧有台阶下至池面。其他两面用不高的白色粉墙围合起来，小门通向街巷。后院在古时常常作为读书的空间，反映出新叶质朴的耕读文化①。

（2）是亦居

是亦居是村民的祖居，为晚清时期的建筑，位于

---

① 陈志华，楼庆西，李秋香. 中国乡土建筑——新叶村 [M]. 重庆：重庆出版社，2000：46.

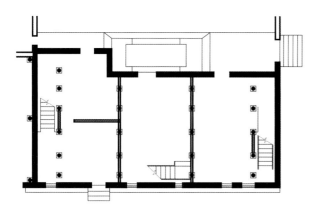

图3-5-63 新叶村民居（来源：吴欣桐 绘）

图3-5-64 建德新叶村文昌阁和抟云塔（来源：张健浩 摄）

新叶村南塘东南一角。是亦居的建筑为三间两搭厢，三间朝天井露明，一厅两房，天井左右两边都有半间搭厢，作为书房或卧室[①]。是亦居的门台、矮门雕刻精细，天井特色鲜明，是新叶村的代表性民居之一。

（3）叶桐住宅

叶桐住宅位于有序堂西侧，是聚落核心居住团块中的老宅，坐南朝北，大门正对南塘，遥望道峰山。主体建筑三进，左右两侧为辅助房屋，成为不规则的三条并列排布的轴线，主体建筑后部和种德堂形制十分相像，有后花园，可通卧室和书房，营造出适合读书的空间。

2）公共建筑

（1）文教建筑

新叶最具特色的公共建筑是文教类建筑（图3-5-64）。新叶抟云塔是村内年代最远（落成于明代1574年）、保存最完好的一栋建筑，又被称为文峰塔。叶氏称道峰山为卓笔峰，玉华山为砚山，南塘喻为墨池，故将抟云塔作为文笔峰，希望其可以振兴文运。塔为砖砌，正六边形，七层通高30余米，每层略有收分，层高逐级降低，内部木质楼板固定楼梯上下。底层有券门，二层以上每层都有三个发券窗洞。整个塔外形如枣核，塔身上下几乎无雕饰，造型秀丽挺拔。

文峰塔建成后的清同治年间，一旁又建了一座文昌阁，与抟云塔同样为祈求文运的建筑。与朴素庄重的抟云塔不同，文昌阁造型华丽，经过多次修缮，现存的文昌阁前后两进三开间，重檐歇山顶，翼角轻盈地翘起，戗脊装饰着一条鲤鱼，意为"鲤鱼跳龙门"。骑门梁和牛腿的雕刻亦十分精美巧妙。虽然抟云塔与文昌阁不是同一时期的建筑，风格也有所不同，但却达到了和谐统一的景象，成为村落边界和一道靓丽的风景线，象征新叶村勤于耕读的精神。

（2）宗祠

新叶的宗祠数量繁多，层次分明，宗谱标识的大小宗祠共有13座，其中保存最完好的是有序堂、崇仁堂、永锡堂和荣寿堂。最具代表性的祠堂为有序堂、西山祠堂和崇仁堂。

①西山祠堂

南塘附近的有序堂并不是祖庙，是外宅派总祠。祖庙为西山祠堂，与有序堂为新叶最早的两座祠堂。选址十分特殊，不在村内，在聚落东南边界的双溪之外。当时村内玉华叶氏人丁只有50余口，祠堂比较简朴，三开间两进大厅，明代之后主持族内事务的叶文山兄弟将祖庙迁入双溪内抟云塔北侧，命名为"万萃堂"。几经

---

① 叶志衡. 新叶古村落研究.［M］. 杭州：杭州大学出版社，2015：206.

辗转后又移回旧处，坐东朝西，三进两院，二进大厅前有拜厅，第三进为楼阁，门台为牌楼式样，院落两侧有十几间厢房。大中亭具有代表性，是兰溪各地宗族祖庙特有的形制（图3-5-65）。

②有序堂

有序堂位于村子北端，是整村的几何中心（图3-5-66），对村落布局起到决定性的作用。有序堂开建大厅，并规定大厅不得开正中门。要在右侧另建门台一座，门台直对道峰山，有序堂定为中宫。门前的半月形池塘也是因建此祠堂被改为半月形。

祠堂三进大厅，左侧有一花园，祠堂内有戏台，戏台在门屋明间，面向祀厅，两厢及院落为男子看戏场所，女性在祀厅的前金柱之后观看。祠堂大门开在正中，戏台的台板中央可拆卸以便仪式典礼进出。而有序堂的大门开在左侧，戏台不可拆卸台板（图3-5-67）。

③崇仁堂

崇仁堂是新叶当地最大的祠堂，位于村外西北部的道院山下，是玉华叶氏占主导地位的祠堂之一，象征着族内的领导权力。位于全村中央的高地，重要性仅次于有序堂。一般的祠堂都是两进或三进，三开间，而崇仁堂有四进。崇仁堂的第三进和第四进大厅之间有纵向过厅连接，形成"工"字形，过厅左右有日、月井。过厅和第四进均为二层的楼房，第四进的明间通高。两次间之间用砖墙封住。进深很大，从始祖神橱到大门进深达26米。

堂前有一半月形的池塘，逢年过节演戏时，就在池塘上临时搭建可拆卸的戏台，构件平时放置于祠堂内，被称为"雨台"（图3-5-68）。

5. 聚落景观与自然风貌

1）村口景观

作为村内标志性的文教建筑和水口空间，如果沿聚落南侧边界的道路行进，村口文昌阁和抟云塔一定会映入眼帘，与自然环境和谐地融在一起。塔的左右两侧分

（a）西山祠堂立面

（b）西山祠堂厅堂

图3-5-65　新叶村西山祠堂（来源：魏秦 摄）

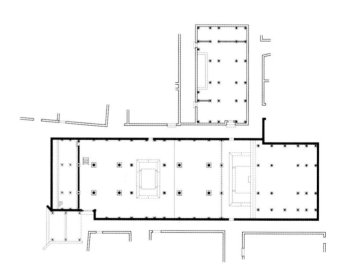

图3-5-66　新叶村有序堂平面图（来源：吴欣桐 绘）

（a）有序堂入口

（b）祠堂内庭院

图3-5-67　新叶村有序堂（来源：魏秦 摄）

（a）崇仁堂外观

（b）祠堂内部

图3-5-68　新叶村崇仁堂（来源：张卓源 摄）

别是玉华山和道峰山，中间留下的缺口刚好是村落的入口，远看构成了简洁清晰的几何关系，配上两旁青松翠柏，景象壮观美妙。

2）水塘景观

新叶的水塘组成了聚落富有韵律的景观主体，水塘边都有活动的小广场，极富生活气息。其中南塘是新叶的中心水塘，是全村景观最丰富、最有活力的地方，与村口的文峰塔遥相呼应，如砚池和毛笔一般。南塘是宋朝大理学家金仁山在规划叶村时，以"山起西北，水聚东南"的格局，开挖了南塘。水塘供村民聚水灌溉、洗衣洗菜。

新叶的池塘规模普遍较大，形状规整，周边的建筑有明显的环绕布置的特征，如子母塘、半月塘、四方塘、席草塘，基本都是没有护栏，只有低矮的砖石围合出了边界。周边的空间比较宽敞，离周边民居或宗祠有一定距离，比较贴近村民的日常生活（图3-5-69）。

3）溪水与街巷

村内有人工挖筑的内溪和外溪，溪水即村界，注入村中水塘，滋养着聚落整体。溪水与街巷的关系显得比较规整有序，内外溪包围了聚落主体，街巷平行或垂直于溪水。大部分民居与溪内交错的巷弄沿小溪而建，尺

图3-5-69　中心池塘（来源：魏秦　摄）

度由外围进入聚落内逐渐变小，较为逼仄幽深，路旁的水渠若隐若现通往各个池塘。

（三）丽水市景宁畲族自治县大漈乡——高山盆地型聚落

1. 地理位置

大漈乡位于浙西南山区的景宁县。景宁县是全国唯一的畲族自治县，也是华东地区唯一的少数民族自治县，素有"九山半水半分田"之称。由大漈乡乡政府所在村（西一村及西二村）为核心的集镇区，包括西一村、西二村、垟心村等自然村构成。本章节详细描写的西一村、西二村、垟心村和潘宅村四个自然村组成的聚集区，其属于盆地型聚落的地貌特征。其中，西一村入选第一批国家级传统村落名单，西二村中的时思寺建筑群是国家级文物保护单位。

2. 自然与社会经济
1）地貌与气候

大漈乡又被称为云中大漈，因坐落在海拔1030米的高山盆地区域得名，终年平均气温只有13℃。地貌属浙南中山区，区内地势高峻，千米以上山峰50余座。境内山峦多姿，四周有陡峻山岭如云梯向天而架，攀缘其上恍若天外有天，俗称"三透天"，景区内以"雪花漈"为代表的"大漈十景"是大漈风景的主体。白天青山绿水、夜晚繁星满天，田园村落景致宜人，又被喻为"云中桃源"。

2）社会文化与习俗

大漈是畲族和杂姓聚居的聚落。积年累月后，全村居民在生活习性和风俗上基本与汉族一样，融会贯通。大漈人文底蕴厚重，历史已有千年。明清时期大漈曾出过9位进士、23位举人，印证着当地读书人"金榜题名"的传统。

村落里三古荟萃："古寺、古树、古桥"。村南侧入口处有宋、明、清的古建筑群，"寺祠院三观同址，宋明清三代同堂，儒释道三教合流"。完好的千年古树柳杉也是世世代代的村民努力保护的结果。

大漈留有传统的手作窑艺被称为"大漈罐"，还有"抢猪节"、人人传唱的"花鼓戏"等沿袭至今的民俗。

3. 村落布局与形态特征
1）聚落选址与布局

大漈作为盆地型传统聚落，并未选址于省内规模较大的几个主要盆地，而是坐落在浙南山区中乘高居险的小型盆地中。大漈位于大漈垟群山环绕的十里平川，宏观来看是一环形天然平地，称"九仔十三羊"（"羊"系"垟"谐音）。村域整体被盆地中央的山丘和西侧盆地边界延伸的山脉夹于中间，处在山谷中会带来充沛的降雨和凉爽的夏季风。村庄为典型的轴线式布局，沿沐鹤溪将村落分为两个部分，呈南北向带状发展（图3-5-70）。

2）聚落形态

聚落整体形态属于鱼骨带状，鱼骨带状并不属于盆地型传统聚落的常见形态，大漈受山势影响突出，附近层峦叠嶂的山峰让聚落形态顺应峡谷的走向发展；村落中的水系和沿水系布置的主街巷确立了鱼骨状的核心。高大的山丘、顺应水系发展的街巷共同决定了聚落的整体形态（图3-5-71）。

（1）街巷空间

大漈有着比普通盆地内带状形态的村落更清晰的路

图3-5-70 大漈乡鸟瞰（来源：张健浩 摄）

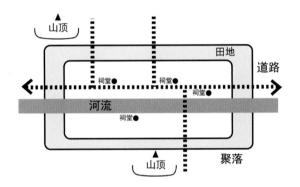

图3-5-71 大漈乡形态模式图（来源：张健浩 绘）

图3-5-72 大漈乡核心聚集区街巷结构与主要建筑图（来源：张健浩 绘）

网结构，南北走向的主街将村落一分为二，主街链接沿东侧山丘的另一条主街形成闭环，串联起整个村的路网；沿东侧山丘的道路可以通往山下，主街巷北部尽头可通向下一个村。同时，主街巷北部交叉口的位置是村落老区和新商业区的过渡地带。主街与西侧村落部分的支巷尺度十分宽敞，通过横跨沐鹤溪上的几座桥后就是东侧部分的民居聚集区，东侧沿河有一条支巷，这条支巷部分穿过建筑物内部，再通过次一级街巷将各个民居串联起来（图3-5-72）。

（2）聚落节点

聚落的主要节点空间层次分明，主要分为三个节点空间：一个是时思寺建筑群东部的中心广场；另一个是北溪桥前的空地，有食宿商铺，一旁为时思寺建筑群；再一个是主街中央西侧的西岸文化礼堂前的小广场，并有一桥通向东岸，村民时常聚集与此交流活动。

4. 建筑特色

1）民居

民居的形制多为"一"字屋，是丽水地区常见的民居形式。大漈的民居立面形式较为统一，比例和谐，强调水平方向的舒展，造型端庄朴素，一般会通过一垛当地石材砌筑的结实挡土墙来分隔民居和道路的界线。有着比较鲜明的地域色彩和民族特色。例如西二村较大的一栋长屋，3.3米左右一开间，共18个开间，约有58米长。木结构两层建造，前设走廊，檐口高7米以上。三间为一个单元，单元里有中堂，左右厢房，后退为厨房，二楼堆放杂物，一个单元里居住着一户或两户人家，前院互通有无（图3-5-73）。

2）公共建筑

（1）时思寺寺院建筑群

大漈公建以时思寺为首的寺院建筑群为主（图3-5-74），时思寺位于大漈乡西二村南端，为释道合一的寺庙，占地0.27公顷，建筑面积1250平方米。元至

（a）沿溪民居外观　　　　　　　　　　　　　　（b）民居内部

图3-5-73　大漈常见民居形制（来源：魏泰 摄）

正十六年（1356年）创建，明末清初续建。寺院坐西朝东，由山门、心经钟楼、大雄宝殿、三清殿、马氏仙宫、梅氏宗祠组成，是一组兼有元、明、清各时代特征的古建筑群，现已列为国家级重点文物保护单位。

①心经钟楼

钟楼是整个寺院建筑群的灵魂，是最老的、保存最好的一栋建筑。钟楼平面方三间，为三层楼阁式，建筑逐层收进，侧脚明显，四根内柱直贯三层，支撑整栋建筑，扎实敦厚。斗栱线条纤细，带着飘逸。竖向线条的门窗花格，简单的翘脚，细节十分精巧。屋面为歇山顶，四周用缠腰，出檐舒展，具有明代的建筑风格（图3-5-75）。

②马氏仙宫

马氏仙宫建于清乾隆五十年（1785年），面阔三间，进深两间并四周围廊，单檐歇山顶，外檐以撑拱（牛脚）承托，前廊施轩顶，内槽皆用斗栱平棊做法，其构造技法、风格与时思寺大殿有师承之处。梁柱上通施彩画，绘云龙、花鸟等题材（图3-5-76）。

③大殿

根据殿内存留的阳刻题记，此殿建于元至正十六年（1356年）。大殿面阔三间，进深两间，重檐九脊顶，二十四柱内外两周，外围为下檐柱，呈方形，内围是上

图3-5-74　建筑群鸟瞰（来源：张健浩 摄）

檐柱和内柱，柱圆略方，柱头卷杀明显，呈棱状，部分柱脚置覆莲瓣础。重檐四周均施二朵，转角背皆斗栱，均为三抄双下昂铺作，里转七铺作用四抄，内槽转角斗栱第三抄改用一通长二抄的直栱来承托厢栱，做法特殊。斗栱结构较简洁。殿内全部用斗栱平棊做法，平棊以上为草架，大殿柱网层，斗栱层和屋盖层功能明确，翼角微翘，外观朴素（图3-5-77）。

④梅氏宗祠

梅氏宗祠建于明万历年间，总体布局为三进，自东向西依次为祠门、前厅、序伦堂、报本堂。三进之间均设天井。报本堂前为一座石砌祭坛，左右设有轩房。三进屋面均为单檐歇山顶。报本堂明、次二间屋面生起约一桁经，使屋面略有起伏。各进外檐以撑拱承托出檐，

（a）心经钟楼整体 （b）心经钟楼屋檐

图3-5-75　心经钟楼（来源：张健浩 摄）

图3-5-76　马氏仙宫（来源：石帅波 摄）

图3-5-77　时思寺大殿（来源：张健浩 摄）

内槽梁枋间施一斗三升、一斗六升、十字栱等。其中，报本堂前槽采用减柱法，即以一根粗大的阑额横跨明、次、梢五间，使室内空间更为开阔，具有明显的地方特色（图3-5-78）。

（2）古桥

大漈有自古一条沐鹤溪贯穿始终，遗存有多处古桥。代表性的有时思寺建筑群对面的护关桥，和沿沐鹤溪一直前进至聚落中央的胡桥，两座古桥形制各不相同，作用也各有特点。

图3-5-78　梅氏宗祠（来源：张健浩 摄）

①护关桥

建筑群对面，一座名为"护关桥"的三层廊桥横跨在沐鹤溪上（图3-5-79）。护关桥又名北溪桥，建于清朝乾隆年间，三层重檐式的楼屋式木结构，长29米、宽8米、高9米。屋脊曲线十分修长，外加精美的雕花。廊桥一层为关帝庙，二层为文昌阁，三层为魁星阁，一座廊桥同时拥有文昌阁和魁星阁，赋予了大漈更多的文化内涵。它正面对着村庄，右侧为时思寺，背对着雪花漈水口，跨越鹤川、龙溪两溪汇流的蛟潭。所以在这关卡处设置桥梁，是标识象征也连接着交通，更重要的是起着守护的作用，更是起名"护关桥"的直接意义。

②胡桥

大漈另有一栋特殊的廊桥建筑——胡桥（图3-5-80）。始建于明朝，是浙西南山区特有的单层木结构屋式廊桥。桥身长17.4米，宽17.2米，平面几乎是一个正方形，十分罕见，桥内设有戏台和店铺。如果不是跨溪而建，它几乎是一栋房屋。古时大漈人就在这里进行各种公共活动。这座廊桥不但起着便利交通的作用，还兼具商品贸易、文化娱乐、人际交往等多种用途。

5. 聚落景观与自然风貌

1）山水景观

大漈的山、水、林、田自然景观一应俱全。山有景宁县第一高峰——上山头峰；水有雪花漈为首的"大漈十景"。"万山随地耸，一水拍天浮"这十个字形象地说明了雪花漈四周深沟大壑、高峰巍峨的地势和漈水拍天喷涌的奇异景色。境内有多条溪涧，它们起源于高山泉水，流向瓯江小溪、北溪，水流湍急，河床陡峭，瀑布气势雄伟，溪流水声不绝于耳。由于山高林茂、这些溪流终年有水，在雨季时期，溪水暴涨奔流而下；如今境内还保存着完整的桅杆林，丰富了整个高山盆地中的绿化覆盖。

2）农田景观

大漈乡内有两种类型的农田，一种是散布在聚落主体旁齐整的田畈，就着大片平地之势向四周生长；另一种是当地因高山盆地中的部分高差造成的小佐梯田，坡度不大但错落有致，雾气萦绕后景象壮观。

3）柳杉王

树龄达1500年的亚洲之最的柳杉王（图3-5-81），是时思寺门前东侧斜坡上的一株大杉树，胸径4.47米，胸围13.4米，树原高47米，其主干被雷击截断，削去大半截，现仅有28米，主干苍老雄劲。据专家考证，柳杉王树龄达1500多年。柳杉王根部有一个形似门户的洞，一人可自由进出，进到树洞，抬头可见日光，如同坐井观天。柳杉王被当地认为世界上最大、最古老的柳杉。

（a）护关桥外观

（b）护关桥侧立面

图3-5-79 护关桥（来源：张健浩 摄）

（a）胡桥外观

（b）胡桥内戏台

图3-5-81　千年柳杉王
（来源：张健浩 摄）

图3-5-80　胡桥（来源：张健浩 摄）

第六节　海滨海岛型传统聚落

一、海滨海岛型传统聚落的地理方位

（一）"海滨"在地理学上的定义

海滨是指海边的长条陆地，潮汐和波浪在海滨交替作用，也是高潮位和低潮位之间的陆地。上界位于风暴潮到达的上限，下界是大潮低潮线，而潮汐带则包括大洋和海岸相连的没有水陆地部分。根据海岸类型的不同，这里分为基岩海岸和淤泥质海岸。潮汐带有时又被称为大陆架，世界大型渔场往往分布于此，植物与动物类型丰富。[1]

（二）海滨型传统聚落的主要分布区域——台州温岭市、玉环市及宁波市象山县

1. 浙江省海滨地形分布

浙江省海岸线总长约6486公里，其中大陆海岸线全长2200公里，北起平湖市金丝娘桥，南至苍南县虎头鼻，全长2200公里。浙江省的海岸类型主要为基岩海岸，大陆基岩岸线长约748公里，淤泥质海岸主要分布在镇海以北的区域，海岸长约1041公里，占总体大陆海岸线的半数之上，还有少量的淤泥质海岸，海岸长约51公里。浙江省沿海岸线深、水岸线充足，且因地处长三角南翼、长江和沿海的交叉口，区位优势明显，港口资源丰富、数量众多。[2]

海滨型传统聚落主要分布在台州市温岭市石塘镇、玉环县干江镇，少量分布在宁波市象山县的沿海区域，国家级的传统村落12个。浙江沿海为亚热带海洋性季风气候，地质条件为构造沉降地区，除梅雨外，暴雨、台风等极端天气频发，洪涝灾害频繁，风暴肆虐。

2. 海滨型传统聚落经济与社会文化背景

玉环市位于浙江东南沿海，地势北高南低，丘陵平原相间，东邻东海，南连温州洞头区，西隔乐清湾与乐

---

① 穆尔（W.G.Moore），刘伉. 地理学词典［M］北京：商务印书馆，1980，9：231.
② 林莉. 浙江传统村落空间分布及类型特征分析［D］. 杭州：浙江大学，2015：68.

清市相望，东北与温岭市接壤。石塘镇是浙江省温岭市辖镇，地处浙江东南，海岸线长58.6公里。海滨地区因其独特的地理位置及丰富的海洋资源，故以渔业、商业及海上运输业为主，同时也产生了围绕大海衍生出的独特海洋文化。

海滨地区在明清两代经历过频繁的武力割据，最终在国家力量的干预下，于清代雍正之后才逐渐有了固定的居民。此处居民除了本地居民之外，还有长期漂泊海上的闽粤渔民，因此当地聚落文化深受福建影响，同时因为海防的需求，防卫特征无不体现在聚落选址、内部街巷及建筑特征上。[①]

（三）"海岛"在地理学上的定义

海岛，现代汉语指被海水环绕的小片陆地。地质学定义，中国国家标准《海洋学术语海洋地质学GB/T 18190—2000》，海岛指散布于海洋中面积不小于500平方米的小块陆地。但是，海岛的法学定义一直以来在国际上存在争议，现在通常是引用1982年《联合国海洋法公约》第121条的明确规定："岛屿是四面环水并在高潮时高于水面的自然形成的陆地区域"。根据不同属性，海岛有多种分类方法，可分为大陆岛、列岛、群岛、陆连岛、特大岛等。

中国海岛有94%属于无居民海岛，它们大多面积狭小，地域结构简单，环境相对封闭，生态系统构成也较为单一，而且生物多样性指数小，稳定性差。

（四）海岛型聚落的主要分布区域——舟山市岱山县、普陀区、嵊泗县及宁波象山县部分地区

1. 浙江省海岛地形分布

浙江省海岛地形主要分布在舟山市岱山县、普陀区、嵊泗县及宁波象山县部分地区。岱山县、普陀区与嵊泗县位于浙江省东北部，隶属于舟山群岛，共分布有6个国家级及省级传统村落。

岱山县位于舟山群岛中部，北与嵊泗列岛接界，东邻公海，南与舟山本岛相望。全县有404个大小岛屿组成，总面积5242平方公里，陆地面积326.5平方公里，岱山本岛面积最大，为119.3平方公里，是舟山群岛的第二大岛。

普陀区位于舟山群岛东南部，总面积6728平方公里，其中海域面积6269.4平方公里，陆地面积458.6平方公里，海岸线总长831.43公里，共有大小岛屿455个。

嵊泗县又称嵊泗列岛，位于杭州湾以东、长江口东南，是浙江省最东部、舟山群岛最北部的一个海岛县。嵊泗县由钱塘江与长江入海口汇合处的数以百计的岛屿群构成，境内岛屿耸立，礁岩棋布，各岛系天台山主脉延伸入海而形成的岛屿，全县共有大小岛屿404个，其中百人以上常住人岛屿13个。陆域面积86平方公里，海域面积8738平方公里。

2. 海岛型传统聚落经济与社会文化背景

浙江省海岛型传统聚落海域宽阔、鱼类多样，依托优势海洋资源发展以渔业为主、运输业为辅的经济模式。同时也在历史中推崇儒学、尊师重教，文化底蕴浓厚。康熙年间御赐"定海山"，在百废待兴之际，首先应该新建邑学，并以之为政治纲要。儒学人伦之道、安身立命之道成为海岛自上而下的一种文化。在这种浓厚的文化背景之下，舟山传统民居的布局、形态、结构上也就会受到儒学中庸思想的影响，尤其是厅堂"中心"观念十分明显。

---

① 谢湜. 14—18世纪浙南的海疆经略、海岛社会与闽粤移民——以乐清湾为中心 [J]. 学术研究, 2015（01）: 99–113.

二、海滨海岛型传统聚落的空间格局

（一）海滨海岛型传统聚落的选址

海滨海岛型传统聚落属亚热带季风气候，夏季多台风侵袭，成为滨海聚落的主要气候威胁，而冬季又降水缺乏，因此淡水资源的保存也十分重要。同时，适宜耕种的土地是否能满足村民日常所需的粮食，也对于滨海村落的选址起到十分重要的影响。

古时海滨、海岛聚落的居民围田而耕，逐水而居，适宜的气候环境对于选址尤为重要，为减少台风对聚落的破坏，渔村择居以山岙的有无与形态为首要因素，根据岙的方向调整聚落的建筑朝向与街巷关系。为适应海水上涨对居住空间的威胁，海滨居民在古时采取"水进人退、就近上靠"的方式撤离到山岙（图3-6-2）。由于台风以正东向为主，因此渔村所居山岙要避免正东朝向，且渔村正东位置须有避风屏障，山岙以南、西向为上。在聚落的发展过程中，先人也对聚落周边环境不断进行改造，其方式是先挖河渠筑造堤塘，以储存淡水用于生产生活，再围淤造涂田，以饲养牡蛎等海洋生物。[①]

（二）海滨海岛型传统聚落规模

海滨型传统聚落的规模受土地资源、地理区位及经济条件的影响较大。因为丰富的渔业资源与港口资源，村落较多为纯渔业村落，部分村落则兼顾发展交通运输业。普遍聚落规模较大，往往可以达到三四百户、千余人左右。例如位于石塘镇的东山村，为福建渔民移民村落，位于山岙，土地资源较为丰富，发展渔业及商贸，发展成为375户、1098人的聚落。例如位于石塘镇的前红村，为海防村落，共有391户、1206人，多

林姓，以经营渔业、外海捕捞、渔业加工业为主。

（三）海滨海岛型传统聚落布局类型

海滨型传统聚落的环境因素主要有山岙、滩岸、海洋这三个因素。而海洋面积广阔、海岸线较为平直，与聚落及山体共同构成轴线状的聚落布局类型。

海滨型传统聚落布局往往形成背面邻山、正面邻海这一海山相夹的外部环境形态，多形成轴线状布局，如宁波市象山县石浦镇东门渔村（图3-6-1）。山岙是渔村的安全屏障并提供陆上生产材料，海洋为聚落提供充足的生活资料与渔业资源，港湾与滩涂则为聚落与海洋之间的缓冲区域。村域范围也因此遭受挤压，面积有限、形状狭长，最终形成了山岙—聚落—滩涂—海洋的和谐人地空间关系。其中，村落与海洋、岸线及山岙接触较多，并使资源利用得到最大化，也受其影响形成了轴线型的布局类型，实现了人与自然环境的和谐共处。

（四）海滨海岛型传统聚落形态特征

海滨型传统聚落可以根据聚落在山体山腰、山脚不同垂直高度的布局，以及临海、隔海等与海洋水平方向上的关系分为：基于山形垂直限定的聚落结构特征和基于山形水平限定的聚落结构特征的两类。同时根据聚落内部道路形态特征也有水平、垂直于海岸线等不同类型。[②]

1. 基于山形垂直限定的聚落结构特征

海滨海岛传统聚落选址和山形有较为紧密的关系，在与山形的垂直限定关系上，往往有居于山脚、居于山腰两种类型。

1）居于山脚

这类海滨海岛传统聚落选址地势较为平缓，海岸线

---

① 潘聪林，赵文忠，潜莎娅. 滨海山地渔村聚落特征初探——以舟山为例 [J]. 华中建筑，2015，33（03）：191-194.
② 张焕，王文洪. 舟山群岛人居环境营建体系探讨 [J]. 中外建筑，2018（07）：41-44.

（a）宁波市象山县石浦镇东门渔村卫星图（来源：谷歌地图）

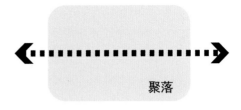

（b）布局模式图（来源：张卓源 绘）

图3-6-1　轴线状传统聚落

（a）东山村卫星图（来源：谷歌地图）

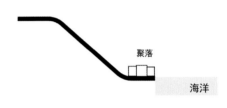

（b）布局模式图（来源：张卓源 绘）

图3-6-2　居于山脚型的传统聚落

虽然在小范围内稍有曲折，但是从整体来看还是属于直线或是平缓的曲线，平地部分的民居往往排布较为均匀，但是海水在涨潮时有漫灌入聚落的可能，故而在村落中央沿海位置建天后宫等建筑，以避免水患；沿海民居建在高台上或用滩涂及空地做阻隔（图3-6-2）。例如石塘镇东山村便建于山脚，沿海有大片广场且建天后宫祭拜妈祖以求村落风调雨顺、航海平安。

2）居于山腰

这类海滨海岛传统聚落选址布置在山腰坡地之上，往往为沿地形由低到高纵深向发展或沿等高线布置。为防避台风，聚落多位于山的西侧或南侧，少数位于山北麓。因海拔高于海平面较多，故而不受海水漫灌侵扰，但距离海岸较远（图3-6-3）。例如石塘镇里箬村，村落建于山腰，村内街巷沿等高线蜿蜒布置。

2. 基于山形水平限定的聚落结构特征

海滨海岛传统聚落在与山形的水平限定关系上，往往有一山型、两山相夹这两种类型。一山型多背倚山

（a）里箬村卫星图（来源：张卓源 摄）

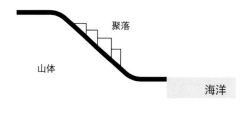

（b）布局模式图（来源：张卓源 绘）

图3-6-3 山腰型传统聚落

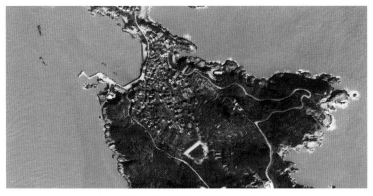

（a）普陀区白沙村卫星图（来源：谷歌地图）

（b）布局模式图（来源：张卓源 绘）

图3-6-4 一山型传统聚落

丘，两山相夹则多位于山谷地带。

1）一山型

这类海滨海岛传统聚落背倚山丘，多位于山的西侧或南侧，日照充足，但海风较大，建筑多避风布局，这也影响了其街巷关系。由于地形限制，多开垦山体为梯田。聚落面向海洋，山丘多为外凸延伸入海，故而聚落海岸线相对较长，但不利于船只避风，故无法发展成较大的海港，如舟山市普陀区朱家尖街道白沙村（图3-6-4）。

2）两山相夹

这类海滨海岛传统聚落往往处于两山体相夹的山坳之间，被两个山体所夹，海岸呈现为一条"M"形的曲线。平地部分的民居往往均匀布局，但也受坡地部分沿等高线布置民居的挤压，部分建筑布局走势沿海岸线或山体形式。由于地处山体之间，能部分阻挡较大的海风；如果水深适宜，可以作为船只停留的港口，如台州市温岭市石塘镇东海村（图3-6-5）。

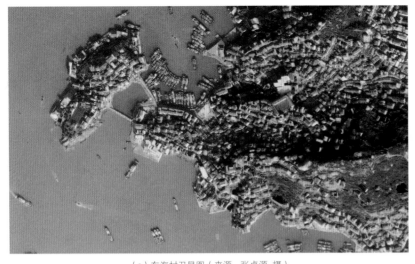

（a）东海村卫星图（来源：张卓源 摄）　　　　　　　　　　（b）布局模式图（来源：张卓源 绘）

图3-6-5　两山型传统聚落

3. 基于道路的聚落结构特征

海滨海岛传统聚落的结构受到山与海的形态影响，受这两个因素的影响，聚落往往土地紧张，能最大限度地利用土地资源和海洋资源，往往发展成为鱼骨状道路。受山形走势与海岸线的形态影响，分为水平、垂直于海岸线两种不同的特征。

1）水平于海岸线

这类海滨海岛传统聚落多分布于沿海的山腰处，其过境交通往往紧贴海岸线，形态受海岸线影响较大。聚落内部主要道路逐渐趋于与地形相适应，为阶梯状盘旋向上延伸，次级街巷垂直于主路，连接沟通主巷与建筑（图3-6-6），如舟山市嵊泗县黄龙乡峙岙村，村落过境交通紧贴海岸线，聚落内部次级道路垂直于海岸线向内延伸，主要街巷沿地形走势，沟通次级道路。

2）垂直于海岸线

这类海滨海岛传统聚落往往位于两山相夹的山谷，沿一条垂直于海岸线主干道路发展，并向内部延伸出许多小巷进入宅前屋后，满足人们的日常交通使用。受山坳处躲避海风与海拔稍高等因素影响，村落选址于此（图3-6-7），但由于地形影响村落形态也会偏向长条

状，如宁波市象山县石浦镇石浦渔港古城。

4. 基于聚落与海洋关系的布局分类

1）直接临海

此类海滨海岛型传统聚落（图3-6-8）往往与大海直接相邻，中间并无较宽的滩涂相隔，且与海面没有较大的高差。此类村庄选址与布局受海洋的影响更大，更加依靠海洋资源，因此多为纯渔业型聚落，相对而言蔬菜等种植农业较为薄弱。通常沿海一周有沿海道路使聚落与其余村落相连，如台州市温岭市石塘镇前红村。

2）垂直高差与水平阻隔

这类海滨海岛型传统聚落数量较少，且其选址有较大可能是在明清两代出于海防需求，国家行政干预附近居民或者是闽粤渔民迁入驻守，开垦荒地（图3-6-9）。从地理位置上，军事防御意义大过生产生活的意义，自然资源也较为贫乏，如台州市玉环市干江镇炮台村。

5. 海滨海岛型传统聚落形态特征

海滨海岛型传统聚落分布较为集中，多在温岭、台州沿海地带，同属亚热带海洋性季风气候，地质条件也

（a）峙岙村卫星图（来源：谷歌地图）

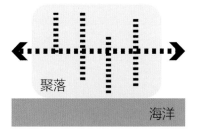

（b）布局模式图（来源：张卓源 绘）

图3-6-6　水平于海岸线型传统聚落

（a）渔港古城卫星图（来源：谷歌地图）

（b）布局模式图（来源：张卓源 绘）

图3-6-7　垂直于海岸线型传统聚落

（a）前红村卫星图（来源：谷歌地图）　　　　　　　　　　（b）布局模式图（来源：张卓源 绘）

图3-6-8　直接临海型传统聚落

（a）炮台村卫星图（来源：谷歌地图）　　　　　　　　　　（b）布局模式图（来源：张卓源 绘）

图3-6-9　垂直高差与水平阻隔型传统聚落

相同，因此自然环境与社会文化的差异较小，形态也较为相似，基本体现出鱼骨带状的形态特征，如宁波市象山县石浦镇东门渔村。

海滨海岛传统聚落的形态建立在鱼骨状道路结构（图3-6-10）之上，聚落街巷可分为主街、次街和小巷三个层级。主街一般为一条，大多数沿山形或海岸线走势排布，部分山腰聚落主巷则沿等高线蜿蜒折叠上升。次街数量较多，为三条左右，小巷数量最多。在主巷的连接下，三级道路构成了鱼骨状的道路系统。由于海岸平整的土地空间局促，渔村空间肌理较为紧密，街巷分布密集，聚落空间肌理紧密，体现出鱼骨状道路骨架，形成带状的聚落整体形态，故而称为鱼骨带状的形态特征。在与海岸连接方式上呈现出了邻海、隔海两种不同的类型，其中大多数聚落逐水而居，与海岸直接相邻，少部分聚落因防卫等人为因素的干预，而与海岸相隔，则表现为隔海的位置关系。

（五）海滨海岛型传统聚落构成

通过对海滨海岛型传统聚落肌理这一平面构成关系的分析归纳得到聚落的构成。在整个聚落空间内，构成要素可分为建筑空间、街巷空间与节点空间。

1. 建筑空间

聚落内部的建筑空间可以分为公共建筑空间与民居建筑空间两类。公共建筑主要包括以宗祠为主的祭祖建筑、天后宫、天黄王庙等信仰建筑，其中宗祠数量极少，它们在整个村镇或聚落空间范围内起统领作用。而民居主要为"一"字形长屋为主的住宅建筑，通常为木构石墙，屋面瓦上覆有石块，以预防瓦片被海风吹落。

2. 街巷空间

聚落街巷结构主次分明、布局紧密，呈现出鱼骨状的结构，这类结构往往有主要道路与次级交通支巷相连接而构成，并连接沿路节点，将整个聚落联系成为一个有机整体。

3. 节点空间

海滨、海岛型传统聚落的节点空间主要包括广场、庙、滩涂及港口等标志空间，而节点空间通过街巷的连接形成村民日常活动的网络。聚落中的广场往往位于庙宇前方，作为庙会等重要民俗活动的发生场地。而滩涂与港口是聚落与海洋连接的重要缓冲，是以海洋为生的居民进行生产活动的场所。

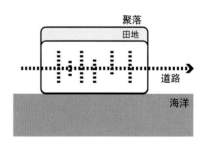

（a）东门渔村卫星图（来源：谷歌地图）　　　　　　　　（b）形态特征图（来源：张卓源 绘）

图3-6-10　鱼骨带状型传统聚落

三、海滨型传统聚落的建筑特色

（一）公共建筑空间

1. 庙宇

温岭、玉环市海滨传统聚落多为福建渔民移民定居，属于浙南闽东文化区，文化受海洋文化及闽东文化影响较大。这一影响也体现在聚落的民间信仰上，信仰建筑有天后宫、张飞庙、天黄王庙等，其中影响力最大的是天后宫，少量村落中建有观音殿等宗教建筑。①

1）信仰建筑

天后宫供奉妈祖，妈祖信仰为海神信仰的一种，寄托渔民船员出行平安、鱼虾满仓及村寨兴旺的美好愿望。妈祖庙一般位于村落核心或村落入口、邻海处等重要节点空间，多为合院式建筑，简易庙宇为"一"字形平面布局，内部往往有戏台正对祀厅，厅内有妈祖神像供信徒祭拜。除了日常的祭拜之外，每年天后宫举行多样的妈祖祭拜活动，如庙会、祭典、进香、妈祖回娘家等的诸多活动。

温岭市石塘镇东海村天后宫是温岭最大的天后宫（图3-6-11、图3-6-12），自桂岙天后宫分香而来，先后被列为省级、县级文物保护单位和甲类民间信仰活动场所。天后宫坐落于村落入口邻海处，庙前有一广场，广场上立有妈祖像面朝大海。天后宫始建于光绪二十四年（1898年），民国六年（1917年）重修。建筑为两进四合院式，由山门、戏台、正殿和东西厢房组成，中间为天井，面积约583平方米。正殿七开间，重檐歇山顶。明间为五架前后廊，其他各间为抬梁与穿斗混合结构（图3-6-13）。两厢各三开间，有二层看楼。楼上走廊供看戏人坐、站。戏台歇山顶，脊上堆塑各色动物、人物、花草等，鲜艳亮丽，戏台藻井绘各色人物故事。

2）宗教建筑

海滨型传统聚落内部宗教建筑以观音殿、天主教教堂为主，但数量较少，当地居民大多信仰妈祖等民间神灵。且以天主教教堂为主的宗教建筑大多新建，位于村落的边缘位置。观音殿等建筑也经重建，仍位于旧址，但香火和重要程度不及天后宫等，如东海村内的观音殿（图3-6-14）。

（a）东海村天后宫

（b）天后宫鸟瞰

图3-6-11　东海村天后宫1（来源：张卓源 摄）

---

① 宫凌海. 明清东南沿海卫所信仰空间的形成与演化——以浙东乐清地区为例 [J]. 浙江师范大学学报（社会科学版），2016，41（05）：42-49.

（a）内部 （b）戏台

图3-6-12 东海村天后宫（来源：张卓源 摄）

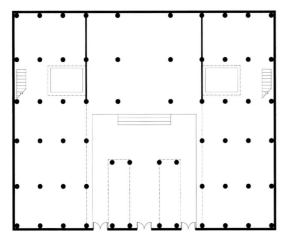

图3-6-13 天后宫平面图（来源：张卓源 绘）

2. 戏台

戏台在海滨型传统聚落中往往布置在庙宇内部或围绕庙宇布置，这是受到当地海洋文化及庙宇酬神文化的影响所致。戏台有时位于庙宇外的戏台，在重大节日活动时也作为演出的舞台，一般此类戏台前有广场相伴；形制较高的庙宇，如天后宫，则内部布置有戏台，戏台背靠门墙、面对天井与祀厅，两侧有二层看楼围合，以便众人观赏（图3-6-15）。

3. 商铺

海滨型传统聚落中商铺较为少见，多出现于依靠海上运输业为主要产业的聚落之中，如宁波市象山县石浦镇石浦渔港古城。历史上宁波是我国海上丝绸之路的始发港之一，吴越大量的丝织品和越瓷通过明州港走向世界。象山从北至南的100公里航道，是这条丝绸之路的黄金水道，而石浦就是海商文化的重要起始地。其中中街始建于明代，曾是繁华的商贸街，沿街有商铺100多家，几个别具特色的封火墙，是为防火防盗而建。

（二）民居特色

温岭、玉环临海一带民居多为"一"字形长屋。"一"字形长屋平面呈"一"字形，中间为正堂，两边房间开间数不等，为"一"字形排开。长屋多为硬山顶，

（a）入口

（b）立面

图3-6-14 东海村观音殿（来源：张卓源 摄）

图3-6-15 天后宫戏台（来源：张卓源 摄）

正脊两端微微向上翘起。主屋加上旁侧依附的厕所、储屋、猪栏等，构成变化丰富的层次和互相穿插的体形。[1]

建筑主体结构采用穿斗式，围护结构为石质外墙及内部木板墙体构成。品质较高的石屋由尺寸较为规则的石材砌筑而成，尺寸多为长20～30毫米，宽15～25毫米，厚10～20毫米左右，石块排布紧密。品质较低的石屋会用乱石垒筑，并用黄土和草泥等材质进行填缝。年代较早的房屋楼板多用大块的石板搭接，梁柱也用石条，从承重结构到维护结构都是石材；但是也有很多建筑则是石材和其他材料的搭配组合。石屋民居装饰朴素，雕刻很少，主要集中在悬鱼、檐廊和披檐部位（图3-6-16）。[2]

四、海滨型聚落的景观风貌

（一）自然景观

1. 水体

海滨型传统聚落最主要的自然景观是水体，包括淡水和海水两种。淡水需求主要是依靠河流取水或淡水的存储来满足，因邻近海边浅层地下水为咸水无法饮用，故而村中有少量池塘用来取水。在聚落营建过程中，先人挖河渠筑造堤塘，以储存淡水用于生产生

---

① 丁俊清，杨新平. 浙江民居［M］. 北京：中国建筑工业出版社，2009，12.
② 宫凌海. 明清东南沿海卫所信仰空间的形成与演化——以浙东乐清地区为例［J］. 浙江师范大学学报（社会科学版），2016，41（05）：42-49.

（a）东山村民居　　　　　　　　　　　　　　　（b）里箬村民居

图3-6-16　民居（来源：张卓源 摄）

活，再围淤造涂田，以饲养牡蛎等海洋生物。海洋在带来丰富资源的同时，也带来海水上涨对于居住安全的威胁，海滨居民在古时采取"水进人退，就近上靠"的方式撤离到山岙地带。

2. 滩涂与沙滩

沙滩与滩涂在地貌学上称谓"潮间带"，在海滨型传统聚落发展过程中，先人对海岸线与聚落的缓冲地带也在不断改造。人们通过围淤造田的方式，改变沙滩的土质，成为可以进行水产养殖和发展农业生产的滩涂地，与海洋一起，共同构成了陆地向海洋过渡的景观带。

3. 山麓

滨海型传统聚落往往选址在邻近海洋处，但为了遮蔽台风和营造适宜的微气候，也会选址在山谷之中或南向、西向的山坡之上，聚落形态稍微受到山麓形态走势的影响。例如里箬村建于箬山的南向山坡之上，聚落整体呈鱼骨带状，街巷狭长。而宁波市象山县石浦镇石浦渔港古城则位于山谷之中，呈现为与海岸线垂直的鱼骨带状的聚落形态特征。

（二）人文景观

1. 海防工程

海防工程主要以村落内部的炮台、碉楼为主，主要建于明清两代。建立于明代的炮台是为防御倭寇入侵，现基本不复存在，现存炮台多为乡间富户或某一家族为保卫自家家财不受侵扰，出资与村民共同修建。例如玉环市炮台村的炮台是方氏家族为抵御战火，发动民众重修炮台。露天炮台全部用石垒砌，呈方形，一人余高，底部崛起，炮眼朝海，在炮台门山顶上的炮台内安置点火铁制火炮一门，在方氏家族门前山顶上的炮台内安置土制竹筒炮一门和存放大量石块，作为掷投海盗的一种武器，并编排了若干人员管理火炮和放哨。[①]

而碉楼多结合民居而建，主要作为街巷或某幢建筑的守卫。例如里箬村的碉楼为防匪而建，这座碉楼坐北

---

① 温正灿. 明代温州海防体系建设研究［D］. 金华：浙江师范大学，2016.

（a）立面　　　　　　　　　　　　　　　（b）内部

图3-6-17　里箬村碉楼（来源：张卓源 摄）

朝南，木石结构，共四层，长4.8米，宽4.5米。墙面开方形、券形、椭圆形等窗，并开有外窄内宽的长条形枪眼。一道窄窄的木楼梯从底层一直通往顶层。碉楼楼顶作歇山式，用小青瓦盖顶（图3-6-17）。

2. 水利工程

先人也对聚落周边的水利环境进行改造，其方式是先挖河渠筑造堤塘，或是开凿水井来获取水源。滨海型传统聚落内部分布着较多的水井，水井及周边空地往往是居民劳作之余进行休憩、交往的重要空间。水井往往沿街巷布置，一个村落内部往往有多口水井，水井的数量与方位都较为考究。

五、海滨海岛型聚落典型案例

（一）台州市温岭市石塘镇东海村——直接临海型海滨传统聚落

1. 村落地理区位

东海村（图3-6-18）地处温岭石塘半岛西南部，三面环海，面积约0.35平方公里，北接里箬村，南邻东兴，东为打卜岙，西濒海。村里共有村民387户，1137人，村民大多迁自福建。

2. 自然与社会环境

1）自然环境

东海村（图3-6-19）依山傍海，石屋鳞次栉比，海岸线较为平直，聚落直接与海相邻，无宽阔的沙滩、滩涂阻隔，且与海面没有较大的高差，耕地面积缺乏。受亚热带海洋性季风气候的影响，东海村四季分明、日照充足、降水充沛。

2）经济与社会文化环境

东海及附近村落村民多迁自福建，至今仍使用闽南语，属于浙南闽东文化区，当地文化主要由海洋文化及闽东文化为代表。文化延续依托于海洋这一生产要素及渔业、运输业等特色产业，具体体现在语言、民间信仰、民俗互动及建筑风貌上，如小人节、扛台阁等民俗活动。东山村是一个以海洋捕捞为主要产业的渔业村。

图3-6-18　东海村鸟瞰图（来源：张卓源　摄）

图3-6-19　东海村卫星图（来源：谷歌地图）

3. 聚落空间布局与形态特征

东海村背山面海，二者相夹，故为轴线式布局，其中村落主街巷是聚落平行于海岸线发展的主要轴线，纵深向发展则受到山体与海岸的阻隔，故而聚落形态为带状。东海村内道路结构为鱼骨状，主巷平行于海岸线，垂直于主巷延伸出的次级道路与主路共同构成了纵横交叉的道路系统。在鱼骨状道路结构之上，聚落形态受山海相夹，最终形成了鱼骨带状的形态特征（图3-6-20）。

海滨型传统聚落因土地资源较为紧张，故而村内建筑物布局紧凑，建设密度高，主要空间节点多为公共建筑和广场，如村落边界紧邻海岸的天后宫及庙前广场、聚落内部的张飞庙和观音殿。天后宫面朝大海而建，以求海运平安；进深较大的庙前广场是为了防止海水漫灌村落；张飞庙位于村落山势较高处，为武官庙，以求村落平安，免受海盗侵袭；观音殿隔海而建，是当地居民祈福消灾的祭拜场所。

4. 聚落民居与公共建筑

1）民居

海滨型传统聚落民居（图3-6-21）多"一"字形石屋，少量为合院式住宅。"一"字形主屋旁常有辅助的配套用房，如厕所、储藏间等。建筑主体结构为木构，外墙多用石材，屋顶为瓦片垒就，建筑外观朴素，装饰较少。合院式住宅以三四合院及多院落式长屋为主，如东山村天黄王庙北侧的石塘石屋。连通中间的明间作为厅堂，两边次间和厢房用以居住，如果有前后进，则一般前一进中间作门厅，后一进楼居底层明间作正厅。建筑主体构架以穿斗式为主，局部结合抬梁式（图3-6-22）。[①]

2）公共建筑

在台州市温岭市东山村，天黄王庙、庙前广场、戏台（图3-6-23）构成了村落入口的公共空间，同时也是村落最大的公共空间。其中天王庙规模较小，面阔3开间，约10米，进深7米左右。庙宇供奉天王、黄王两

（a）路网结构与主要道路图（来源：张卓源 摄）　　　　　　　　　（b）东海村形态模式图（来源：张卓源 绘）

图3-6-20　东海村形态结构图

---

① 宫凌海. 明清东南沿海卫所信仰空间的形成与演化——以浙东乐清地区为例［J］. 浙江师范大学学报（社会科学版），2016，41（05）：42-49.

（a）外部

（b）内部

图3-6-21　石塘石屋（来源：张卓源 摄）

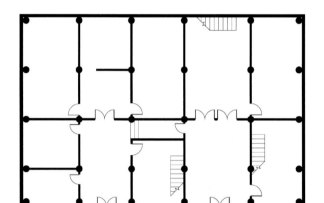

图3-6-22　石塘石屋平面图（来源：张卓源 绘）

图3-6-23　天黄王庙（来源：张卓源 摄）

位神灵，庙前为一广场，广场前方为戏台，背靠大海，与庙殿相望。每年两次的神诞日，即九月十一的天王诞、六月二十六的黄王诞，则在戏台上演戏庆贺。

5. 聚落景观与自然风貌

东山村紧邻海洋、背靠箬山，自然山水环境中的山麓与海洋两个要素较好地保留了其自然特征，是构成滨海聚落景观风貌的重要因素。东山村地势较为平缓，位于山谷平地，山体主要作为视觉景观要素。村内道路两侧零星布有数口水井，是村民取水、用水时交流休憩的重要场所。因聚落内部建筑排布紧密，道路形态曲折，许多转角处是村民休憩聊天的重要场所。东山村内人工景观顺应自然环境，紧密融合自然景观。

（二）台州市温岭市石塘镇里箬村——直接临海型海滨传统聚落

1. 村落地理区位

里箬村（图3-6-24）位于温岭市东南海滨，原属箬山镇，后并入石塘镇。里箬东西北三面悬海，以地处箬山内侧，并相对其南之外箬而言里箬，又名内箬。村内房屋依山而建，位于箬山内侧山腰之上。

2. 自然与社会环境

1）自然环境

里箬村（图3-6-25）与大海直接相邻，中间虽有浅滩但与海面高差较小，海岸线较为平直，耕地面积缺乏。

图3-6-24　里箬村鸟瞰图（来源：张卓源 摄）

图3-6-25　里箬村航拍图（来源：张卓源 摄）

2）经济与社会文化环境

里箬村是一个纯渔业村，几百年前来自福建的陈氏一族定居于此后就进行渔业生产。村中民风淳朴，海洋文化浓厚，大奏鼓、七夕小人节、扛台阁等民间文化活动具有浓郁的地方特色，体现了箬山渔文化。里箬村历史悠久，文化底蕴和历史遗存丰厚，其境内非物质文化遗产资源非常丰富，有国家级非物质文化遗产大奏鼓、石塘七夕习俗；省级非物质文化遗产温岭海洋剪纸；市级非物质文化遗产纸亭制作技艺、大钓开渔典礼、大鲨钩、大鲨锚制作技艺等，至今为当地群众所共享传承。

3. 聚落空间布局与形态特征

里箬村（图3-6-26）位于温岭市东南沿海松石半岛西南部，三面环海，背靠箬山，全村面积0.14平方公里，全村户籍人口1240人，农户406户。村人大多都姓陈，老少都会说闽南话。其信仰、服饰、饮食、建筑、民俗禁忌等各个方面都保持着祖先闽南惠安的特色。村内有省级文物保护单位"石塘陈宅"及石屋541间，其中清代建造的有109间。

村落紧邻海岸，中有沙滩与海洋相阻隔，故而无法发展成大型海港。聚落背山面海，山海相夹呈轴线式布局。村落主街巷平行于海岸，是聚落发展的主要轴线，且进入主街有两道墙门，由于土地限制，纵深向发展较少，故而发展成为带状聚落形态。里箬村的生长受外部环境及内部鱼骨状道路影响，最终形成了鱼骨带状的形态特征。

里箬村内建筑物布局紧凑，建设密度高，街边建筑也多过街楼架于街上。聚落内部主要空间节点较少，主要围绕信仰建筑玄天庙展开。里箬村完整地保存着清代至民国时期的历史格局与风貌，院落、碉楼的布局和道路沿海岸水势的走向，保持着传统的格局与风貌。

4. 聚落民居与公共建筑

1）民居

石屋规模小一点的呈"一"字形排列，规模大一点的形成合院式院落。外箬路10号东侧的一座民居是典型的合院民居。民居坐东南朝西北，由进门、正房、左右厢房及围墙围合而成，占地面积约190平方米。进门

（a）路网结构与主要建筑图（来源：张卓源 摄）

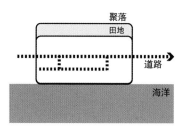

（b）里箬村形态模式图（来源：张卓源 绘）

图3-6-26 里箬村聚落形态图

有二道，一道开在东北角，一道开在西北侧，门宽1.42米。正房两层，三开间，用厚实的规则石块砌筑。左右厢房两层，一开间，围墙用不规则块石叠砌，厚约0.5米。

里箬村最著名的建筑为省级文物保护单位陈和隆旧宅（图3-6-27、图3-6-28）。宅院位于金涯尾路39号西侧，坐北朝南，为木石结构建筑群。主入口大门设于东面，入大门，中间为石板路，建筑群由石板路分为前后两部分，花园与前楼之间夹峙着一座石砌碉楼，高五层，巍然耸立。

花园东墙上，嵌有一块《陈氏卜园记》石碑，为民国十九年（1930年）6月，清光绪二十八年（1902年）壬寅科乡试副榜举人太平顾歧所撰，瑞安许苞所书。前楼分两幢，共分六开间，西幢三间四层，东幢三间三层，名"海滨庐"，又称"旭升楼"，民国十七年（1928年）建。底层为地下仓库，面海开有水门，涨潮时船可直接泊到屋内卸货。楼前有近百平方米的观海晒台。前楼门框、晒台石柱、栏板上有雕刻，精美别致，

尤其是雕刻的一些海生动物，极富生活情趣与海洋气息。后面部分共建楼房七间，可分为三个部分，东边三间为三层楼房。中间一间是楼梯过廊，西边三间为小四合院。前楼与后楼间有飞桥相通。台门向东，由方整的白石砌成，嵌有"旧德溯东湖俭勤世守，新支衍箬屿义礼家传"青石门联。

2）公共建筑

村内有一玄天庙为旧址重建，原为禹王庙（图3-6-29）。玄天庙位于村落内部，面向海洋而建，位于主路岔口附近，此处山崖向内弯折，形成了天然避风港。玄天庙与天后宫、天黄王庙的功用类似，主要为保佑聚落免遭台风等恶劣天气的破坏。玄天庙依托地势建于高处，庙前也有以小型广场与道路相接，是举行大奏鼓等特色民俗活动的场地。

5. 聚落景观与自然风貌

里箬村紧邻海洋、背靠箬山，山势作用下，里箬村内部呈现出较大的高差，建筑沿等高线排布，街巷于其

（a）内部	（b）外部

图3-6-27 陈和隆旧宅（来源：张卓源 摄）

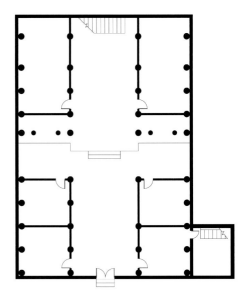

图3-6-28 陈和隆旧宅及碉楼平面图（来源：张卓源 绘）　　图3-6-29 玄天庙（来源：张卓源 摄）

间蜿蜒而过。山势塑造了里箸村内部的聚落肌理，而海洋则影响其外部边界，并提供了优越的自然景观。村内石屋由一条主巷道贯通，村口砌了石阶，石块路从村口铺向村尾，沿途小巷小道纵横交错，处处相通。沿主路两侧建筑保存良好，道路平面形态较为规则，界面连续，延续了清中期的街巷风貌。两侧老宅多为大小均一的土黄石块垒就，民居间夹有花园等小型开敞空间，为居民提供了游憩交流的场所（图3-6-30）。

（三）宁波市象山县石浦镇东门渔村——鱼骨带状海岛型传统聚落

1. 村落地理区位

东门渔村（图3-6-31）位于浙江省宁波市象山县石浦镇东门岛，四面环海，与石浦镇渔港古城仅一桥相隔，其北部港湾为铜瓦门，南港口为东门门头，扼航路要塞。

2. 自然与社会环境

1）自然环境

东门渔村直接与大海相邻，海岸线较为平直，是天然的渔港，东门岛的南港口就位于东门渔村内，但村落耕地面积较为缺乏。

2）经济与社会文化环境

东门渔村是第一批中国传统村落，也是第六批浙江省历史文化名镇名村，聚落依山傍港，良好的地理区位与自然资源使得东门渔村素有"浙江渔业第一村"的美誉。东门渔村历史悠久，在唐神龙二年（公元706年）象山立县之时，便是象山县所管辖的村落，宋代嘉定二年（1209年）设置东门寨，元代设置东门巡检司，而在明代时，海防卫所昌国卫也从舟山迁到东门渔村。东门渔村历史悠久，民俗文化丰富，有许多独特的海洋文化民俗，如十四夜、舞鱼灯、祭妈祖等仪式，还有渔帮文化的造大捕船习俗与渔民号子等多种文化遗存。[1]

---

① 郑丽敏，沈颖俊. 中国渔业第一村：东门村 [J]. 宁波通讯，2014（24）：32-33.

（a）过街楼 　　　　　　　　　　　（b）门洞

图3-6-30　街巷景观（来源：张卓源　摄）

图3-6-31　东门渔村卫星图（来源：谷歌地图）

（a）路网结构与主要建筑图（来源：张卓源 摄）　　　　　　　　（b）里箬村形态模式图（来源：张卓源 绘）

图3-6-32　里箬村形态结构图

3. 聚落空间布局与形态特征

东门渔村（图3-6-32）村域面积3.5平方公里，1200余户，近4000人口，居民大多以渔为业。东门岛岛屿面积有限，因此也限制了东门渔村村域的扩张，聚落背山面海，山海相夹的地形特征最终形成了轴线式布局。村中街巷沿顺应地形向山坡延伸，十字街、直街、横街构成了聚落的结构骨架，众多次级道路垂直于主巷向聚落外围延伸，聚落整体道路蜿蜒曲折、复杂密集，聚落最终形成了鱼骨带状的形态结构。

东门渔村内部建筑布局紧凑、密度较大，其中商行、渔行等商业建筑多布置于十字街上。东门渔村内传统建筑多为清代及民国时期建造而成，大多为1~2层的三合院和四合院，也有过街楼等，房屋大多为砖木结构，其中木料多为福建长梢杉木。民居整体有防台风、防海寇的作用，有鲜明的渔民住宅特色。

4. 聚落民居与公共建筑

1）民居

东门渔村民居合院多称为道地，在清代康熙年间海运解禁之后，福建、台州、宁海等地的渔民聚集于此，此后聚落得到了快速发展，也形成了杨、郑、詹等姓氏的道地与大院，现存道地多建于清代。

郑家道地建于清代，是一层砖木结构房屋，为穿斗式梁架，建筑面积为300平方米，门楼雕刻精美，上书"福、禄、寿"等吉祥字样。詹家道地建于清代，是二层砖木结构四合院，建筑面积为643平方米，由门屋、天井、正屋、厢房组成，门窗雕刻精美。

丁家大院建于清代，坐落于横街。是二层砖木结构四合院，建筑面积为320平方米。户主原为丁筱春，是民国时期的渔行主，开设丁春记渔行，拥有六艘渔船，商品远销沪、宁、杭。

2）公共建筑

东门渔村公共建筑种类繁多，首先受到渔业产业的需求，产生了大量如渔行、商铺等的商业建筑。其次独特的海洋文化孕育出了妈祖信仰等特色民间信仰，因此产生了护佑海上航行的天妃宫即妈祖庙等信仰建筑，也有守卫聚落安全的城隍庙。东门渔村历史悠久，众多历史人物汇聚于此，当地村民也竖像祭拜，如纪念元代守疆巡检司王刚甫的王将军庙。

孔泰兴渔行建于清代，是一砖木结构的三合院，二层高，建筑面积为450平方米，紧邻一幢一层建筑为张鸿泰渔行。孔泰兴渔行的门头雕刻精美，门内有过街楼，建筑由门屋、天井、正屋组成。

十字街商铺始建于清初，后随聚落发展也不断更新，商铺主要分布于直街路两旁，多为砖木结构的二层穿斗式建筑，通常贩售日用百货与食品，满足居民及来往客商之用。

东门渔村妈祖庙名为天妃宫（图3-6-33），始建于明初，后于清代嘉庆二十四年（1819年）重修，是省级文物保护单位。坐落于老道头山官基山麓，为一层砖木结构、二进合院建筑。建筑面积1080平方米，两进院落随地势升高而逐级抬升。门楼为五开间，中间三开间为门廊，雕饰精美，正中额枋上朱金雕刻"天后宫"三字，下书"天后娘娘"四字，两侧各有一檐房。进门设一戏台，戏台与正殿相对，戏台为歇山顶，内有藻井，月梁、檐柱都有雕花。正殿两侧有厢房及门楼，屋脊前有"风调雨顺"、背有"言境平安"。

东门城隍庙（图3-6-34）则始建于明洪武二十年（1387年），清道光三年（1833年）重修，民国三十年（1941年）再修。位于象鼻山嘴古城垣旁，坐北朝南，

为砖木结构的二层三进合院建筑，建筑面积1780平方米。城隍庙纵向轴线由门楼、戏台、大殿、后殿及两侧厢楼组成，戏台位于第二进院落，与大殿相对，为歇山顶，戏台上书"古今鉴"。

5. 聚落景观与自然风貌

东门渔村邻海部分地势平缓，邻山地区地势稍为起伏，良好的地理条件与海岸条件使得东门渔村成为渔业与商业要塞。为解决岛上居民的用水需求，早在明代洪武年间便挖掘水井，名为甜井，至今仍是岛上居民的饮水井，村内还有天妃井、方井等。

同时东门渔村所在岛屿也兼有海防的重要地位，因而也分布有灯塔（图3-6-34）、古城垣、烽火台与炮台等军事设施。东门灯塔为全国重点文物保护单位，始建于民国四年（1915年），民国八年（1919年）重建，20世纪40年代再重建。东门灯塔建筑面积约9平方米，四周筑乱石墙，西侧开门。

东门古城垣（图3-6-35）为元末王刚甫最早修建，明代洪武年间为防止倭寇侵犯修建第二条城墙，城墙全场342米，高二丈三尺，宽一丈二，保存依旧完整。烽火台位于城北的大炮台山顶，明初设立卫所，如今烽堠遗迹依旧存在。而东门炮台位于东南海滨，建于明代，长12米，宽5.5米，高4.5米。

本章基于自然地理特征的分类原则，将浙江省的传统村落分为平原水乡、丘陵、山地、盆地与海滨海岛等聚落类型，从村落的自然地理、社会文化与历史发展背景出发，深入解读自然地理要素中的气候、地貌、水系与交通等对传统村落的空间格局，包括中心、街巷、节点与边界等因素的聚落形态特征以及公共建筑与民居的建筑特征、聚落自然与人文景观风貌等，系统地阐述了自然地理因素限制下的浙江传统聚落生成生长的要素与演变特征。

图3-6-33 天妃宫（来源：百度百科）

图3-6-34　城隍庙戏台（来源：百度百科）

图3-6-35　东门渔村古城垣（来源：百度百科）

第 四 章

经济社会与聚落构成

第一节　经济与社会文化因素作用下的传统聚落

聚落空间是一种物质空间形态，又承载着人类各种生产与生活实践，维系着聚落社会结构的稳定与连续。聚落空间还是一种空间组织形态，是聚落社会的各种生计方式、经济技术、社会组织、政治、宗教信仰、军事政策等各种因素的物化形式。而物化的组织形态，又会强化聚落的社会组织关系，并反作用于聚落的社会组织形态。[①]

影响聚落生成生长的经济与社会文化要素包括：生计方式、家庭结构、宗法制度、民俗、宗教等诸方面。自然生态要素是传统聚落生成生长的出发点，经济与社会文化因素可以说对传统聚落生成起到修正的作用。本章将从经济与社会文化因素作用下的聚落类型及其形态特征进行详细阐述。

一、经济与社会因素

（一）经济生活与生计方式

从经济学的概念来看，人们如何在有限资源的限制下，依据节约或最大化原则进行选择。从本质上说，经济就是一种生计策略或生计方案，从环境中获取生存资料和人口的维持活动是有关人类生存的最基础行动。而人们获得食物的集团、活动、技术等谋生手段总称为生计方式。在中国传统社会，以农耕为主的农业经济占主导，土地是人们获取生活资料的唯一方式，人们的生产生活完全依赖于自然环境，对生活方式、社会组织以及文化变迁等都产生了深远影响。乡村聚落作为农民经济活动的中心，每个聚落成为一个相对封闭、自给自足的

经济单元，聚落空间除了居住功能以外，更多地服务于日常生活、宗教仪式、社会教化与集市交易。随着商品经济与手工业者的分化，商业作为一种生计模式，其发展与聚落空间、住居空间紧密相连，聚落的规模不断扩大，集市成为聚落空间的中心，随之产生了街市，聚落不再是相对封闭的经济单元，便捷的对外道路、临近水系与四通八达的水路运输，不断改变着商业的布局与规模，促进了聚落空间商贸交易的勃兴。

（二）家庭结构与宗法制度

人的行为来自各种条件限制下产生的某种需求，而这种需求在逐步提高，从起码的安全庇护到物质功能与精神需求的全面满足。如果适应于自然环境的限定是聚落形成的前提，那么与社会文化相适应就是聚落得以维持与发展所补充的营养。

基于对土地的依赖，农业社会人们习惯于聚族而居，以家庭为基本单位，构成基本的社会生产组织。在聚落空间中，住宅是家庭的空间物化，与家庭对应，成为宗族社会组织的基本单元。住宅依据血缘关系，聚族而居，组织成聚落群体，承载着家庭的族群——宗族。宗族是以血缘关系为纽带，体现家庭、房派、家族等宗亲间的社会结构体系，具有一定权力的民间社会组织形式。在传统宗族聚落中，祠堂作为一种聚落公共建筑，往往居于聚落入口、几何中心、邻近水系或者主路附近，成为聚落空间的核心的物理空间与精神象征，维系着整个聚落的人伦秩序等，是宗族政治、经济、文化等多重象征。宗祠的功能不仅是全族的祭祀、庆典、

---

① 倪震宇. 空间人类学视野下的聚落空间形态与结构研究 [D]. 南京：东南大学，2019：223.

议事、聚会的场所，更是一种承载精神纽带的空间表达，强化了宗族的凝聚力与归属感。[①]

（三）宗教与民间信仰

宗教与民间信仰都是一种特殊的社会意识形态，它体现为人们对自然界、人类社会的发展变化的基本态度，对某种宗教或主义极度信服和尊重，并以之为行动准则。从信仰形态的角度，可划分为宗教信仰（佛教、道教等），官方信仰（文庙、城隍庙）和民间信仰（包括各种地方信仰）。共同的信仰是聚落形成共同价值观和信念的精神支柱，也是约束人们行为与遵从准则的传统社会结构的表现形式。[②]在大量聚落中都多见宗教庙宇与官方信仰建筑，这些信仰建筑往往居于聚落入口或者边缘地带，作为一种精神中心限定着聚落边界范围。同时，民间信仰建筑由于其信奉的神灵不同及其所肩负的功能差异，其在聚落中的地理位置也差异很大，如祈福平安的民间信仰建筑有居于聚落地理中心的，也有居于村落边界的；但是保障聚落自然环境风调雨顺的信仰建筑往往多在聚落的边缘，在精神上庇护聚落的安全。在杂姓聚居的聚落中，信仰建筑也承担着聚落社群整合的功能，以共同信仰为中心的公共空间，逐渐变成聚落的中心，共同信仰也成为聚落公共价值观的核心要素。

二、基于社会结构的传统聚落类型

从广义上讲，社会结构是指社会生活中各基本活动领域通过相互影响，相互制约所呈现出的状态。这种表述是对社会结构的基本属性及特征的一种概括。[③]从社会关系网络结构的角度来看，社会结构包括人的社会组织、生产的组织方式所构成的个人与组织的构成关系，着重分析个人和组织间的关系、互动，以及由此对社会形态的塑造。[④]

（一）传统社会关系

传统聚落的空间结构是其社会结构的物质空间投影。人们因不同的生活、生产方式集聚而产生不同的社会群体，不同类型的社会群体构成不同的社会结构。聚落空间结构是在水系、地形地貌、气候和资源等自然环境因素，与生计方式、宗法制度和信仰等社会文化因素构成的综合复杂的网络系统作用下，经过长时期的演化与变迁而形成的。聚落的空间结构展现出集聚人群之间的社会关系，同时也决定了聚落空间布局与形态特征。

在社会学理论中，从社会关系建立的基础上，将社会关系分为血缘关系、地缘关系、业缘关系三种基本的社会关系。著名社会学家费孝通先生指出："在中国的乡土社会中，血缘与地缘是社会各种组织形式的最基本纽带，也是人与人之间最基本的社会关系。业缘关系则是在血缘与地缘关系的基础上建立起来的。"[⑤]这些社会关系主要是体现血缘与宗族间的关系、地缘与族群间的互动，及其业缘与社会交换间的关系。

（二）血缘关系

以农耕经济为支柱产业的乡土聚落，最初是以血缘关系为纽带形成的，血缘型集聚是传统村落形成的基本社会关系。聚落以宗祠为核心，宗族围绕大宗祠修建重要建筑，而民居依血缘关系分区，环绕支祠和香火堂等

① 倪震宇. 空间人类学视野下的聚落空间形态与结构研究 [D]. 南京：东南大学，2019：111.
② 林志森. 社区结构与传统聚落 [M]. 北京：中国建筑工业出版社，2018：170.
③ 李俊. 社会结构变迁视野下的农村纠纷研究 [M]. 北京：中国社会科学出版社，2013：22.
④ 仲金玲. 基于社会结构重组的传统村落空间更新策略研究 [D]. 北京：北京建筑大学，2014：14.
⑤ 费孝通. 乡土中国 [M]. 北京：生活·读书·新知三联书店，2013：68.

各级宗族机构，随房派结构团块状辐射分布。随着聚落规模的不断扩大，聚落结构从单中心辐射模式向多中心辐射的趋势演进，从而逐渐显现出具有同心圆式层级关系的聚落结构与形态，[①]呈现出宗祠在聚落物理空间与精神掌控方面的中心地位。

（三）地缘关系

地缘关系是血缘发展到一定阶段集聚的社会关系。土地是维系乡土社会人们生活的基本资料，也构成了所决定的一种社会关系，由在同一区域操持相同生计方式的人们集聚而成。聚落形态呈现依据定居时间的先后顺序而形成的团块式集聚，或者趋于靠近资源优势区域的聚落布局与结构。

（四）业缘关系

传统血缘型、地缘型聚落都是以宗族关系作为维系聚落秩序的纽带。随着手工业的发展和商业贸易的活跃，血缘型聚落逐渐建立起手工业主与雇佣者的雇佣关系，导致原本受宗族制度决定控制的聚落格局逐渐削弱。业缘关系、血缘关系和地缘关系在村落发展变迁中

不断交织，进而影响村落的空间结构。业缘型聚落的社会构成由单一的宗族构成的社会关系转化为多姓氏、多种行业分工的人群结构；聚落结构与形态也由中心式辐射的结构变为趋于商贸活动便捷因素，以集市与商道为轴线发展的特征。当行业成为具有一定规模与连续性的贸易线路，聚落则更加趋于建构四通八达的交通系统，聚落形态更趋于分散，打破了集中式聚居的聚落分布。

（五）神缘关系

由共同的文化起源和共同的生活习俗所决定的一种人际构成关系就是神缘关系，以共同的信仰为精神庇护而聚居的聚落就是神缘型聚落。神缘型聚落往往不会单独存在，多与血缘关系、地缘关系与业缘关系公共影响着聚落的空间机构，在实质上限定着聚落的物理边界，构建防御性的空间体系；在精神上，更是庇护着聚落的生产生活与安全防御。

本章将会从以上基于社会结构划分的传统聚落的四个类型，分别解析聚落的经济与社会文化动因、聚落空间格局与形态及其典型案例。

第二节　血缘型传统聚落

一、血缘型传统聚落的定义

（一）血缘与血缘社会

1. 血缘定义

血缘一词的由来是生物学，血缘关系的远近是相同

基因的遗传概率大小决定的。而在社会学当中，血缘是一种为家族或宗族所决定的人际构成关系，通过血统作为纽带维系，是人与人之间与生俱来的天然联系。人类以血缘关系为纽带构成了乡村聚落最初的"群聚"，称为血缘型集聚。

---

① 仲金玲. 基于社会结构重组的传统村落空间更新策略研究 [D]. 北京：北京建筑大学，2014：24.

2. 血缘社会

宗族作为中国传统社会最基本的、最亲近的社会关系,自古至今从不间断,经历了四个不同的形式:自原始社会时期的部落家长氏族制,到夏商周时期逐步形成的宗法宗族制,这一时期形成了以宗法制度《周礼》为核心的礼制等级社会观念;经过一秦两汉三个朝代的重新整合,重新确立以儒家思想为核心的礼制等级制度,形成了魏晋时期的以世家大族为主的统治集团;经南北朝战乱,世家大族的裂解破灭,至隋唐科考制度的出现而再度整合,最终形成了唐宋以后至明清的封建家族制。部落氏族—宗族—世族—家族,是传统中国社会的四个不同发展时期,也标志着中国宗族群体的四个不同发展阶段。以宗法礼制为核心理念的封建家族成为民间普遍的地方社会组织,负有传承思想文化和宗法教育的责任,对聚落民众的整合、规范、管理、生长起到不可替代的作用,对传统聚落的空间格局有着深远的影响。

聚族而居的聚落环境以血缘宗族为主干派生邻里,建立人与人之间的人际关系、房份与房份之间的族群关系、个人与社会之间的群体关系,成为传统聚落环境文化形态构建的支撑。以宗族文化为核心的物化模式构建了宗族社区的意象图式,树立了情感凝聚的家园精神,对传统聚落形态产生了深刻的影响。[①]

(二)血缘型传统聚落

血缘型集聚是传统聚落的原始基础,是其形成的底蕴。人们聚族而居,形成血缘型聚落,供奉同一祖先。随着村落的发展,逐渐从血缘型集聚向地缘型集聚、业缘型集聚或其他集聚类型转变[②]。血缘型传统聚落是指以血缘聚集为核心集聚形式的传统聚落。

(三)血缘型传统聚落的影响因素

1. 礼法制度

宗族聚落是礼法制度的物化表现,聚落的发展离不开宗族制度的约束。古代族训家规是约束族人生活行为的准则。在长期的农耕社会中,宗规族训为人们所严遵恪守,并物化于聚落形态和民居建筑之中。

"礼"文化是中国传统文化的核心。宗族聚落的向心性是宗族内聚性和礼文化"居中为尊"的体现。在保存较完好的宗族聚落中,我们依然可以看到较强的向心性。家族要发展壮大,也必须要具备内聚性的特点:即家族内部行为高度统一。可见,民居聚落向心性的产生并非偶然,而是家族内聚性的产物。因此,血缘聚落中的家族祠堂往往起着引导与内聚的作用。

2. 礼制秩序

作为宗族结构主要构成单元的"房份",对宗族聚落空间形态产生重大的影响。不同的房份,往往形成一个可见或不可见的居住组团。同时,房派的分衍与开创也是聚落拓展的生长点。当宗族发展到一定规模,原有的资源和土地趋向饱和时,一种是改变生产方式,另一种则是移出原村落而另辟一个地点,形成新的聚落。因此,形成了根据血缘关系与宗法制度共同作用下具备拓扑同构特征的空间形态。

空间的发展形态过程中体现了血缘的远近亲疏有别,血缘型传统聚落往往以等级最高的空间为核心层层向外推进,不仅明显地构建了一个平面维度的血缘亲疏远近网格关系,在竖向空间的分布中也能够有所体现。聚落空间与等级空间构成关系的紧密疏离以及远近距离直接体现出赋予在空间中血缘关系的远近。同时,血缘

---

① 林志森等. 社区结构与传统聚落[M]. 北京:中国建筑工业出版社,2018:32.
② 仲金玲. 基于社会结构重组的传统村落空间更新策略研究[D]. 北京:北京建筑大学,2017.25.

型传统聚落中的空间形态发展也影响了血缘关系的影响力和控制力，越近的空间受到血缘影响的控制力越强，空间形态也越规整地遵循礼制秩序，越远的空间受到血缘影响的控制力越弱，空间形态相对有机自由的形态。

3. 生存需求

血缘型聚落相对其他类型聚落具有一定的封闭倾向，往往更强调聚落的安全性，甚至还会有排他性，例如俞源村中的俞氏和李氏两个家族相处百年之多仍然有明显区分。有些血缘型传统聚落则是因躲避战乱而移居于偏远封闭的环境，更容易形成血缘型的特点。为了保证聚落的生存发展，血缘为纽带而形成的聚落向心凝聚力最能够抵抗外敌入侵，因此出于防卫安全等实际需求的角度，自发地形成血缘型传统聚落更能适应聚落的生存发展。

二、血缘型传统聚落分布

随着时代的变迁，封建家族制度的瓦解，浙江血缘型传统聚落在现代社会的强烈冲击下，宗祠等礼制空间的限制消减殆尽。在城乡人口流动的社会背景下，血缘型传统聚落中村民的血缘意识逐步淡忘，扩建新居、拆旧建新都不再受礼制等级因素的影响和控制，更多考虑功能使用与交通便捷等实际因素，反映到空间形态上则呈现出以宗祠为中心的块状组团向分散状，或临近道路交通的轴线状等转变的发展状态。

尽管血缘型传统聚落的现状有部分衰落，但仍有许多传统聚落在城镇化大潮的冲击下保有着大量原生聚落的特点，并且也持续性地影响着空间形态和聚落整体的发展，在封建秩序解体的过程中潜移默化地影响着新秩序的萌芽生成。浙江血缘型传统聚落在浙江各地区各类地形地貌中都普遍存在，其中不乏依然保存仍旧较完整

的传统聚落，为研究血缘型传统聚落提供了大量样本。

三、血缘型传统聚落的形态类型

（一）按聚落组织构成分类

血缘型传统聚落的构成较为复杂，人类学与社会学者对于宗族聚落有过不同的分类。如台湾学者在研究台湾汉人社会时，将台湾汉人聚落归类为一姓村、主姓村或杂姓村[①]。另有社会学学者通过对家族组织与社会变迁的考察研究，将宗族组织分为三种基本类型：一是以血缘关系为基础的继承式宗族；二是以地缘关系为基础的依附式宗族；三是以利益关系为基础的合同式宗族。按宗族聚落中某一姓氏所占整个聚落姓氏的比例，可以分为单姓氏宗族聚落和多姓氏宗族聚落。

1. 单一姓氏血缘型传统聚落

单姓宗族聚落的集聚因素单纯，形态生成的脉络清晰完整，可以清晰发现宗族分衍过程中聚落形态的演变过程。在单一姓氏血缘型传统聚落空间布局中，根据血缘关系的远近，总体上不同的房族支族以中心等级空间向聚落外部空间依血缘次序排布，规模大的房族支族以分祠为中心，规模小的房族支族以堂为中心，较大的家族往往也有家祠和堂，较小的家族至少也有供祭祖先的正屋堂屋。整体上来看，聚落从宏观到微观层面上都体现了一定的环心式建筑形态的同质关系和拓扑同构关系。

2. 多姓氏宗族聚落

不同宗族类型的宗族聚落有着不同的发展历史，多姓宗族聚落一般是经历复杂的社会变迁而形成的，集聚的形式也以血缘为主，多个姓氏中每个姓氏宗族所处聚落空间分布的内在组织逻辑，在血缘的影响下与单一姓

① 马威. 台湾人类学的汉人社会研究 [J]. 中南民族大学学报（人文社会科学版），2007（04）：15-19.

氏血缘型传统聚落也具有较高的相似性。多个姓氏宗族的等级关系并不是平等的，宗族间的等级关系与宗族内部的等级关系逻辑，在聚落中的相互作用下也具有从聚落宏观到微观的同质性和拓扑关系。但相对于单姓氏血缘型聚落而言，其结构相对分散，呈现多中心性，布局更为灵活，影响聚落形态的因素还在于避世迁居的地缘或因商业活动集聚的业缘等。

（二）按聚落空间布局分类

1. 环心布局

血缘型聚落的环心式布局是由各房派宗祠的建造与位置直接决定的（图4-2-1）。浙江省血缘型传统聚落无论是一个聚落一个氏族或是一个聚落多个氏族，布局上都会呈现高度的整体性[①]，导致了多数血缘型传统聚落的团块状特征。宗祠在礼制社会中是村落中最高等级的建筑，占用聚落中最好的位置和资源。一个村一个姓氏为主导，在总体布局上会表现出其位居中心区域，其他房派围绕其呈卫星状环心式散布，如金华兰溪虹霓山村，金华永康芝英镇；如果各氏族势力较为均衡，就会形成各宗族地位较为平等的多中心多组团关系，如金华武义俞源村。

2. 轴线布局

轴线式是浙江血缘型传统聚落典型的布局方式，宗祠的位置不占决定性的影响因素。此类聚落的布局方式主要受路网交通与水系对聚落布局结构的影响，由于地形地貌导致轴线式的主路或轴线式贯通的水系为主导村落布局结构的主要因素（图4-2-2），宗祠通常在主轴线的附近，临近主路或者主河道。轴线式布局的血缘型

传统聚落以丘陵型传统聚落数量居多，如丽水松阳的横樟村、丽水龙泉市官头村、宁波奉化岩头村；盆地型传统聚落中有景宁畲族自治县大漈乡。

四、血缘型传统聚落的建筑特色

（一）血缘型聚落建筑的位序观

中国传统的空间观念和社会结构中都表现出"位序"格局。位序指空间的定向，即方向感。在传统聚落中，方向感由聚落及住屋的朝向来确定。而聚落和住屋的朝向表现在传统人居环境观念之中，与自然具有一种和谐礼遇的关系。

血缘型聚落是在以血缘关系为纽带、以等级关系为特征的宗法制度约束下发展起来的。位序所包含的定向、定位、层级和秩序四个层次的含义，在传统聚落中通过聚落空间结构和要素表现出来，不同要素表现的侧重点有所不同。聚落的中心与边缘，聚落与建筑的朝向、建筑的位置、形制等都集中体现了位序的内涵。

作为传统聚落中宗族社会象征的宗祠，往往成为宗族聚落的核心建筑之一，其他建筑都以此为中心而组织布局。因此，宗祠建筑往往成为聚落空间的核心空间，各房份的支祠呈拱卫之势，各房民居又分别以各自支祠为中心展开布局，相对集中居住，体现了中国传统聚族而居的居住模式，这是一种社会伦理的组织关系与家族内部等级秩序的象征[②]。

在浙江传统聚落中，合院形制在制度层面上契合了中国宗法伦理的秩序和结构；在功能上具有极大的灵活性和适应性；在组织关系上具有可生长性，因而成为中国传统建筑的基本形制。在强调内外有别的空间层次观念的影响下，宗祠一般采取向心封闭的合院布局。在宗

① 刘锐. 礼制、宗族、血缘与空间——张谷英聚落景观空间形态的文化人类学解析 [D]. 天津：天津大学，2014.
② 林志森. 基于社区结构的传统聚落形态研究 [D]. 天津：天津大学，2009：78.

（a）金华武义俞源村（来源：张健浩 摄）

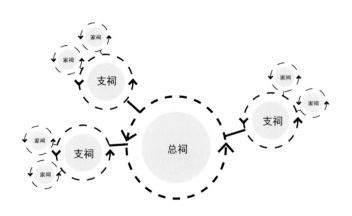

（b）布局模式（来源：张健浩 绘）

图4-2-1 典型布局模式

（a）宁波奉化岩头村（来源：张健浩 摄）

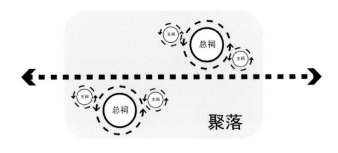

（b）布局模式（来源：张健浩 绘）

图4-2-2 轴线布局模式

法制度的约束下，为了协调族群社会的秩序，体现长幼有序、男尊女卑的等级观念，宗祠建筑表现为主次分明、对称规整、多层次的布局形式。

（二）血缘型传统聚落的核心建筑——宗祠

1. 宗祠的作用

宗祠随着聚落的发展与变迁，承载的使用功能也不断增多。崇拜祖先并立庙祭祀的现象，在原始社会后期已存在，宗祠是供奉祖先神主（即俗称的牌位）、宗族祭祀祖先的场所，被视为宗族的象征。

"祠堂"这个名称最早出现于汉代，当时祠堂均建于墓所，祠堂有多种用途，一般分为总祠、支祠。除了"崇宗祀祖"之用外，祠堂最主要的作用是维系亲情，祠堂文化起着统一族众行为与思想的作用，使社会生活保持稳定，使族众群体内所有成员保持向心力与凝聚力，加强血缘关系，联系族属感情，强化家族内部的凝聚力和向心力。祠堂还起着礼教的作用，各房子孙平时有办理婚、丧、寿、喜等事时，利用这些宽敞的祠堂作为礼教仪式性活动之用；祠堂还起着规范教化的作用，执行族规家法，惩罚不孝子弟等都在祠堂进行，以此维护家族的秩序。祠堂的另一种重要功能是珍藏宗谱、纂修宗谱。宗谱是一种通过记传、论志、图表等形式，将宗族的血缘亲疏、辈分、家规、家法等情况和谱系等记载下来，以为本姓宗亲们掌握、遵照的特殊史籍。祠堂还是讨论族中事务的会场，族亲有时为了商议族内的重要事务，也利用祠堂作为聚会场所。[1]

2. 宗祠的布局特征

祠堂建筑在清代末期最为繁荣，尤其是浙江省几乎每村都有祠堂，更有一村拥有多座祠堂的现象。据统计，浙江省总数更为庞大，中部地区现存可考祠堂就有912座。

1）祠堂形制与立面

祠堂是聚落中首要的礼制建筑，因此也最注重选址，非常符合传统的人居环境观念。血缘型传统聚落祠堂建筑的组织和整体布局是有规制的，大体可分为门前广场、门前泮池、戏台、大门、围墙、天井、享堂、拜堂、寝堂、辅助用房等几个部分，是根据其家族的经济实力而定的。祠堂建筑平面布局，虽常因地形及用地限制发生变化，祠堂的建筑风格各式各样，都是以较严肃的殿堂或殿厅混合式组成。大部分祠堂有高大的墙门、门楼、照壁、正殿、庑房、享堂等房屋建筑，正厅两侧有厢房等建筑。庭院植有树木花草，庄严典雅。但总体上仍不外乎传统的中轴对称、纵深布局的方式。其纵向进深及横向路数，随祠堂规格、建造者财力及用地规模形态而变化，主要有以下几种[1]：

（1）单进单路祠堂：由单座建筑（享堂）构成的祠堂。

（2）两进祠堂：即由祠门、享堂构成的祠堂，两侧或由两厢、廊道连接，近似民居院落，侧翼有时设置祠丁居住的别院附房。

（3）三进祠堂：即由祠门、享堂、寝堂（或后楼）或祠门、二门（也可称仪门，其后部有时有享堂设有戏台）、享堂构成的祠堂，侧翼亦可能有祠丁居住的别院附房。

（4）四进祠堂：由祠门或门楼、二门（也可称仪门，其后部或有面向享堂的戏台）、享堂、后堂构成的祠堂，两侧可能有边路，此类祠堂为敕建的官祠，规格较高，由官方定期祭祀。

（5）三路四进式或边路三进式：主轴线保持三进或四进，并有左、右两路或一路，一进或二进式（图4-2-3）。

---

① 李秋香. 宗祠——"乡土瑰宝"系列［M］. 北京：生活·读书·新知三联书店，2006：22.

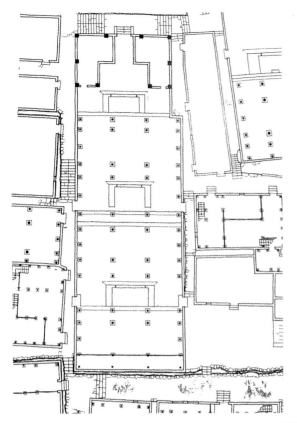

图4-2-3 建德新叶村旋庆堂（来源：陈志华，李秋香《中国乡土建筑——新叶村》）

图4-2-4 兰溪诸葛村乡会两魁牌坊（来源：张卓源 摄）

祠堂常见的立面造型有牌坊式和庙宇式两种：牌坊式原是皇帝赐立，用以表彰显宦望族、忠义之士和贞节之妇的一种旌表建筑，立于被表彰者的住宅前面，是独立的建筑物，如兰溪诸葛村乡会两魁牌坊（图4-2-4）。后来，有的官僚望族就把这种建筑造型运用到自己的住宅建筑立面上；庙宇式建筑造型，因为祠堂就是由宗庙、家庙演变过来的，其性质也是"庙"，只不过普通庙宇供奉的是佛、道之神，祠堂供奉的是祖先神而已，如兰溪市渡渎村章氏家庙（图4-2-5）。

2）宗祠在传统聚落中的方位

（1）平原型传统聚落宗祠

平原型传统聚落多为血缘型聚落，且土地充足，聚落呈团块状，宗祠多分布于聚落的中心、入口或者水口处等。例如，杭州市江南镇珠山村，由五个自然村合并而成，每个居住组团内部都以各自姓氏的宗祠为中心，

如王家自然村中心为王氏宗祠。宁波市奉化街道青云村，孙氏宗祠位于聚落中部的主路一侧，同时宗祠内部还有藏书楼与议事厅。部分聚落的宗祠则位于聚落端头，邻近水口的位置。例如，杭州市江南镇石阜村，其宗祠位于聚落北部邻近水口位置，与主路相对。桐庐县深澳村申屠氏宗祠则坐落在聚落入口处，面对大塘，彰显了宗族文化对平原型聚落的深远影响。

（2）盆地型传统聚落宗祠

盆地型聚落宗祠布局特点与平原型传统聚落类似。总祠一般建在聚落的中心位置，少部分由于特殊的地势选在聚落边界。围绕宗祠布置民居后形成最主要的组团，发展壮大后其他房派宗祠建于一旁，再次围绕支祠形成周边的组团，例如兰溪诸葛村大公堂、虹霓山村童氏宗祠（图4-2-6）。还有一种宗祠沿村中的老街布局，如永康芝英镇的古麓街——紫霄路，以总祠应氏宗祠为起点，沿整个街巷布置其他的景宗公祠、天相公祠、正济公祠、端恭公祠、墓颜公祠、澹泉公祠。

（3）丘陵型传统聚落宗祠

丘陵地区传统聚落的宗祠受地形和社会组织等多种因素的影响，布局有较大差异。一般丘陵型传统聚落的宗祠主要位于村口、村落中心、村落外围或与住宅相结合的位置。祠堂位于聚落中心的情况较为普遍，这

（a）章氏家庙外观　　　　　　　　　　　　　　　　　（b）章氏家庙厅堂

图4-2-5　兰溪渡渎村章氏家庙（来源：张卓源 摄）

（a）童氏宗祠外观　　　　　　　　　　　　　　　　　（b）童氏宗祠厅堂

图4-2-6　兰溪虹霓山村童氏宗祠（来源：魏秦 摄）

一类型的聚落规模一般不大，支系不多，如宁波奉化岩头村（图4-2-7）。宗祠作为村落的标志性建筑，为了展示村落形象而建于村口，同时还在祠堂前修建广场、开挖池塘，凸显祠堂的宏伟，例如温州永嘉屿北村（图4-2-8）、金华武义郭洞村、金华浦江嵩溪村。祠堂位于聚落外围的，主要是受到产业、多姓氏以及用地紧

张等因素的影响。业缘型的多姓氏聚落宗祠一般设于聚落外围，例如温州苍南碗窑村的生产和商业空间占据着聚落中心位置，宗祠坐落在聚落外围的山腰上。用地紧张而建祠于聚落外围则是比较常见的现象，例如温州苍南蒲壮所城的王氏宗祠建祠于聚落外围的后山腰上。在交通闭塞的丘陵地区，大型的住宅会与祠堂相结合，例

图4-2-7 宁波奉化岩头村毛氏族宗祠（来源：张卓源 摄）

图4-2-8 温州永嘉屿北村尚书祠堂前广场（来源：张卓源 摄）

如绍兴诸暨斯宅村，宗祠位于民居正中轴线的最后一进位置，左右皆为民居，该类型较为少见。

（4）山地型传统聚落宗祠

山地型聚落受地势因素影响可以分成平地形态、缓坡形态和阶梯形态。宗祠的布局也随着聚落不同的几种地势形态产生较大的差异。平地形态的山地聚落与盆地型和平原型聚落有着相似的布局，宗祠布置在聚落主要入口或聚落边界，如丽水景宁高演村、深垟村；缓坡形态的山地聚落宗祠布置在聚落边界或聚落中央，如丽水景宁季庄村；阶梯形态的山地聚落一般沿等高线进行布局，宗祠布置在等高线交接处较为开敞、宽阔的地带，如丽水遂昌独山村、丽水龙泉大窑村、丽水景宁董川村等（图4-2-9）。

五、血缘型传统聚落的景观风貌

（一）以宗祠为中心

一般来说，宗祠都是村民活动中心，但由于管理上的需要，很多宗祠往往不是每天开着的，要有重要活动，重要节日才开门。因此，宗祠前面一般都辟有广场，或者挖有大的池塘，并配有亭阁或旁边种上大树，成为村落的公共活动场所[①]。宗祠广场往往会精心装饰，地面铺上青石，花岗石或卵石地面。除宗祠建筑讲究良好的环境以外，周边环境往往形成优美的对景，背靠密林，四周群山环抱，对面或梯田，或水面或山峰或高处视野开阔。例如遂昌独山叶氏祠、兰溪诸葛村大公堂、建德新叶村有序堂、永嘉岩头塔河庙、蓬溪康乐公祠、天台张思村、江山清漾村等宗祠都属这一类型。

（二）以水塘为中心

在血缘型聚落中有一种池塘是"泮池"，池旁往往都有学校或文庙、书院、宗祠、寺庙等，它是书院，学校，文庙的代名词，是儒家思想"世泽流长"的象征，泮池的形状有长的、方的，但多数为半圆形或近似于半圆形，故又称"半月塘"。随着上述这些公共建筑的衰落，泮池的原意也逐渐被人们淡忘，演化为公共场所。

① 丁俊清，杨新平. 中国民居建筑丛书——浙江民居［M］. 北京：中国建筑工业出版社，2009：105.

| （a）张氏宗祠内庭院 | （b）张氏宗祠外观 |

图4-2-9　丽水景宁董川村张氏宗祠（来源：张健浩 摄）

六、血缘型聚落典型案例

（一）浙江省永康市芝英镇——环心式血缘型聚落

1. 地理位置

芝英镇位于浙江省金华市永康市中部，总面积68平方公里，总人口60000以上。东邻方岩镇，南濒石柱镇，西接东城街道，北连象珠、唐先、古山三镇。芝英是永康市最大的农村集镇，清朝时期是浙江省八大集镇之一。芝英古镇位于浙江金华永康市郊，是永康市的第一大集镇，中心镇由芝英一村到八村组成。另外，芝英古镇在2014年被评为国家级历史文化名镇，芝英一村在2019年被评为第五批国家级历史文化名村。

2. 自然与社会经济

1）地貌与气候

芝英镇地属永康盆地中部，聚落整体东高西低，坐北朝南，被椭圆形和"U"形两道山水线紧抱怀中，境内溪流纵贯，塘潭密布；山衬水美，水映山辉，形成独特的钟灵胜地[1]。聚落位于亚热带季风气候带，四季温暖宜人，雨水充足（图4-2-10）。

2）社会文化与习俗

古芝英镇名称经历多个时期的变化，在晋元帝时期，后军将军应詹上表："近魏武皇帝用枣袛、韩浩之议，广建屯田，又于征伐之中，分带甲之士，随宜开垦，故下不甚劳，而大功克举也。"[2]晋元帝采纳应詹建议，诏令在地方和军队实行屯田制。公元325年，时任平南将军、江州刺史应詹及其长子应玄带兵平抚古芝英一带动乱后，欣赏古芝英一带的战略地位、优越的自然条件和包括提供军需所用的自然矿产，就在此屯兵屯田，垦荒种地，形成一片官方拥有的田地，故称官田。后因大规模屯田而形成大范围的田地，故又称大田，后继称大田里。到了宋代，因族属繁衍，形成由诸多应氏自然村组成的大村庄。故更村名为诸应。在明朝永乐年间，因有灵芝产于祖墓之祥，乃更村名为芝英。

---

① 应业修. 千年应氏望族地［M］. 北京：中国文史出版社，2014：2-4.
② 应业修. 千年应氏望族地［M］. 北京：中国文史出版社，2014：10-12.

图4-2-10 芝英镇航拍平面图（来源：张健浩 摄）

芝英古镇拥有较为完整的宗族制度，拥有以血缘为纽带的丰厚的文化底蕴。根据应昌金老人历时六年的全国应姓村落调研，芝英古镇是国内规模最大的应姓村落，自祖先应詹公算起到如今已经历了六十多代，拥有悠久的宗族历史。由于芝英古镇四面环山的特殊地理环境，使得其宗祠建筑较为集中地布置在芝英古镇内。当地成熟的产业发展也使得诸多祠堂得以兴建与保留至今，形成了应氏宗祠群落的繁荣景象（图4-2-11）。

3）经济产业

芝英古镇人多地少，集市贸易渊源已久，正街是古镇最长的商贸老街，两侧宗祠、店铺林立。方塘公祠至廊街东侧是最繁华的地段，商业建筑多为上宅下铺或前店后宅。民国时期，这里小吃摊和店铺有二十多家。廊街是古镇最具特色的历史街区，商贸活动十分兴盛，廊街以北是宽阔的市基，相传为明代芝英应氏小宗之祖应县捐田而建。市基分前市基和后市基，周边布满店铺，协茂昌、协源昌、永生公等商号都是当地著名的老字号。

芝英古镇的五金工匠以打铁、翻锉、打铜、打锡、打银、钉秤、铸铁、铸铜、铸锡、铸铝为主要行业，其他工匠还从事纺纱、织布、草编、绣花、制丝线、制茶、腌火腿等。在本地从业的同时，许多头脑灵活的工匠离乡背井，挣钱养家，因此芝英古镇一直是永康经济较为富庶的地区之一[①]。

3. 村落布局与形态特征

1）布局模式

芝英古镇形若宝盆，层层递进的山水格局引导着芝英古镇成为环心式布局，核心为聚落中央的方口塘。祠堂群成为聚落布局的主导因素，祠堂群较为均匀的分布在聚落各个方位，与街巷、池塘、灵溪紧密结合在一起。整个古镇以中心水塘附近祠堂群，以及各个组团内的小宗祠堂为中心，逐步向四周扩散。

街巷格局呈网格辐射状，聚落内古镇部分最主要的三条古街巷：古麓街—紫霄路，正街，灵芝路纵横贯穿聚落，延伸出现在的两区十八街。两区指以正街、紫霄路为中心线划分的南、北两大区域，中心线以南为前住宅区，中心线以北为后住宅区。十八街指古镇纵横交错的十八条街巷，如纵向延伸的南市街、尚宝巷、鸿羽路等，横向延伸有升平巷、懋勋巷等（图4-2-12）。

2）聚落形态

芝英古镇属于环塘辐射团块状的聚落，聚落的整体形态受到山体分布、水系分布、道路结构的影响（图4-2-13）。

首先，周围的山体将芝英整体层层包围，最外围山体有限定作用，聚落整体呈现围合内聚的团块状特征；其次，除中心方口塘，外围的线性水系由东向西将聚落围合成整体，点状水体，其余水塘散布在聚落的各个位置；聚落中心方口塘向四周布置的道路呈辐射状延伸至聚落外围的新建区域，次级道路较为规整，路网整体为网格状。

3）宗祠与聚落形态

（1）宗祠现状

芝英古镇是目前国内最大的应氏自然聚落，现存的祠堂数量有50个，其数量在整个浙江地区也算较为少见。芝英古镇的宗祠文化由来已久，古镇的宗祠数量达到顶峰。其后由于数量众多以及社会的变革，宗祠又衍生出了不同的功能，有祭祖敬宗、建规立制、议决大事、兴学奖学、储粮备荒、扶贫济困、兴市协市、传承和弘扬本族文化、修谱藏谱、排解纠纷、消

---

① 应军，李涵，陈井. 永康芝英应氏祠堂探析［J］. 东方博物，2010（02）：114-120.

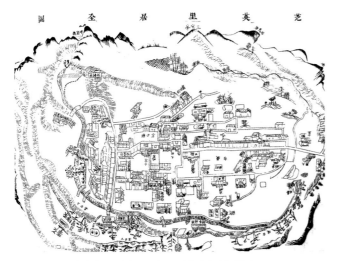

图4-2-11 芝英古镇祠堂分布图（来源：《芝英应氏族谱》）

图4-2-12 芝英镇路网结构与古建筑分布图（来源：纪文渊 绘）

防安全等。由此可见，宗祠空间除了祭祀功能以外，还具有各种为居民提供公共服务的功能。但是随着时代的变迁，宗祠空间的权属发生变化，其空间功能偏向社区服务功能，原有的祭祀功能渐渐衰退。

宗祠主要分布在古镇内部（图4-2-14），主要聚集的区域有镇中心的方口塘，以及古麓街和紫霄路。祠堂的建造年代除前厅建于唐代，其祠堂建设的鼎盛阶段时间跨度很大，从明成化年间开始至清朝后期，有85%的祠堂在此期间兴建。其余为民国及以后所建，其中天相公祠的建造标志着传统祠堂修建的结束[1]。芝英的祠堂分布密集，往往形成几个祠堂簇拥在一起的祠堂群，祠堂群的分布跟街巷、节点以及民居组团有着密切的联系。

（2）宗祠与街巷

芝英古镇的宗祠数量繁多，大多临古镇的主街和次级街巷分布，或在支巷转角处。祠堂与主街道的关系为祠堂往往正对并顺延主街而设，例如方口塘附近的正街部分，是以仕濂公祠、婆婆厅、约斋公祠为主的祠堂群；古麓街至紫霄路部分是景宗公祠、天相公祠、正济公祠、端恭公祠为主的祠堂群（图4-2-15）。界面关系为以体量适中的祠堂和居住建筑正立面形成主要的沿街立面，宗祠的界面往往由祠堂的正立面与祠堂前空地正对转角[2]。支巷的宗祠群如望杏巷附近以天成公祠为主的祠堂群，方塘路附近以思文公祠为组的祠堂群。

（3）宗祠与居住组团

芝英古镇聚落的整体布局是环心式，所以一般民居簇拥祠堂形成居住组团，民宅的定位多与核心位置的祠堂相一致，使得组团空间相对规整、组织有序、可读性较好；而一旦超过古镇核心区域，祠堂的分布则变得稀疏，民居组团的布局则相对自由和随机，且更容易受到地形与道路等外在环境因素的影响。祠堂往往位于居住组团之中，且周边建筑与其有同样的网格定位关系（图4-2-16）。例如，方塘公祠附近的居住组团、天成公祠附近居住组团等。

（4）宗祠与节点空间

芝英古镇的街巷呈网格状，宗祠及附近节点一般沿

---

① 宿也. 芝英古镇应氏祠堂建筑遗存的形态特征研究 [D]. 杭州：浙江大学，2014：14.
② 王卡，曹震宇. 芝英古镇祠堂群的空间特征及其场景意义诠释 [J]. 建筑与文化，2015（08）：120-122.

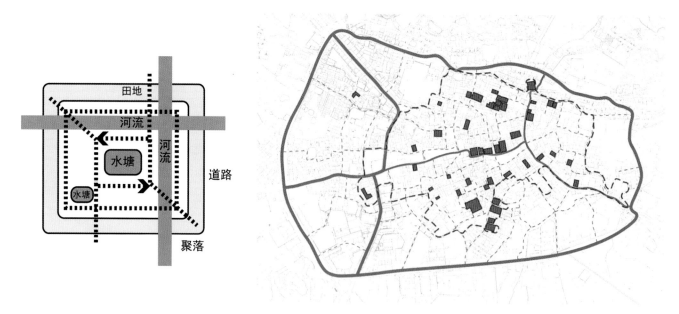

图4-2-13 芝英镇聚落模式图

图4-2-14 主要宗祠空间分布图（来源：纪文渊 绘）

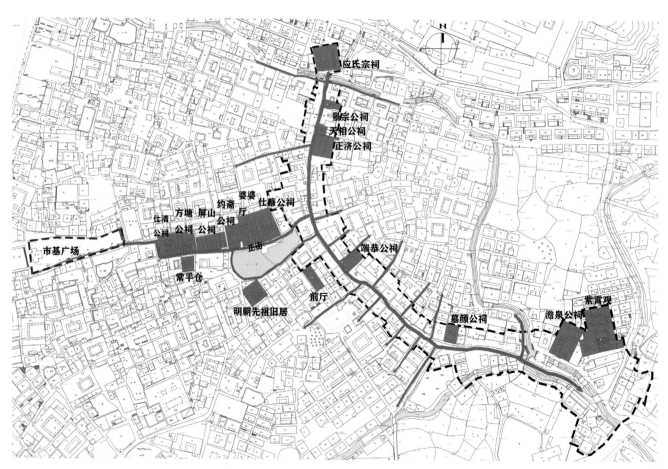

图4-2-15 宗祠群与街巷分布关系（来源：张健浩 绘）

（a）整体居住组团鸟瞰

（b）方口塘附近居住组团

图4-2-16　宗祠与居住组团的布局关系（来源：张健浩 摄）

图4-2-17　街巷转折处的节点（来源：张健浩 摄）

图4-2-18　天成宗祠前广场（来源：张健浩 摄）

主街巷或水系附近布置，这类节点可以是宗祠附近的景观空间，道路的转折点或是宗祠前的广场（图4-2-17、图4-2-18）。例如，古麓街至紫霄路的节点序列：应氏宗祠—古桥—小广场—正街与古麓街交接口（方口塘附近）—端恭公祠旁的广场—古树。这些宗祠及宗祠一旁的节点起到了丰富街巷空间，连接过渡到整个芝英古镇其他区域的作用。

4. 建筑特色

1）民居

芝英古镇内遗存的民居形制一般较为完整，代表性的有应尚道故居、应懋苏故居等。最具特色的民居建筑当属位于芝英古镇四村秋池里40号的应祖锡故居。正房坐北朝南，砖木结构，硬山顶，中轴线上原建有前院、门厅、大厅、过厅、后厅，两侧建有廊道，上下两层结构。原大门入口设于东侧偏房，前院原有两个池塘，中间设石质拱桥，直通门厅大门。大厅明间后檐用板壁与过厅隔断，仅通过次间旁门连通，使过厅及三进院落显得较为隐蔽。偏房位于主建筑东侧，靠近小溪，依地势而建。建筑自南向北建一进、二进、三进。一进轿厅系待客停轿所用，上建钟楼，总高度为四层，气势雄伟壮观，造型古朴活泼，给正统的主体建筑增添了不少活力。第二进与第三进均为佣人居所，第三进后檐直通后院菜地。故居采用中西融合的建筑风格，平面布局、形制结构、门窗雕刻等采用中式传统做法，墙面门楣线脚装饰、百叶窗、玻璃窗、扶栏栏杆等处则大胆采用西洋做法，建筑材料选用上也与中国传统建筑有很大不同——如檐口仅用瓦当，滴水则由锡皮檐沟代替，形成所谓的"石板明堂锡水接"。故居门窗雕刻非常精细，人物花鸟栩栩如生，具有很高的工艺水平（图4-2-19）。

2）宗祠

祠堂是芝英古镇等级最高的建筑——按当地习俗，一般只有大宗祠可称为祠堂，支派、房派的小宗祠称为厅或堂。明成化年间，"孝友公立祠堂于旧居之东，以奉祖考，置祭田，备祭器"，成为最早见于文献的芝英祠堂记载。明嘉靖十五年（1536年），皇帝下诏许民间皆可联宗立庙，芝英古镇的祠堂便如同雨后春笋般大量涌现。据第三次全国文物普查统计资料显示，民国年间芝英古镇共有祠堂81座，目前保存完整的尚有52座，且都是应姓祠堂（图4-2-20）。在不到1平方公里的自然村里保存了数量如此庞大的祠堂，同时宗祠还承担了多种祭祀以外的多项功能，如商铺、居住、五金作坊、慈善、义塾、戏台等，实属罕见（表4-2-1）。

（a）应祖锡故居

（b）应祖锡故居内院

（c）应祖锡故居鸟瞰

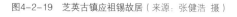

图4-2-19　芝英古镇应祖锡故居（来源：张健浩 摄）

（a）天成公祠

（b）小宗祠堂

图4-2-20　芝英古镇部分宗祠（来源：张健浩 摄）

使用功能	祠堂名称
用于祭祀	大宗祠堂、修伯公祠、完人公祠、思文公祠、小宗祠堂、婆婆厅、天成公祠、修伯公祠、完人公祠、翰墨厅、宪辅公祠、思文公祠、晦爱二公祠
用于商铺和居住场所	仕清公祠、复初公祠、凤山公祠、约斋公祠、方塘公祠、屏山公祠、景宗公祠、福之公祠、锡鸿公祠、新邦厅、孟义公祠、惟信公祠、天舆公祠、大宗义会、文荣厅、崇朴厅、文灿厅、新奄公祠、月邱公祠、尚本公祠、渐过公祠、思源公祠、可生公祠、常平仓
用于五金产业	新厅、后宅厅、龙山公祠、尚德公祠、天常褒公祠、如斋公祠、澹泉公祠、前厅、慕颜公祠、望山公祠、邦允公祠
用于慈善办公	义庄
闲置废弃	康先厅、福齐公祠、秋房厅、聘珍公祠

（1）仕濂公祠

小宗祠堂又名仕濂公祠，位于芝英一村正街35号，是明隆庆元年（1567年）应孝友率族人为祭祀小宗祖应晷而建。应祠堂坐北朝南，占地641平方米，砖木结构，硬山顶，单层建筑。中轴线上自南向北依次有前厅、过廊、正厅及寝堂，两侧建有廊道。前厅、正厅、寝堂均为五间，牛腿、花拱雕刻精细。祠堂置有祭田及祭器，每逢春分、清明、秋分进行祭祀。仕濂公祠西侧隔2米处建有一座女祠，当地人称之为婆婆厅，奉祀应晷之妻。男祠与女祠并排而立，这在全国极为罕见。

（2）思文公祠

思文公祠位于芝英七村的思文公祠俗称"天房"，始建于明朝天启初年（1621年），屡毁屡修，历尽沧桑：第一次毁于1647年，1733年梧州知府应远捐俸重修；19世纪又两次毁于匪患，均由官居一品的荣禄大夫应宝时倡导重修。现存建筑坐北朝南，占地面积1409平方米。中轴线上自南向北依次建有照墙、前厅、正厅、过廊及寝堂，两侧建有厢房。照墙为牌楼式，四柱三楼，斗栱出挑，上下枋施彩绘。前厅为五开间，明间前檐为卷棚式。正厅为五开间，前檐均用牛腿承托挑檐檩。享堂为七间。正厅至寝堂有过廊，过廊两侧各有一个小天井。两边厢房为上下两层结构。

（二）浙江省绍兴市诸暨市斯宅村——轴线式血缘型聚落

1. 地理位置

斯宅村位于诸暨市东南部山清水秀的生态旅游镇——东白湖镇。东部接嵊州市，东南毗邻东阳市，处会稽山南麓，由螽斯畈，斯宅两个自然村组成，村域面积10.46平方公里（图4-2-21）。

2. 自然与社会经济

1）地貌与气候

斯宅位于峰峦林立的山区之中，东南部有海拔984米的螺蛳坤；东北部有海拔864米的湖塘冈；南部有诸暨市第一高峰，也是会稽山脉主峰，海拔1194.70米的太白尖；西部有海拔651.80米的黄箕山；北部有海拔674米的五指山；村落西北部地势较为平坦。经过村落的水系有孝义溪、上林溪、小东溪，为陈蔡江源头，合而进入东白湖。聚落整体西高东低，四周山脉丘陵环绕，属于典型的丘陵型传统聚落（图4-2-22）。

斯宅气候四季分明、温暖湿润，是诸暨境内光、热、水条件最优越的地区之一。常年日照时间长，雨量充沛，小气候独特，特别是由于东白湖"水体效应"的

图4-2-21　斯宅村总平面图（来源：天地图）

图4-2-22　斯宅村鸟瞰（来源：张健浩 摄）

影响，温差较大，夜间降温、白天升温比较明显。

2）社会文化与习俗

斯宅即因斯姓聚居而得名，建村于唐代，1947年村民改为斯宅，全村15000余户人口，其中斯姓就有12000余人，是当今全国斯姓族人的最大聚居地。斯宅的历史发展过程与斯氏宗族的发展关系甚为密切，《百家姓》里没有"斯"这个姓，它起源于三国，为孙权赐姓于史伟。三斯即上斯、中斯、下斯。现为上宅村、中斯畈村和下宅村。后来中斯畈村名的"中"改作螽，取"螽斯衍庆"之义，"螽斯"为有较强生命力、繁殖力的动物，以此为名，取子孙繁衍、人丁兴旺之义。因此，自唐末至今，斯氏"在暨阳者，为巨族，烟火万家，称为巨族"。至今已有40余代，历经1100多年，经久不衰。这充分说明了斯氏为诸暨姓氏构成中较早的一支，在诸暨现有的400余个姓氏中，居第25位，可谓源远流长。

3）产业类型

斯宅自然资源丰富，茶叶及坚果类作物种植是其特色产业。斯宅附近的山区盛产茶叶、板栗、香榧，现有茶园7000余亩，香榧5000余亩，板栗15000余亩，著名的"石笕""笔峰春"名茶即产于斯宅的东白山上。

3. 村落布局与形态特征

1）聚落布局

斯宅位于靠山面水的山谷平地中，聚落左右均有山作为依托，南靠太白尖，左侧狮子山，右侧象鼻山，上林溪穿过村落流入村西陈蔡水库，是中国传统人居观念中理想的两山夹一水的轴线式布局。斯宅中的民居沿蜿蜒的溪水布置，几乎都为坐北朝南。

2）形态特征

斯宅村的整体形态沿水系形成多个团块，属于子母带状。几个自然村形成了斯宅村多中心的特征，水系旁

的主要街道串联起几个组团。主街延伸垂直的次级街道一般较短，平行于河道的次级街道较长。斯宅村的组团不是传统的环心状，几个团块均以水系作为轴线延伸，部分团块中还有古街巷作为核心发展，如聚落中有千余年历史的棋盘古街就是聚落西北侧组团的核心轴线，两边商铺林立，民居布置在古街外围。（图4-2-23）。

4. 建筑特色

聚落中的古建筑大多建于清代，聚落主要的大型公共建筑均匀分布在几个组团中。古建筑的木雕、石雕、砖雕工艺精湛，有国家级重点文物保护单位4处：千柱屋、华国公别墅、笔峰书屋和发祥居；省级文物保护单位新谭家和上新居；市级文物保护单位斯民小学。

1）民居

当地最具特色的民居属"千柱屋"，又被称为斯盛居，由清道光斯氏巨富斯元儒、斯元仁、斯源清建于1798年，是斯宅古村中规模最大、最气势恢宏的民居，因为有1322根柱子而得名。整个建筑群坐落于斯宅村西侧边界处。属于典型的江南大型宗族群居式民居建筑，布局、构造讲究。千柱屋将建筑形式与结构选型融合在一起，如此大体量的建筑完美地解决了抗震要求，颇为震撼（图4-2-24）。

以正厅为中轴线，共设八个四合院，分为前后两个楼式四合院，由中间横向的"通天弄"相隔，同时作为防火通廊使用。楼院落间相互通转，冬暖夏凉，共有10个大天井，36个小天井，内部各院落以檐廊相互连接（图4-2-25）。千柱屋从大门开始共分三进，以主轴线为中心，东西侧各设辅轴线两条，并与主轴线垂直，作对称式布局。中轴线上依次为"门楼—第一进院落—大厅—第二进院落—座楼"，三进之间都有宽敞的天井相隔[①]。主轴上无论是建筑还是院落均作为公用空

---

① 潘娜. 浙中诸暨斯宅古村传统民居院落文化研究刘涵［D］. 杭州：浙江农林大学，2015：56.

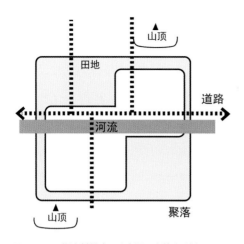

图4-2-23 斯宅村模式图（来源：张健浩 绘）

图4-2-24 "千柱屋"现状鸟瞰（来源：张健浩 摄）

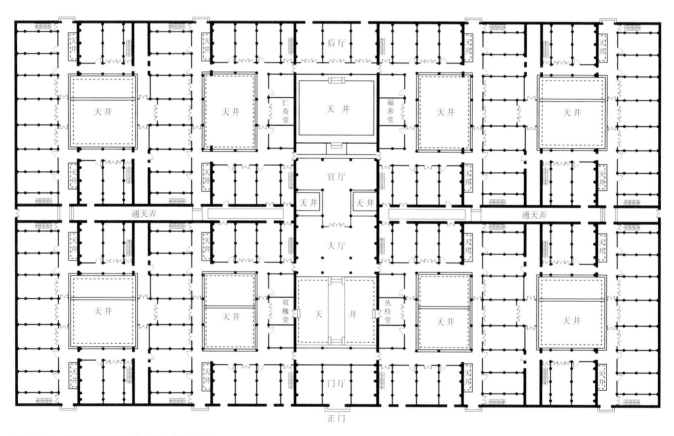

图4-2-25 "千柱屋"平面图（来源：康艺兰 绘）

间。通过多组纵向排列方式达到院落的横向联合，将这座大型建筑物的各个功能空间有序地串联起来，组成了一个有机整体。

"千柱屋"细部精美，门楼均系青石、砖雕制作，镌刻人物、山水等图案，形象生动逼真；门厅腰板上刻有"二十四孝"图，正厅前檐柱施牛腿承托挑檐，透雕有"鸳鸯荷花""松鹤长青""凤凰梧桐""乌鸦反哺"四种图案，雕刻千姿百态，反映了当时建造者的匠心独具和丰富的文化底蕴。

"千柱屋"作为集中体现血缘型集聚特点的民居，其围合、内聚的居住观念反映了封建社会宗法礼仪的深刻影响，大小规模不同的合院通过重重门户组合成的院落群，方便家族管理，同时体现了血缘家族聚居的向心、团结的传统思想（图4-2-26）。

2）宗祠

（1）孝义堂

明代所建"孝义堂"，为全斯宅族人的总宗祠，位于东泉岭麓。分前、中、后三进；后进为宗祠，中间楼厅安放历代神位，两旁有楼房，历次宗谱均存放于楼上；中进为宗庙，正中有孝子公塑像，雄壮威武的四大金刚分立两侧；前进为戏台、天井，两旁有二层厢房[①]。清朝康熙年间被战乱损毁后，乾隆年间重新修缮完毕。这里是斯宅族人共同祭祀的场所，也是族中举办红白喜事、商议重大事务场所，在斯民小学未建成时

候，宗祠曾作为私塾的校舍。《暨阳上林斯氏族谱》为乡贤聚集于此修撰。

（2）华国公别墅

华国公别墅旧时为象山学塾，位于斯宅村村口，建于清朝道光年间（1840年），2001年被评为全国重点文物保护单位。建筑占地面积2806平方米，建筑面积3000多平方米，二层砖木结构建筑，坐北朝南（图4-2-27）。

"别墅"并不是现代的释义，它有两层意思，它是前半部分设为学塾、后半部分为家庙的混合建筑；另一层意思是先人斯华国立志读书报国，"欲别建家塾"。其子嗣建了此栋建筑，称"别墅"，有"视死如生"的含义，而后被当地人称新祠堂。该建筑坐北朝南，共三进，沿中轴线依次为门厅、大厅、后厅，左右两侧配置厢楼及附房，各进之间均设有天井一进门厅的屋架是抬梁式，前槽筑船篷轩，屋顶单坡硬山造，穿斗式结

（a）"千柱屋"柱廊

（b）"千柱屋"厅堂

图4-2-26　斯宅村千柱屋（来源：张卓源 摄）

---

① 吴晓路. 浙江诸暨新宅古材落文化遗产研究［D］. 桂林：广西师范大学，2011：28.

（a）华国公别墅外观

（b）华国公别墅厅堂

图4-2-27 华国公别墅（来源：张卓源 摄）

构。天井中央种有两棵柏树，两侧矮墙居中处建有两块
大型石雕。中厅三开间，内槽五架抬梁，两旁设耳房三
间一弄，名为"思成堂"，是私塾的讲堂。中厅耳房后
有两个水池，右侧水池高出地面1米，左侧水池向下挖
1.6米，故称为"阴阳井"。中厅两次间的穿额枋上有学
塾子弟优秀的科举考试捷报以及官报，反映了当时斯宅
村突出的科举成绩（图4-2-28）。

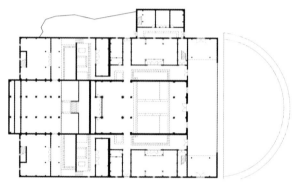

图4-2-28 华国公别墅平面图（来源：吴欣桐 绘）

第三节 地缘型传统聚落

一、地缘型传统聚落的定义

（一）地缘

土地是传统村落最重要的生产资料。"地缘是一种
被聚居地及土地所决定的人际构成关系，地缘是血缘发
展到一定阶段的衍生"[1]。

（二）地缘型传统聚落

因地缘因素而形成村落称为地缘型聚落，地缘型
聚落的形成过程是以土地或海洋等重要生产资料为基
础，并通过具有类似或相同生产方式的人们迁徙、定
居、发展而形成。依据迁徙动力的不同，可以分为自然
移居与被动迁移两种形成地缘聚落的可能。

---

① 仲金玲. 基于社会结构重组的传统村落空间更新策略研究［D］. 北京：北京建筑大学，2017：26.

聚落居民自然移居形成的地缘型聚落可分为多民族型与多姓氏型两类。多民族型常见于山地型聚落，多姓氏型则分布更加广泛，在平原更加常见。聚落居民被动迁移形成的地缘型聚落往往受行政干预、躲避战争等外部因素的影响，可分为海防型、开荒型与产业型。海防型地缘聚落往往沿浙江东南海岸分布，开荒型数量较少，为朝代创立初期，往往通过开荒种粮的方式确立土地归属的同时保卫国家政权。产业型地缘聚落则依靠当地特色的资源而形成的产业建立，如温州地区矿产较为丰富，则形成了围绕矿产开发的地缘型聚落。

地缘型聚落空间结构的生长方式，前期定居者往往以血缘聚集，占据自然环境的最优处，后期定居者选取环境稍次处，围绕前期定居者选址定居并发展。在地缘型聚落的发展过程中往往发生着定居者彼此取代与消亡、更迭的过程，如珠山村原有周氏定居，现已被其余姓氏的家族所取代。

二、地缘型传统聚落的形态特征

传统聚落的形态往往受选址地点周边自然环境影响，发展出多种多样的形态特征。地缘型传统聚落的形态主要讨论经历不同发展过程后，传统聚落内部呈现出的不同人际组织关系与对应的形态特点，因此本书更多地关注于聚落的内部形态或居住组团的不同规模与组织方式。

（一）自然移居型地缘聚落

自然移居形成的地缘型聚落包括多民族型与多姓氏型两类，多民族型地缘聚落是多姓氏地缘型聚落的特例，形态为多中心子母状或双子状。多民族型地缘聚落往往包含两个以上的不同民族，往往为汉族与畲族。不同民族的居民往往为先后定居，先定居者占据更优越的地理位置与自然资源，发展良好、规模较大。后定居者则只能在周边选址，发展条件不如前者便利，往往发展较为滞后，规模较小。例如，丽水市景宁畲族自治县季庄村（图4-3-1），汉族先于畲族定居，占据山腰相对平缓、海拔较低处定居，居住组团规模较大，畲族则紧邻汉族居住组团定居，海拔较高，规模较小。

多姓氏型地缘聚落往往由两个或更多个不同姓氏定居而形成，较于多民族地缘型聚落分布更加广泛，形态多为多中心团块状。不同姓氏的居民往往为先后定居，先定居者占据更利于发展的资源与环境，后定居者往往在周边选址，假借前者发展的优势。不同姓氏在定居初期都为独立的宗族，围绕各自的发展核心如宗祠等发展，往往不同的居住组团间相隔一定距离以便日后的发展。随着居住组团规模的不断扩大，不同姓氏居住区域的边缘相接，彼此融合，往往交接较为模糊。在发展过程中还会经历某姓宗族被取代、村落中心偏移等动态过程，例如杭州市桐庐县珠山村（图4-3-2）在发展过程中周姓逐渐消亡，村落因向东扩张而中心向东偏移。

（二）被动迁移型地缘聚落

被动迁移型地缘聚落是指受到行政干预、躲避战争等外部因素的影响，迁移形成的地缘型聚落，往往为避世型、海防型、开荒型与产业型。

受到历史民族迁移大背景的影响，根据村落历史可

图4-3-1　季庄村鸟瞰图（来源：纪文渊 摄）

图4-3-2　珠山村鸟瞰图（来源：张卓源 摄）

知，浙江地区传统村落大多形成于宋代或者元代，避世型的聚落地缘有可能占主导因素，形态根据姓氏的多少分为多中心或单中心的团块状，如宁波市象山县墙头镇溪里方村就为明代靖康之难中方孝孺后裔，避难南下定居，以方氏为主而形成的单姓村落。大多数村落都是外姓族人为求隐居的目的迁入，并在原有村落基础上发展繁荣。聚落形态与多姓氏型地缘聚落类似，都为沿宗祠为中心发展，初期相隔，后期发展过程中互相融合，形成多中心团块状聚落。

海防型多形成于明清时期，分布于浙江东南沿海，以抵御倭寇之用，村落沿海布置。受滨海地形所限，多为鱼骨带状，村落中心多为民间信仰建筑，如台州市温岭市石塘镇前红村。

开荒型聚落较为少见，常见于朝代创立初期，调集外地居民填补当地人口缺失，同时开荒产粮，例如，杭州市桐庐县石阜村。

产业型地缘聚落往往依靠特色产业，吸引人员聚集形成聚落，聚落形态多样、受其自然资源与环境、周边地形、水路交通影响较大。

三、地缘型传统聚落的建筑特色

（一）公共建筑

1. 祭祀建筑

地缘型聚落的宗祠选址对于聚落整体的布局起到决定性作用，宗祠往往布置在村落重要节点空间，如村落入口或中心。在聚落内部宗祠往往建筑等级最高，为数进院落构成，最常见的布局包括门屋、拜殿或称享堂、举办祭祀仪式的祀厅、供奉祖宗牌位的寝室以及厢房。例如，珠山村吴氏宗祠（图4-3-3），位于吴姓居民聚居区的内部，是居住组团的发展核心，也是吴氏宗亲的精神中心。

图4-3-3 珠山村吴氏宗祠（来源：张卓源 摄）

图4-3-4 丽水市龙井村禹王庙（来源：张卓源 摄）

图4-3-5 季庄村民居（来源：张卓源 摄）

图4-3-6 季庄村马仙宫（来源：张卓源 摄）

2. 庙宇

地缘型传统聚落中的庙宇包括寺院、道观等宗教建筑，也有土地庙、城隍庙、天后宫等信仰建筑。庙宇多布置在村落的边界或水口等位置，位于村落入口或边界的庙宇通常起到祈福避灾与界定村落边界的作用，而位于水口等特殊位置的庙宇则具有平定水患、防止天灾等作用（图4-3-4）。以季庄村马仙宫庙（图4-3-5）为例，庙宇位于季庄村紧靠山体一侧，且位于汉族聚居组团与畲族聚居区的分界线附近，起到了限定居住组团与聚落边界的作用。同时，在季庄村内部代替宗祠起到了凝聚汉族居民的作用，是汉族居民的精神中心。

（二）民居

各地的民居特征各异，其特色是基于采用当地材料、顺应当地环境与气候的基础上所自然呈现出的美学特点。例如位于丽水市景宁畲族自治县的季庄村，其民居（图4-3-6）特色反映的是浙南山区所独具的版筑泥墙屋，以单进院落为主，结构形式为穿斗与抬梁式混合，木结构与夯土墙共同承重，墙体为夯土墙，屋面覆有青瓦。珠山村位于杭州市江南镇，当地民居则呈现出不同的建筑特征，墙面材料多用砖，平面形制为"一"字形或多进院落为主。建筑内部木构多栗色、灰褐色，用色肃穆，粉墙黛瓦对比明快，呈现出的是浙北民居特色。

四、地缘型传统聚落的景观风貌

（一）自然景观

自然景观要素包括山体、水系、田地、林木等，不仅为聚落居民提供生产资料，也是良好的景观资源。聚落与山体的相对关系决定了聚落的不同生长方式与规模，聚落也会利用山势塑造适宜的微气候。而人们对于水资源的利用，不仅有临近天然水体确定聚落选址的方式，还有通过水利工程创造水体景观等方法。田地在平原型聚落中极为常见，而在山地聚落中不仅是十分重要的生产资料，更营造出了梯田这一特殊景观。林木除了大片出现，也零星种植于水口或者村口，起到限定精神中心与公共活动中心的双重作用。

（二）人文景观

人文景观的要素通常包括牌坊、亭、井、沟渠等，除了景观观赏作用外，以上要素与周边空间往往是居民日常活动的重要节点空间。在地缘型聚落中，还起到限定不同宗族居住空间等多重作用。如水井，除了供村民取水用水，还有限定村落边界的作用，如青云村三角地井；也是区分不同宗族的重要节点，如珠山村水井。而井、沟渠等节点则会起到限定边界的作用，邻水空间会成为不同宗族居民交流的场所。

五、地缘型传统聚落的典型案例

（一）杭州市江南镇珠山村——多姓氏地缘型聚落

1. 地理区位

珠山村位于杭州市桐庐县江南镇，是第一批浙江省级传统村落，东邻小潘村和坞聪村，西邻莲塘村，南邻凤川街道翔岗村，北邻石阜村。聚落位于富春江南岸，为杭嘉湖平原中河谷平原。

2. 自然与社会环境

1）自然环境

珠山村属于杭嘉湖平原，气候宜人。聚落东部远眺群山，村南有大源溪相伴，依山傍水。珠山村南的大源溪便是富春江的支流，大源溪河床平坦，土地肥沃。村庄以王家村南的珠山为名，珠山位于村南，海拔不过70米。

2）经济与社会文化环境

珠山村优越的自然环境吸引王姓、吴姓、俞姓、奚姓等多个姓氏的村落相继迁居此地。珠山村村民从事传统的种植农业，珠山村日益发展壮大的同时，更重视耕读传家这一思想，孕育出众多名人大家，如珠山俞家的俞深和俞鉴。除耕读文化外，宗族文化也是珠山村重要的文化特质。宗族文化是凝聚珠山村不同姓氏宗族的核心，各族系环绕其中央的宗祠而居，形成核心紧密、边缘融合的聚落建筑组织模式，居民也大多只在各自姓氏的聚居圈内活动，而对各自宗族的强烈归属感使得居民对珠山村的情感认同较弱。

3. 聚落空间布局与形态特征

珠山村行政区域面积4.821平方公里，共有1290户、4076人。聚落布局为环心状分布，外部有珠山与田地围合，聚落内建筑围绕宗祠排列，也因之形成了辐射状的道路（图4-3-7）。围绕不同的多中心的辐射状道路系统则会呈现径向连续、环向破碎或融合等现象，在珠山村内部围绕不同姓氏的宗祠就形成了部分环绕、径向贯通的辐射状道路结构系统。珠山村中相距较近的四个不同姓氏宗族共同发展构成了聚落中的主体部分，剩余一姓则相距较远，发展规模较小，最终聚落形态为辐射子母状（图4-3-8）。

珠山村最重要的节点空间就是分属于不同姓氏的宗祠，宗祠分布于各个族群的内部。沟通各个宗祠的主要径向道路也是联系起不同姓氏聚居族群的主要交通。宗祠前往往有尺度较小的广场，便于祭拜祖先等活动时居民的聚集与疏散，也是进行商业活动、文化交流、民俗表演活动的重要场所（图4-3-9）。

4. 聚落民居与公共建筑

1）民居

珠山村民居（图4-3-10）分为清代民居或民国时期建造的民居，前者数量较多。清代民居多为三合院、四合院，建筑多为二层，天井狭长。立面简洁、窗洞较少，屋顶多为硬山顶、马头墙、直屋线。内部结构为穿斗抬梁混合居多，大木构架以扁作居多。细部装饰较为简洁，往往集中在门廊、檐口及窗洞等位置。民国时期建造民居多为小洋楼式样，为2～3层砖木结构建筑，布局紧密，依靠门窗通风采光，内部装饰较为简单。

2）公共建筑

（1）宗祠

珠山村共有五个宗祠，分别为王氏宗祠（图4-3-11、图4-3-12）、吴氏宗祠、俞氏宗祠、袁氏宗祠及奚氏宗祠。各个宗祠分布在相应姓氏聚居区的中心。以保存较好的王氏宗祠为例，宗祠位于桐庐县江南镇珠山村奚家自然村公路边，建于清代，坐北朝南，占地463平方米，三间三进一层建筑，观音兜，木结构，马头墙。第一进明间开八字大门，三柱七檩，明间为方形石柱。天井为石板铺筑，两侧走廊。二柱三檩，双坡硬山顶。第三进高于二进0.38米，明间四柱八檩，全部用木柱，双坡硬山顶。整幢建筑布局规整。牛腿、斗栱雕刻精美，但梁架结构略显单薄，保存较好。

（2）厅堂

珠山村光启堂（图4-3-13）位于俞氏聚居区，与堂前广场、宗祠共同构成了俞氏族人聚落布局的轴线。光启堂为俞氏族人的家厅，用于供奉世族牌位，始建于明末，后多次维修，现建筑为清同治年间重建。光启堂坐北朝南，占地256平方米，砖木结构，一进为三开间，明间进深三柱七檩，前双步五架梁。天井用小卵石铺筑，两侧为双坡硬山顶、二柱四柱过廊。二进高于一进0.2米，于1996年重修，明间供奉着明代兵部职方司主事俞鉴牌位。

（3）继志亭

继志亭位于江南镇珠山王家自然村珠山西侧路边。据《继志亭》碑记载，该亭建于清光绪二十九年（1903年），由时人吴渭川为完成其母亲遗愿而建。凉亭南北走向，砖、石、木混合结构，双坡硬山顶。二柱五檩，共6支石柱。地面用小卵石铺筑。亭内东墙边立有继志亭碑。

5. 聚落景观与自然风貌

珠山村聚落东眺群山，南临大源溪，土地平旷且四周田地环绕，水土富饶。为将溪水引入聚落，通过诸多水利改造手段，开凿多口水井，水井往往选址于各族居住团块的主要道路上，以便同族村民取水，最早开凿的周家井可追溯到明代中叶，后周氏衰落吴氏取而代之，水井依旧沿用其旧名。周家井内径约为1米，井壁以卵石砌筑，深约7米，井圈以青石打制。

珠山村王家自然村附近有上澳、官澳两条人工水渠，官澳为引山水灌溉的一条暗渠，上澳为引水入村的一条暗渠，渠口为王家附近的洗衣池。珠山村的水系由外部溪流与内部沟渠两个层次构成，外部溪流与圩田景观共同构成村落外围的自然景观。村落内部的暗渠与渠口、水井构成了聚落内部、与村民日常生活紧密联系的水系景观系统。

聚落内宗祠、厅堂群体重要的建筑空间节点，以光启堂及俞氏宗祠共同构成的聚落局部轴线可以看出宗祠及厅堂对村民的精神凝聚与认同感的重要作用。宗祠前往往配以广场以便利居民进行祭祖等活动，也是商业、民俗活动发生的重要场所。

图4-3-7 珠山村鸟瞰图（来源：张卓源 摄）

图4-3-8 珠山村总平面（来源：张卓源 摄）

（a）清代民居　　　　　　（b）民国民居

图4-3-10 珠山村民居（来源：张卓源 摄）

图4-3-11 珠山村王氏宗祠（来源：张卓源 摄）

（a）珠山村路网结构与主要建筑

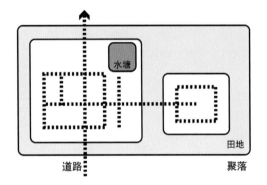

（b）珠山村聚落形态模式图

图4-3-9 珠山村形态结构图（来源：张卓源 绘）

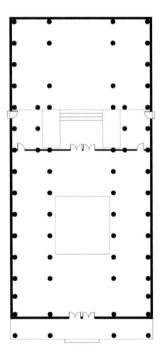

图4-3-12 王氏宗祠平面图
（来源：张卓源 绘）

(a) 立面　　　　　　　　　　　　　　　　　(b) 内部

图4-3-13　珠山村光启堂〔来源：张卓源　摄〕

（二）丽水市景宁县季庄村——多民族地缘型聚落

1. 地理区位

季庄村是浙江省第一批省级传统聚落，隶属于浙江省景宁县西北部，海拔737米，西邻佃坪村，北邻张庄村（图4-3-14）。

2. 自然与社会环境

季庄村（图4-3-15）最初定居者姓季姓，故得名季庄村。该村坐落于沙湾镇群山之上，村庄两侧都是层层错落的梯田，村庄前面开阔，四周群山环峙，风景秀丽。

聚落内部由汉族聚居组团与畲族聚居组团组成，在包含汉族宗族文化的同时，畲族文化也有所体现，当地种植大量茶树，盛产茶籽油。在临近水源的地区也有放排业的存在，放排业是指利用水流流向的便利，木排上有货物顺流而下，进行交易。过往排工放排大致按照"沙湾—青田—温州"的线路，通常2天左右可以到达温州。村落还有特色迎亲民俗，名为"畲汉一家亲"，包括"迎亲、杉刺拦路、捉田螺、吃蛋茶、借镬、对歌、娶回新娘，同种幸福树、齐挂同心锁"等活动流程。

3. 聚落空间布局与形态特征

季庄村（图4-3-16、图4-3-17）现辖季庄、旱田、古楼、水塔4个自然村，共有206户、820人，其中畲族138人。聚落为轴线状布局，位于山腰，聚落外部有梯田环绕，内部建筑沿等高线排布，道路也折返沿等高线串联起聚落，因而形成"之"字形道路。

聚落主要分为汉族聚居与畲族聚居两个组团，组团间有梯田排布、建筑沿等高线排布松散，居民多在各自组团内部活动，组团间主要通过道路连接。汉族先于畲族定居，因此多集中在聚落中地势较低处，且发展规模稍大；畲族定居时，借村落发展之便，选址聚落中地势较高处，向高处发展，发展规模稍小，最终聚落形态为枝状。

季庄村最重要的节点空间为马氏仙宫，兴建于清代，现保存良好。马氏仙宫位于汉族居住组团东侧边界，紧邻山野。仙宫祭拜马氏天仙，以保当地风调雨顺，家宅平安，坐落于村落边界，更有保佑聚落免受山林野兽与自然灾害侵袭之意。

4. 聚落民居与公共建筑

1) 民居

季庄村传统民居（图4-3-18）体现出浙南山区夯

图4-3-14 季庄村鸟瞰图（来源：纪文渊 摄）

图4-3-15 季庄村卫星图（来源：纪文渊 摄）

（a）季庄村路网结构与主要建筑（来源：张卓源 摄）

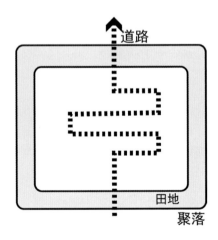

（b）季庄村聚落形态特征图（来源：张卓源 绘）

图4-3-16 季庄村形态结构图

（a）立面

（b）内部

图4-3-17 季庄村传统民居（来源：张卓源 摄）

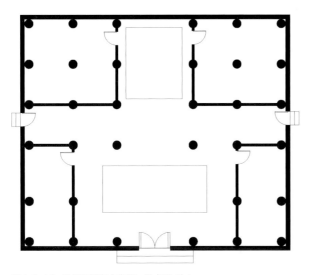

图4-3-18 民居平面图（来源：张卓源 绘）

土民居的特色，建筑多为一层"一"字形夯土木构房。二层民居则数量较少，多为合院式建筑，一层以厅堂为中心，两侧呈对称式布局，面阔间数为三到七间不等；二层多作为卧房、储藏用房间，楼梯则多设置在厢房、厅堂后侧。当地民居为木骨泥墙建筑，夯土墙往往裸露在外，呈现出泥土的黄色，门脸多为浆砌块石，门顶装饰有砖雕；金柱雕有牛腿，上有百鸟归巢等图案。

2）公共建筑

季庄村马氏仙宫建于清代，位于聚落东北边界处，属于汉族聚居区。庙门位于院落山墙侧，门前一侧有香火房，旁边立有旗杆。庙宇面积约为20平方米，面阔三间，进深四间，层高一层，明间供奉有马氏天仙为主、包括关公、土地的众多神灵。祭台前顶有八边形藻井，牛腿雕花为戏曲人物，造型精美，但存在一定程度的毁坏；山墙面装饰简单，雕花朴素。

5. 聚落景观与自然风貌

季庄村（图4-3-19）坐落于群山之中，处于南向向阳坡地，民居分布于梯田之中，形成了独特的聚落景观。聚落内部道路沿等高线盘旋向上，减缓了地势的高差变化，也串联起分布于田间的民居。聚落内的马氏仙宫是汉族聚居组团的凝聚中心，也依靠宗族的血缘联系而存在，畲族与汉族组团民居形制并无差别，主要为民俗活动的差异。在几百年的共同发展过程中也保持着交流与特色，这体现了不同民族地缘型传统聚落的相互包容与融合，而较为分离的组团、形式各异的居住核心，体现的则是不同民族间的多样性与民族特色。

图4-3-19　季庄村居住组团鸟瞰图（来源：纪文渊 摄）

第四节　业缘型传统聚落

一、业缘型传统聚落的定义

（一）业缘

所谓业缘，指的是人们根据一定的职业活动形成的特点关系，而职业活动又是一种超出了传统村落家族的农耕活动与社会整个政治、经济、文化活动相结合的活动[①]。

（二）业缘型传统聚落

业缘聚落是由业缘关系产生的业缘群体不断聚集形成的聚落。在业缘型聚落发展的早期，并不是所有的家庭都是非农业家庭，有一部分人还是从事传统的农业耕作，手工业生产占据着家庭生产的一部分。随着生产的专业化以及社会分工的出现，小农经济模式发生转变，人们可以通过商品交易来满足生活所需，手工生产和商品贩卖成为小部分人的谋生手段，聚落的产业结构发生变化。手工业的发展壮大带来的社会变化是商业行为的频繁，然而商业会促使聚落进一步扩大，开始向着城镇化的形态转变，从业者不断向商业聚落聚集，业缘聚落与周围聚落的联系更加紧密，聚落产

① 王沪宁. 当代中国村落家族文化——对中国社会现代化的一项探索 [M]. 上海：上海人民出版社，1991：82-96.

业结构进一步变化。随着行会、商会的产生，由血缘和地缘关系组织的社会关系被进一步削弱，且由原有的血缘关系为主导变成了由商业利益驱动的业缘关系主导。可以说，业缘聚落是聚落城镇化的一个阶段，也可以认为业缘是继血缘、地缘后，聚落发展的主导力量。

二、业缘型传统聚落的选址

业缘型聚落选址主要考虑资源与交通两个因素。对资源的考虑主要体现在两个方面。第一个方面是否能够提供便于生产的有利条件，例如丰沛的水资源，足够的耕地或是稳定的食物来源。满足生活必需后，聚落选址也会考虑是否有丰富的自然资源发展产业，常见的自然资源有优质的农田、山林资源和矿物资源、渔业资源等。第二个方面是交通，产业的兴盛离不开交通，交通不仅可以保证的货物能够大规模运出产地，也有利于生活物资向聚落内聚集，因此商道、河流、运河等是影响业缘聚落选址的重要因素。

三、业缘型传统聚落的形态特征

业缘型传统聚落的空间形态特征与聚落的产业类型紧密联系，根据其产业的不同类型，可以分为三个类别，即农业耕作型、手工生产型和商业贸易型。

（一）农业型传统聚落形态

1. 耕作类型

农业耕作型聚落依赖其优势的自然资源与特殊的地形地貌、气候条件及自然资源，其产业类型以农作为主，基本上延续了传统的农耕文化。根据农业产品的不同，耕作型的传统村落又可以分为稻作类，蔬果类，茶叶、竹木类，食用菌类及桑蚕类。

1）浙江地区气候温和湿润，适合水稻生长，已有7000年的种植历史，水稻在全浙江范围内都有种植，稻米是浙江地区人们的主要食物来源。例如衢州市龙游县三门源村地处农业发达地区，历来以种植水稻为村民的主要经济来源。

2）不同地区依靠其特有的气候特征与地质环境，种植不同瓜果类型，例如诸暨地区的短柄樱桃、仙居地区的杨梅，长兴地区的白果以及温岭的葡萄等。生产茶叶、竹木类的聚落多集中在丘陵和山地地区，例如诸暨的斯宅盛产茶叶和毛竹。食用菌类主要是相聚种植，这样的聚落分布在山地地区，例如龙泉的景宁地区。

3）浙江种桑养蚕有悠久的历史，浙江的蚕业最早产生于浙东，后转移向浙西，杭嘉湖平原自元代以后就成为中国重要的蚕丝产区[①]，其他地区如温州、宁波也有蚕桑种植业的发展，例如嘉兴市桐乡市洲泉镇马鸣村。

2. 聚落布局

浙江农业产业聚落的形态特征与血缘型的聚落相比没有太大的区别，农业生产本就是江浙地区血缘社会最基本的生计方式，聚落间的差异一般显现在聚落构成方面，由于分属不同的小气候以及特殊的地形地貌，聚落在自然构成，例如耕地、林地方面会有差异。不同的农业类型拥有不同加工设施，对应聚落构成方面则体现在一些与农产品相关的产业空间的类型差异，例如榨油的油坊，养蚕的蚕种坊、回收蚕茧的茧站等。对于生产相同农产品的聚落，其聚落构成会有一定的相似性（表4-4-1）。

① 徐铮，袁宣萍. 杭州丝绸史［M］. 北京：中国社会科学出版社，2011：53-55.

产业类别	聚落名称	农作	聚落空间布局	卫星图
稻作类	龙游县三门源	水稻	稻田分布在聚落周围靠近水源的平缓地带，丘陵地区或是山地聚落则会开辟梯田以满足耕作需求	
蔬果类	余姚市大岚镇柿林村	柿子	柿子林分布于聚落周围的山坡，部分果树分布在聚落中，作为屋院前后的果树或路旁的行道树，构成聚落景观的一部分	
茶叶、油茶、竹木类	松阳县大东坝镇七村	油茶、茶叶	茶树分布在开辟出的梯田或是自然缓坡上，靠近道路的田地为河泥淤积肥沃土壤，一般为瓜果蔬菜种植	
食用菌类	龙泉市龙南乡龙井村	香菇	香菇只能生长于木桩上，对生长环境有特殊的需求，因此聚落周围的山林一般作为香菇种植的区域	
桑蚕类	吴兴区织里镇义皋村	蚕丝	桑叶种植一般分布在聚落周围地势相对较高的位置，太湖流域发展出了桑基鱼塘的种植方式，桑树种植在鱼塘的塘陇上。蚕房则多位于民居内，聚落内有蚕种房和茧站	

（来源：王晶 绘制）

（二）手工业型传统聚落形态

1. 手工业类型

在传统的小农经济社会中，农民会在农闲时候从事一定的手工业生产来满足自身使用需求。在业缘型聚落中，手工生产的比重加大，甚至生产出现社会分工，手工业生产成为主要的社会活动。传统的手工业生产可以分为：五金加工类、烧制类别、编织雕刻类、缫丝纺织类。人们的生活离不开五金加工，常见的五金加工有打铁、打锡、打铜等，例如金华芝英镇以五金加工业崛起。烧制类有烧制陶瓷、烧制砖石、石灰、明矾等，如温州苍南的碗窑村、丽水龙泉的金村都以陶瓷制造为主，浦江县的嵩溪村以烧制石灰为主，苍南的福德湾村以开采制作明矾为主要产业。编织雕刻类则有东阳的蔡宅村，东阳木雕文化深远流长，蔡宅村则有木雕产业的传承。杭嘉湖地区的很多聚落都有生丝生产和丝绸纺织产业，例如湖州市吴兴区织里义皋村，靠近太湖，盛产湖丝。

2. 聚落布局

手工业聚落的聚落形态差异较大，不同的产业类型其产业空间布局自然也不尽相同，多数与产业的生产流程、生产资料的来源、生产的方式相关（表4-4-2）。例如，从事竹编生产的聚落一般靠近山林，有丰富的林业资源，生产多以家庭为单位，没有较为集中的生产空间，因此对聚落形态的影响不大。以温州苍南县碗窑村为例，生产活动围绕瓷窑进行，根据生产的需要，瓷窑的位置选择极具特点。一般瓷窑沿河道分布，有利于生产取水以及生产垃圾的倾倒；瓷窑多邻近村落通向城镇的主要道路，以便于窑货烧成后向外运输。再者，有的地方由两三座窑挨在一起组成一个生产单元，共用一组生产用房，或者几座瓷窑紧密相邻，形成集中式的生产空间，形成以生产为中心的聚落形态。

（三）商业型传统聚落形态

1. 商贸类型

在业缘聚落的发展过程中，人们需要用自己生产出的产品去交换其他生活所需，这就促进了聚落之间贸易的进行。明朝资本主义萌芽的产生与发展，使得手工业产品更加商品化，商会行会的发展起到了推波助澜的作用，商品流通的范围也从几个聚落之间扩大到全国甚至海外。资本主义工商业的发展，对传统聚落也产生深刻的影响，改变着聚落的社会组织与空间结构。例如明中叶以后，海外贸易与商品经济的发展使得杭嘉湖地区的蚕丝生产趋向商品化，湖州地区发展出了商品化的桑树种植业和缫丝绸织为主导的手工业，与此同时产生的还有茧站、绸庄等商业机构以及丝绸行会等行业组织，传统聚落中商业建筑出现，并成为主要的商业空间，社会组织朝着业缘发展。

2. 聚落布局

交通方式是影响业缘型聚落选址的重要因素。中国传统商贸往来的主要途径是陆路、水路和海路。在陆路贸易方面，浙江商贸古道众多，如"徽开古道""黄南古道""仙霞古道"等，依靠商道的区位优势，形成了很多商贸型的传统村落，这些村落的产生和发展都与商道的兴衰有着不可忽视的联系。陆路运输是最普遍的方式，在浙江的丘陵以及山地地区的聚落主要运输方式便是陆路运输。例如，温州永嘉县岩头古村地处楠溪江中游河谷平原，始建于初唐，村落中的街巷因盐业商贸的兴盛而生长建设，有沿长堤而建的店铺长廊；在水路运输方面，在杭嘉湖平原、富春江流域等地，河网密布，水路运输较为发达，而在一些水路节点上形成港口、码头等水路运输枢纽，该地区许多传统聚落邻水而建，依托水路河道运输大力发展水路贸易以及相关渔业、养殖业等，在江南水乡地区形成了商贸型的传统村落。历史上湖州市和孚镇荻港村承担着浙江水产交易中心的

表4-4-2

产业类别	聚落名称	资源	聚落空间布局	卫星图
烧制石灰	金华浦江嵩溪村	石灰石	石灰窑群位于聚落东面的山脚下，大部分石灰窑已经废弃	
明矾制作	温州苍南福德湾村	矾矿	聚落建造在山腰的运矿道路两侧，矿洞散布在聚落周围，制作明矾的烧炉及其他产业空间则是分布在聚落周围	
瓷器制作	温州苍南碗窑村	高岭土	产业空间有完整的生产流线，阶梯窑建于缓坡上，沿着阶梯拾级而上，其他生产空间如水碓布置在窑下方。产业建筑位于聚落外围，中间为商业街道以及民居	
五金加工	金华永康芝英镇	祠堂建筑群	传统五金加工作坊全村都有分布，现在集中在聚落中心的街道上。聚落还发展出了商业街以及市集广场	
竹编木雕	金华东阳蔡宅村	竹材，木雕工艺	生产多以居民自发生产，以家庭为单位的生产为主	

（来源：王晶 绘制）

职能，从而催生出外巷埭、里巷埭这两条传统商业街巷；在海路方面，浙江一些沿海的聚落根据其有利的地理条件，形成对外航运码头，成为海上交易的中心。位于宁波海宁的东岙古村，古时是宁海南部主要的商品集散地，三门县地区的货物要出海运往外地或者是外地商品运都需要在此中转。对于交通运输便利的聚落，其运输码头或主要道路周围将成为聚落发展的中心，在这些区域会产生商业建筑或商业街，成为聚落最繁华的中心（表4-4-3）。

四、业缘型传统聚落的建筑特色

（一）民居

居住建筑的形式和规模受到诸多因素的影响，例如气候、文化、经济等，这些因素使得民居建筑呈现出地方特色。与传统的农业生产不同，商业和手工业的从业者能够在短时间内获取巨大的财富，这些财富一部分被用来修建宅院，比一般的民居建筑形制更加复杂，装饰更加华丽。例如俞源村的精深楼，于清朝道光年间

商业型传统聚落空间布局　　　　　　　　　　　　　　　　表4-4-3

交通方式	聚落名称	商道	聚落空间布局	卫星图
陆路	金华兰溪芝堰村	严婺古驿道	驿道贯穿村落，以两条古驿道为标志，街道两侧有烟馆、当铺、客栈、药店、酒楼等商铺	
水路	湖州市南浔荻港村	杭锡湖航道、龙溪港	商业街道主要分布在运河一侧以及进入河道的河流一侧，均为廊下的街道。街道所处位置都是聚落中心	
航运	宁波海宁东岙村	旗门港、摘星岭古道	村落背山面海，是宁海处南门第一村，该村的周氏航帮早在唐朝时期就与日本有交流。村前的旗门港是三湾最早开发的海港，也是海上丝绸之路的始发地之一	

（来源：王晶 绘制）

图4-4-1 俞源村精深楼（来源：王晶 摄）

图4-4-2 俞源村精深楼守望楼（来源：王晶 摄）

建造而成，主体建筑为三合院，坐北朝南。除了居住功能之外，建筑群还有书房、守望楼、藏花厅和附属的房屋，在整个建筑的前方还有一个小型花园，共占地2772平方米。精深楼建造工艺精湛，所有柱子下均有石础，也被称为"无木落地之屋"，建筑有雕花装饰，牛腿和窗扇的雕花尤为精美，多为蔬菜、瓜果、昆虫等题材。为防止盗贼的侵扰，建筑有很强的防卫性，在建筑的入口处有守望楼，楼上有瞭望口和射击孔，夜晚有守卫驻守（图4-4-1）。

以农耕为主的传统聚落中，居民从事手工业的空间一般为屋子的前廊、后院等。对业缘型聚落的普通民居

来说，将生产和居住功能有效地结合在一起，形成区别于传统地缘型、血缘型聚落的空间形态。这样的变化在邻街民居的建筑中体现得更为明显。邻街的民居建筑通常是店铺、住宅、作坊等多种功能的混合体。浙江地区比较常见的形式是"店宅式"和"坊宅式"两种，现存的主要形式"店宅式"又可以具体分为"前店后宅"和"下店上宅"两种（表4-4-4）。

（二）公共建筑

1. 邻街商业建筑

商业店铺受不同环境与经营方式的影响，对外交易的形式也各不相同。业缘型的传统聚落中，根据邻街面门窗设计可以将邻街商业建筑分为完全敞开、半敞开和窗口式几种类型。完全敞开的商铺一般规模较大，多以日杂、百货、餐饮等功能为主，可内设柜台也可无柜台；半开放式的店铺相比全部敞开的店铺较小，商品种类较为单一，甚至只有在赶集日才会将货物堆放到门口进行售卖。窗口式商铺，部分商铺与开敞式店铺相比较为封闭，对外营业方式局限于窗口模式，通常经营杂货，窗台用模板加宽，作为一定的货品展示或柜台使用。

街道空间由邻街商业建筑所限定，根据限定程度的不同，邻街商业建筑又可以分为敞开式、檐式、骑楼式。其中敞开式是最普通的类型，街道上空没有建筑物遮挡，街道两侧或单侧有建筑，例如浙江省嘉兴市桐乡市洲泉镇马鸣村街道（图4-4-3）。檐式的临街商业建筑一般在河边或是水边，建筑檐口伸出将街道覆盖，街道作为一个檐下空间，遮阳避雨，如温州永嘉岩头村的丽水街（图4-4-4）。骑楼式的临街商业建筑多见于临街道的一侧，街道上空被挑出的楼板所覆盖，增加了临街商业建筑的二层面积，同时也创造了一个遮风避雨的灰空间，例如荻港村沿运河的骑楼式商业街（图4-4-5）。

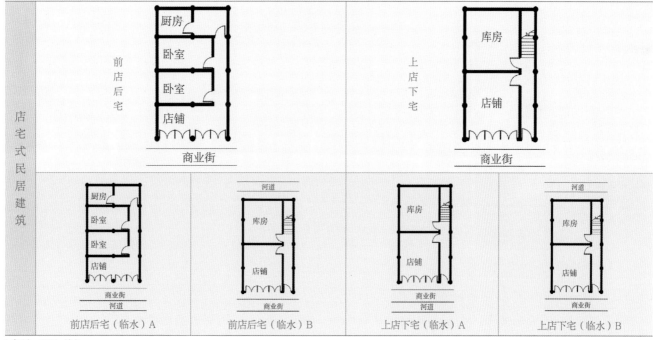

店宅式民居建筑	前店后宅		上店下宅
	厨房 卧室 卧室 店铺 商业街		库房 店铺 商业街
	厨房 卧室 卧室 店铺 商业街 河道	河道 库房 店铺 商业街	库房 店铺 商业街 河道	河道 库房 店铺 商业街
	前店后宅（临水）A	前店后宅（临水）B	上店下宅（临水）A	上店下宅（临水）B

（来源：王晶 绘）

图4-4-3　桐乡市马鸣村老街敞开式街道（来源：王晶 摄）

图4-4-4　永嘉岩头檐式街道（来源：王晶 摄）

2. 宗祠

宗祠是血缘社会在物质空间的表现，起到了凝聚聚落精神核心的作用。但是在业缘关系主导的聚落中，社会关系发生了变化，宗祠的作用因此减弱。这种弱化体现在宗祠的使用和宗祠在聚落中的空间分布上。业缘产生是聚落城镇化的表现，因此大多聚落都由血缘或是地

图4-4-5　荻港村骑楼式街道（来源：王晶 摄）

缘聚落发展而来。在这过程中，聚落早期的发展中血缘纽带较为突出，宗祠的建造和使用延续了传统，但是在产业发展过程人与人的关系不再以血缘为主导，不同姓氏的人群因产业关系集聚在一起，宗祠的功能逐渐被弱化。例如浙江永康芝英镇为典型的血缘型聚落，村内大小祠堂共有52座，因为五金产业发展，很多祠堂年久失修，很多祠堂也被改建成小型工厂。血缘型聚落一般以宗祠为中心，在血缘型聚落中，聚落的中心发生了转移，往往以商业街区作为聚落的轴线与中心空间，例如温州苍南的福德湾村，宗祠建于聚落的外围，民居沿主商道线性伸展，主要道路两侧均分布密集的商铺。

3. 会馆

　　会馆是明清时期因人口大规模迁徙以及工商业经济的发展而兴起的一种独特的建筑类型，它既不同于官式建筑，也不同于普通民居。会馆建筑不同于普通的民居或是商业建筑，它是一种由商业行会集资建造的，供聚会、商谈、差旅、祭祀的综合性公共建筑[①]。浙江地区存在众多的会馆建筑，这些建筑多存在城镇以及业缘聚落当中，例如衢州的常山会馆、丽水的处州会馆等。会馆建筑一般会沿着聚落的主要街巷，或是村口、码头等处布置，选址多位于靠近商业中心，又是交通便利之处。会馆建筑丰富了聚落的建筑类型，其作用不仅便于贸易的发展，也促进着聚落的文化交流，潜移默化地改变着聚落的社会关系。

　　现存较为有名的当属宁波庆安会馆，其平面呈纵长方形，坐西朝东，中轴线上建筑依次有照壁、接使亭、官门、仪门、前戏台、正殿、后戏台、后殿，左右为厢房、耳旁及附属用房，占地面积约5000平方米。宁波庆安会馆内前、后双戏台建筑形制为国内前所未有，其分别为祭祀妈祖和行业聚会时敬神演戏之用，同时，后殿作为会馆日常办公、重要议事之处，充分体现了天后宫与行业会馆双碧齐辉的功能（图4-4-6）。

4. 信仰建筑

　　业缘对聚落的神缘空间产生影响，不同的产业类

---

① 骆平安，李芳菊，王洪瑞. 商业会馆建筑装饰艺术研究 [M]. 郑州：河南大学出版社，2011：56-58.

图4-4-6 宁波庆安会馆戏台（来源：网络）

图4-4-7 苍南县碗窑村祖神庙（来源：田常赛 摄）

图4-4-8 金华永康市的芝英镇市基广场（来源：魏秦 摄）

型会有不同的信仰，例如商业聚落一般会供奉财神爷、关公等。关公除了有治病防灾、驱除邪恶的含义之外，被认为是义气、信用、善于理财的象征。例如嵩溪村的关帝庙，建造于村口的广场上，三开间硬山，建筑朝广场一面打开。以香菇种植为产业的丽水龙泉龙井村则有菇神信仰，其菇神被供奉在五显庙中。五显庙位于聚落外的河边，建于清朝光绪年间，为两进院落式布局，院落中有戏台，第二进供奉菇神。每年的6月24日都会在此地举行为期一周的庙会，周围地区的香菇种植者或是相关产业人员都会聚集于此，庆贺香菇的丰收，并且祈求来年有好收成。温州苍南县碗窑村以烧制陶瓷为业，为祈求生产顺利，聚落中建有祖神庙，供奉祖师爷（图4-4-7）。

五、业缘型传统聚落的景观风貌

在业缘聚落中有两种特有的景观风貌，分别是市集广场和传统商业街。

（一）市集广场

广场是聚落内交易进行的大规模场地，一般存在于规模较大的聚落或是乡镇中。市集广场的位置靠近聚落的中心，链接主要街巷和公共建筑，或者与水系、池塘相接，共同成为聚落公共活动中心。广场作为村民活动的公共空间，也承担着临时流动市集的功能。例如金华永康市的芝英镇，广场位于聚落内部，通往聚落中心的道路穿过广场。广场中有一戏台，当有集会活动的时候广场就作为整个镇的表演场地。而在平日早晚时分，广场又作为村民兜售农产品的市集（图4-4-8）。

（二）商业街

对于业缘型聚落来说，最有活力的场所就是商业街，商业街不仅是进行物资交换的场所，也是聚落内休闲娱乐的场所。村民的日常生活均与商业贸易息息相关，居住空间与商业街巷空间的结合是业缘型聚落的特点之一。这类聚落空间通常呈带状分布，沿附近水体走势形成蜿蜒的主街空间，主街连接起贸易交通的古驿道的同时，也呼应了当地的山形地势。商业街按照分布方式，可以分为邻水的单侧商业街和双侧商业街。永昌村老街是典型的双侧商业街，其商业街两端有两座门楼作为界定，街道内有茶馆、商店、会馆、药店、旅店等商业建筑。街道穿过河流，连接其戏台、牌坊、池塘、寺庙等，形成了丰富的街道空间层次（图4-4-9、图4-4-10）。

单侧商业街比较典型的例子是温州永嘉岩头的丽水街，该街道长约300余米，街道一侧临水，另外一侧为两层商业建筑，街道被建筑伸出的檐所覆盖，檐柱之间有美人靠可供人休息，街道有石质台阶下至水面。街道的中部和西部有两座古亭，亭边有高大的古树。最精彩的部分是西侧街道尽头的人工湖，湖中有岛屿，岛上有戏台和湖心庙，庙后有文峰塔和文昌阁，该节点成为整个街道景观序列的高潮（图4-4-11）。

图4-4-9 永昌村街道（来源：田常赛 摄）

六、业源型聚落典型案例

（一）温州市苍南县桥墩镇碗窑村——制瓷业

1. 地理区位

碗窑村位于温州市苍南县桥墩镇境内，距离苍南县20公里，位于玉龙湖河谷中上游，始建于明洪武年间，是清代浙南地区烧制民用青花瓷的主要基地。

2. 自然与经济环境

碗窑，旧时称为蕉滩碗窑，位于景色秀丽的玉龙湖边，苍南地区气候温和湿润，夏季炎热多雨，为亚热带气候特征。碗窑村三面环山，一面邻水，村落坐落于山

图4-4-10 永昌村街道的牌坊（来源：田常赛 摄）

图4-4-11 岩头村景观（来源：田常赛 摄）

脊之上，坡度较大。聚落周围草木丰茂，竹树环合，风景优美，聚落生产优质的黏土（图4-4-12）。

蕉滩碗窑古村落雏形始于明洪武年间，距今600多年，成熟于明万历三年（1575年）后开始的手工制碗业的蓬勃发展，而得名"碗窑"。现有35栋，327间保存完好的浙南山地瓦屑文化古建筑群，其中民宅244间，原始厂房作坊83间，以及古龙窑、圆窑、三官宫、古戏台等文物保护单位建筑，现有村民309户，1245人，其中古村落35户。

碗窑俗分上窑、半岭、下窑三部分，是多姓聚居的移民村落，其分布上窑以巫、余、江、华姓为主，下窑以朱姓为主，半岭以陈、夏、马、王姓为主。据巫氏族谱载，碗窑制瓷业始迁祖"巫人老"于明万历三年（1575年）年于闽汀州连城古田里迁徙原三十七都蕉滩地，凿圳引渠，建碓舂泥，从事烧造瓷业起，已有400多年历史。其后于清初随朱、余、江、胡、华、胡、夏、施、陈等族姓迁居入住，清中期致制瓷烧造于鼎盛期，最多时有据可查达50姓氏，龙窑多达18条之多，碓房40座，遍布上窑、半岭、下窑、米筛溪及七亩田。窑火彻夜通明，商铺林立，上窑东门街较早与旧"松山"曾被定为市镇街道，水产不断，商贾云集，鼎盛之时多达万人聚集。

3. 聚落形态特征

碗窑村历史现遗存古村落建筑群仅占鼎盛时期碗窑近万人生息作业时的三分之一（其余为下窑淹没移民区）。聚落选址于山坡上，下接河道，交通便利。村民修建沟渠将溪水引入村落，是典型的依山穿水型布局。村落所在场地坡度较大，建筑分布在台地上，在顶部较为平坦的位置形成商业街。主要街道垂直等高线盘曲而下，连接起民居、戏台、庙宇、商店、瓷窑等建筑，次级街巷则平行等高线，向山体两侧延伸，道路为鱼骨状道路。聚落形态为垂直等高线鱼骨带状，聚落边界不规则，道路坡度较大，多为台阶，在聚落中部和顶分布有小面积平地，聚落围绕生产性空间展开，民居见缝插针地布置（图4-4-13）。

4. 聚落民居与公共建筑

1）民居

碗窑村比较有特色的朱氏吊脚楼位于古村半山腰，始建于清朝，有着浙江南部地区瓦屑建筑的风格，古朴精致，独具特色。建筑为二层木结构，面积456平方米。平面呈现扇形，穿斗结构，上置阁楼，阁楼向外出挑，南侧为坡面，八个方向都设有窗，没有多余装饰。建筑内部结构巧妙，布局繁而有序，装饰简洁，是碗窑村代表性的民居建筑（图4-4-14）。

聚落中现存最大的民居为朱氏故居，现改为瓷器博物馆。朱氏故居位于村落西侧，建筑面积达200多平方米，始建于清朝，为正屋加两厢，两层木结构，前有庭院，庭院采用河滩石块砌筑，前院开挖池塘，池前有旗杆，池内养鱼。原始祖宅置于朱氏大宅东北角，供奉原来的始祖，同时也供奉五显大帝等（图4-4-15）。

2）公共建筑

古戏台位于古村最繁华的东门街一侧，是清代的木结构建筑，台基高约2米，下面有石质基础，台面为木板，总体呈方形，典雅精巧。戏台后面为二层的木质楼阁，与戏台连成一体，一侧有边门，便于演员出入。戏台屋顶为歇山顶，屋脊上有福禄寿三星雕像（图4-4-16）。

明清地方建庙比较兴盛，制瓷的村民需要靠天吃饭，寻求庇护。碗窑先后建立了很多信仰建筑，记载的有下窑宫、水尾宫、上窑宫、楼岭宫、白马宫等，其中三官庙保留得最完整。三官庙在戏台的对面，坐东朝西，面阔三间，由庙宇与月台组成，正殿为螺旋形的藻井，左右两边设六角形的平板藻井，装饰非常华丽（图4-4-17）。

图4-4-12 碗窑村鸟瞰（来源：王晶 摄）

（a）聚落路网结构与主要建筑图（来源：王晶 摄）　　　　　　　　　（b）模式图（来源：王晶 绘制）

图4-4-13　碗窑村

图4-4-14　碗窑村八角楼（来源：王晶 摄）

图4-4-15　碗窑村朱氏故居（来源：王晶 摄）

（a）戏台外形

（b）戏台藻井

图4-4-16　碗窑村戏台（来源：魏秦 摄）

| （a）碗窑村三官庙 | （b）三官庙藻井 |

图4-4-17　碗窑村三官庙（来源：魏秦 摄）

3）古龙窑

古龙窑位于古村落的顶部，由王氏族人建于清朝乾隆年间，是碗窑的18所窑之一。因使用消耗曾经多次整修，但原结构保持不变。古龙窑为砖土结构，屋顶为木构的青瓦，坡度为21°，沿坡而建，依山式层叠而上。窑长40米，共12层，13间，每间宽2.5～4米不等。碗窑又名阶级窑，是明代由中国福建德华制瓷人发明，由窑室、窑床、窑墙、窑顶、测火孔、烟囱、窑顶梁等构架组成，窑室与上方的窑顶架空，窑顶温度能将柴火烤干[①]。

陶瓷的制作需要质地细腻的高岭土，高岭土的加工需要反复捶打，碗窑先民用了水碓代替人力，将山间的泉水迎入聚落，转动水车将对的势能转化为机械能。在碗窑最兴盛的时候聚落有40间水碓房，每间水碓房都有四个可供击打的锤头。制作陶瓷的泥土需要经行漂洗，以去除其中的杂质，为此村落中建有淘漂池，淘漂池旁有制生陶的纳凉斗篷，斗篷为木柱瓦顶，形式简单（图4-4-18～图4-4-20）。

5. 景观

村落周边景色诱人，风光旖旎，周围密林遍布，山间泉水叮咚，曲径通幽。聚落附近山势陡峭，有瀑布从山崖上飞驰而下，汇入村前的河流。村落中最突出的景观是位于村落中央的"倒焰窑"，始建于1993年，总高13.8米，外围周长22.5米，倒焰窑用红色砖块砌筑，与聚落的青瓦木梁形成对比，非常显眼。由于用地紧张，村落中的道路都不宽阔，加之地形复杂，道路高低起伏较大。村落中小空间精巧有趣，戏台、民居、古树等相互掩映，在行进过程中常有别有洞天之感（图4-4-21）。

（二）温州市苍南县福德湾村——制矾业

1. 地理区位

福德湾村位于浙江省温州市苍南县矾山镇南部，距离苍南县18公里，村域面积0.4497平方公里。

---

① 朱成腾. 碗窑有约［M］. 北京：中国民族摄影艺术出版社，2019：24-36.

（a）古龙窑外形

（b）古龙窑内部

图4-4-18　碗窑村古龙窑（来源：康艺兰 摄）

图4-4-19　碗窑村水碓（来源：王晶 摄）

图4-4-20　碗窑村纳凉斗篷（来源：康艺兰 摄）

图4-4-21　碗窑村落景观（来源：康艺兰 摄）

2. 自然与经济环境

福德湾村为典型的丘陵地形，村落建于山腰处，周围沟壑纵横。福德湾村始建于宋代，宋末年间，该地发现有丰富的矾矿资源储备，始有人居住，至明中叶，来自永嘉的朱、林、郑、王四个家族为躲避战乱迁居于此，并开始开矿制矾，随着产业的发展，吸引了其余14个姓氏的族群，顶峰时期多达100余户，形成了以采矿制矾为产业的村落（图4-4-22）。

3. 聚落空间形态特征

村落建立在鸡笼山上，坐南朝北，为依山型布局，从上到下依次为开矿区、居住区、炼矿区。村落北为水尾山，东为鹤顶山，东高西低，涵洞溪、西坑溪流经村落。矿洞分布于山顶，聚落布局顺应了生产流程，从山上往下发展，以老街为中心，朝水平向扩张。随着矿冶产业的发展，其相关的服务配套也逐渐完善，如火药制造、铁匠铺、裁缝铺、药店医馆、餐饮店铺等。

图4-4-22　福德湾村景观（来源：王晶 摄）

福德湾村为垂直等高线鱼骨带状形态，聚落南北伸展，老街位于聚落的中心，是聚落发展的轴线，兼挑运矾矿的主要通道，建筑沿着等高线向主街两侧延伸。主街两侧为商业建筑，外层为居住建筑，聚落外围多为产业建筑以及各种产业设施，如水池、矿窑、堆场等（图4-4-23）。

4. 聚落民居与公共建筑

1）民居

福德湾村的民居分为两种类型，分别是矿主住宅和普通矿工住宅。矿主住宅远离商业街道，分布于山腰较为开阔平坦位置，房屋面积较大，建筑规格较高，多为三合院形制。普通矿工住宅围绕老街分布，建筑形制较为简单，朝向不统一。民居多为石木、砖木混合结构，墙体较厚，屋顶平缓，构造简单（图4-4-24）。砌筑材料多就地取材，选用大块废弃的矿石，屋顶铺设青瓦，屋顶用石块压顶来抵御台风侵袭。例如位于老街西边的郑氏民居，建于清代，坐北朝南，单层院落式，建筑面积为650

平方米，平面呈现"L"形。正屋为面阔七间的木结构，出檐深远，厢房为后建，墙体为砖石砌筑（图4-4-25）。

2）公共建筑

福德湾村遗留的公共建筑主要有沿街的商业建筑、宗祠、庙宇以及部分产业建筑遗存。其中米氏宗祠规模最大，始建于清代，于2000年重修。现存商业街多为民国时期修建，为两层砖木结构。庙宇建筑有白马宫、石宫、南山坪庙等，其中白马宫位于老街中段，始建于清朝，面积约260平方米，为二进合院式建筑，供奉浙南民间较为常见的马明王。石宫又名窑主爷宫，建于清朝，以祭拜明矾祖师爷[①]（图4-4-26、图4-4-27）。

5. 景观

福德湾村的景观包括工业景观和传统村落景观。工业景观最具特点，由矾山矾矿、煅烧炉、堆料场、风化池、蓄水池等组成。其中保留最好的是位于老街西侧的一号煅烧炉，高16.4米，由两个塔炉构成

---

① 浙江省住房和城乡建设厅. 留住乡愁：中国传统村落浙江图经（第一卷）[M]. 杭州：浙江摄影出版社，2016：254-262.

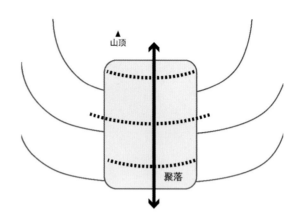

（a）路网结构与主要建筑图（来源：王晶 摄）　　　　　　　　　（b）模式图（来源：王晶 绘）

图4-4-23　福德湾村

图4-4-24　福德湾村的民居（来源：康艺兰 摄）

图4-4-25　郑氏民居（来源：康艺兰 摄）

（图4-4-28）。炉座平面呈正方形，为4.5米×4.5米，炉基用花岗岩石砌筑，石块为长方形，用材较大，炉身用青砖砌置而成，用石灰沟逢，顺丁交错做法，上小下大，呈圆锥形状；炉身用扁铁，三角铁、硬木沟边抱身，造型优美大方，结构稳固得体，两炉体入料口还有部分辅助硬木横架炉体[①]。工业遗址与古村落相互交融，古民居、古街道等保留较为完整，砌筑材料多为废弃矿石、自然典雅、古韵犹存（图4-4-29～图4-4-31）。

---

① 中国传统村落数字博物馆http://main.dmctv.com.cn/villages/33032711601/Buildings.html

图4-4-26 白马宫（来源：康艺兰 摄）

图4-4-27 白马宫内部（来源：康艺兰 摄）

图4-4-28 煅烧炉（来源：康艺兰 摄）

图4-4-29 古矾道（来源：康艺兰 摄）

图4-4-30 老街（来源：康艺兰 摄）

图4-4-31 堆料场（来源：康艺兰 摄）

第五节 神缘型传统聚落

一、神缘型传统聚落定义

（一）神缘

"神缘是一种由共同文化起源和共同生活习俗所决定的一种人际构成关系"[1]，这种人际关系形成的核心是相同的精神信仰。信仰包括宗教信仰、民间信仰和官方信仰三种，其中，宗教信仰主要为佛教或道教等具有明确教义与强烈宗教性质的信仰。"民间信仰"有别于"信仰"强烈的宗教性质，虽然也有完整的体系，但是更加倾向于一种信仰形态，它是"民间流行的对某种精神观念、某种有形物体信奉敬仰的心理和行为，包括民间普遍的俗信以及一般的迷信"[2]。其自发性、民俗性以及强烈的现实功用使得它有别于宗教信仰。官方信仰是王权通过国家祭典等方式所构建出的特殊信仰，在民间信仰的发展过程中会与官方信仰产生冲突，国家往往会通过对民间信仰加以限制等方式来确保官方信仰的正统性。

（二）神缘型传统聚落

在传统聚落形成或发展过程中，受到信仰因素影响较多时，形成的聚落变为神缘型传统聚落。根据信仰类型的不同，其信仰建筑的种类与形式也更为多样。可以分为道观、寺庙，作为信仰建筑的宗教信仰，宗教信仰其分布更加普遍。

民间信仰包括自然环境、生计方式、地方人神三个组成类型。受自然环境影响，会产生类似供奉晏公、禹王祈求风雨平安的信仰对象；生计方式往往与当地自然环境联系紧密，如浙南山区的菇神信仰就是依托于山地香菇种植产业，而沿海地区的妈祖信仰则依托于当地海洋文化与渔业及海上运输业而产生；民间信仰中对于地方人神的崇拜往往由对当地能人或对当地做出贡献的官员的敬爱发展而来，如荻港村中的三官信仰，就是对三位开仓放粮拯救饥荒的运粮官的纪念。

官方信仰则是受国家认可的，具有正统性的信仰类型，有时会包括宗教信仰，除此之外还有如城隍庙、文庙、土地庙等具有强烈现实寄托功能的信仰类型。

二、神缘型传统聚落形态

传统聚落形态往往受选址地点周边自然环境影响，发展出多种多样的形态特征。神缘型传统聚落往往通过信仰建筑的布局及信仰仪式，影响村落的边界及街巷关系。神缘型传统聚落的形态主要讨论在不同类型的信仰作用下，传统聚落内部呈现出的不同人际组织关系与对应的形态特点，因此本书更多地关注于聚落的内部形态或居住组团的不同规模与组织方式。

1. 基于宗教信仰的传统聚落

传统聚落中的宗教信仰主要包括道教与佛教，其中佛教为汉传佛教。佛教信仰在聚落中以寺庙的建筑形态存在，往往位于村落的边界，部分位于村落入口，对聚落内部路网系统影响较小。例如，丽水市月山村白云寺位于村落与田地相邻处，金华市寺平村中安乐寺（图4-5-1）则位于村落的入口处，强调了村落的入口空间。道观较为少见，多远离村落布置，常见于聚落邻近的山腰之上。

---

① 仲金玲. 基于社会结构重组的传统村落空间更新策略研究［D］. 北京：北京建筑大学，2017：25.
② 王瑞军. 民间信仰的社会功能及作用机制研究［D］. 南京：南京航空航天大学，2012：78.

图4-5-1 佛教建筑安乐寺（来源：张卓源 摄）

图4-5-2 水神信仰禹王庙（来源：张卓源 摄）

图4-5-3 菇神信仰五显庙（来源：张卓源 摄）

图4-5-4 妈祖信仰天后宫（来源：张卓源 摄）

2. 基于民间信仰的传统聚落

民间信仰的产生源于聚落当地具体而各异的自然与社会环境，相比宗教信仰则与聚落及周边环境联系更加紧密。根据民间信仰的种类不同，信仰建筑在聚落中的布局也受到其崇拜对象的影响。

1）自然环境类的民间信仰：山、水多作为崇拜对象，而信仰建筑往往紧邻自然要素布置，如丽水市龙井村禹王庙位于村口邻水的风水树下（图4-5-2）。

2）生计方式类民间信仰：其信仰建筑多邻近生产空间或生产资源布置，如浙南山区菇神信仰聚落，其信仰建筑五显庙多位于聚落边界沿主路设置，部分位于村落中心，庙前有承担祭拜活动的广场。五显庙多有主路与之连接，如丽水市下田村五显庙（图4-5-3）。沿海地区的妈祖信仰，如温岭市石塘镇东海村天后宫（图4-5-4）位于聚落面海处，宫前有广场与海相邻，主路从天后宫两侧向村内延伸。

3）地方人神类民间信仰：因当地居民对其崇拜与敬爱之情，信仰建筑多位于聚落的核心或入口等节点空间，如嘉兴市马鸣村马鸣庙。清光绪《嘉兴府志》记载，在唐朝末年，浙西节度使裴球及其副将蒋都尉，抗击黄巢起义军，保卫了马鸣当地一方平安，后人为纪念英勇善战、抗战有功的裴、蒋两位将军，在此修建了庙宇和纪念场所，马鸣庙便位于村落主要水系旁，处在老街尽端，是聚落中心空间。

3. 基于官方信仰的传统聚落

官方信仰分布广泛，其信仰观念与各地趋同，信仰建筑的布局方位也较为类似。例如祈求文运兴隆的文庙，文昌阁（图4-5-5）多位于村落入口空间，或为邻近村落入口附近，部分文昌阁还有与拎云塔相伴，例如杭州市建德市新叶村村口文昌阁与拎云塔，与荷塘共同构成村落的入口空间。而城隍庙、土地庙等保佑当地平安的土庙则多位于聚落内部或边界。

三、神缘型传统聚落的建筑特色

1. 宗教信仰建筑

宗教信仰建筑主要包括道教道观与佛教寺庙，宗教信仰建筑中的佛寺较于道观往往更多地兴建于聚落内部，道观则往往选址聚落周边的山体之上，数量也少于佛寺。宗教信仰建筑多位于村落的边界，例如湖

州市义皋村兴善寺（图4-5-6）位于村落南端，在水流相汇的节点位置上，起到限定聚落边界与祈求神灵庇佑聚落的作用。宗教信仰建筑也会选址聚落的入口处，如寺平村安乐寺建于聚落入口处主路的一侧，在确定聚落边界、神灵庇护的作用之外，还强调了村落的入口空间。

以温州市苍南县蒲壮所城的东林寺（又名东庵）（图4-5-7）为例，东庵为清代重建的佛教建筑，建筑体量小巧，位于城东护城城墙之上。东庵为合院式建筑，依山势而建，照壁、山门、弥勒殿、大雄宝殿及观音阁依次排布中轴线上。大雄宝殿前设三级台阶，面阔五间为17.3米，明间设有佛龛以供祭拜之用。屋顶为硬山顶，两坡顶盖，殿间有石墙相隔。

2. 民间信仰建筑

民间信仰仪式脱胎于当地自然环境或经济产业文化，信仰建筑作为信仰仪式的主要发生场所，其选址与聚落街巷、广场的关系及建筑空间组织逻辑都受到信仰需求与信仰仪式的影响。民间信仰包括自然环境、生计

（a）文昌阁与拎云塔　　　　　　　　　　　　　　　　　　　　（b）文昌阁近景

图4-5-5　建德市新叶村文昌阁（来源：张卓源　摄）

图4-5-6　佛教信仰皋村兴善寺（来源：张卓源 摄）

图4-5-7　佛教信仰蒲壮所城东庵（来源：张卓源 摄）

图4-5-8　妈祖信仰天后宫（来源：张卓源 摄）

方式和地方人神三类，民间信仰建筑受当地民居与宗教信仰建筑的共同影响。以滨海传统聚落东海村妈祖信仰为例，其信仰建筑为天后宫（图4-5-8）。

3. 官方信仰建筑

与民间信仰相区别，官方信仰主要是指受到历代朝廷认可的信仰，有时会包括宗教信仰，除此之外还有如城隍庙、文庙、土地庙等具有强烈现实寄托功用的信仰类型。官方信仰对象及仪式地区差异较小，但也会有多庙合一，一庙多神的情况出现，如金华市郭洞村的文昌阁（图4-5-9），一层信仰文昌帝君，二层则为关公。

以新叶村的文昌阁及周边抟云塔、土地祠为例，三者与林木共同构成了新叶村的水口空间。三者建于新叶村东南方的水口位置，其中抟云塔建成年代最早，抟云塔又名文峰塔，为明代万历二年（1574年），塔平面为正六边形，砖砌七层，塔身外立面有砖牙叠涩作腰檐，二层及以上每层皆有螺旋上升、相互错开的三个发券窗洞，塔顶有塔刹。文昌阁次于抟云塔建成，除了祈求文运的作用之外，更有加强关拦水口之用，最初形制为亭，因此也被称为水口亭。后几经重建形成了两进院落，前进明间之上建楼，上为重檐歇山阁。除了在村南有狮、象两山阻拦之外，还有文峰塔与文昌阁相阻隔。文昌阁北侧于1919年建成一座土地庙，平面形制为合院式，三者的结合反映出当地对于村落景观营造与耕读传统思想的重视。

四、神缘型传统聚落的典型案例

（一）丽水市龙泉市龙井村——菇神信仰

1. 地理区位

龙井村是浙江省第一批级传统聚落（图4-5-10），位于浙南山区丽水市龙泉市龙南乡，地处龙庆景三县交

图4-5-9 新叶村文昌阁及抟云塔、土地祠（来源：张卓源 摄）

图4-5-10 龙井村卫星图（来源：谷歌地图）

界，村落海拔约为926米，群山环绕，南临景宁葛山乡降头村。

2. 自然与社会环境

龙井村（图4-5-11）坐落于江浙第一高峰黄茅尖山麓。龙井村有深20余丈、名为称之为"龙井"的水潭，故而命名为龙井村。

龙泉、庆元、景宁三地的山民多从事人工栽培香菇

职业。这一带的菇民，为谋求生计，每年冬春，都要远赴江西、福建、云南、四川、贵州等地，形成浩浩荡荡的出门养菇队伍，等到六月份才返回家乡。因独特的劳作周期与产业特点，形成了独有的菇神文化与菇神信仰，每年六月底在信仰建筑五显庙举行香菇庙会。

3. 聚落空间布局与形态特征

龙井村（图4-5-12）现户数165户，总人口623人。聚落为轴线状分布，四周有东垟尖、蛤蟆尖、赤岩尖相围，内有溪流穿村而过，聚落内建筑围绕宗祠排列，形成了鱼骨状的道路系统。龙井村为血缘型聚落，村内居民多姓张，张氏宗祠位于聚落主体部分的中部，内部民居多紧邻宗祠排布。

聚落内部节点空间主要包括：五显庙、观音阁、张氏宗祠、马氏仙宫与禹王殿。观音殿位于聚落南端的山腰之上，主要供拜神礼佛之用。马氏仙宫为多村共用，位于距离村落较远的山边河谷，平时庙宇大门紧闭，只在迎神节时开放，神像抬出，游走于周边聚落街巷。张氏宗祠位于聚落主体部分，为合院式建筑，形制较为简单，供居民祭拜先祖之用。禹王殿位于村落水口位置，门前植有风水树。五显庙位于溪边，通过沿溪主路与聚落内部连接，庙前有一广场，通常作为菇神庙会时的祭神广场。

4. 信仰建筑与民俗活动
1）信仰建筑

五显庙（图4-5-13、图4-5-14）坐南朝北，占地面积1030平方米，建筑面积870平方米，清光绪二十二年（1896年）建造，至今已有110多年，是典型的清代寺庙建筑。2011年1月被浙江省人民政府公布为第六批省级文物保护单位。

五显庙是一进院落，局部二层，正立面前有一个与庙宇等宽的广场，布置有奇数个香炉，是进入建筑前的准备空间。沿纵轴线依次为牌楼、穿堂、戏台、

图4-5-11 龙井村鸟瞰图（来源：张卓源 摄）

（a）龙井村路网结构与主要建筑图

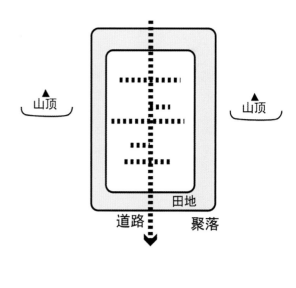

（b）模式图

图4-5-12 龙井村形态结构图（来源：张卓源 绘）

（a）外部

（b）内部

图4-5-13 龙井村五显庙（来源：张卓源 摄）

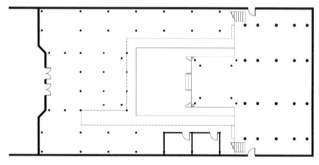

图4-5-14 龙井村五显庙平面图（来源：张卓源 绘）

天井、春亭、正殿，天井两侧二层为看楼。五显庙立面极具特色，正中是仿木结构的一主二从三间四柱五楼式牌楼，并呈反八字凹入，整座牌楼雕砖精美华丽，上坊中央嵌砖雕"五显庙"三字的匾额，上下坊之间的垫板上嵌"威震南天"四字青石匾。精美的雕花与高耸的牌楼彰显着：五显庙是村落中是形制最高的建筑，甚至高于祠堂。

2）民俗活动

每年农历六月中下旬，这一带各个五显庙都要轮流举办盛大的庙会活动。龙泉、庆元、景宁三县交界的"香菇客"都会聚集到五显庙，举行仪式祭拜菇神，还会邀请戏班子登台唱戏，本村男女老少、四邻八乡的亲朋好友也会借此机会聚一聚。

菇民外出时的信仰仪式较为简单，在围绕菇民的临时居住场所——菇寮展开。菇寮往往有3~5个菇民共同使用并运营管理，它不仅仅是菇民外出的最小单位，同时还是菇民组织"三合堂"的基本组成单元，即每一个菇寮是庙会股份中的一股。菇寮内部设置菇山神坛，正对东门、紧贴西墙放置香案上置神像，正上方张贴五显庙神像的简化形式——香火榜。此时菇民除了每天的上香祭拜，还在农历十四和二十九唱山歌祭拜。

5. 聚落景观风貌

山地独特的自然景观与聚落内人文景观共同构成了龙井村独特的景观风貌。聚落位于山内河谷地带，天然溪流穿村而过，田地分布在紧邻聚落的山中地势较低处，沿等高线向山深处延伸，形成了梯田景观。马氏仙宫、观音阁等信仰建筑散布于山间，通过羊肠小道与聚落连接。村内的街道串联起的风水树及禹王殿、五显庙及庙前广场、宗祠等重要节点空间则构成了村落的人文景观系统，而五显庙前往往配以广场以利于居民进行祭祖等活动，也是商业、民俗活动发生的重要场所。

（二）温州市苍南县蒲壮所城——官方信仰、宗教信仰与民间信仰

1. 地理区位

蒲壮所城于1996年被国务院公布为全国重点文物保护单位（图4-5-15），位于浙闽交界处的温州市苍南县马站镇，明洪武十七年（1384年）为防倭寇而建，为蒲州所与壮士所合并而成，故名蒲壮所城。蒲壮所城坐落在浙南丘陵间的河谷之中，背倚群山、面向海洋，特殊的地理位置决定了其重要的海防作用。

2. 自然与社会环境

蒲壮所城又名蒲城（图4-5-16），三面环山、东南望海，蒲城北面城墙靠山，东、南、西面有三座瓮城，均为方形，整体呈"天圆地方"形状，外绕护城河，与蒲江相通。明初建城旧制称"蒲门所"，后兼并

同属金乡卫的壮士所称"蒲门壮士二所"简称"蒲壮所"，是中国古代海防城堡聚落。据清乾隆《平阳县志》中记载："蒲门城周围五里三十步，高一尺五丈余，趾阔一丈二尺，城门三座，垛六百一十口，敌台六座，窝铺二十二座。"[①] 自唐即为军事要地，宋为造船中心。自明代始，蒲壮所城成为马站平原的军事、政治、文化、经济中心，也是沟通闽浙的咽喉要道。

3. 聚落空间布局与形态特征

聚落布局为环心状，外部被丘陵、海岸相环绕。蒲壮所城（图4-5-17）城墙周长约2550米，高约5米，底宽7米，顶宽4米。北面城墙靠山，为圆弧形，东、南、西面有三座瓮城，均为方形。有古语言："一亭二阁三牌坊，三门四巷七庵堂，东南西北十字街，廿四古井八戏台。"[②] 其聚落形态为网格团块状，平面形态为不规则长方形，以十字街建城奠基石为中心发散形成四条主街，次级街道垂直于主街呈方格网布置、互相贯通。

图4-5-15　蒲壮所城鸟瞰图（来源：王晶　摄）

---

① 金亮希，周功清，薛思源. 蒲城乡土建筑［M］. 北京：团结出版社，2018，2：34.

② 金亮希，周功清，薛思源. 蒲城乡土建筑［M］. 北京：团结出版社，2018，2：3.

图4-5-16 蒲壮所城航拍图（来源：王晶 摄）

（a）蒲壮所城路网结构与主要建筑图

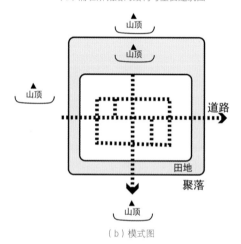

（b）模式图

图4-5-17 蒲壮所城形态结构图（来源：张卓源 绘）

城内重要节点众多，可分为庙宇为主信仰建筑、宗祠为主的祭祀建筑，瓮城等防卫建筑，以及亭等公共活动空间。随着蒲城功能由军事转向民用，适合居民生产生活、精神信仰、休闲娱乐功能的建筑逐渐完善。其中，城西南角的社仓巷、铁械局、马房巷等，为当时后勤装备区域。紧依东、南、西城墙内侧修筑的跑马道以及城墙上的步行道是城内驻军往返各城门、城楼、敌台、瓮城之间的主通道。

4. 信仰建筑与民俗活动

蒲城历史上是兵家重城，戍守的将士主要来自浙北和苏南，以及闽南人后裔，各地方言与民俗、地方信仰在此经过交汇融合形成蒲城特有的信仰、风俗与地方语言。

蒲城的信仰建筑类型多样，可分为宗教信仰建筑，如佛教的东林寺、西竺寺，道教的三官庙等，基督教堂与天主教堂；官方信仰建筑有城隍庙、晏公庙、关帝庙等；蒲城还有众多各式各样的民间信仰建筑，如杨府庙、五显庙、大王宫、太阴宫、雷神庙、后英庙等。[①]

---

① 罗一南. 明代海防蒲壮所城军事聚落的整体性保护研究［D］. 浙江大学，2011：48

蒲城原有的信仰建筑达30处，现存十余处，大多初建时间较早，平整通达的土地多为军事设施建设用地，因而现存的信仰建筑多分布在城内边缘，如沿龙山南面脚下；或沿城墙内部分布，如：天主教堂、基督堂、城隍庙、东晏公庙、西晏公庙、天妃宫、西竺寺、东林寺、雷神庙、太阴宫等；聚落内部信仰建筑分布较少，如天后宫、五显庙与七五相公庙分布于城内临近城墙处，体量往往较小。城隍庙与蒲城同时建造，位于整个蒲城南北中轴线的北端，东西晏公庙位于东西轴线的两端，分别位于东西城门附近。西竺寺与东林寺位于蒲城东西山脚的两侧，皆为原址新建。

1) 官方与宗教信仰建筑——西竺寺

蒲壮所城现存官方信仰建筑，即佛教及道教建筑主要有：城内的西竺寺、东林寺、城隍庙及城外的太阴宫景福寺等。城隍庙为明洪武二十年（1387年）始建，光绪初年重建。位于蒲门城中轴线北端。原戏台毁于"文革"初期，现存主殿。

西竺寺（图4-5-18）又称西庵，位于城内北部龙山的西侧山脚，始建于明代，清代光绪年间重建后又于1987年及2006年修缮。西竺寺纵向轴线上分布有山门、台门、天井及大殿，大殿面阔五间，进深三间，大殿与台门隔天井相对而立，天井两侧为面阔两间的厢房，台门外为山门，依山势而建，连接寺庙主体与村内道路。[①]

2) 民间地方人神信仰建筑——后英庙

蒲壮所城为海防卫所，因此城内的地方人神信仰多来自于海防牺牲将领，其中最为代表的就是当地居民对陈后英的祭拜及信仰。陈后英为明代蒲城村民，因抗倭牺牲，村民为纪念他便在龙山脚下为他修墓，并在墓前修建一后英庙。后英庙（图4-5-19）始建于明代嘉靖年间，清代嘉庆年间及八十年代重修，庙沿纵向轴线布置有庙门天井及正殿，庙门为牌楼式，正殿面阔三间进深三间，明间正堂塑有陈后英像。[②]

3) 民间生计方式信仰建筑——天后宫

天后宫（图4-5-20）内供奉妈祖，妈祖为浙江、福建沿海渔民所供奉的海神，有保佑渔民出航顺利、鱼虾满船的作用。天后宫位于蒲壮所城内东门附近，始建于明代，后于清代乾隆年间重建。天后宫又名天妃宫，建筑约50平方米，沿纵向轴线分布有台门、天井

（a）外部

（b）正殿

图4-5-18　佛教信仰西竺寺（来源：张卓源　摄）

---

① 金亮希，周功清，薛思源. 蒲城乡土建筑. [M] 北京：团结出版社，2018.02.
② 金亮希，周功清，薛思源. 蒲城乡土建筑. [M] 北京：团结出版社，2018.02.

图4-5-19 蒲壮所城城隍庙与陈后英庙（来源：张卓源 摄）

及正殿，正殿面阔三开间，进深三开间，正堂设有神
龛，神龛内供奉妈祖神像。

4）民间自然环境信仰建筑——东、西晏公殿

蒲壮所城包括东西两座晏公殿，东晏公殿（图4-5-21）
位于东段城墙之上，东面护城河，西靠龙山。东晏公
殿始建于明代，清代咸丰年间重建，庙宇坐西朝东，
占地372平方米，南北长19米，东西宽23米。建筑由正
殿、厢房、前厅与天井组成，正殿面阔三开间，12.24
米，进深7.55米，屋顶为硬山顶。厢房为两层硬山顶，
前厅有一戏台，三开间、硬山顶式。[①]东晏公庙面朝田
野，因其主管风调雨顺、谷物满仓，村民农耕是时来拜
祭。除此之外东晏公也保佑城内居民家宅平安，因此每
逢初一十五也会有民众前来烧香祭拜。

西晏公庙位于西门街末端。原建于明初，后于清代重
建。坐北朝南，为砖木结构，其南立面以栅栏围护，为半
开放式，庙前庭院即为交通之处，因此大殿和戏台隔街向
望。大殿内部空间高耸，约为5米，正面神龛内祭拜多尊晏
公爷像。西晏公殿的大殿屋顶为歇山式，类似闽东建筑的
多面屋顶。正脊为方形，上面立一放射的太阳形象，两侧
鸥吻为短尾龙，歇山侧面开圆窗，有利采光（图4-5-22）。

5. 聚落景观与自然风貌

蒲壮所城北依靠龙山坡，东临河谷平原，南有孟福
山，与大海隔山相望。明代之前，聚落东临蒲海，为海湾
一角，后泥沙淤积，逐渐与海洋相隔。聚落位于丘陵间的
河谷平原地带，溪流邻村而过，田地分布在紧邻聚落周边
临近平原与溪流一侧，形成了丘陵—聚落—溪流—田地的
景观结构。城墙（图4-5-23）绕城一周，北面依龙山山势
而建，较为高耸，其余三面都筑于平地之上，并环绕护城
河。城墙墙体为三合土夹杂碎石夯筑而成，绕城内侧设有
跑马道、供军民上下步道的台阶与城墙上的跑马道。村内
的十字状街巷串联起民俗建筑及瓮城等防卫建筑，和城
墙、周边山丘共同构成了聚落的整体景观系统。

本章基于经济与社会因素的分类原则，将浙江省传
统村落按照发展演变的类型分为血缘型、地缘型、业缘
型与神缘型村落，并深入解析了经济与社会因素约束下
的传统村落在社会结构、生计方式、宗教信仰等方面的
不同类型，及其村落的空间格局、聚落形态特征，以及
建筑构成、聚落景观风貌等方面的特征，系统性阐述了
经济与社会因素影响下的浙江传统村落的生成生长的要
素与演变特征。

---

① 金亮希，周功清，薛思源. 蒲城乡土建筑［M］. 北京：团结出版社，2018，2：68.

图4-5-20　蒲壮所城天后宫（来源：张卓源　摄）

图4-5-22　蒲壮所城西晏公殿（来源：张卓源　摄）

（a）内部

（b）外部

图4-5-21　蒲壮所城东晏公殿（来源：张卓源　摄）

（a）城墙顶部步道

（b）瓮城及城楼

图4-5-23　蒲壮所城城墙及瓮城（来源：张卓源　摄）

第 五 章

村镇聚落

第一节　水乡古镇

浙江山地纵横，天台山、雁荡山脉覆盖了浙江三分之二的区域。由于山水相隔，使得众多古镇聚落历经现代文明的冲击得以保存。古镇聚落星罗棋布，分布极广，主要集中分布在浙北、浙南、浙中、浙西几个区域。水乡古镇依河布局，主要分布在水网交织、阡陌纵横的浙北水乡平原地区。家族迁居型古镇主要分布在浙江中部盆地地区的金华、衢州及浙东部分丘陵地区，这类聚落以作为社会与空间中心的宗祠为中心，以房为空间单元构成聚落。这类"宗法—族群"为基础的古镇聚落是浙江典型的聚落空间结构类型。还有一类聚落是建立在社会生产方式基础上，以商贸以及交通中转为主要目的的交通商贸古镇，其往往依托于交通要塞与生产资料丰厚的地理空间。

浙江水乡古镇聚落，主要分布于浙江北部平原地区。在本书第三章第二节中提到，水乡型村落一般指"江南水乡"村落。江南原意指长江以南。联合国教科文组织对其定义为：一种介于城市与乡村之间的人类集聚地，并在一定的地域形成完善的以水为中心的网络体系。它具有高度的历史文化价值，是江南水乡地域文化的集中体现[1]。因此，水乡古镇聚落有别于传统的水乡村落。

故本书所述的水乡古镇聚落指的是浙江河网密集地区保存至今、发展较好的水乡古镇聚落，包括杭嘉湖平原、宁绍平原地区，即杭州、嘉兴、湖州、绍兴等地区的水乡古镇聚落。

一、水乡古镇的界定

（一）水乡古镇的形成与发展

村镇聚落一般是由早期的农业村落演变而来。水乡古镇的形成，除因水系发达而形成的交通优势成为聚落发展基础的自然条件之外，水乡古镇的原型——市集就临水而设，故随着经济条件与居民生活需要的发展与演变，古镇中形成的贸易市集，即"草市"得以发展，使得规模尺度与人口密度越来越大，因而给江南地区带来了先进的文化与生产技术，江南水乡的经济空前繁荣，形成了如今的水乡古镇聚落。因此，经济的快速发展对江南水乡传统聚落的形成起到了决定性作用。

水乡古镇聚落大多由江南市镇演化而来。江南市镇是由居民自发形成的贸易市集，即"草市"。宋代时期"草市"与江南水乡的军事戍镇结合，发展成现在为大众熟知的"江南市镇"。因此，水乡古镇聚落的形成主要有两个源头：一是在经济的作用下以草市为原型发展起来的传统聚落；二是从最初作为军事防御和行政建置的聚落转化为商业性传统聚落[2]。这两种传统聚落的形成主要是因为其便利的交通条件和良好的商品交流的经济环境。

（二）水乡古镇的现状与分布

在《简论"江南地区的界定"》中曾经将古镇的典型特征概括为：在传统农业社会商品市场发展起来，处于城市和乡村之间、充当社会经济纽带的枢纽型聚落。[3]我国具有百年以上历史的传统古镇共220个，由

---

① 姜平. 江南水乡金三角：乌镇西塘南浔［J］. 中国国家地理，2002（2）：25.
② 容少飞. 江南水乡传统聚落室内物理环境评价及改善——以宜兴周铁镇老街为例［D］. 合肥：合肥工业大学，2015.
③ 李伯重. 简论"江南地区"的界定［J］. 中国社会经济史研究，1991（1）：100-105.

于浙江身处优越的地理位置，靠近水系且水网密布，因此聚集了典型的传统水乡古镇，浙江水乡古镇大多兴盛于明清时期，具有深厚的文化底蕴，为当时的商业聚集地，主要分布于杭州、嘉兴、湖州、绍兴等地区。浙江主要有16座著名的古镇，如浙江富阳龙门镇、嘉善的西塘与乌镇、湖州的南浔、绍兴的安昌与柯桥，还有衢州的二十八都、温州的泰顺等。

因而，商品经济的繁荣发展是浙江水乡古镇兴起的重要原因。水乡古镇之间形成的市场经济网络体系，每个村镇的特色市场，互相竞争，互相依存，从而形成了不同种类的水乡古镇，如丝业市镇、绸业市镇、棉布业市镇、刺绣业市镇等。其中，以棉布业和丝绸业等产业最为突出。

（三）水乡古镇的自然与社会文化环境

1. 自然环境

江南地区与浙北平原地区有着相似的自然环境条件，地处亚热带气候带，地势肥沃、气候温润、雨量充沛、日照充足、物产丰富；由于有太湖、长江、富春江与曹娥江等密布的湖泊与水网，航运与陆运交通十分便捷。"小桥流水人家、家家门前泊航行舟"是浙江水乡古镇的真实写照。

2. 经济与社会文化环境

人类在这里聚居繁衍，创造了良渚文化与河姆渡文化，江南一带历来富庶，隋唐时期经济重心的南移，京杭大运河的开凿，浙江商帮应运而生；到宋代时期这里成为全国的经济重心，人口规模扩大，村落数量剧增；到明代中晚期，随着经济的不断发展，浙江的商业市镇不断增加，街市巷坊商铺林立，呈现出前所未有的城镇

化趋势，古镇就是在这种情况下涌现的。

江南水乡的经济发展是一个漫长的过程，由于其河流纵横与桑基鱼塘等植桑养蚕经济、蓬勃发展的手工业作坊以及其他经济作物的栽培与商业化经营，优势明显超越了农耕经济。加之，江南地区密如蛛网的水系和贯通相连的河道系统，构成了平均距离不超过1公里的经济市场网络，使得浙江古镇的经济结构进入了崭新的以商品生产与市场流通为特点的商品经济范畴[①]。

明清时期，儒家思想占据主导地位，水乡古镇社会结构组成有地主官僚、商人、士大夫和农民。官僚阶层崇尚功名利禄，又重视清高而安逸的生活，平民阶层强调宗族孝悌为本，形成"业商贾、务耕织、咏诗书、尚道义"的社会意识，从而形成了古镇形态亦俗亦雅、亦儒亦道的特征。在家族生活中强调主次分明、长幼有序、内外有别的家族制度，建筑采用多进厅堂式和内向封闭的空间特征。

二、水乡古镇的空间形态

（一）水乡古镇的空间格局

水是影响水乡古镇河道空间格局的重要因素。水乡古镇的空间布局，不仅古镇外围的自然环境是以京杭大运河和太湖作为水系大环境，内部更是水网纵横交织，位于河道交汇处或主河道，而呈现出以水为脉络延展布局的形式。水乡古镇的河道空间近河临水，聚落临水而建，大多为垂直河道布局，更好地顺应了地形地貌，形成具有水乡古镇特色的河道空间布局。

在众多水乡古镇聚落中，除了水对传统聚落的影响之外，农耕亦是影响聚落选址和生成发展的重要因素。太湖流域的杭嘉湖平原因特有的治水造田系统也决定了水乡古镇聚落的总体格局。这里造田的办法有

---

① 阮仪三. 江南古镇［M］. 上海：上海画报出版社，1998：46.

图5-1-1　水乡古镇聚落（来源：王晶、田常赛 摄）

图5-1-2　水乡古镇沿河街道（来源：王晶 摄）

两种：一种是废湖为田，即将湖水排干，以湖底为田，这种田称为湖田；另一种是围田，先构筑横塘纵浦水利工程，即在沼泽中修堤障水，将沼泽的一部分围圈起来，排出堤内的水，废湖为田，因此太湖流域叫圩田。此外，根据土地用途不同，也衍生了"桑基鱼塘"的传

统循环农业模式：邻近溇港的田地用于种植蔬菜，而稍低的土地种植水稻，最低的进行水产养殖，水塘、水田之间的田埂用于种植桑树。这样一来，便形成了独具特色的"水—塘—田—村"和谐共生的水乡古镇空间格局（图5-1-1、图5-1-2）。

（二）水乡古镇的形态特征

1. 水乡古镇的聚落形态

浙江水乡古镇聚落的发展主要依赖交通运输而催生和发展贸易集市，聚落空间形态的发展受到水网河道的限定，也因为水体形态不同而呈现不同的聚落布局特征。聚落空间发展是沿着水网河道的走向伸展。而道路系统又顺应河道的生长而分布，因此，水乡古镇聚落的形态主要受河道和道路系统的影响。按照聚落中河道的形态来分，可以将水乡古镇聚落形态划分为以下四个类型：

1）带形古镇

带形古镇聚落中一般有一条主要河道穿过聚落，道路沿河流延伸。主要道路平行于水系，次要道路垂直于水系向两侧伸展，从而聚落沿着河流和道路两侧纵深发展而呈依据主河道纵深方向的带形。如杭州西兴古镇，运河支流在镇东南向西北穿过，从古镇的侧边穿过，形成了带状的聚落形态，道路或河道两边是市街店铺（图5-1-3）。

2）"十"字形（"丁"字形）古镇

"十"字形（"丁"字形）的聚落中有一条主要水系横向从聚落边界经过，另外有一条次水系垂直于主水系或从垂直方向流经聚落与主水系交汇。两条相交的河道呈"十"字形（"丁"字形），形成十字港或十字街，河道交汇处就是聚落的中心枢纽。主要道路平行于横穿古镇的主、次河道，次要道路垂直于主路或主水系。聚落沿交叉的道路或河道向四面扩展，由于河道的主次差异，聚落形态呈沿"十"字形河道纵横双向不均匀发展的带状布局。如湖州南浔古镇，自西向东的运河与自南而北的市河相交，构成十字港，河道交汇处密布着各种形态各异的古桥（图5-1-4）。

3）放射状古镇

古镇聚落中心没有主水系，聚落一侧的河流由聚落中心沿河道呈放射状伸展，形成了多河交汇的水系。古镇主要道路往往也沿着河道呈辐射状延展。这种聚落形态沿着几条河道交汇点呈辐射状发展，聚落形态则呈辐射团块状形态。如湖州新市镇新市古镇，来自四面八方汇入的河流交汇，使得聚落形态因而以多河交汇点为中心呈放射状伸展（图5-1-5）。

4）团状古镇

聚落受纵横交错的水网分割，街道往往随势而为。主水系往往位于聚落外围，聚落内部的水系为次水系并垂直于主水系，道路平行或垂直于水系。聚落受纵横交错的河道分割，形成几条主要的街道和纵横交错的次街巷，街巷呈现网格状交通体系，从而整个聚落呈不规则的团块形状。这种聚落水陆交通特别方便，规模较大，经济相对发达，经常是所在地域的中心城镇。其典型例子是鸣鹤古镇，古镇被水系分割成若干个团块，聚落中的桥又将这些团块连为一体（图5-1-6）。

2. 古镇街巷系统

因水成市、因水成街、因河成镇，水路交织，古镇依赖水系将交通与生活融为一体，河道与街巷是浙江水乡古镇的整个空间骨架，是古镇空间的命脉。

（a）西兴古镇卫星图（来源：谷歌地图）

图5-1-3 水乡古镇带形聚落

（b）形态特征图（来源：康艺兰 绘）

（a）南浔古镇卫星图（来源：谷歌地图）

（b）形态特征图（来源：康艺兰 绘）

图5-1-4 水乡古镇"十"字形聚落

（a）新市古镇卫星图（来源：谷歌地图）

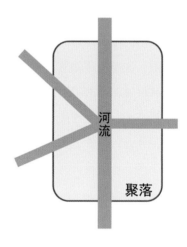

（b）形态特征图（来源：康艺兰、林雪晴 绘）

图5-1-5 水乡古镇放射状聚落

（a）鸣鹤古镇卫星图（来源：谷歌地图）

（b）形态特征图（来源：康艺兰、林雪晴 绘）

图5-1-6 水乡古镇团状聚落

1）河道

河道作为古镇水上交通的主要通道，是连接内外与货物运输的枢纽，也是承载人们日常生活与聚集交流的场所。一般古镇的主河道可容纳3~4条船通行，可以满足2条船的通行宽度；次河道一般相距80米左右。陆路交通作为辅助交通，多临河道设置，主道路平行于主河道；次道路垂直于主河道，划分成不同的居住组团，方便住户到达水系边。河道与街巷相互交叉，形成并列互补的交通网络。河道的形态也多为线状穿越、十字交叉、星形辐射或者线状围合。河道作为水乡古镇的限定轴，不仅影响着聚落发展的空间布局，更决定了聚落道路系统的指向。

2）街市

街市作为商业功能的街道是古镇街巷的轴线与空间统帅，由此街市由"行商"演变成"坐贾"，使店铺具有了居住功能，形成前店后宅或者下店上宅的形式。此外，也有作坊依附商铺和宅居而成的前店后坊，形成古镇商业、生产与居住三位一体的空间特色。街多与市河平行或顺向布置，形成一河一街、一河两街的格局。街市由河道、街与沿街建筑组成，街市与水的关系可分为面河式和背河式两大类型。

（1）面河式："民居—街道—河道—街道—民居"的两街夹一河模式与"民居—街道—河道—民居"的一街一河模式。面河式街市多邻主河道而设（图5-1-7）。

（2）背河式："民居—街道—民居—河道"的一街一宅一河模式，背河式街市多邻次要河道（图5-1-8）。河道往往连接住户的私用水埠，以便货物运输。临街建筑主轴多垂直于主街或水道，并纵向延伸。为了占据更多的邻街面，建筑面宽均较小，以3~5间居多，纵向往往为多进院落。

此外，古镇的街巷空间具有清晰的空间层级关系：街与市河—巷与支河—住宅与院落。街市、市河与集市是古镇物资的集散场地与公共开放空间，小镇定期的集市每天都有，大镇更是有固定的集市空间。街市上菜

图5-1-7　面河式街巷（来源：必应网）

图5-1-8　背河式街巷（来源：必应网）

馆、酒楼、茶馆等供客商交流休闲的店铺林立，热闹非凡。古镇也常常在寺庙里举办庙会，尤其是举行"烧蚕茧"的活动，祈求养蚕丰收。支河与垂直于市河的街巷是古镇的半公共空间，而小街巷更是一户或几户独用，小街巷节点处的空地往往是半公共水埠，是居民们劳作、取水与休息交流的场所。照壁、台阶、出挑的屋檐是各家各户宅前的半私密空间，形成强烈的空间领域感。

三、水乡古镇的建筑特色

在经济文化的影响下，浙江水乡古镇邻街多有店面，形成了极富水乡特色的集商业、生产和居住为一体

的建筑形式。邻水建筑都有与街面相连接的雨棚，巧妙地使得公共空间与建筑室内空间形成有机相连的整体。同时，街道空间的无限延伸联结了河埠、桥头、茶馆等节点公共空间，使古镇整体空间格局变化丰富而有层次。浙江水乡古镇建筑的种类有居住的宅第、商业用的店铺、宗教性的寺庙、教育性的书院、娱乐性的戏台、行业性的会馆与私家园林，建筑布局类型形式各异。

（一）民居

1. 沿河"一"字形民居

由于浙江水乡地区特殊的自然地理环境，水网密布且雨水丰沛，空气湿润又终年多雨，使得当地人在建筑的防潮隔水方面尤为重视。余姚河姆渡出土的木质干阑式建筑构件，说明当时已形成了适合于江南地区的居住建筑形式，江南水乡民居向上发展至两层、三层楼阁式建筑[1]。邻河民居与店铺则邻水形成组合式长屋，其平面布局呈"一"字形、矩形，具有出挑、吊脚与倚桥等水乡建筑的特征（图5-1-9）。

图5-1-9 沿河"一"字形民居（来源：张卓源、康艺兰 摄）

---

① 阮仪三. 江南古镇 [M]. 上海：上海画报出版社，1998：46.
② 阮仪三. 古城笔记 [M]. 上海：同济大学出版社，2006：258.

2. 院落式民居

此类传统的合院式居住建筑形式，其基本形式是以天井为核心，外围封闭，内部开敞，中轴对称的三合院或四合院模式。民居建筑在单体上以木构或砖木混合结构的1～2层厅堂式建筑为主，规模较大的住宅建筑布局形成以天井为中心，后院、穿堂、敞厅、备弄等组织纵向多进的院落；且建筑多为一层、二层的砖木结构、瓦顶房屋（图5-1-10）。

（二）公共建筑

1. 茶馆

浙江水乡古镇中最多的店铺是茶馆，古镇茶馆有休息、娱乐、饮食等多种活动，镇上大型茶馆也是重要的公共建筑。茶馆常位于桥头、河埠头、河道转角、街道路口等水陆交汇处，而这些地方往往就是古镇中心、最热闹的集市[2]。由于茶馆处于古镇的重要位置，因而成为水乡古镇居民重要的休闲娱乐场所，如周庄古镇（图5-1-11）。

2. 戏台

江南地区是中国传统戏剧的发源地之一，水乡村民的公共娱乐活动以看戏最为普遍。因此，戏台成为人民聚集的场所，且为了同时解决避风遮雨的问题，在古镇上的道教寺观一般都建有戏台，布局包括屋顶、天棚、栏杆等，戏台平面有前台、后台、侧房，供演戏时的各种需要。浙江水乡古镇也常将戏台建在水边，如嘉兴市乌镇的修真观戏台建于水边，在修真观的大门外面利用了街道广场作为观戏的席位，戏台在街上呈"凸"字形，可以三面供人欣赏（图5-1-12）。

图5-1-10 院落式民居（来源：张卓源、康艺兰 摄）

图5-1-11 周庄富安桥（来源：携程图）

图5-1-12 嘉兴市乌镇的修真观戏台（来源：网络）

3. 会馆

会馆，也叫作公所。会馆与封建社会的"行帮"有关，用以接待宾客、洽谈业务、照料同乡及举行商业性礼仪和节庆活动等，筹立商会以交换知识，联络商情，维持公益。古镇上的会馆一般临河街道而设，有门厅、开敞的院子、大厅以及一些辅助房间，院子和大厅就是经常举行集会和活动的场所[①]（图5-1-13）。

4. 书院

发达的经济更加促进了文化的兴盛，浙江地区向来崇文重教，因此出现了大量的书院。而书院是我国古代教育中一种独特的办学形式，江南书院的兴盛，对江南文化的推动起着重要作用，书院培养了大批文化名人。江南古镇中现存最著名的藏书楼是位于湖州南浔古镇的嘉业堂（图5-1-14），建有书院、牌坊、祠堂、风水阁

---

① 阮仪三. 江南古镇［M］. 上海：上海画报出版社，1998：266.

图5-1-13 会馆（来源：网络）

图5-1-14 嘉业堂藏书楼（来源：百度百科）

楼等建筑，整个古镇布局合理，功能齐全，同时与周边景观环境和谐统一，尽显细腻、流畅、安逸的气氛。

四、村镇聚落的景观风貌

（一）自然景观

1. 水系

水是人类文明的源泉，水乡古镇以水为依托，将水与人居环境和谐统一起来。江南水乡地区具有明显的水网密布的特征，因而自然景观是以水系为核心的景观（图5-1-15）。水乡地区提供着丰富的水乡物产、水利灌溉、取水用水、工艺生产、交通运输，形成一整套自我调节的生态水环境①。

2. 农业

自明代以来江南地区的蚕桑等经济发展迅速，而后江南地区逐渐形成了综合的农业耕作体系：田地中间种植水稻，堤上植桑养蚕，形成了以水稻、棉花等种植业、蚕桑殖业以及渔业等为主的农业结构。因此，水乡地区这种运用桑基鱼塘系统采用池塘养鱼、塘基种桑的模式，不仅使池塘与塘基两种土地资源的充分利用各得其所，还在渔桑之间形成了相连相倚、相辅相成的种养业生态循环与综合利用②。

（二）人文景观

水乡古镇的河道水巷是交通运输的重要通道，也是居民们生活用水、市场买卖的主要来源和必经之处。沿河店铺和来往的人流形成了水乡古镇的商业集市，成为人流活动密度最高的场所。江南地区河网众多，水

---

① 阮仪三，陶文静，袁菲. 乡愁情怀中的江南水乡及其当代意义 [J]. 中国名城，2015（9）：4-8.
② 丁农，金瑞丰. 菱湖"桑基鱼塘"系统及其农业文化遗产的保护与利用 [J]. 蚕桑通报，2015（1）：5-8.

图5-1-15　沿运河景观图（来源：张卓源 摄）

图5-1-16　水乡古桥（来源：百度）

港，小桥、驳岸、水埠、码头、水墙门、过街楼等富有特色的建筑构筑物，描绘了一幅水乡古镇的图景[①]。

1. 桥

桥是最能体现水乡古镇象征的景观节点。古镇的桥主要有平桥、拱桥等。由于桥的位置一般位于古镇的河道与街道的交汇处，连通了古镇内部的各个功能区域，从而成为人们公共活动的中心。此外，居民也通常将桥作为街巷的划分或聚落边界，如嘉兴市西塘古镇环秀桥（图5-1-16）。

2. 水埠

水埠是水乡古镇另一个重要的景观节点，临水并垂直于次要街巷。由于对水的依赖，水埠是居民们日常流动的核心场所，无论是在河边洗衣做饭还是进行往来生活用品交易，居民们也时常需要从此出发，坐船到附近的集镇去赶集（图5-1-17）。根据不同功能及范围分为公共、半公共、私用水埠三种。公共水埠为完全开放的公共空间，通常位于水乡古镇的公共场所周边，可停靠较多的船只；半公共水埠是最为特色的空间，多设于邻里之间；而私用水埠为则为水乡地区富裕人家出门以及下客所设，较为私密。

五、水乡古镇典型案例——东浦古镇

1. 地理区位

东浦古镇是绍兴四大名镇之一，隶属于浙江省绍兴市越城区，距绍兴市7.5公里，位于长江三角洲南部，宁绍平原西北部。镇域面积30.78平方公里，其中，古镇核心保护区3平方公里，传统风貌延伸区9平方公里（图5-1-18）。

---

① 阮仪三. 江南六镇［M］. 石家庄：河北教育出版社，2003：236.

（a）公共水埠

图5-1-18　东浦古镇卫星图（来源：谷歌地图）

（b）半公共水埠

图5-1-19　东浦古镇风貌（来源：携程网）

2. 自然与社会环境

东浦自南宋以后逐渐形成集镇[①]，至今已有上千年的历史，素有酒乡、桥乡、鱼米之乡、名士之乡的美誉，具有典型的江南水乡古镇特征。东浦古镇为第三批国家历史文化名镇，仍保存着相对完整的水乡古镇风貌（图5-1-19）。东浦县境内湖泊密集，水域资源丰富，且东浦古镇所处位置水上交通便利，河道四通八达，又有温和湿润的气候，处于亚热带东亚季风区，日照充足。

酒是东浦的特色，作为绍兴老酒的发祥地，东浦素有"酒乡"之美称。早在宋代，东浦已是绍兴酿酒业的中心。从晋朝江统《酒诰》云到梅里尖山陶罐、

（c）私用水埠

图5-1-17　古镇水埠（来源：张卓源、王晶　摄）

---

① 东浦镇志编纂办公室. 东浦镇志 [M]. 绍兴：浙出书临，1998：97-104.

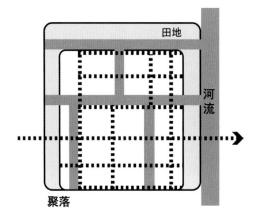

（a）路网水网结构图   （b）模式图

图5-1-20 东浦古镇聚落形态图（来源：康艺兰 绘）

陶鼎、陶壶等出土，从壶觞地名由来到东晋末南朝初王城寺的建成，足以证明东浦酿酒业已有2000多年的历史[①]。这些反映了东浦镇的酿酒业在绍兴所占的重要地位。

3. 聚落空间布局与形态特征

东浦古镇受纵横交错的水网分割呈团形，主水系为位于聚落外围东西向的街河，聚落内部的水系为次水系并垂直或平行于主水系，沿河老街平行或垂直于水系，分别向四面平行或垂直分出多条溇滨和巷弄，又以桥与街河相连接。水陆交通便利，经济发达，从而形成规模庞大的古镇聚落（图5-1-20）。

东浦老街是原东浦镇的主要镇区，它东起东绸路，西至环西路，长度约600米。整个街区空间具有典型的亲水特征，穿街而过的河流构成了街区的主要空间轴线，建筑主要是沿河布局，形成东西走向的历史街区。街区空间大体沿河呈"一"字形形态分布，经过多年的发展，主要街市已形成面河式的空间格局。

4. 聚落民居与公共建筑

古镇民居邻河沿岸以商铺建筑为主，坡顶二层骑楼样式，上宅下铺；南北方向分布的为院落式建筑，通常为单进"一"字形，建筑主要采用1～2层的砖木结构，硬山山墙，少有马头墙形式。而宅邸等公共建筑，三进或五进不等，通常前平屋后楼房，中间由天井空间相隔，两边设侧厢房。如被列为省级重点保护文物保护单位的徐锡麟故居（图5-1-21），始建于清代，坐北朝南，占地1133平方米。前后三进，依次由门斗、大厅、座楼、藏书楼和桐映书屋等建筑组成封闭式院落邻水或邻街建造，建筑外观整体呈现出江南建筑特有的粉墙黛瓦的特质，风格古朴素雅。

5. 聚落景观与自然风貌

1）溇港

东浦古镇的溇为一大特色，曾传有"72条溇，72条弄，72条蛇"的俚语，反映东浦古镇以河流为骨架，沿河民居为整体的江南水乡特色。东浦古镇如今镇内尚

---

① 程蕾. 浙江传统聚落发生发展机制研究［D］. 杭州：浙江大学，2012.

图5-1-21 徐锡麟故居（来源：必应网）

图5-1-22 东浦古石桥（来源：必应网）

存河溇约30余条，弄46条。其中，街河中段北侧交汇的下西江，南侧相连的磨坊溇、陆家溇、车马溇是街河主要的河溇分支。古镇中的河溇与街巷共同构成了既互不干扰又相连相通的交通体系。

2）桥

东浦境内桥梁遍布，全镇共有328座，仅集镇内就有37座。民间桥梁千姿百态，细腻别致，有的古朴典雅，有的气势磅礴。有桥上建廊建亭的；有桥头建庙设台的；有拱式与梁式结合的，也有拱式与涵洞结合的；也有桥上走人、桥下两边背纤的立交式多用桥，堪称一大景观。如泗龙桥（图5-1-22）由于江面开阔，设计独特，桥型壮观，被列为重点文物保护单位，并作为东浦古镇桥梁的代表。

第二节 家族迁居型古镇——龙门古镇

一、家族迁居型古镇的界定

家族迁居型古镇，一般是指先祖举家迁徙，选择地理位置优越、适宜居住农耕的地区定居繁衍，最终形成以宗族血缘为主导的聚落。此类古镇以宗法制度为基础，满足农耕对生产力集中的要求，因此，一般依靠自身小规模农业生产，农业成为支柱产业，具有稳定性，受外部环境影响少。聚落布局选址一般根据人自主意愿与日常活动，建筑布局紧密，分布不规则。聚落形态多为环心团块状，聚落道路较为复杂，呈现纵横交错的网格状。建筑除民居之外，宗祠是最重要的公共建筑，也是家族迁徙型古镇的中心。

家族迁居型古镇主要分布在浙江中部盆地地区的金华、衢州及浙东部分丘陵地区，主要有衢州地区龙游的三门源、杭州地区富阳的龙门镇与宁波前童古镇。例如，龙门古镇是孙权后裔迁徙聚居形成，世代聚居于此，全村近90%居民姓孙，是典型的家族迁居型古镇；前童古镇则是官居迪功郎的始迁祖童潢游历时偶遇的"风水宝地"，后举家迁徙至此并不断壮大，形成了童氏宗族文化，遵循"诗礼名宗"的家族要旨，村内有前童大宗祠、永宁祠、宗祠、四份祠堂四处宗祠建筑，在当地占有十分重要的地位。下文主要以龙门古镇为例进行阐述。

二、龙门古镇的自然与社会文化环境

（一）地理位置

龙门古镇位于浙江省富阳市富春江南岸，是现如今江南地区明清古建筑群中保存较为完整的山乡古镇。东汉严子陵路过此地感慨："此地山清水秀，胜似吕梁龙门"，龙门古镇也因此得名。相传此地乃孙权故里龙兴之地，镇内大多为孙权后裔，风景优美。

（二）自然环境

龙门古镇四面环山，南侧为龙门山，南高北低，龙门溪由南顺流而下，穿过古镇，丁字交叉，将其一分为二，最终汇入富春江。龙门所在富阳市东至萧山西湖，西抵桐庐，北邻临安，地处交通咽喉之地。气候四季分明，山地气候明显，春秋短夏冬长，雨量充沛，自然环境优越（图5-2-1）。

（三）社会环境

从各地孙氏宗谱的记载中，可以发现龙门孙氏一族早期迁徙定居于此，并聚居繁衍的踪迹。台湾孙氏《家谱》中，撰于光绪纪元的《重修富春零星孙氏世谱序》中称："吾邑孙氏为富春之嫡派，实浙东之华宗，自仲谋公发迹龙门，迄云三公由儒学出龙门而徒居姚江，十代警香，笑缨勿替。"萧山塘上孙刊于民国三十六年（1947年）的《孙氏重辑守谱序》中，也称"吾萧覃萝乡之塘上孙，自明代富春龙门孙氏第十四世万一公迁居聚族于斯，绵绵瓜爬，生齿日繁。"由此可见，龙门孙氏一族自龙门定居之后不断发展壮大，以至于后代扩张迁徙，富春作为本支，在各地亦有迁出富春江的孙氏子孙。

孙氏先祖发现龙门一带山清水秀，适宜繁衍生息，遂迁居于此，孙氏宗族大多居住于富春江地区，而龙门孙氏则是规模最为庞大的一支。孙权之父孙坚乃吴郡富春江人士，因此龙门孙氏乃孙权之后。庞大的孙氏宗族在龙门定居繁衍，并不断扩大聚落规模，日渐兴旺，最终形成了以血缘宗亲为纽带的家族迁居型古镇。

龙门古镇主要以手工业、农业为主，当地富裕的门户大多通过粮食、谷物、纸业等致富。明清年间，龙门古镇成为安徽与绍兴、苏州之间的贸易要道，繁盛一时。今非昔比，近代以后，龙门古镇逐渐衰落，但依旧沿袭着古时独有的宗族礼教文化。

三、龙门古镇的空间形态

（一）空间格局

龙门古镇南面背靠龙门山，龙门瀑布奔流而下，北侧地势较低水面开阔，剡溪与龙门溪丁字相交，形成山水汇集的围合式自然环境。四周高峰构成天然防御屏障，也提供了丰富的山林资源，水系则是保证传统聚落生息的命脉，与古人强调的"天人合一"环境观相契合，满足了传统聚落宜居的、依山傍水的空间格局（图5-2-2）。

（二）聚落形态

不同于商业贸易型古镇，这种血缘型模式的古镇

图5-2-1　龙门古镇卫星图（来源：谷歌地图）

图5-2-2　龙门古镇鸟瞰（来源：视觉中国）

大多以自给自足的小农经济为主导，具有很强的内聚力，农耕文化成为主导，属于典型的传统农耕社会聚居模式。这种模式一般分三个层级：家庭、家族和宗族，个体家庭通过繁衍后代，发展为家族，多个同根家族构成了宗族。同样，家族发展达到一定的饱和，也有裂变出新个体家庭的可能。因而呈现出以祠堂为中心向外延展出多个组团的空间形态（图5-2-3）。[①]

龙门古镇作为典型的血缘型聚落，呈现出以大型宗祠为宗族核心向外发散，多个"小宗祠"厅堂为家族核心的多核心环心团块状空间形态。聚落层级关系与宗族、家族、家庭的社会结构一一呼应，构成多层级聚落的组团模式。如图5-2-3所示，以孙氏宗祠为核心，环绕总宗祠，点状分布家族厅堂，成为下一层级的核心。同家族成员围合厅堂构建小型居住组团，最终形成了环心团块状聚落形态。这种形态具有一定的向心性与不规则性，房屋朝向多变。

龙门古镇的宗族最小单位为户，由户组成房，由房组成支或亚支，由多个支组成派，不同的派最终组合形成宗族。最早期的孙氏宗祠（即总祠堂）位于古镇西部，因此龙门古镇发源于西侧，后因一次修缮祠堂的过程中，颠倒了宗祠排序，长兄为表抗议另立新祠，自此之后龙门孙氏分为余庆堂和思源堂两派。龙门溪将龙门古镇分割为东侧桥上区和西侧桥下区，桥下区为余庆堂一派，主要有五个分支，房屋朝向多为西南向，与旧宗祠相统一。桥上区为思源堂一派，发展较晚，规模不及

（a）路网结构与主要建筑图（来源：谷歌地图）

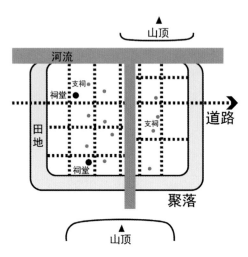

（b）形态特征模式图（来源：康艺兰 绘）

图5-2-3　龙门古镇聚落形态

---

① 冯楠. 龙门古镇古村落研究［D］. 西安：西安建筑科技大学，2004：22-24.

桥下区，主要有两个分支，新祠堂为表独立，朝向为正南向，其下分支厅堂也多与其保持一致。[①]

（三）街巷系统

龙门古镇老街是古镇最主要的街道，街道两侧多为店铺，总长约400米。居住组团互相交错，形成了古镇的次级街巷，串联各厅堂，加之高低错落的屋檐，形成了横向纵向皆富有变化、曲折萦回、移步异景的不规则网格状街巷体系。街道两侧的建筑分为两种形式，一是上店下宅，二是高墙围合，内部有独立庭院。街巷两侧建筑的高度都远大于街道宽度，使得老街呈现狭长态势，给人以神秘深邃的感觉。龙门古镇的街巷常常使用卵石铺设的地面，别有一番韵味（图5-2-4）。

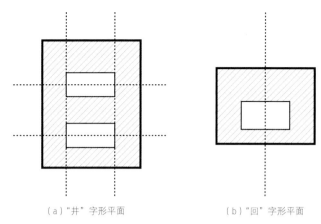

（a）"井"字形平面　　　　　（b）"回"字形平面

图5-2-5　龙门古镇民居平面示意图（来源：康艺兰 绘）

图5-2-4　龙门古镇街巷（来源：pixabay）

图5-2-6　龙门古镇民居（来源：徐艳文《孙权与龙门古镇》）

四、龙门古镇的建筑特色

（一）民居

龙门古镇的民居以厅堂为核心，子孙后代向四周建造住宅，不断蔓延，直至空间不再满足需求，子孙后代另立门户，以新厅堂为核心继续更迭，严格遵循宗族礼法，是典型的古代宗族居住空间形式，形式上分为

"井"字形与"回"字形两类（图5-2-5、图5-2-6）。

1. "井"字形民居

一般纵横各有三条轴线，均分为三进，每进之间隔有天井，建筑外围环以高墙，形成封闭式院落，形制较为复杂，例如孙氏智七公派居。由南至北有咸正堂、光裕堂、素环堂、道丰堂、慎修堂、神主堂。这组建筑群，纵横各分三条轴线，从纵向来看，中轴线是安排供香火的厅堂，三条纵轴线以天井分隔，建筑分成前后两进，结构对称。三条纵轴线的前端建有面阔九间的长廊把三条纵轴线上的建筑连接为一个整体。从横向看，每

[①] 张楠. 作为社会结构表征的中国传统聚落形态研究［D］. 天津：天津大学，2010：127-132.

一进都可独立成为一条横轴线，并与三条纵轴线交叉，全部建筑的外面围以高墙，形成一个封闭的院落。①

2. "回"字形民居

由于人口增加，用地紧张，逐渐演化出"回"字形民居，一般以祠堂为中心，四周环以住宅和围墙，形制相对"井"字平面简单，例如余荫堂。由于龙门夏季较长，雨量充沛，民居开窗面积较大，增强室内外空气的连通，屋顶坡度较陡出现深远。材料因地制宜，木雕、石雕、砖雕技艺较为娴熟。

（二）公共建筑

对于家族迁居型古镇来说，最重要的公共建筑莫过于象征宗族精神财富的宗祠，是宗法礼制的物质象征。

余庆堂：是龙门孙氏的总祠堂，是家族庆典、商讨事宜、祭祖纳主、春秋二祭等活动的重要场所。坐北朝南，平面呈"凸"字形，分为前中后三段，前端为戏台；中段为正厅，两侧由廊屋；尾端为荫堂，是供奉牌位的地方。出入宗祠一般从左右两边侧门进入，正大门一般不开放，接待贵宾时才会拆除前端戏台开启正门（图5-2-7、图5-2-8）。

图5-2-7 孙氏宗祠余庆堂（来源：族谱网、腾讯网）

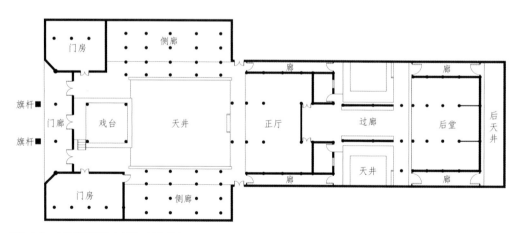

图5-2-8 余庆堂平面图（来源：刘瑾 绘）

---

① 冯楠. 龙门古镇古村落研究 [D]. 西安：西安建筑科技大学，2004：27-32.

五、龙门古镇的景观风貌

龙门古镇背靠龙门山，面朝龙门溪，有着依山傍水、天人合一的优美自然风光。龙门山主峰直插云霄，峰峦叠嶂；龙门溪属于富春江支流，潺潺流水，龙门瀑布飞流直下，雄伟壮阔，令人叹为观止。龙门溪由海拔千米以上的龙门山飞驰而下，全长仅有6公里，但因其高差形成了一段山间激流。古镇居民利用地势落差，在溪水两岸修建了高度2～3米的堤坝，多用石块、卵石砌筑。同时，还在河床上修筑改造了十余道堰坝，溪水通过台阶式下落，减缓了水流速度，避免在雨季造成洪涝灾害。类似龙门溪水的导入，古镇水流多由南向北，随地势下落，形成网络状，通向家家户户，形成水乡风情。镇内有一处池塘，因其宛如砚台池水，并勉励子孙勤勉苦读，取名为砚池。

除自然景观之外，龙门古镇还有不少人文景观，建造手法精妙多变，成为龙门古镇景观风貌中的点睛之笔，如古桥、牌楼等。牌楼一般很少单独建造，大多结合厅堂建造，具有一定的纪念形式。例如，明嘉靖年间大旱，孙潮代替全村上缴皇粮，并拿出谷粮救济灾民，朝廷为嘉奖其善举，建造了"义门牌楼"（图5-2-9）。

龙门风水塔同兴塔位于龙门西侧石塔山，塔高12米，六面七层砖塔，古朴典雅，与龙门古镇遥相呼应。古桥不仅有着重要的交通功能，也是古镇传统元素之一，主要有万庆桥、万安桥、太婆桥等，多为清代所建。太婆桥原为木桥，后改为两孔石板桥，现存为水泥桥（图5-2-10）。

图5-2-9 义门牌楼（来源：腾讯网）

图5-2-10 龙门古镇景观风貌（来源：徐艳文《孙权与龙门古镇》）

第三节 交通商贸型古镇——廿八都

一、交通商贸型古镇的界定

交通商贸型古镇，一般是指受商业贸易往来影响，由一条或多条贸易古道发展而来，形成的商旅休憩以及货物中转流通中心，同时具有较为完整的居住性建筑集镇，规模介于古城与古村落之间。交通商贸型古镇主要依靠商品交易活动和支柱产业的发展，一般不太依赖当地自然资源和农耕环境，因此受社会经济背景影响较大。这种类型的古镇，文化核心不再是农耕文化，而是反映古镇主要功能形式与经济贸易水平的商贸文化。古镇形态多呈中心街道为轴向两侧扩散的鱼骨带状形态，中心街道一般平行于水源，街巷两侧常常布置有店铺住居二合一的民居，便于进行商贸交易。相对于水乡古镇选址看重水源而言，它更看重交通条件，特别是古代出行工具不发达，必经之路交通要塞易发展为交通商贸型古镇。

在浙江也不乏此类案例，例如，因仙霞古道而兴起的贸易中转站衢州市仙霞岭廿八都古镇是由浙入闽的必经之地，支柱产业为运输业与服务业；食盐布匹集散地台州市仙居乡皤滩古镇是台州进金华的必经之地，支柱产业为渡口贸易与食盐运输。本节将主要以廿八都古镇为例进行阐述。

二、廿八都古镇的自然与社会文化环境

（一）地理位置

廿八都古镇位于浙江省江山市西南部，是浙江省第一批省级历史文化保护区，地处浙闽赣三省交界的仙霞山脉，是浙江通向福建的交通要道，素有"枫溪锁钥"之称。东南为福建蒲城县，西南为江西广丰、玉山县，南为枫岭关，北靠仙霞关，东近安民关，西邻六石门，地理位置优越，地势险要（图5-3-1）。[①]

（二）自然环境

廿八都镇内及周围的仙霞山脉分别为嵩峰支脉、龙门港支脉、大龙岗支脉，廿八都恰好位于山脉围合的腹地之中，内有枫溪穿过，地势西南低、东北高，相较于周边山脉总体较为平坦。气候属中亚热带季风气候，容易受季风以及山地立体气候的影响，冬暖夏凉，四季分明，降雨量充沛，昼夜温差较大。同时，因地形因素限制，日照光线不足，气候条件良好，适宜在此聚居。

图5-3-1 廿八都古镇高清卫星图（来源：谷歌地图）

（三）社会环境

中国传统聚落常依赖农耕文化和宗族血缘发源，但廿八都因四面环山，不具备大片农田开垦耕种，先天自然环境限制了廿八都的发展。然而，廿八都古镇也因其地理位置优势，成为兵家必争的军事要地以及商贸交易中转中心，这也是廿八都的起源兴盛区别于传统农耕聚落的重要因素。

在军事方面，最早源于唐朝年间的黄巢农民起义军与四川节度使部队在仙霞山岭处发生战役，战后因廿八都四面环山地势平坦，加之枫溪提供了水源，成为战后残部的休养生息之所，同时也是廿八都最早一批先民。明朝时，聚居于仙霞山区的"棚民"造反起义，被朝廷镇压后流落于廿八都，并世代在此居住。[②]清初，又因隆武朝反清复明被镇压，清朝在廿八都设立"浙闽枫岭营"。因而，廿八都古镇的重要军事地位是其发源的关键点。

此外，在商贸方面，陆弼《入闽关》诗中曾描述仙霞古道，"万里职方周地尽，千秋风气汉时开"，伴

① 朱屹. 浙西廿八都聚落形态与文化特征研究 [D]. 杭州：浙江农林大学，2015：13-17.
② 冯雨峰. 迁徙与交融——廿八都历史文化的人类学观察 [J]. 杭州师范学院学报（社会科学版），2002：79-85.

随"浙闽枫岭营"的设立，清廷驻军的介入为仙霞古道商贸交易活动的顺利进行提供了客观保障。浙闽要道仙霞古道自江山出发至福建浦城，途径清湖、石门、江郎、峡口等地。[1]其中，清湖与廿八都是当时最为繁华的地段，清湖是水陆货物的转送中心，廿八都则是江山至浦城货物往来的中间站。地跨三省的天然优势，使得廿八都开辟出一条商贸兴镇之路，也逐渐成为三省商旅交易往来的重要通道。当时出现了一批"挑生担"，主要往返于浙江清湖码头和福建观前码头。因路途遥远，商贾挑夫常常会选择廿八都作为休憩食宿之地，商铺、饭馆、客栈等服务商铺一应俱全。商贸运输迅速带动了廿八都经济发展以及人口迁徙，当时枫溪街和浔里街最为繁华。同时，衢州龙游商帮致富后荣归故里，不仅为商贸活动注入大量资本，更是兴建宅邸宗祠庙宇，对这一带的建筑风格产生了深远影响。

残兵旧部的滞留以及后期商客挑夫的聚集是廿八都发源兴盛的主因，来自五湖四海的人群汇集于此，扎根繁衍，多种文化相互融合，形成了迄今国内发现的唯一有百家以上姓氏的古镇，有着"海上丝路方言王国"的美称。随着现代社会的发展，现代交通工具的出现，较大程度上弱化了廿八都乃至仙霞古道在古时的重要交通作用，廿八都也因此衰落。

（四）产业类型

廿八都利用其丰富的自然资源，特别是毛竹与石灰，因此纸业、榨油业最为发达。交通环境改变之后，运输业、服务业兴盛，大量商品物资涌入廿八都，"挑生担"成为中转运输过程中发展起来的新兴职业。镇内商贾云集，古街两旁设有各类商铺，主要以开设饭店、旅店、纸业、茶叶、桐油、药材、南北货为主，较大的坐商、行栈、店铺有160余家。[1]经济繁荣，商贸兴盛，后期还出现了曹、杨、姜、金四大家族连锁商号。

三、廿八都古镇的空间形态

（一）空间格局

廿八都四面环山，处于群山中为数不多的平坦盆地，东北仙霞山脉与西南嵩峰山脉位于古镇两侧，枫溪自北向南顺流而下，结合出巾竹溪、林丰溪、周村溪于古镇各处，形成了"两山夹一水"的空间格局。四周高峰形成天然防御屏障，自然水源引入古镇，山环水绕，负阴抱阳，地势平坦，为集聚提供了必要的自然地理条件(图5-3-2)。

（二）廿八都古镇的聚落形态

不同于传统水乡古镇围绕水源河道展开，也不同于聚落规划后的营造模式，交通商贸型古镇则更依赖于商业贸易活动的自发性，由人流与物流作为主导，自然产生并扩张的生长模式。通常是沿一条或多条繁华商业街道向外扩散，多呈鱼骨状。贸易活动频繁的地区，能够汇集大量人流，产生集聚的居住倾向。仙霞古道开辟之后，廿八都迅速凭借中转运输行业成为三省边缘最为繁华的商埠。主干商业街道结合枫溪水源分布，形成了独具特色的交通贸易型古镇形态。[2]

廿八都主要以南北向浔里街和枫溪街为主轴带状发展，两条古街平行于枫溪，聚落沿轴线发展的同时，也向东西两侧蔓延。东侧靠近水源，范围有限，基本终止于枫溪。西侧限制因素较少，聚落范围较大。由于交通商贸型古镇对交通中心的依赖性，两条古街各自形成了相对独立的团块，整体呈鱼骨团块状聚落形态(图5-3-3)。

---

① 钱华. 浅析汀山段仙霞古道与村落文化形成之价值［J］. 中国文物科学研究，2010：58-63.
② 蔡恭. 廿八都镇志［M］. 北京：中国文史出版社，2007：291-296.

图5-3-2 廿八都鸟瞰图（来源：视觉中国）

（a）路网机构与主要建筑图（来源：谷歌地图）

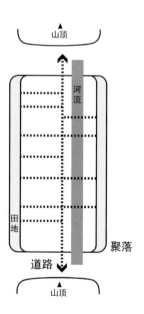

（b）模式图（来源：康艺兰 绘）

图5-3-3 廿八都聚落形态

图5-3-4　主街巷（来源：腾讯网）

（三）街巷系统

廿八都古镇由浔里、枫溪、花桥三个村落构成，目前现存浔里街和枫溪街两条明清古街组成廿八都古镇的街巷系统，形如长弓，总体呈现"一村横卧，两水汇聚，群山托护"的基本格局，线状结构明晰。廿八都以南北向浔里古街和枫溪古街为主街，众多街巷由主干向两侧分支，形成东西向次街。古街两侧民居受街道走势影响，大多垂直于街道呈东西向布置，范围取决于支巷延伸长度。同时枫溪基本与主街鱼骨平行，聚落大多分布于河道的堆积岸（即河道内测），地势高而干爽，避免了河水冲蚀（图5-3-4）。

廿八都古镇主干街道浔里古街宽度约为4.5米，两侧建筑高度3.5~5.5米，D/H值约0.8~1.3；枫溪古街宽度约4米，两侧建筑高度在3.5~4米，D/H值约1。主街巷空间尺度较为亲切；与主街巷不同，支巷宽度多为2米，两侧风火山墙高出主体建筑，高度约7米，且支巷长度大多在50米以上，给人以私密深邃感。

四、廿八都古镇的建筑特色

（一）民居

廿八都地处仙霞山脉腹地，民居建筑形制具备山地民居的特性。同时，由于商贸文化的传播交融和来自各地商贾的聚集，廿八都民居融合了多种民居的建筑特点，特别是浙派、徽派、赣派以及闽派民居等，这与文化交流融合以及文化重构创新有着密不可分的联系。廿八都民居集各种风格样式的民居于一体，形成了较为统一的建筑风貌（图5-3-5）。

受商贸交易影响，民居主要使用人群为扎根于此的商贾客旅，为了满足使用需求，逐渐演化出三种不同类型的传统民居形态[①]。

1. 市局型"店屋"

主要分布于镇中心主要街道的两侧，是廿八都店铺与住宅相结合的特色产物。大多呈东西向布局，平面

---

① 朱屹. 浙西廿八都聚落形态与文化特征研究［D］. 杭州：浙江农林大学，2015：54-57.

图5-3-5 廿八都民居建筑风貌（来源：搜狐网）

（a）"店屋"平面图（来源：刘瑾 绘）

（b）"店屋"沿街立面（来源：知乎https://zhuanlan.zhihu.com/p/276317061）

图5-3-6 廿八都"店屋"平面布局

一般为规则的矩形，采用"前店后居"的方式，店铺部分进深一间，面阔二至四间，居住部分类似四合院布局（图5-3-6）。

2. 坊居型"大院"

主要分布在镇中心的居住区，大多呈南北向，平面采用院落式布局，分为主要空间与辅助空间。主要空间常以天井为中心，面阔三开间或五开间，轴对称布置房间，平面规则矩形，而辅助空间则常常呈现为不规则布置（图5-3-7）。

3. 散居型"排屋"

主要分布在镇边缘或者背靠山地的地区，平面形式

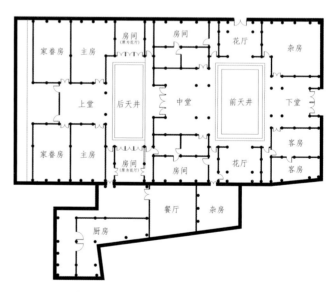

图5-3-7 廿八都"大院"平面布局（来源：刘瑾 绘）

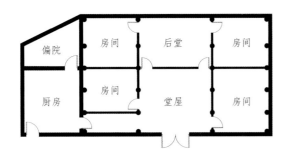

（a）排屋平面图（来源：刘瑾 绘）

（b）"排屋"立面（来源：腾讯网）

图5-3-8 廿八都"排屋"平面布局

简单，封闭独栋形式，面宽三间，进深五架，布局多为"一堂两室"，有的还采用竹梯上下（图5-3-8）。

在建筑造型方面，廿八都传统民居入口常建有高门楼，屋顶坡度较陡。在材料方面，廿八都传统民居大多使用夯土、卵石以及当地以黏土为原料的"开砖"，外墙面一般不加装饰，将原生材料暴露在外，展现建筑质朴风格的特质。

（二）公共建筑

1. 文昌宫

廿八都古镇有着浓厚的"商而优则仕"的观念，因此在廿八都公共建筑中存在一部分文教建筑，现存文昌宫最为典型。文昌宫位于浔里街北段，坐北朝南，主要用于供奉文昌帝和魁星，同时作为文人学子聚会交流的场所。平面布局为三进两天井，中轴对称，沿轴线方向以此为照壁、庭院、前殿、前天井、大殿、后天井、后殿，左右两侧为厢房。前后殿面阔五间，主体大殿面阔三间，为三

层重檐歇山顶阁楼式建筑，不同楼层分别供奉不同的神灵（图5-3-9、图5-3-10）。殿内绘有大量彩绘壁画，雀替、牛腿、槅门、窗扇均以浮雕或透雕装饰。[1]

2. 东岳宫

除了文教建筑之外，廿八都公共古建筑还有不少祭祀建筑，由于廿八都雨量充沛，会造成洪涝灾害，商贸运输受阻。因此，明朝建造了位于上峰村灰山岭华坞口的东岳宫（又称大王庙），祭拜东岳大帝，以祈求风调雨顺，避免洪水侵犯。东岳宫坐东北朝西南，现存为清式翻修，占地1500平方米，建筑面积1225平方米。平面布局整体呈四合院布局，五开间、二进深、一天井，由主院和侧院组成，中间为正殿，两旁为配殿和厢房，呈对称式布局。

五、廿八都古镇的景观风貌

廿八都山清水秀，群山环抱，仙霞山脉绵延不

---

① 姜纪水. 浙西南廿八都民居的传统建筑模因解析［D］. 长沙：湖南大学，2020.

图5-3-9 文昌宫（来源：行包客网）

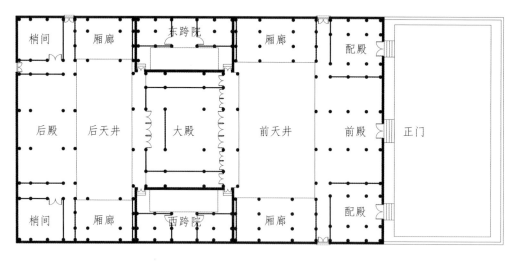

梢间	厢廊	东跨院	厢廊		配殿	
后殿	后天井	大殿	前天井	前殿	正门
梢间	厢廊	西跨院	厢廊		配殿	

图5-3-10 文昌宫平面（来源：刘瑾 绘）

绝，层峦叠嶂，村民将枫溪引入古镇，形成了"二龙戏珠"的态势。顺流而下，溪水潺潺，景色宜人。由于其古时重要的军事交通地位，廿八都不似江南水乡般柔美，景致更加粗犷硬朗。

廿八都不仅有优美的自然景观，同时也修建了不少人文景观，在古时更是形成了廿八都十景，其中被誉为"枫溪望月"的枫溪桥最具代表性。枫溪桥修建于清道光年间，现为半月形单拱石桥，长13米，宽4.2米，净跨11.5米，矢高6.52米。桥东侧为民居，西侧则是古街区，桥两侧设有石栏望柱，柱头有莲花雕饰，拱圈石为纵联砌筑，造型美观大气，手法精妙（图5-3-11）。受军事影响，廿八都修建了北仙霞关，南枫岭关，多用石块堆砌，古时还设有"浙闽枫岭营"管理事务（图5-3-12）。

古镇聚落的形成与发展是自然环境、经济技术与社会生产、民俗与社会文化诸因素综合作用下的结果。浙江古镇聚落的规划布局与形态特征，充分体现了聚落与生态环境的和谐礼遇关系以及生态和谐美的审美观，这些营建理念对于当下与未来的村镇建设都是值得借鉴与传承的优秀传统。

图5-3-11 枫溪桥（来源：腾讯网）

图5-3-12 仙霞关与枫岭关（来源：朱屹《浙西廿八都聚落形态与文化特征研究》）

第
六
章

传统聚落的空间结构与形态

第一节 聚落选址：宜居宜农

聚落的发生，产生于聚居之需，受制于自然限定，着意于规划营造，其道路骨架、聚落肌理随山就势，随物赋形，创造出形态各异的聚落结构与形态，聚落形态的演化过程可以看出从趋于中心的吸引力到聚落边界的模糊性，都呈现出一种聚落发生发展的自组织规律，这也是聚落深层研究的关键点。

传统聚落是建立在自给自足的农耕经济基础之上，择地建家与维持生存的基本经济方式，使寻取丰厚的土地资源与良好的农业生产条件成为人们定居与生计生产的首选因素。随着农业生产逐渐从粮食作物转向经济作物的种植，从单一的农业生产转向家庭手工业与农业的结合，经济生产的商品化带动了乡村商品交换的市场——市镇的兴起。农业结构的变迁、商品经济的勃兴与发展的生产力，使自然因素不再成为左右人们生产生活的唯一因素。传统聚落的形成与发展是物质条件、经济方式与社会制度等因素整体作用的产物，其聚落形态、住居模式与技术形态必然体现对这些因素的最佳应对。

聚落的空间形态由民居与乡土公共建筑构成，与一定的物质表现形式及其内在结构特征对应。传统聚落空间既是村民日常生活、生产方式的载体，又是这种生活、生产方式的产物，其形态构成是社会组织、伦理观念和生活习惯的物化反映，这种空间形态构成一旦形成，会有历史的惯性和稳定性。随着形态的演变与发展，获得一种内在的自我调节机制，控制着形态发展的状态。

山、水、气候、土地、植被及动物等自然环境要素是传统聚落空间形态的自然限定与自然馈赠。基于对自然的敬畏态度，择宜居之地构建聚落环境，首先就是合理利用自然环境中的有利因素，并善于改造自然环境中的不利因素，创造人与自然和谐共存的关系。

一、营建宜居的微气候

聚落选址不是改变基地的环境，而是充分利用自然环境因素，选择有利的微气候条件与物质资源的场所建造。传统的环境观指导人们聚落选址，主动地选择与营造适宜的定居环境的指导依据，寻找具有良好地势、地貌、地利的基地条件，确定利于自然采光、通风、日照的"方位"和"朝向"；择取充沛的水源之地以利耕作灌溉和生活用水，形成良好的生态环境与局部微气候。

（一）保土理水

居住者将对生态的节制意识智慧地发挥在水资源的合理利用上，充分利用地表水资源建立灌、排水渠以利耕作和引为生活用水；营建聚落内部人为规划的水坝、水塘、水院，将生活用水与防洪体系融为一体，或者设坝截水、穿村入户、穿户入宅、将生活消防水源直接送入各户，形成了完善的人工水系。而水网密布的江南水乡聚落更是"因水成街、因水成市"，以水发展交通与运输、沿水系布置街巷与住居的营建方式更是被发挥得淋漓尽致。

（二）营造良好的风环境

聚落中自然因素，无论积极或消极，都被人们加以利用或规避，通过聚落群体布局形态与建筑单体的形态，组织聚落的气流运动以形成不同的风环境。由于所处地理环境的不同而形成局部的地区性环流，如：水陆交界地带昼夜温差变化而形成水陆风；山坡与谷底昼夜温差产生的热力循环形成山谷风；在不同尺度的街巷间因太阳辐射与温差不同而形成街巷风；人们智慧地利用不同地理方位的气流的日变性，巧妙地组织聚落布局而形成聚落良好的风环境。

（三）崇尚自然的聚居环境

"枕山、面屏、环水"是聚落首选理想的聚落环境，但是即使是聚落基址不甚理想的情况下，人们也会有意识地参照理想居住环境的模式通过自觉地聚落规划，营造有利的微气候环境，避免或减轻灾害等不利自然气候的影响。

村落规划之初往往以自然生态为导向，遵循传统环境观的居住模式，引入溪流穿村而过，结合山脉与水系，营造溪流环绕、背山面水的空间格局，既可以满足生活与防灾需求，也可以美化村落环境。浙江省"七山二水一分田"的地理格局和衢州地区的金衢盆地、杭嘉湖平原，既有广袤无垠的平原、水网密布的水乡，也有高低起伏的丘陵，还有层峦叠嶂的山地。先民们基于不同地形地貌条件与土地状况，建造村落，因地制宜地从事生产耕作与商贸制造，形成了平原水乡、盆地、丘陵、山地和海滨海岛不同类型的村落。

二、寻取宜农的生产资源

在农耕经济基础上建立的乡土社会，人们始终无法割舍对土地的崇敬与依恋。乡是农民世代定居的场所，而土则是农民生活的根基。择地建家与维持生存的基本经济方式——农耕，使土地等环境资源成为与人们定居与生计密不可分的因素。村落选址建造一方面往往多寻取地理条件与土地资源、水源充足的优势地区；另一方面又顺应地形的限制因素，节约更多的

平地用于耕作。因而，浙北的平原水乡、浙西的盆地地区更容易汇集适合农作物生长的养料，土地肥沃程度较高，同时灌溉条件和农业生产技术条件成熟，从而表现为该地区的聚落规模往往较大；浙南山地与浙东南丘陵山地的聚落由于受地形与交通不便的限制，聚落规模往往偏小。

择水而居是聚落发展的另一趋势，由于农业耕作的人工灌溉需要及其居民日常生活用水，以自然水源为主。因此，聚落选址对河流、湖泊等水源地的依赖较大。村落沿河建造可利用发展渔业和解决生活用水需求。由于山地与丘陵受山地地貌约束，聚落多择取山谷河畔、或山地临溪而建，既适应复杂的自然地形，节约耕地，又营造宜人的微气候环境。同时，聚落沿河建造也可以发展渔业，利用水路航运带动商贸发展。在气候适宜、交通便利、物产丰富的地区，肥沃的土地与水资源给经济方式提供了更广阔的发展空间（图6-1-1）。

图6-1-1 丽水松阳杨家堂村梯田（来源：纪文渊 摄）

第二节 聚落布局：因势利导 随物赋形

聚落选址总是以近山、靠水、向阳，以不与农业争地为原则。村落边界往往以农田作为聚落边缘，形成农田包围聚落的形态，方便生产生活的便捷。聚落的有序布局也取决于所从事经济方式的需要，如：平原地带以农耕为主的街巷式紧凑布局；以交通集贸运输发展的村镇多沿河线形有序布局；以运输、农耕与手工业多种经济的江南水乡多沿水网、水巷、陆巷结合的布局，居住空间整体排布、立体利用下店上宅，将有限的自然空间最大效率使用；山地与丘陵聚落的布局多依据山形走势、顺应等高线在山地南坡建造，尽量不占据耕地。为了生活与用水便利，临近水系或者将水系贯穿整个村落，形成水跟山走、田跟水走、宅跟田走的村落空间格局。

一、聚落规模

"由于生态系统中自然资源存在资源分布的差异，聚落空间在生长过程中必然竞争与其发展相适应的优质区位，通过分化达到共生，从而避免了资源浪费而形成相对有序、稳定的空间结构。"[①]土地规模、产量与耕作半径、维持聚落生存发展的农耕及其他经济方式限定了聚落的人口规模与一定的发展空间。为了营建的位置择优与高效的资源利用率，聚落规划以适度的人口规模、有序的街巷布局、紧凑高效的空间形态以尽量少占良田，节约耕地面积。

聚落空间内不仅受到地理范围的约束，其组织形态也受到经济方式的影响与制约。首先，农耕经济的土地开放强度较低，生计方式相对封闭，因而聚落空间表现出持续稳定的发展模式，生产单元在自然生态环境基底上简单

复制。这种简单复制，又受制于农耕经济的特点，呈现出乡村聚落群的分散布局。其次，由于生产力水平的相对低下，农耕经济需要大面积的耕地资源，以生产足够的生活资料与商品，满足聚落居民的日常需要。再次，聚落选址对山、水、田等自然环境与资源的依赖性较强，寻取宜居宜农的自然环境建造，营造良好的微气候，因而，以农业为主的乡村聚落空间一般规模较小，人口数量也较少，长期的农业经济决定着聚落空间内部的生产和生活方式，以聚族而居为主。因此，聚落空间呈现出稳定发展和分散化布局的特点，村与村之间彼此隔开，每个村之间有清晰的村落边界和完整的聚落面貌。

随着聚落的不断发展演化，在聚落中为满足生活需要所进行的生产活动，势必对聚落的周边环境、地区生态系统产生更大的影响。随着生计方式的变化，农业结构的变迁、商品经济的勃兴与发展的生产力、人口规模的不断增加，对聚落规模也产生了深刻的影响，聚落规模也呈现一些规律与特征（表6-2-1）：

1. 山地型聚落

规模较小的聚落往往远离重要的交通干道与水系干流，居于偏僻的地理环境中，以农业作为生产生活的主要来源，继承传统的耕读观念，以血缘型家族聚居的模式生长。如浙南山地型聚落规模在50～300户，呈现大分散、小聚居的格局。

2. 丘陵型聚落

聚落的地理范围分布较广，由于复杂多样的地理环境，聚落对依托山体因素限定下，临近水系与道路交通

---

① 王飒. 中国传统聚落空间层次结构解析［D］. 天津：天津大学，2011：62-66.

聚落的自然地理类型	聚落的经济社会类型	聚落规模	聚落布局特征	案例
山地型村落	血缘型聚落	50～300户，一般人数小于1000人	大分散、小聚居	
丘陵型村落	血缘型聚落、地缘型聚落、业缘型聚落	1000人左右，人口3000人以上的村落较少	轴线型或网格团块状	
平原水乡型村落	血缘型聚落、地缘型聚落	千余户或1000～4000人	网格团块状	
盆地型村落	血缘型聚落业缘型聚落	一般300～2000户，人数1000人～4000人左右，最多达6000人	团块状	
滨海海岛型村落	神缘型聚落、交通商贸型聚落、军事防御型聚落	300～400户，人数达1000～2000人	轴线型聚集	

（来源：魏秦 绘制）

发展，聚落规模差异较大，浙南中山地区背靠山系，以血缘型聚落为主，聚落规模相对较小；浙东低山地区与浙西中山地区，邻近交通干道，利于货物集散与商业贸易，血缘型与地缘型聚落规模较大，多呈现沿道路与水系轴线发展的布局；浙中盆地型聚落位于与江西、福建、湖北几省联系的大通道地区，信息与物资交流便利，往往聚落规模较大，呈现出网格团块状结构；浙东南沿海地区由于临近海岸，航运便利，以渔业、矿业与生产制作为主的产业型聚落较多，普遍聚落规模较大，围绕港口、码头与岸线为轴线性生长。

3. 平原水乡型聚落

地处浙北地势平坦、路网通达、水网密布的经济发达地区，水运与陆路运输均十分便利，是江南商贸发展的重要地区。随着商业的繁荣与人口聚集往往聚落规模非常大，呈现沿水系与道路的轴线纵向与辐射状空间发展，或者由水网分割而成的网格团块状空间。

4. 盆地型村落

择取地理环境优越、交通便利与利于商贸发展的地区定居，以血缘型家族聚集的村落，普遍规模很大，形成以宗祠作为社会制度与家族精神为核心的团块状集聚与辐射式生长。

5. 滨海海岛型聚落

地处沿海岸线，航运便利，以渔业与航运为主的产业型聚落较多，普遍聚落规模也较大，多为神缘型与业缘型聚落，围绕港口、码头与岸线形成轴线性生长的格局。沿海位于军事要塞，多见于一些军事防御型聚落，如卫所多以围合型的团块状聚集。

此外，古镇聚落也依据所处的自然地理类型与经济社会结构，而呈现出与村落聚落规模与空间格局相似性的发展趋势。

二、因势利导的聚落布局

聚落与其所处的自然环境与人工环境的关系，是反映人地关系的物化载体。人类顺应与利用自然的同时，也在改造自然，营造人工化的环境，适应聚落发展的需要，营造宜居、宜农、宜商的聚居环境。因而，各种自然与人工因素就成为聚落生成生长的重要影响因素。

（一）聚水而居

浙江位于太湖之南，东海之滨，海岸线曲折绵长、岛屿林立，而且还有钱塘江、瓯江两大河流，东西苕溪、曹娥江、甬江、椒江、飞云江、鳌江等八大水系，水系资源十分丰厚。杭嘉湖平原水乡地区，是丝绸之乡，水陆运输发达，商业贸易往来频繁，聚落分布密集。京杭运河地区，以农业为主，结合植桑养蚕，聚落往往位于交通枢纽地区，随着商贸与经济发展，聚落规模发展迅速。浙东南沿海地区，依托海运交通之便，发展渔盐与海上贸易，催生出一些以生产制造为优势的产业型聚落。

从以上大量浙江传统聚落的案例分析发现，位于水系、河道、水系交汇处与沿海一带的聚落往往发展兴起较快。如浙北平原水乡聚落，充分利用优势的水利资源，开挖桑基鱼塘，发展农业与丝织业；聚落因水成街、因水成市、店铺林立、集市贸易尤为兴旺。一些丘陵型聚落多近水或临水分布，沿河道形成主街。一些沿海聚落利用水系安排生产流程，制盐、烧窑、产矿，依托航运贸易输出，为商业与手工业的发展提供天然的便利条件。

聚水而居水为聚落提供了物产资源、生产资料与贸易运输的便捷通路，也因为水系呈现丰富的形态，聚落依河分布、民居临水而建，构成错落有致、起伏变化的成片民居屋顶；因跨越水系形成形态各异的古桥、雨廊、风雨桥等构筑物，也形成因为临水戏台、祈求风调雨顺的禹王殿与马氏仙宫等神仪型公共建筑，创造了聚落丰富的空间格局与形态（图6-2-1～图6-2-3）。

图6-2-1 聚水而居的东梓关村（来源：王晶 摄）

图6-2-2 聚水而居的新兴港村（来源：王晶 摄）

图6-2-3 聚水而居的青云村（来源：王晶 摄）

（二）因路而市

陆路交通是聚落间联系的纽带，是聚落沟通内外的通道。道路网络的便捷程度与聚落规模的扩大、数量

的增加密切相关。随着明朝实行海禁后，形成海运低落、内陆交通繁盛发展的景象。浙江地区的水陆交通网络紧密结合，陆路交通作为水路交通的补充或在水路交通沿岸贯通。如皤滩古镇是因盐运古道穿过而发展，也有因木材采伐与集散而来的聚落，还有因生产与运输陶器而定居的聚落，或者如蒲壮所城处于浙闽交通要道，商贸与渔业贸易繁华，俞源村、二十八都等都是陆路交通要道与休憩驿站。

从以上大量浙江传统聚落的案例分析发现，首先，聚落往往位于两省交界、道路节点、水路转运处或者地形地貌衔接处等交通枢纽地区。由于陆路交通的便捷，带动了一批市镇的兴起，浙闽物资交流频繁，商贸往来繁荣，沿道路往往形成繁华的街市，聚落依托道路走向而呈现纵向轴线延展与枝状横向发散的趋势。其次，道路提供了便利的商品运输条件，也为出行者提供了停留歇脚的驿站，人群聚集为聚落也带来商机。因而对外道路影响着聚落内部的交通骨架与结构，聚落位置或依附主干交通，或使交通纵向穿过聚落内部，从而形成沿主路纵向伸展、枝状路网横向伸展的聚落结构，或者由于聚落团块状均质发展而形成的格网状聚落分布（图6-2-4）。[①]

（三）因族而聚

村落的空间布局不仅受到水系、地形、地貌、气候和交通等自然环境条件的影响，还受到经济、政治、宗教、制度和信仰等社会因素的深刻影响。聚落是因生活生产方式集聚而产生的社会群体，不同类型的社会群体构成不同的社会结构。聚落空间格局是社会结构关系在空间上的映射。

人类最初以血缘关系为纽带形成的血缘型集聚是村落建设的原始基础，是传统村落形成的原始积累，并一直存在于村落发展的每个阶段和形态中。随着村落规模

---

① 程蕾. 浙江传统聚落发生发展机制研究［D］. 杭州：浙江大学，2012：88-90.

（a）福德湾村的商道

（b）芝英镇古麓街

（c）马鸣老街

（d）荻港村街市

图6-2-4　因路而市的街巷（来源：魏秦　摄）

的扩大，逐渐从血缘型集聚向地缘型集聚或其他集聚类型转变，血缘关系因素在村落中的作用逐渐减少。当血缘发展到一定阶段，地缘型聚落以土地或地理位置为基础逐渐发展，根据资源分布逐步集聚与扩大。随着社会结构从家族转向家庭为单位的私人领域和空间逐渐增强，村落的空间划分更为清晰。

血缘型聚落的空间格局体现了我国传统的宗族意识，建造遵循长幼尊卑的社会结构规则，聚落空间结构的生长方式以供奉家族祖先的以总祠为主核心，民居由中心按照辈分、血缘亲疏和地位等级向外扩展，自内而

外呈现出辐射状模式向外蔓延的团块状布局。同时，其他分祠、支祠和香火堂等各组织机构也围绕总祠发散分布形成各自的次中心，再以此次中心随血缘向外增建民宅，形成围绕分祠的次一级组团分布，因而逐渐形成中心向外辐射的空间层级结构。随着血缘型向地缘型聚落的转变，由于不同宗族的汇聚，及其宗族团块间的不断空间延展，这种单中心辐射的宗族结构，会转化为多中心并行的空间布局关系，弱化宗族间的等级位序关系（图6-2-5、图6-2-6）。①

---

① 仲金玲. 基于社会结构重组的传统村落空间更新策略研究［D］. 杭州：浙江大学，2011：33-34.

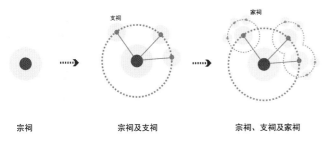

图6-2-5 血缘型聚落的空间结构图（来源：张卓源根据资料 改绘）

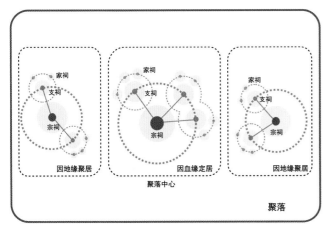

图6-2-6 地缘型聚落的空间结构图（来源：张卓源根据资料 改绘）

（四）因业而立

明清以来，整个江南地区原有的社会经济格局被打破，突破了单一的农耕生产，发展了以蚕桑棉麻等经济作物为主导的种植业，形成了以农副产品加工为主导的手工业生产。随着商品经济的发展繁荣，促成了一大批工商业市镇的勃兴。不同的产业类型所分布的聚落具有一定的区域性，不同的产业类型有着不同的生产方式，所需要的聚落空间布局也差异很大，因而业缘型聚落的形态也异彩纷呈（表6-2-2）。

1. 江南水乡地区肥沃的土地与优势的水系资源为丝织业、酿酒业、养殖业与造纸业提供了先天的发展优势。依托便利的水陆交通形成了各具特色的工商市镇，聚落呈现沿水系与道路轴线发展或水陆网格团块状。

2. 造船业主要分布在宁绍平原与沿海地区的卫所聚落，聚落主要由军事防御型功能，聚落呈现具有围合感的格网状空间。

产业与聚落空间布局   表6-2-2

产业类型	地理方位	聚落类型	聚落布局特征	案例
丝织业	杭嘉湖平原	水乡村落或古镇	轴线型或网格团块状	
制盐业	温州沿海一带	业缘型聚落	轴线型	

产业类型	地理方位	聚落类型	聚落布局特征	案例
采矿业	浙西南山地及温州一带	业缘型聚落	依据生产流程分布，以商业街巷为轴线	
造纸业	杭嘉湖平原	水乡村落或古镇	轴线型或网格团块状	
制窑业	杭嘉湖、浙东南苍南、浙南龙泉、丽水	业缘型聚落	依据生产流程分布	
造船业	宁绍平原与沿海地带	业缘型聚落、防御型聚落	沿岸线轴线型围合式布局	
酿酒业	绍兴、杭州与湖州	水乡村落或古镇	轴线型或网格团块状	

产业类型	地理方位	聚落类型	聚落布局特征	案例
五金业	浙中盆地金华地区	血缘型聚落或地缘型聚落	轴线型或网格团块状	

（来源：魏秦 绘制）

3. 制盐业主要分布在温州沿海一带沿古驿道聚集的聚落；此种业缘型聚落多沿古驿道聚集形成以商道为轴线发展的空间布局。

4. 制窑业在杭嘉湖一带较为集中、浙东南苍南、浙南龙泉、丽水等地区也有分布，聚落空间往往依据生产流程分布，形成一定的聚落公共中心，将生产与居住部分适当分离。

5. 浙西南山地及温州一带具有丰富的铜、铁、钒矿等，采矿业较多分布在浙西南山地及温州一带，此种业缘型聚落往往依据采矿的生产与工艺流程，组织交通网络，而且多邻主要干道，以商业街巷作为聚落发展的轴线，以满足产品的运送便捷。

6. 五金业以金华永康一带作为代表，聚落社会构成是血缘型与地缘型融合的社会关系，聚落规模来自于满足对生产聚集性的需要，因为一般聚落规模较大，呈现出网格团块状的布局。

产业的发展促进了聚落商贸的繁荣，星罗棋布的商业市镇构成了一个庞大的市镇网络，商品经济得到空前繁荣发展。城与镇之间、镇与村之间建立起密切往来，进而促进了聚落职能的转变与丰富。产业型聚落发展也需要具有一些优势特征：首先，需要具备先天的自然资源可挖掘利用与生产；其次，聚落地理空间往往紧邻主要交通干道、枢纽或者水路交通汇聚点、港口与码头等，满足商品的集散与运输。最后，产业型聚落由于生产方式以作坊式或者聚落成员分工协作的方式，其居住与生产可以是下店上宅、前店后坊的居住与生产一体化的分布，也可以是生产与居住适当分离，有机的组织居住与生产的并置与相邻的空间关系。产业的繁荣发展也推动了聚落空间的良性生长，促进了城镇化的发展。[①]

（五）因防而围

浙江位于海滨，自古以来为兵家必争之地。军事制度对聚落的发展有着重要的影响。明代军事政策为消除倭寇对东南沿海的骚扰，在浙东南沿海一带建立了一套相当完备的卫所防御体系，全面实行海禁。军事防御型的聚落主要分为两种：

1. 由军队安营扎寨而成的集镇，一般邻近主要交通干道或者军队、物资运输的中转站，交通便利，往往其聚落呈现以古驿道为轴线纵向发展的空间布局。

2. 初期是沿海的卫所，由于军官守卫来自于全国各地，构成了地缘型聚落的社会关系。为了防御戍守，卫所往往形态方正，外部以围墙与水系分割聚落边界；由于聚落规模较大，聚落空间呈现以多姓氏宗族为核心的网格团块状聚集发展，并形成有序的交通系统与商业街巷。

---

① 程蕾. 浙江传统聚落发生发展机制研究［D］. 杭州：浙江大学，2012：74-76.

（a）蒲壮所城城门

（b）蒲壮所城城墙

图6-2-7　因防而围的蒲壮所城（来源：魏泰　摄）

（a）屿北村城墙（来源：张卓源　摄）

（d）屿北村寨门

图6-2-8　因防而围的屿北村

卫所的建立兴起催生了相当规模的聚落，这些突发式的聚落发展，随着军事功能的逐渐衰退，卫所也逐渐转变成以各种产业为主导的商贸乡镇（图6-2-7、图6-2-8）。①

第三节　聚落结构：山为隔　水为合　路为通

聚落结构可以是聚落中的各种组成要素在平面空间上的组合构成关系。聚落的空间结构是聚落营建和生长的骨骼框架，它不仅受到水、路等自然环境条件的影响，而且也受到聚落经济与社会结构的深刻影响，同时

---

① 程蕾. 浙江传统聚落发生发展机制研究［D］. 杭州：浙江大学，2012：104-105.

空间结构也决定了聚落的物质空间形态。聚落空间的构成因素有：山体、水系、道路系统，由驻留空间"节点"到通行空间的"轴线"所组成，以聚落最初选址作为空间结构的发生点，以街巷空间为通道轴线连接聚落各个部分，从而贯通聚落的整体空间结构。

无论是城镇还是乡村，传统聚落的空间结构在其物质层面均受到聚落的地形、水流和道路等自然条件的影响。

1. "山为隔"：山体可将聚落分隔开，并具有防御与庇护的作用。

2. "水为合"：即水系可融通周流，将不同区域的聚落联通起来；但以上两种元素更多的是自然形成，较少人为规划形成。

3. "路为通"：道路与街道是聚落与外界物质、信息沟通的通道，是支撑聚落公共空间的"经脉"，串联起不同层级的公共空间，形成整体的聚落公共空间系统。同时，道路系统也深刻反映着聚落的自然地理环境，受到聚落选址的山体走向、水系的位置与形态等影响，地形与水系的方向决定了聚落街巷空间的转折和走向。街巷系统也反映了聚落的经济与社会结构关系，聚落的空间结构最终是由营造者决定的，并影响着聚落形态生成生长的变化趋势。聚落人群生产生活的行为组织方式，也更深层面适应了文化和精神层面的宗族社会制度意识与信仰。下面将从聚落的自然地理特征与经济社会结构类型两个方面阐述聚落的空间结构与道路系统特征[①]。

一、自然限定下的聚落空间结构与道路

（一）聚落空间结构

无论哪类地形地貌类型，从聚落的空间结构类型

来分，浙江传统聚落的生长往往与水系与道路紧密相关，临进水源方便生产生活开展，邻近交通建造，便于出行与运输，从聚落与水体、道路的关系，可将聚落归纳为以下结构类型（表6-3-1）：

1. 环心状聚落

传统聚落往往围绕中心布局，聚落外部田、山麓、水体等自然要素环绕村落，是比较普遍的一种聚落，如平原水乡型、盆地型、丘陵型、一些山地型聚落也存在此类结构。由于地势较为平坦，较少受外部山体等地形限制，聚落呈现出的团状布局，往往由于人为原因在村落发展中形成中心区域，如宗祠、庙宇、神仪建筑受思想信仰、宗族文化的影响，民居围绕村落中心区域向外环状辐射，形成建筑围绕中心区域延伸发展的形态。

2. 轴线状聚落

位于山腰、山脚狭长的山谷或者临近溪流的传统聚落形态，往往沿着地势的等高线走向、山脚线或溪流形态纵向伸展，聚落外部的田地、水体等自然要素也随轴线纵向伸展。此类聚落是最常见的一种传统聚落布局，多见于丘陵型、山地型、盆地型与滨海海岛型聚落，传统聚落的轴线一般多以溪流或道路为控制因素，在山地型聚落，道路往往平行于等高线布置，而在丘陵型聚落道路常常平行于溪流，穿村而过，聚落与溪流、道路不同的布局关系呈现出聚落单侧或两侧纵向相夹的状态；有时溪流也会与道路垂直相交而形成双向发展的轴线布局。

3. 散漫状

传统聚落由于地形特殊性或者水网密布，聚落无法

---

① 王挺. 浙江传统聚落肌理形态初探 [D]. 杭州：浙江大学，2011：18-26.

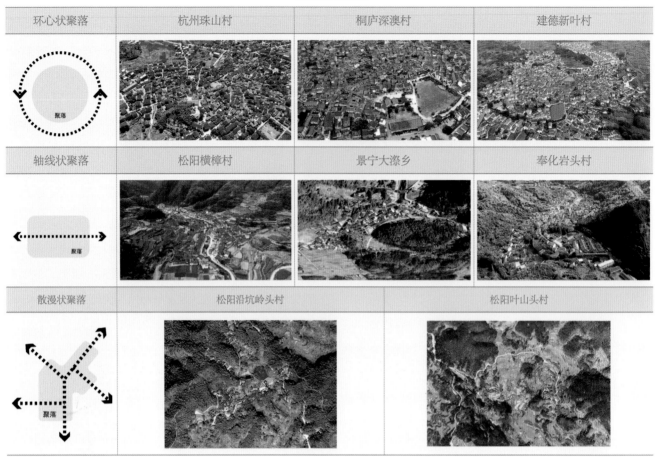

环心状聚落	杭州珠山村	桐庐深澳村	建德新叶村
轴线状聚落	松阳横樟村	景宁大漈乡	奉化岩头村
散漫状聚落	松阳沿坑岭头村		松阳叶山头村

（来源：魏秦 绘制）

集聚向心发展，或者并未形成沿着一条主要道路轴线发展，而是道路呈现出多向发展，散漫状自由分布，从而导致聚落沿道路分散自由发展的形态。

可以将根据聚落自然地理类型，将聚落空间结构特征归纳为表6-3-2所示。

（二）道路系统

道路系统作为聚落交通运输与商贸集散的载体，其构成伴随着人类对自然限定的顺应与调适过程，其形态特征、方向、走势更是直接受到地形、水文等自然因素的影响。同时，道路与水系往往相依相伴，或平行线状延展，或垂直交叉呈现网状扩散，将聚落划分为各个部分，由交叉的街巷系统与水系将聚落各部分串联起来，

形成由点—线—面的空间层级关系，将村落链接为一个整体空间。主干街巷与水系是聚落的骨架，不仅控制了聚落的轴线关系，也引导了聚落形态生成生长的方向。除此之外，聚落的道路系统也会受到地形因素的限制，因为山地的阻隔与地形坡度的限制，道路也会顺应等高线的走向发展。

从道路形态的角度划分，可将传统聚落的结构特征归纳为以下主要几种类型（表6-3-3）：

1. 鱼骨状道路

这种类型往往受主干道路与水源的主导影响而形成，主干道路多以平行于水系贯穿整个聚落，由于对交通与水源的功能依赖，形成沿鱼骨主干道路聚集发展的

自然地理类型	地形地貌特征	水系特征	聚落空间结构	道路街巷系统	案例
平原水乡型	地势平坦	水网密布 水系相夹、 穿越、 包围、 辐射、 水塘散布	环心状	网格状、 鱼骨、 辐射	
丘陵型	靠山、 夹山、 围合	临水、 穿水	轴线、 环心状	鱼骨状、 网格状	
山地型	山顶、 山腰、 山谷、 山坳	水系较少	轴线、 环心状、 散漫状	平行或垂直于等高线、 树枝状、 网格状、 之字状	
盆地型	地势平坦 平原盆地、 丘陵盆地、 高山盆地	临水、环绕、 穿水、水塘散布	环心状、 轴线、 环心分散	网格状、鱼骨状、 辐射状、树枝状	
滨海海岛型	山脚、 山腰、 一山相靠、 两山相夹	临海、垂直高差与 水平阻隔	轴线状	水平于海岸线、 垂直于海岸线	

（来源：魏秦 绘制）

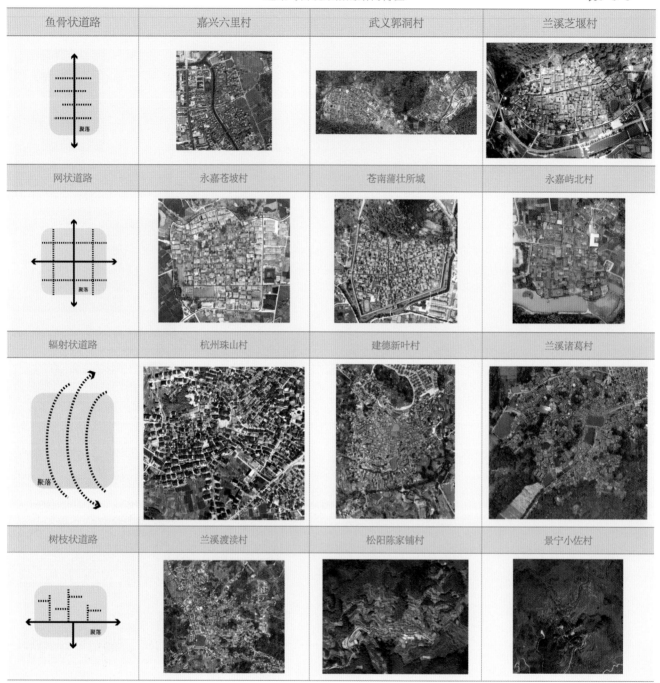

（来源：魏秦 绘制）

格局。从而，主干道路成为聚落发展的空间轴线，引导聚落与主干道路垂直向两侧横向延伸。鱼骨状道路多是受地形与水系的双重限制而成，因而多见于平原水乡型、丘陵型聚落、滨海海岛型聚落少量出现在盆地型聚落。

2. 网状道路

此类道路更适合用地较平坦的平原水乡，与村落一般人口规模较大的盆地型聚落；在聚落内部形成彼此交错复杂的道路形态，并将聚落均匀分割成不同的部分，交通的通达性强。

3. 辐射状道路

更适合突出聚落核心空间的聚落，以宗祠为中心，围绕宗祠径向向外发散，切向形成环状道路，如血缘型的盆地型村落；或者聚落以道路与几条河交汇处为中心，向四周扩展，如水乡古镇聚落。

4. 树枝状道路

聚落往往由于地形或其他因素，由主街巷发散出几条枝状道路，各枝状道路独立生长，平行或垂直于等高线，根据地形地貌因素成簇团状聚集，因而形成彼此影响较少，独立各自发展的道路形态，也多见于山地型的聚落中。

二、经济与社会结构调适下的聚落空间结构与道路系统

从经济与社会结构角度，可将传统聚落分为血缘型、地缘型、业缘型与神缘型聚落类型，传统聚落的形态反映着聚落经济生产与生计方式，是对聚落深层社会结构的形态映射，聚落的形态演变也体现着对聚落经济生产、社会结构与家族制度的调适过程（表6-3-4）。

聚落空间结构与经济社会结构类型 表6-3-4

经济与社会结构因素	产业	社会结构	聚落空间结构	道路街巷系统	案例
血缘型	农耕	单一姓氏宗族、多姓氏宗族	环心状、轴线、	网格状、鱼骨、辐射状、树枝状	
地缘型	农耕及其他产业	自然移居型、被动迁移型、防御型	轴线、环心状	鱼骨状、网格状、树枝状	

经济与社会结构因素	产业	社会结构	聚落空间结构	道路街巷系统	案例
业缘型	农业、商贸、制造等	多姓氏宗族或者混合姓氏	轴线、环心状	鱼骨状、树枝状、依据产业的生产流程安排	
神缘型	农耕及其他产业	宗教信仰、民间信仰、官方信仰	环心状、轴线	网格状、鱼骨状、树枝状	

（来源：魏秦 绘制）

（一）血缘型聚落

血缘型聚落的道路系统一般都由一条主街及若干条支巷共同构成，主街往往多为商贸与交通运输的主要通道，是村落发展的轴线。由于沿主街两边集聚而不断伸展出新的街巷，并向外拓展形成更加复杂的道路网络。无论是单氏族或多氏族聚落，宗族多占据核心位置或者主要街巷，而支祠坐落在次要街巷；入口构成规模较小的形成轴线状的聚落结构，人口构成规模较大的形成环心状结构，因而道路系统也多见鱼骨状或网格状形态等。

（二）地缘型聚落

自然移居聚落多占据地理位置与生产资料优势的地区，在以水系为中心的聚落中，多形成沿水系的主要街巷，道路呈现鱼骨状的发展态势。由于地理与生产资源承载力有限，聚落的人口规模多维持在适度范围，以轴线型的聚落结构多见；如果是以农田与地形为中心的地

区，聚落受地形限制，其形态以生产资料为中心集聚成群，道路由于受地形限制而成为树枝状独立延展。

被动迁移聚落多受到行政干预、躲避战争等外部因素的影响迁移，选择在宜农宜商的优势地理区域定居，一般多为大型家族的迁移与多氏族部落的地缘聚集。因为人口规模较大，聚落道路多形成沿商道发展的鱼骨状轴线型结构，或者是多分布在平坦开阔地区的网格状道路或者多中心的环心状布局。还有一些防御性聚落因防御形成聚落围合式的里坊制的城镇格局，内部道路呈现均质而规则的网络状形态。

（三）产业型聚落

商业型聚落的空间结构是以沿主商业街轴线发展，或者以集贸市场为中心的环心状格局，由于商业街巷的产业优势地区，形成突出主街巷结构的鱼骨状道路。

制造型聚落往往根据制造生产的需要，以工艺生产

流程组织聚落空间。如果受地形限制的空间，聚落多以主街巷作为生产运输通道，由于生产空间集中的需要而居住空间也形成簇群状的结构，由于地形限制，次要道路多以树枝状向外发展。

（四）神缘型聚落

此类聚落较少单独受宗教信仰的影响，多依托于血缘型、地缘型与业缘型聚落而存在，其聚落结构与道路形态也多综合其他类型聚落的特征而呈现多样化的形态。

聚落的空间结构与道路骨架记录着聚落发展演化的脉络，透过其结构与肌理关系，可以透视聚落形态背后的自然限定、经济生产与社会结构的发展动因。

第四节　聚落形态：集聚向心　秩序生长

乡土意识的延续派生出农民对血缘与地缘关系的重视。正是这种依附于耕地、缺乏流动的农耕经济，长期择地定居的生活模式，才会繁衍并维持一个扩大了的家庭——以血缘关系为纽带的家族社会，组成以地缘关系为纽带的同一地区的邻里社会。超越家庭以外的血缘与地缘关系承担着聚落经济与社会功能，是对外抵御祸患、对内社会生活的组织保障。

"聚落选址一经决定，其次就是如何使聚落内部'秩序化'的问题，以及决断内部的等级制度如何设定的问题，对内部的支配体系依存于对外部的防御体系。两种体系相辅相成维护着共同体的生存。"[①]一个组织完善的聚落，其社会结构与社会制度不可避免地体现在聚落的形态模式上，有序的社会关系与家庭结构势必带来井然有序的聚落结构。聚落营建必然适应于社会制度，使其始终按照保证家族共同利益的方向发展。聚族而居使得家族成员遵循同一祖制，有着相似的生活与思维方式和价值取向。反映在住居营建上，是对已有的营建方式具有统一的认同感：以祠堂作为家族重要的公共活动中心，民宅营建均围绕聚落的精神中心。如诸葛村的聚落布局呈现组团式布局，以宗祠与祖屋为中心周围簇拥本宗族的住居，各团状布局又围绕宗祠布置，体现了血缘聚落的宗法制度等级关系。

有序的聚落结构与一定的道路脉络，无论是团块式还是带状布局，都呈现出聚落整体的态势关系，统一全局，各部分各司其职，对各部分的生长整体把控，成为一个有机生长的生命体。

一、聚落形态类型

在地形、水系与道路结构等因素共同作用影响下，我们将浙江传统聚落的形态可归纳为以下几种主要形式（表6-4-1）：

（一）团块状聚落

这类聚落形态最为常见，形态近似或方形不规则多边形，广泛地分布于平原水乡、山地、丘陵、盆地等大部分的地形。一方面，聚落可以是血缘型聚落，根据宗族房派，以宗祠为中心呈环心包围之势，或者是多中心

---

① 张楠. 作为社会结构表征的中国传统聚落形态研究［D］. 天津：天津大学，2010：59-62.

团块状聚落	建德新叶村	兰溪西姜村	桐庐石阜村
带状聚落	奉化岩头村	湖州义皋村	松阳石仓七村
字母状或双子状聚落	宁波梅枝田村	杭州珠山村	武义郭洞村

散漫状聚落	兰溪渡渎村	丽水叶山头村	丽水沿坑岭头村
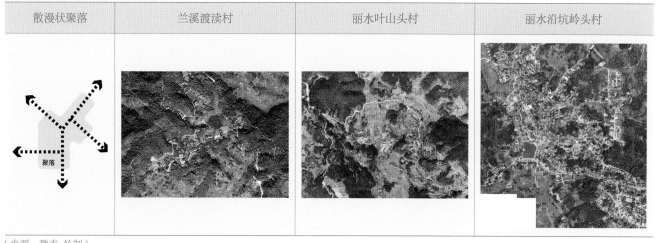			

（来源：魏秦 绘制）

团块状的布局；另一方面，也可以是地缘型聚落，在地势较平坦地区形成的被动迁移或防御性聚落。因而，聚落规模一般呈中大型，道路系统多结合水系形成网格状的形态。

（二）带状聚落

这类聚落多分布于两山或者三山之间的丘陵地形，或因为沿水系或商道发展的平原水乡与盆地地区，也可以是沿海岸线发展的滨海海岛地区，聚落往往多沿谷地限制、道路与水系纵向伸展。一般村落规模较大，可绵延几公里，道路形态呈现突出主轴线的鱼骨状清晰结构。

（三）散漫状聚落

这类聚落多是由于地形因素复杂，形态发散不集中，往往采用簇群状自由式的发展，道路形态也多为不规则的树枝状。

（四）字母状或双子状聚落

由于地形与水系将聚落分割为两个相对独立发展的部分，各自呈团块状发展，或者是两姓氏宗族先后定居或家族分化的聚落，形成围绕各自宗族祠堂的环心状发展，由于聚落发展态势的不平衡而呈现双子状或者主次分明的字母状聚落。其道路形态也是网格状或是围绕宗祠为核心的辐射发散的结构。

可以根据聚落的自然地理类型，将聚落的道路系统与聚落形态特征归纳为表6-4-2。

二、聚落的秩序生长

传统聚落的生成生长过程可以看作人们为改善自身生存状况所做的不断突破物质和精神限制的努力。随着聚落人口的繁衍、外来人口的迁入，聚落空间逐渐向外拓展，聚落规模不断扩大，生活生产资源需求的不断提高，导致聚落承载力变大。当聚落的建筑、土地、水源等生产生活资源不足以承载相应的人口容量时，村民就另择新址建造新村。新建聚落与原有聚落开始往往保持的一定距离，随着聚落不断外扩，聚落之间的空地被建筑所覆盖，新旧聚落逐渐融合为更大规模的聚落，犹如细胞分裂的原理，因而聚落生长的过程是伴随着不断地集聚、发展与分裂的过程（图6-4-1），可以将其有秩序的发展过程归纳为以下几点（表6-4-3）：

道路系统	平原水乡型	丘陵型	山地型	盆地型	滨海海岛型
鱼骨状	鱼骨带状	平行等高线、垂直等高线	带状、枝状、	鱼骨团块、鱼骨带状	
网格状	网格团块、网格双子状	网格团块状	山顶、山腰、	网格团块、环塘团块、环塘网格团块	
辐射状	辐射子母状、星型放射状	子母状		环心辐射状、环塘网格辐射状	

道路系统	平原水乡型	丘陵型	山地型	盆地型	滨海海岛型
散漫状			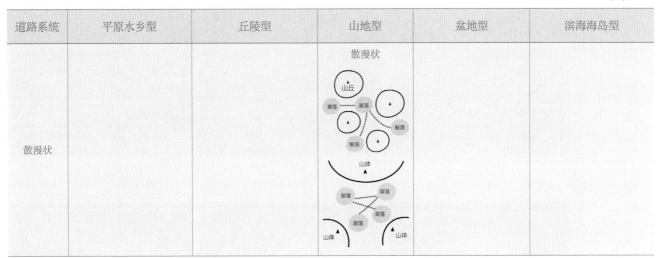		

（来源：魏秦 绘制）

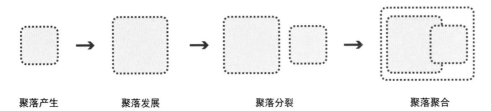

| 聚落产生 | 聚落发展 | 聚落分裂 | 聚落聚合 |

图6-4-1　聚落发展结构图（来源：张卓源 绘制）

聚落秩序生长　　　　　　　　　　　　　　　　　　　　　　表6-4-3

	松阳横樟村	桐乡马鸣村	景宁大漈乡
地形调适			
	兰溪诸葛村	金华嵩溪村	金华芝英镇
集聚向心			

	景宁季庄村	遂昌大柯村	永嘉屿北村
汇聚资源优势	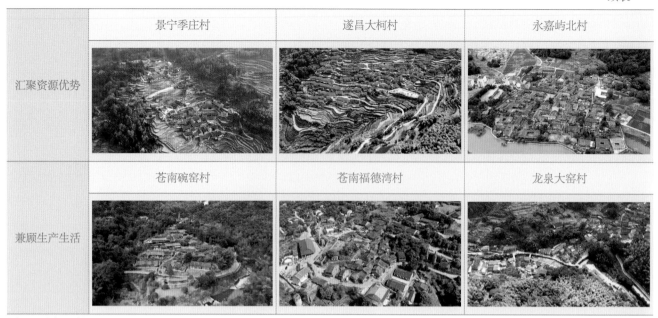		
	苍南碗窑村	苍南福德湾村	龙泉大窑村
兼顾生产生活			

（来源：魏秦 绘制）

（一）地形调适

任何聚落的演变都无法脱离周边地形地貌或者水系因素的约束与限制，聚落的发展大多处于自然生长的状态。聚落也正是在对地形因素的限制下采用适形的形态生长扩大，呈现与地形的相依相融。

（二）集聚向心

在血缘型传统聚落中，以血缘关系组织聚落空间，聚落空间结构与社会组织结构基本对应。祠堂具有多种分类，如宗祠、支祠、家祠和统宗祠等，是人们供奉和祭祀同族始祖的场所。支祠与家祠是同族族人中的供奉和祭祀场所；前者是各支派的先祖，后者是各家各户的先祖；统宗祠涵盖的范围最大，是县域范围内人们供奉和祭祀同族始祖的场所，形成不同的宗族层级关系。这种具有宗族层级关系的血缘纽带对村落民居营建具有强烈的规范作用，也会形成一定的场力驱动，营建更多地

趋近以宗祠为核心靠拢，进而形成一个个围绕宗祠或支祠为核心的多中心组团，聚落空间形态也基本符合这个层级结构，呈现出单中心同心圆或者多中心同心圆式的聚落形态。同时，聚落中心区域的建筑历史较长，越往外围，建筑历史越短，这样涟漪式的同心圆形态，形成差序格局关系，聚落形态多为团块状的形态。[①]

（三）汇聚优势资源

因为具有相同或相似的生产方式和生活方式的人们集聚而成的地缘型传统聚落，其聚落生长多伴随着血缘聚落发展衍生的过程，以血缘集聚的定居者占据中心和优势环境资源的位置，后来的姓氏定居者根据基地性质和资源分布，在集聚地周边逐步定居与建设。聚落发展多呈现对田地与水源等生产资料的吸引与趋近，或者是主干道路的趋近，以求交通运输的便利，其聚落形态也多为带状或者团块状。

---

① 林志森. 基于社区结构的传统聚落形态研究［D］. 天津：天津大学，2009：100-110.

（四）兼顾生产生活

随着业缘因素成为聚落发展的主导因素，聚落的发展主要是以生产流程顺畅与交通运输便捷为驱动力组织聚落空间关系，在以聚落整体的生产与商贸为主要考虑因素之外，兼顾居住生活的需求，两者有相依相伴，也有相离相隔的方式。

聚落形态的演变是具有原生性与风土性的营建活动，是在经济生产驱动与社会组织控制下的物化形态，聚落形态的动态演变反映了聚落所具有的调适性机制，而实现聚落空间的持续、灵活与良性发展。

第五节　建筑构成：以公共为核心的异质化

从乡村聚落的建筑类型来看，乡村聚落中的建筑以民居为主，是村民家庭、生产和生活方式的物化反映。聚落以血缘为纽带聚族而居，因此，不同民居多以并联的方式组合。总体来看，聚落空间内部，建筑布局相对紧凑，聚落外部空间较为松散，边界模糊，具有不确定性。

一、聚落形态的整体均质化

从乡村聚落的空间组织形态看，相近的家庭人口规模，导致绝大多数住宅类型的同质化。住宅单元组合而成的聚落空间形态，也具有高度均匀的特征。一方面，家庭人口结构单一。农耕经济决定了在乡村聚落中以家庭生产占主导地位。另一方面，受限于农耕经济或家庭作坊式手工业的发展，社会合作与分工程度较低，聚落空间也呈现出重复性的均质特征。社会组织决定了聚落发展的方向，但是经济方式反作用于物质形态的建筑，因而聚落整体空间内的建筑类型较为单一，建筑整体空间形态也较多呈现匀质化的状态。

二、聚落构成的局部异质化

随着聚落规模的不断扩大，从血缘型到地缘型聚落的演化，到一些聚落以业缘为主导因素发展的聚落，传统聚落局部形态表现出异质性。首先，聚落建筑类型逐渐趋于多样化，宗祠、庙宇、牌坊、桥梁、商铺、书院等公共建筑与住居，以点、线、面的形式构成层次分明、有机秩序、高低错落，边界清晰的聚落空间网络。其次，住居规模、形式因住户的经济生产的不同也呈现多样化构成，如：富贾士绅的庭院深深深几许，小家小户的居住、店面、作坊三合一，但聚落的整体环境不失其和谐礼遇的关系。从聚落经济与社会结构来看，血缘型聚落的社会结构与社会组织的层级关系复杂，其公共建筑类型最多样化，包括宗祠、书院、文昌阁等文教建筑、商铺、戏台、寺庙与民间信仰建筑等分布于聚落各处，但是宗祠居于聚落的核心地位，也是聚落的精神中心；业缘型聚落的公共建筑主要是围绕生产与商贸活动的建筑类型，生产性空间居于统帅与中心地位，这两类聚落形态局部区域偏异质化的形态。相比较而言，业缘型聚落的公共建筑类型较少，有少量的商铺、戏台、寺庙与民间信仰建筑等建筑，主要是以民居为主构成，聚落整体偏均质化（图6-5-1）。

可以根据聚落社会结构类型，将聚落构成归纳为表6-5-1：

（a）蒲壮所城西晏公庙

（b）长乐村金大宗祠

（c）戏台

（d）长乐村戏台

（e）大漈乡风雨桥

（f）新叶村文昌阁与文峰塔

图6-5-1 聚落公共空间的异质性（来源：魏秦 摄）

聚落社会结构类型	公共建筑	民居形式	聚落构成	案例
血缘型聚落	类型多样化； 宗祠、 书院、 文昌阁等文教建筑、 商铺、 戏台、 寺庙与民间信仰建筑等	多进院落式民居	偏异质化	
地缘型聚落	商铺、 戏台、 寺庙与民间信仰建筑等	院落式民居、 "一"字形长屋	偏均质化	
业缘型聚落	烧窑、 矿洞等生产建筑、 商铺、 会馆、 寺庙、 戏台等	无院落小型民居、院落式民居	偏异质化	
神缘型聚落	类型多样化 宗祠、 寺庙、 戏台与民间信仰建筑等	院落式民居	偏异质化	

（来源：魏秦 绘制）

三、聚落民居形式的多样化

浙江传统聚落民居根据地形地貌的差异在建筑布局、形制样式、建筑材料与装饰上都千姿百态，形态各异，积累了丰富的传统民居营建智慧。其民居建筑的形式也呈现一下主要特征（表6-5-2）：

（一）功能空间的专门化与序列化

浙江地处产业繁荣与商贸发达的富足地区，生活的富足使人们的生活需求不仅满足于基本的生理与安全需求，对居住、教育、生产、祭祀等社会需求的多样化必然反映在住居的空间关系上，住居空间显现功能单元的分离与专门化趋势，如：浙江民居的多进大型院落，门

聚落地理类型	民居形式	建造材料	案例
平原水乡型聚落	杭嘉湖平原：杭州大屋为主，平面形式一般以三间两厢、四合院； 宁绍平原：绍兴台门、宁波闾门，一横两纵前后明堂； 温黄平原："一"字形长屋	砖、木、石	
丘陵型聚落	浙东宁波"大墙门"民居、台州传统大屋、浙中套屋、浙东南沿海长屋、浙南山地民居	砖、木、石	
山地型聚落	"一"字形长屋、院落式民居	砖、木、夯土、石	
盆地型聚落	"H"形、日形合院式大屋、三间头或十三间头	砖、木、石	
海滨海岛型聚落	"一"字形长屋	木、石	

（来源：魏秦 绘制）

厅、大厅、女厅、私塾、书房、卧室、厨房等，不同的空间承担不同的功用，较少多种功能的混杂。此外，住居空间的位置区分、空间形制差异又是体现家族等级制度尊卑主次关系的体现，如：间与厢的尊卑、门与堂的主次、院与屋的虚实，这些层次分明、虚实相生、收放有致的位序关系被以合院为空间单元不断地重复与强化，而构成了住居的整体空间序列。

（二）兼顾气候与制度获得较高舒适度的居住生活

数世同堂作为家庭和睦，人丁兴旺的表征，成了家庭发展的理想追求。满足多代共居的需求，宅院纵深发展以院落为联结点，以厅堂为轴线，点线链接构成灵活多样的空间组合。一方面，依据气候需要，院落比例的变化、厅堂或开敞或封闭，顺畅的组织自然通风，对外封闭，对内却能营造适宜的温湿度及风环境。另一方面，宗法礼制、伦理道德与秩序等级下男女有别、尊卑有序的思想也是住居空间布局、厅堂位序、居住方位、家具陈设等方方面面遵循的基本原则。

（三）原型的同化与变异

由于经济结构的变化、农业、手工业与商业的发展使人们有能力将财富用于公共建筑的修建与住居环境的改善。在遵循原型的基础上，各家宅院的营建都会有独具匠心之处，依据各家功能要求、经济能力、个人喜好调整布局与院落结构，甚至有些居住还广泛吸纳异域建筑形式与符号，与传统营建模式相结合。乡土建筑形态遵从原型的变异现象，是聚落发展过程中创造性地适应建成环境的有力佐证。原型同化与异化相互并存，使得聚落环境在整体环境协调性与统一性的基础上不失其多样化的丰富内涵。

本章从聚落选址与规模、聚落布局、聚落结构、聚落形态与聚落构成五个部分详细阐述了浙江传统聚落的空间结构、形态特征与演化规律。传统聚落空间形态是中国传统乡村生活状态的具体表达，其形成与发展反映了聚落居民认识、改造和适应自然的能力，体现了聚落社会群体的文化、习俗、生活方式与价值观。

第
七
章

传统聚落景观的构成与形态特征

第一节　山地约束下的聚落生长

乡村聚落景观可以说是以传统聚落中的栖居场所为核心，包含其周围的水利及农田、地形地貌，是由生态、生产、生活组成的复合系统，是具有实用功能，通过人工长期干预自然，逐渐形成对自然过程和土地空间格局的适应性方式，是体现复杂的自然与人文过程的地表复合体。从景观构成来看，聚落景观是由自然景观、生产性景观、建筑与街巷构成的生活性景观构成，既包括以山地、水体、古树林木、田地等为主的自然景观资源，也包括传统民居、街巷、塔、桥、牌坊、城墙等人工建造的构筑物等人工景观资源。乡村聚落景观是在承载了自然与人为因素的共同作用下，伴随着聚落的生成生长过程，通过聚落形态的不断自我调适及耦合，与自然环境相依相融。以下将从山地、水体、古树、构筑物几个方面主要阐述聚落的景观特征。

一、山地约束

（一）山势形态

地形影响了乡村聚落的选址、建造、发展方向等，尤其在人们改造自然能力极为有限的时期，地形对乡村聚落形态的约束几乎是决定性的。首先，地形不仅决定了聚落选址的方位与地理位置，如浙南山地型聚落营建时建造在山坡底、山腰与山顶，由于不同的地形限定，而呈现团状、带状、枝状与散漫状等差异的形态分布（表7-1-1）。

其次，山脉形态也限定着聚落形态发展的方向。从自然地理学角度，按照海拔高度可以将浙江山地地貌划分为浙南山地与浙中、浙西、浙东等地的丘陵地貌。按照山地地形的形态，在不同的地理位置，山脉的形态差异很大，如连续绵延的山脉使许多丘陵型聚落在河谷地带建造，聚落形态呈线性生长；而海岛海滨的山岙沿着海岸线平缓而曲折，聚落择居多以山岙形态为首要因素，趋向于防避台风、面向阳光的山岙建造，根据山岙的方向调整聚落的建筑朝向与街巷关系，聚落形态多平行于海岸线呈鱼骨带状伸展。"峥"在浙南山地的景宁地区是指聚落周围分布的环丘。低矮的环丘连绵不断，对聚落或围合，或分隔，或散点分布，或被聚落容纳其中，形成了形态各异的聚落结构与肌理，如丽水景宁县大漈乡的核心集镇区聚落（表7-1-2）。

此外，山体的走向特征也影响着聚落的水平发展态势。如海滨海岛型聚落往往受山形的水平限定，有一山型、两山相夹两种类型，一山聚落沿海岸线形态舒展；两

山势与聚落形态　　　　　　　　　　　　　　　　表7-1-1

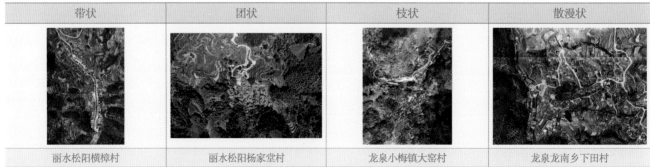

带状	团状	枝状	散漫状
丽水松阳横樟村	丽水松阳杨家堂村	龙泉小梅镇大窑村	龙泉龙南乡下田村

（来源：王晶　摄）

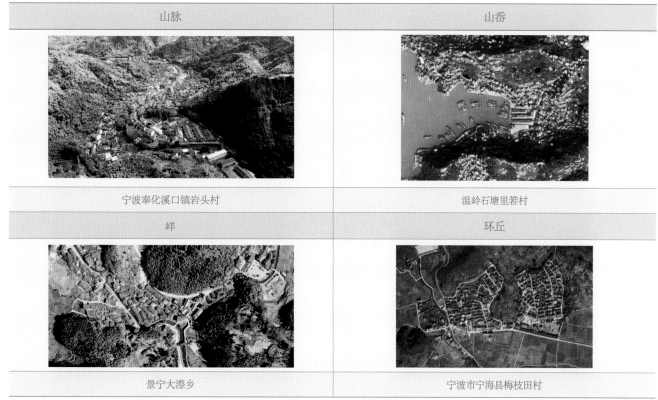

山脉	山岙
宁波奉化溪口镇岩头村	温岭石塘里箬村
峤	环丘
景宁大漈乡	宁波市宁海县梅枝田村

（来源：王晶 摄）

山相夹的聚落多沿海岸线，依据山体凹入的方位，聚落形态呈水平或垂直于海岸线的线形形态发展。山地与丘陵聚落的地形更为复杂，两山相夹的聚落多位于河谷地区，沿溪流线性伸展；而三山或者多山相夹的山地型聚落，聚落形态可以清晰地展现山体走向对聚落的约束，团状、带

状、枝状与散漫状或者分离的子母状，聚落不同的形态主要取决于山体对聚落生长的约束与挤压程度（表7-1-3）。

最后，山体与聚落的临近关系也是影响聚落形态的重要因素。山体位于聚落边侧的，聚落往往趋于背离山体方向的聚集生长；如果山体与聚落分离一段距离，如

山体走向与聚落 表7-1-3

一山型	两山相夹	多山相夹
舟山普陀区朱家尖街道白沙村	丽水松阳县大东坝镇七村	龙泉小梅镇金村

（来源：王晶 摄）

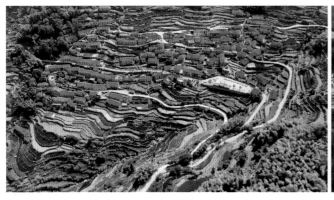
（a）遂昌大柯村

（b）松阳平田村

图7-1-1　山地聚落景观（来源：王晶 摄）

平原型盆地聚落由于受地形约束较少，其聚落形态规模较大；也有少数山体位于聚落内部，将聚落分隔为分散状或者围绕山体发展的团块状，如兰溪市渡渎村的环心分散式布局，兰溪诸葛村的网格团块状布局。

（二）山地美学

地形地貌也丰富了聚落的景观层次。山地聚落由于地形层层升高，建筑沿阶梯状递落，结合地形地势在聚落、街巷与建筑空间组合中创造出丰富的层次与节奏感。山地型聚落形成的山—水—田—村—建筑的景观格局，起伏连绵的山脉、溪流穿村而过、建筑起伏错落；平原、盆地型聚落形成田—水—村—建筑的景观格局，平坦广袤的田野、曲折深邃的街巷、连续起伏的坡屋顶……聚落融于山体所围合的环境之中，山体不仅作为景观背景，其本身也成为聚落环境的一个重要组成部分，地形的起伏、植被、色彩、肌理等延伸至聚落内部，对聚落边界起着决定性的作用（图7-1-1）。

二、田地延伸

耕地是农民赖以生存的物质基础，以土地为生，农业经济是乡村的物质保障与来源，因此，也构成了农耕社会的基本特征——以乡为家，以土为生。浓厚的乡土情结，使得乡村聚落与耕地密不可分。因此，乡村聚落边缘都有大量耕地，构成了乡村聚落边缘的物质形态，也是聚落边界的本质特征。

同时，村落也是集生产、生活为一体的空间，以山、水、土地等自然景观要素为依托，山、水、林、田成为农业耕种、生产区域，是村落不可或缺的组成部分，但区别于聚落内部的生活区，分布在聚落外围，是与其他村落与山体相邻的延伸空间，起到围合屏障的作用，依赖于山地地形所带来的天然屏障，给予聚落领域归属感。田地作为农业景观要素，是人们在不同地理环境下，通过改造环境、顺应自然，最终形成与自然相适应的耕作生产方式，是展现农业发展与耕种方式的集中场所。农业景观既包括水稻田、圩田、梯田、鱼塘与桑园等农田生产肌理，也营造了独特的聚落景观风貌（图7-1-2）。

图7-1-2　丽水松阳横樟村（来源：王晶 摄）

第二节 以水系链接的聚落公共空间节点

聚落选址、道路与街巷系统、公共空间节点以及建筑群体布局来自于对聚落气候、地形地貌与水体等自然环境因素的限制与应对，不仅体现了对自然资源利用的奇思妙想，更呈现了传统聚落与生态环境的融合协调之美：临溪而居、引水入村、挖池筑塘，栖居于自然山水之间，传统聚落与水系相融相依，更体现了与生态的和谐礼遇关系。

图7-2-1 湖州荻港村择水而居（来源：张卓源 摄）

一、择水而居

在浙江复杂多变的地形地貌中，无论是山地、丘陵、盆地、平原水乡、海岛滨海各种自然地理类型的聚落，无不体现出聚落对自然水系的利用，如依山傍水选址、临河环绕建造、引溪穿村布局等。在聚落水资源不够充足的情况下，聚落也会发挥智慧采取人工方式创造水空间与水利灌溉设施，如挖井、引渠、造塘，还会规划一些方便生产、生活用水的水圳、水闸、水塘、水库等设施。传统聚落还充分利用自然的水体资源与农业生产养殖有机结合，形成复合的农业生态系统，如水网密布的平原水乡聚落中常见的桑基鱼塘、溇港、圩田等，都充分体现出早期生态农业的智慧理念。自然水体、人工水系与人工水利设施相辅相成，不仅提供了充裕的物质生活资料，方便生活取用、便利生产加工与制造、农业灌溉与防灾排涝，更营造宜人的聚落微气候（图7-2-1）。

二、物尽其用

本节主要归纳了在聚落营建和发展过程中长期形成的，经过人工改造的自然水体与经过精心规划和建设的人工水系。传统聚落中的水系按照水系的类型有江、海、运河、溪流、溇港、护城河等。按照水系布局可以分为线状、枝状、网状、辐射状等。从聚落整体视角下看，聚落中的水系形态又可分为线状水、面状水、点状水。从聚落中水系的功能用途划分，可分为：生活型水系，如溪流、水塘、水渠、澳口等；生产运输型水系，如圩田、桑基鱼塘、运河等；水利设施型水系，如水库、水闸、水圳等（表7-2-1）。

（一）用途多样的水系

1. 制造运输

水系曾经是水路交通的主要动线，四通八达的水系交通是传统聚落生产运输的必要条件，尤其是对于产业型的传统聚落，多临山谷溪流或者大的河道布局，合理组织聚落内部的生产区域，从生产制造用水、到商品物流运输都依托充裕的水源与便捷的水路交通运输，如遂昌大窑村依靠穿村的河道将瓷器输送到四面八方；苍南碗窑村利用山上溪流用于窑的生产过程。湖州荻港村曾是历史上太湖至杭州的重要航运节点，也是中国古运河文明重要的见证，沿运河西侧有一条连续千余米的风

分类名称		类型
水系类型		江河、海、运河、溪流、溇港、护城河
水系布局		线状、网状、辐射状
水系形态		线状水、面状水、点状水
水系用途	日常生活型	溪流、水塘、水渠等
	制造运输型	桑基鱼塘、圩田、溇港、水圳、江河、海、运河等
	水利设施型	水库、水闸、水圳等
	防灾防御型	水渠、护城河

（来源：魏秦 绘制）

雨廊，形成了连接民居街巷的热闹的商业街市。水圳是苍南碗窑村的一大特色。制瓷业的发展与运行需要用到大量的水资源，碗窑村开凿水圳引水入村，水圳总长达500米，遍布制瓷厂房、水碓以及住宅。其功能主要有三点：一是全天候为村民提供生活用水；二是水圳为水碓的运转提供了丰富水量，为制瓷业提供了动力；三是具备了排水防火功能（图7-2-2）。

2. 耕作养殖

江南水乡发达的水资源为农业耕作与蚕桑养殖提供了有利的自然条件。桑基鱼塘是我国古代劳动人民创造的一种传统循环农业模式，在低建处挖塘养鱼，垅上种桑树，桑树叶喂蚕，桑便养鱼的一种农业生产方式，这种农业循环模式一直延续至今，成为我国历史最悠久的综合生态养殖模式。湖州荻港村水网密布，村东西两侧

图7-2-2　苍南碗窑村水圳（来源：王晶 摄）

图7-2-3　湖州荻港村桑基鱼塘（来源：张卓源 摄）

图7-2-4　宁波市奉化区青云村圩田景观（来源：张卓源 摄）

都是成片的鱼堤与桑树，这里就是长三角太湖流域著名的桑基鱼塘农业区（图7-2-3），被联合国教科文组织确定的我国唯一保留完整的传统生态农业模式。

平原型传统聚落的圩田是对水资源利用的另一种方式，人们顺应自然环境，耕作圩田、筑鱼塘，形成圩堤纵横的景象。在低洼地或沼泽及滨水沙地等外围，用土石等材料修筑堤坝，堤上设闸，先排去圩田内的水形成适宜种植的土，之后通过闸控水排水，防止雨季江水倒灌，旱季水流失，并在沿江圩堤设置提水设施。将几个分散的圩田合并在一起形成一个系统，在田中划分单元，建立网状的排灌水渠，提高生产效率，收灌溉之利，扩大耕地面积，如宁波市奉化区青云村圩田景观（图7-2-4）。

太湖溇港系统历经两千多年发展，现存70多条溇港，与横塘及万顷圩田组成了成熟的水利灌溉系统。湖州吴兴的义皋港就是为数不多保存相对完好的古溇港之一。

图7-2-5　桐庐县深澳村澳口（来源：张卓源 摄）

3. 日常生活

聚落中人们的日常生活与休闲活动也是与水系密不可分。挖井取水创造了村民休憩交流的场所，引水挖渠用于洗涤与排水，如桐庐深澳村有3条明渠与连续的暗渠，并设置了11个澳口供村民取水用水的空间。如石阜村的明渠不仅将水流引入聚落内部，也限定了聚落范围。也有丘陵、盆地型聚落紧邻宗祠挖池筑塘用于防火

防灾，水塘旁往往是公共活动空间，如兰溪诸葛村大大小小分布在村内的18个水塘，与聚落周围与内部的水系形成完整的系统（图7-2-5）。

4. 水利设施

长期以来，人们在江岸筑堤防洪，陂塘蓄水、疏浚

图7-2-6　金华市浦江县嵩溪村地下水道（来源：王晶　摄）

湖泊、整治河道、建造水库、管理运河等水利工程，创造了良好的聚落生存环境。如富阳的东梓关村紧邻富春江，聚落沿水系带状分布，为防灾防洪修建水利设置，如丽水市莲都区堰头村的通济堰，金华市浦江县嵩溪村的地下水道等（图7-2-6）。

5. 防灾防御

为防避灾害的发生，聚落内部修建了完善的水渠以备排洪灭火，同时在聚落外围也修建护城河以防御外敌的侵袭，如苍南一带的卫所聚落。

（二）巧妙布局的水系

水作为重要的生活生产资源对聚落的选址及形态结构起到了重要的作用，无论是临近自然河道与溪流布局，还是人工引水穿村，聚落内部与周围复杂的水系网络关系，无不体现出聚落的对水系利用的巧妙规划与合理布局。因而，聚落中水系布局也呈现形态多样的水网结构。从水系与聚落的并存关系有：穿村入水、溪流相夹、环绕包围等布局结构；从聚落内部来看，水系呈线状延伸、星形辐射、网格密布、水塘散布等。临水成街、临水成市，发达的水系也成就了便捷的道路街巷系统（表7-2-2）。

三、逐水设点

传统聚落的水系空间历经千百年的发展变迁，形成类型多样、功能各异、形态万千的水系，从聚落水系形态来看，可分为：线状水系，如穿村而过的河道、溪流、水渠与水圳；面状水系，如水塘、聚落外部的水库等；点状水系，如古井、水院等（表7-2-3）。

1. 线状水系

线状水系多穿越或者环绕聚落，或者紧邻聚落边缘，或者形成完善的网络均布在聚落内部。聚落主要对外道路往往紧邻主要的线状水系，如河道与溪流。溪流影响聚落主要道路与街巷的走向关系，而作为次要线状水系的水渠往往影响聚落的次要道路与小巷，连接聚落各部分与角落。在线状水系的交汇处往往是人流汇聚的节点，桥、亭、古树等构筑物创造了行人休憩的场所。

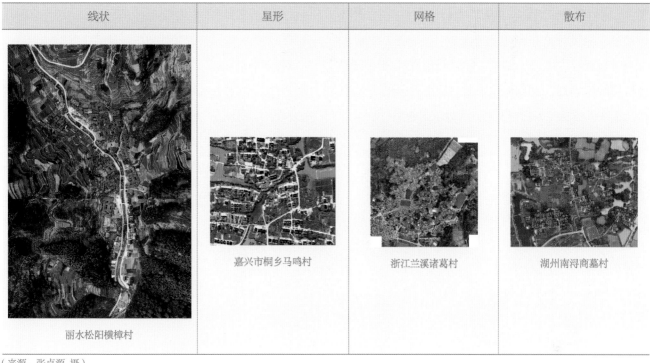

线状	星形	网格	散布
丽水松阳横樟村	嘉兴市桐乡马鸣村	浙江兰溪诸葛村	湖州南浔商墓村

（来源：张卓源 摄）

线状水系	面状水系	点状水系
遂昌白水村	兰溪诸葛村	永康芝英天成公祠古井

（来源：王晶 摄）

线状水系如江南水乡古镇中沿水系每隔一段就会有各种水埠、公共水埠用于物流运送、半公共水埠用于几户的日常劳作与交流，私用水埠为各户生活独用，同时，水埠也是古镇公共空间的节点。

2. 面状水系

水塘是平原型、盆地型传统聚落的重要构成部分，聚落以水塘为中心辐射发展。大型水塘旁一般多为宗祠或寺庙、书院等公共建筑。比如诸葛村以钟池为中心，聚落还分布上塘下塘、聚禄塘、上方塘等十几个大大小小的池塘，影响了聚落的建筑布局和整体形态，形成环塘网格团块状的聚落形态。兰溪渡渎村现存有名称的水塘10个，如半月塘、南塘、四方塘、礼塘等。面状水由于紧邻聚落主要公共建筑，往往会形成环绕塘的道路与开阔的场地，主要地位的塘会成为聚落的公共中心，道路系统向四周辐射发展，成为街道的中心节点空间，容纳居民民俗庆典活动的开展。

3. 点状水系

许多聚落内部居民集居的区域都会开挖水井空间，由于人们日常取水洗衣需要，井台空间就成为聚落日常交往的主要空间，如芝英古镇天成宗祠前广场的井台空间是周围居民交流与娱乐的场所。

聚落的公共节点主要指一些公共空间，村口、广场、大树、水井、水渠、水岸边等都是聚落社会交往的主要场所。通过点、线、面不同形态的水系链接聚落整体的公共空间节点，形成从村口—溪流—街巷—水塘—宗祠—古井—到民居的空间层次，呈现出聚落水系之柔美、街巷之幽静、宗祠之壮观、民居之和谐。

第三节　以古树为中心的聚落标识

一、历史见证

在浙江几乎每一个村落的村口总是矗立着一棵古树，它是村落的历史见证，古树伴随着村落发展的历史兴衰，也陪伴着平日里村民围绕此聚集、休憩与嬉戏。古树更成为村落的公共空间节点，与聚落的形态发展存在着紧密的联系。

古树对于聚落来说具有纳凉、风景标识和祈福的作用。一般浙江的古树树种有樟树、枫树、银杏树、柏树、柳杉等，浙南滨海地区则以榕树为主，每年人们会在树下举行祀社活动，全村人都要参加，祭祀后还会举行宴会或其他节庆活动。

二、聚落标识

古树在聚落中居于的不同位置，在聚落中的空间环境营造也存在很大差异。居于村落边缘的古树，往往成为村落入口的标识与村落的象征，如位于丽水景宁县大漈乡的时思寺门前，树龄达1500年的亚洲之最——柳杉王，与寺庙共同成为聚落的精神象征。被誉为"郭洞金字塔"的西山坡，全是树龄六七百年的天然古木与珍稀树种，如矩叶卫、虎皮楠、豹皮樟等。围绕古树展开聚落布局和景观空间是浙江聚落景观的一大特点。位于遂昌独山村村口的大樟树与村口的广场成为村落入口的中心空间。居于村落内部的古树，往往营造出村落日常生活纳凉休憩的生活场景，如丽水松阳杨家堂村村里的大树，位于阶梯状山地的地形转折之处，是每日村民耕作出行的必经之地。在日常农闲时分，老人们便倚靠大树纳凉、闲聊，一副怡然自得的乡村生活景象。也有的聚落内部古树与构筑物融为一体，成为公共建筑的附属空间，如苍南蒲壮所城城墙上屹立着一棵古老的榕树，面向南面的大海，守护着聚落。夕阳西下，总能看到在城墙上散步的居民在树下停留歇脚，成为蒲城独有的观景点（表7-3-1）。

古树位于村口	古树位于村内	古树位于构筑物中
金华嵩溪村	松阳杨家堂村	苍南蒲壮所成

（来源：王晶 摄）

第四节 以构筑物界定的聚落边界

一、聚落边界

乡村聚落往往占有一定的地理空间范围，聚落边界不仅限定了村落的地理范围，更是村落一道有形与无形的领域与防卫系统。从聚落边界的物质属性来看，有时可以是有形的人工构筑物，如壕沟、护城河、墙垣、门楼等限定了聚落的边界范围；也有是河流、山坳、环丘等自然景观被人们加以利用而形成柔性的聚落边界限定。[①] 自然边界重在心理上的归属与约束，而人工边界更强调明确的权属划分关系。从边界的复杂程度来看，人工边界更为简单而明确，而自然边界的范围更为复杂而模糊，影响聚落边界的因素往往是多重的，聚落外在的水体、山脉约束了其边界的形成、生长与扩张；同时，聚落内在的生活生产和建筑与公共空间的相互关系，也会导致村落边界的范围延展。浙江地区的聚落除了山水约束聚落生长之外，为了界定聚落边界范围，往往设置塔、牌坊、桥、亭、门楼等点状构筑物作为边界限定，便于视觉引导与作为聚落边界符号的作用，有些出于防御性营建目标的聚落也会设立城墙等线性的聚落边界，来防御外来的侵扰。

二、点状界定

作为限定聚落边界的点状构筑物，一般有风水塔、牌坊、寨门、照壁、桥、亭等，点状构筑物限定的主要作用是标识入口节点或者村落边缘，使其具有较强的识别性与领域感。构筑物作为浙江聚落中的景观构成要素，其形式类型丰富多样，位置灵活多变。

塔、阁相映生辉，构成一幅人文景观，为了聚落文运昌盛的需要，一些聚落一般位于村口设置文峰塔，如建德新叶村东南方位于水口处建造七级抟云塔和二层重檐阁楼式歇山顶文昌阁（表7-4-1）。

---

① 张炜. 村落边界形态类型识别及驱动因子相关性研究——以江苏宜兴为例［D］. 南京：东南大学，2019：21.

塔	牌坊	桥
建德新叶村抟云塔	遂昌独山村牌坊	武义郭洞村拱桥
照壁	寨门	亭
兰溪长乐村照壁	永嘉屿北村寨门	温州永嘉岩头村水月亭

（来源：魏秦 摄）

（a）温州永嘉岩头村金昭牌坊

（b）浙江金华兰溪永昌村牌坊

图7-4-1 牌坊（来源：王晶 摄）

　　牌坊作为传统聚落旌表与教化性构筑物，一般位于村口或位于村落之中，与古建筑、广场、水塘成为古村落具有仪式感的标志性人文景观。如遂昌独山村隆庆石牌坊就居于村尾，与石桥守护着出村的乡间小路；新叶村在四方塘边建造进士第石牌坊、永嘉岩头村的金氏大宗祠木牌坊位于村落街巷的端头等（图7-4-1）。

寨门与和门楼一般居于村落入口与街巷的端头，引导街巷明确的方向感，永嘉屿北村村尾由石桥穿越石寨门与木门楼才能入村（图7-4-2）。

照壁通常起到规避视线的屏障作用，一般位于水塘前、广宅门外，在浙江聚落的一些入口空间也利用照壁，结合开阔场地限定聚落入口，如兰溪长乐村的照壁，竖立在两个牌坊之间遮挡住观望水塘的视线，形成入村街巷的对景空间。桥一般在村口或者村尾跨河而立，利用水系限定了入村通行的入口。如浙南山区一带的风雨桥不仅组织交通、遮阳避雨，也是商业贸易与公共集市空间，庆元月山村的来风桥居于村头，如龙桥居于村尾，守护着古村落。湖州荻港村有余庆桥、秀水桥、隆兴桥等23座，分布在古镇入口、边缘与内部，与村内部有数量众多的河埠头形成丰富的古镇水岸空间；还有海宁市路仲村德风桥、宁波奉化溪口镇岩头村广济桥等（图7-4-3）。

亭作为交通要道上设置的驿站，大多选址在村落路边、道路交叉口或池畔，还有一种建在桥上或桥头的亭，称为"桥亭"，武义郭洞村的拱桥，桥上建有亭，在村口跨溪而过。亭也有专门迎来送往的功用，往往建在通航的江河岸畔，如永嘉岩头的接官亭与永嘉芙蓉村建在芙蓉池中的长塘亭等（图7-4-4）。

通过以上点状构筑物，聚落的边界节点被串联起来，作为标识明确了聚落边界范围。

三、线状围合

一些聚落由于缺乏高山深坳与险峻的山水作为村落天然边界与屏障，出于防御目的，居于地势平坦地区的村落也会在聚落外围筑起一道连续的防御性构筑物，通过向上垒砌硬质墙体和向下挖沟设壕的方式，共同构筑了聚落防避内外的屏障。一般城墙用石材垒砌，高度不等，有的将聚落整体包围，有的则结合山地地形部分包围。

图7-4-2 浙江温州永嘉芙蓉村门楼（来源：王晶 摄）

（a）海宁市斜桥镇路仲村德风桥

（b）宁波奉化溪口镇岩头村广济桥

图7-4-3 桥（来源：张卓源 摄）

（a）温州市永嘉县岩头镇芙蓉村长塘亭　　　　　　　　　　　（b）温州永嘉岩头村接官亭

图7-4-4 亭（来源：王晶 摄）

苍南屿北村有长度约为2000米环村的寨墙，环绕方形的聚落平面，城墙设有九座寨门，墙体由卵石筑成，墙高2米，还设有防卫性的观测孔和排水沟。

苍南县蒲壮所城北依龙山山势而建，其余三面都筑于平地之上，整个聚落城墙周长约2550米，高约5米，北面城墙靠山，为圆弧形，东、南、西面有三座瓮城，均为方形。绕城内侧设有跑马道及供士兵上下步道台阶与城墙上的跑马道，构成极强的防卫系统。

遂昌独山村古寨墙建立在山麓之间，部分包围聚落，寨墙长110米，高2.5米，块石垒砌，依山坡地势而筑，依山势形成拱卫村庄的屏障（表7-4-2）。

本章从山地约束、水系连接、古树中心与构筑物界定四个方面阐述了浙江聚落的景观构成与空间特征，从村落选址、公共空间布点、聚落群体建筑的布局等，都体现出村落风貌与自然环境在和谐共生基础上的理景意识：依山近水选址、背靠腹地防御、契合山形水势、水系曲直赋形、临水编织街巷、建筑错落有致，聚落景观空间呈现出秩序化的空间组织关系。

线性构筑物　　　　　　　　　　　　　　　　表7-4-2

苍南屿北村寨墙	苍南县蒲壮所城城墙

温州永嘉芙蓉村寨墙	遂昌独山古寨墙

（来源：王晶 摄）

第 八 章

浙江传统聚落的保护与活态再生

第一节　浙江传统聚落的保护与利用

浙江传统聚落以多元化的聚落类型与形态、异彩纷呈的民居建筑风格和深厚的历史文化底蕴受到学术界的广泛关注，关于保护和活化的话题已经成为乡村传统聚落在乡村振兴战略下面临的关键命题。基于传统聚落的活态保护和利用目标，提出传统聚落保护的原则和措施，思考保护前提下的传承与发展，在已有保护和活态利用的实践案例中总结成功的经验与范例，以期为多元主体参与下的传统聚落保护发展与活态利用实践提供科学的方法与参考案例。

一、浙江传统聚落保护的历程

浙江传统聚落保护的历程是伴随着改革开放后国家宏观政策中，在乡村建设和文物保护方面推出的一系列举措与法规的指导下有计划、有步骤、全方位、系统化地实施与开展的。浙江省经济发展水平居于全国前列，乡村建设起步较早。在浙江的传统聚落保护与利用实践历程中，根据传统聚落的保护现状，依托前瞻性理念与措施，树立了不少优秀的案例与示范性的成果。

（一）乡村建设的政策历程

我国乡村建设最早可以追溯到1904年河北定县的"翟城村治"，后经晏阳初的"定县实验"、陶行知的"晓庄实验"、梁漱溟的"邹平实验"等一系列的乡建运动和理论思考，至今一百多年的乡建历史从未间断过。[①]尤其是近二十年内，国家对乡村建设的关注已经上升到国家发展战略层面，表8-1-1为改革开放后国家推出的一系列关于乡村建设的政策与措施。

改革开放后的国家对乡村建设的主要政策与措施　　　　　　　　　　表8-1-1

年份	政策与措施
1981	第二届全国农房建设工作会议提出将乡村及其周边环境视为一体综合规划
1993	国务院首次发布关于村镇规划的国家标准《村庄和集镇规划建设管理条例》，乡村建设与规划步入有法可依的阶段
2003	国务院颁布了《中国历史文化名村或中国历史文化名镇评选办法》
2005	中共中央正式提出"新农村建设"
2013	中共中央提出建设"美丽乡村"的奋斗目标，住建部为提升村庄乡村人居环境质量，对村庄整治规划的内容、要求、成果等做出了明确要求
2014	正式发布美丽乡村建设十大模式，为全国的美丽乡村建设提供范本和借鉴
2015	发布《美丽乡村建设指南》，为美丽乡村建设提供标准和依据
2017	党的十九大提出中国特色社会主义乡村振兴战略
2018	中共中央、国务院印发《乡村振兴战略规划（2018—2022年）》，提出产业兴旺、生态宜居、乡风文明、治理有效、生活富裕的总要求
2019	国务院提出《促进乡村产业振兴的指导意见》
2020	国务院提出《关于坚持农业农村优先发展做好"三农"工作的若干意见》
2021	发布《十四五规划和2035年远景目标纲要》中提出保护传统村落、民族村寨和乡村风貌。 中央一号文件《中共中央国务院关于全面推进乡村振兴加快农业农村现代化的意见》发布，优先发展农业农村、全面推进乡村振兴作出总体部署。 《中共中央国务院关于支持浙江高质量发展建设共同富裕示范区的意见》发布，共同富裕示范区落地浙江

（来源：魏秦、田常赛根据相关资料整理）

---

① 赵辰，李昌平，王磊. 乡村需求与建筑师的态度［J］. 建筑学报，2016（08）：46-52.

（二）文物保护的政策历程

改革开放后，我国对历史建筑、传统村落等物质文化遗存的保护与利用进入新的时期。其中，2008年颁布的《历史文化名城名镇名村保护条例》详细界定了名镇名村的定义以及价值核心，并推动建立了《传统村落评价认定指标体系》。2012年，住房和城乡建设部等部门组织通过调查，正式认证了第一批中国传统村落名录，对于完成我国传统村落信息收集，重点保护、有序开发传统村落具有重要意义。在2018年颁布的《历史文化名城保护规划标准》中，更加明确说明了历史村、镇与城市保护的内容与要求。上述政策标志着我国政府对传统村落保护开发工作的重视程度，传统村落保护工作正逐步变得有章可循、有法可依。

（三）浙江省出台的聚落保护政策历程

浙江作为"两山理论"的发源地，对传统聚落的保护与利用、乡村建设方面也较早地推行了一系列举措。自2012年10月起，由住建部、文化部、财政部和国家文物局联合组织评选的中国传统村落名录，至今共计五批6819个。其中，浙江拥有中国传统村落636个，占全国总量的9.3%，列全国第四位。作为全国率先启动"未来乡村"建设试点的省份，浙江在国内率先开展了许多前瞻性的探索，如2015年的"美丽乡村"建设在浙江省安吉县实践。如何践行"未来乡村"理念，逐渐成为浙江未来乡村振兴工作重心（表8-1-2）。

二、浙江传统聚落保护的困境与意义

当下，浙江省作为经济较为发达的区域，在快速城镇化的背景下，乡村人口外流，加之传统乡村居住品质与现代化生活的不同步，导致新建农居快速增长，部分传统村落空废化与凋敝的场景。随着信息技术与互联网的普及、乡村产业类型的单一化等因素加速了乡村人居环境发展的矛盾，延续几千年的浙江传统聚落持续发展面临着严峻的挑战（表8-1-3）。

改革开放后关于传统聚落保护的相关政策　　　　　　　　　　　　　　　　　　表8-1-2

年份	政策与措施
1982	公布《中华人民共和国文物保护法》
2005	施行《历史文化名城保护规划规范》
2008	通过《历史文化名城名镇名村保护条例》，明确指出保护原则、措施、要求等内容
2012	住建部等多部门联合编制《传统村落评价认定指标体系（试行）》，公示了第一批中国传统村落名录，共646个村落，其中浙江省有43个
2013	住建部制定了《传统村落保护发展规划编制基本要求（试行）》，公示了第二批中国传统村落名录，共915个村落，其中浙江省有47个
2014	住建部颁布了《历史文化名城名镇名村街区保护规划编制审批办法》，公示了第三批中国传统村落名录等994个村落，其中浙江省有86个 发布《关于切实加强中国传统村落保护的指导意见》
2016	公示第四批中国传统村落名录，共1602个村落，其中浙江省有225个
2018	颁布《历史文化名城保护规划标准》，明确了我国对历史村、镇与城市保护的内容与要求
2019	公示第五批中国传统村落名录，共2666个村落，其中浙江省有235个

（来源：田常赛根据相关资料整理）

年份	历程
2003	发起"千村示范，万村整治"人居环境整治工程，明确把保护古建筑、古村落作为重要内容，对有价值的古村落、古民居和山水风光进行保护、整治和科学合理地开发利用
2005	习总书记在安吉首次提出"绿水青山就是金山银山"的科学论断，坚持人与自然和谐共生
2006	《关于进一步加强文化遗产保护的意见》提出：加强对优秀乡土建筑和历史文化环境的保护，努力实现人文与生态环境的有机融合
2008	安吉县正式提出"中国美丽乡村"计划，出台《建设"中国美丽乡村"行动纲要》
2010	发布《浙江省美丽乡村建设行动计划（2011-2015）》
2012	发布《关于加强历史文化村落保护利用的若干意见》，首次提出在传统聚落层面以保护利用为针对性目的的政策性意见
2013	第一批历史文化村落保护利用重点村建设工作启动。 发起"五水共治"，提出以全面治水为抓手，促进产业转型发展
2016	发布《浙江省深化美丽乡村建设行动计划（2016—2020）》重点对130个传统村落进行保护
2017	浙江省公布第一批省级传统村落名录，共634个村落
2018	浙江省住建厅发布《关于引导和支持设计下乡进一步提升乡村设计水平的通知》，正式发起"设计下乡"运动
2019	浙江省政府发布《浙江省乡村振兴战略规划（2018—2022年）》； 浙江省住建厅出台《浙江省传统村落保护技术指南》和《浙江省传统村落保护发展规划编制导则》，这是首次发布针对传统聚落保护利用的技术性规范指导
2019	浙江启动未来乡村试点建设，构建一套以"未来文化、生态、建筑、服务、交通、产业、数字、治理、精神"为重点的九大场景
2020	遂昌发布《未来乡村建设导则》，提炼了遂昌未来乡村建设的实际经验，杭州市余杭区率先提出乡村发展新型单元"未来乡村试验区"
2021	浙江省正式出台《浙江省未来乡村建设指导意见》，明确提出了未来乡村的"四类五化十场景"，初步勾勒出未来乡村的雏形

（来源：魏秦、田常赛根据相关资料整理）

（一）浙江传统聚落保护面临的困境

1. 博物馆式保护束缚乡村发展活力

传统聚落不仅是宝贵的文化遗产，同时也是在地居民重要的日常生活场所。但是，由于聚落保护理念的相对滞后，部分传统聚落被视为"建筑标本"而不允许村民进行任何改动。同时，由于缺少外部资金支持，导致博物馆式的聚落保护举步维艰。传统聚落难以适应现代化的生产生活方式，居民大量迁出而成为毫无生机的"空心村"。

2. 粗放型商业开发破坏传统聚落风貌

近年来，乡村成为城市居民休闲度假的热点，部分乡村以此为契机，大力开发区域乡村旅游业和特色商品经营，民宅被改造为农家乐。短期内，这种粗放型的开发模式为当地居民带来了一些经济收入。但是，部分传统村落拆除具有地域特色和历史价值的街巷和建筑，打造商业气氛浓重的"仿古商业街"，这种未经科学规划的商业开发，造成传统聚落空间形态、肌理、历史村落风貌破坏严重，文化真实性缺失。另外，较为落后的配套服务设施和管理水平也难以承载持续增长的旅游客流量，导致生活垃圾回收不及时，破坏了传统村落的生态环境。

3. 乡村主体保护意识缺失

乡村居民是聚落保护的重要参与者。但是，由于部分传统民居老化损毁严重，基础设施建设滞后，难以满足村民基本居住需求，而资金和技术条件的匮乏，导致民居更新难以落实，部分居民面临"住不能住、修没人修"的尴尬境地。同时，由于居民对于传统聚落的价值认识不足，浙江传统聚落不同程度上存在传统建筑的拆旧换新现象，甚至出现无人看管的历史建筑构件盗窃事件①，使得原本脆弱的聚落环境与混杂的村落风貌进一步瓦解。

4. 聚落保护制度亟待完善

我国现有宅基地所有权制度使得村民无法申请第二处宅基地另建新房，而现有房屋往往由于年久失修难以居住。已经在策划购买房产的村民，也不能通过有效手段，流转自有宅基地，只能任其荒废闲置。除此之外，我国缺少一个专门负责传统村落文化遗产的保护部门，现有部门之间权责不清，难以有效保障传统聚落中的村民居住权益。

5. 乡村物质空间与设施滞后于现代化的乡村生活需求

随着经济与社会的不断发展，传统农业不再作为浙江乡村的主要生计方式，农耕生产方式的瓦解深刻改变了居民生产生活方式。但是，在目前的浙江传统村落中，部分住宅老化损毁严重，采光、防潮、保温效能低下，给排水、网络通信、供暖等基础服务设施建设不完善，居住环境品质难以满足居民日益增长的生活需求。居民或选择离开乡村，或对住宅进行无序地建设改造，加剧了传统村落风貌的衰败。

浙江传统聚落中蕴含着丰富的历史文化信息，是中华文明的宝贵遗产。然而，随着城镇化的迅速推进，传统营建方式的生存空间被极大压缩，民间营造技艺和匠作体系面临失传，导致部分村落的地域文化传承乏力，浙江传统聚落面临文化基因断层的危机，文化传承机制破坏对传统聚落的风貌造成了不可逆的负面影响。

（二）浙江传统聚落保护与利用的意义

浙江地理类型丰富，传统村落资源丰富、特色明显、类型多样。村落的资源禀赋与发展基础尤为突出，生态环境资源具有先天优势，聚落风貌与建筑景观独具特色，浙江传统村落的保护对中国历史文化村落的保护与发展具有重要意义，主要体现在以下几方面：

1. 遗产价值：保存有形文化遗产

作为在地文化的产物，浙江传统聚落蕴藏着深厚的历史信息，承载着独特的地域文化，是中华文明重要的有形文化遗产。随着浙江地区经济的快速发展和城镇化进程的加快，部分传统聚落已经遭到废弃、破坏和侵蚀，其蕴含的历史信息也随之消亡。因此，如何通过有效手段，保护浙江传统聚落，使其适应现代化的生产生活方式，具有重要的现实意义。

2. 文化价值：传承历史文化基因

传统聚落是承载着地方历史发展与文化遗产的载体，反映了在地人们真实的生活与风土习俗，具有重要的研究价值。陈志华先生曾经提出："没有乡土文化，只有庙堂文化、士大夫文化、市井文化的文化史研究也是残缺不全的"。因此，通过发掘地域和民族的文化基因，并将其运用到浙江传统聚落的保护与利用，及其当下村落的营建中，让传统聚落的历史文脉及其文化基因得以传承，使其能健康持续发展，具有重要的文化价值与意义。

3. 思想价值：增强民族文化自信

传统聚落不仅具有丰富的历史文化价值，还是凝聚中华民族乡土情结和地域认同感的纽带。面对全球化和

---

① 金通. 传统乡村聚落空间的传承与再造研究［D］. 杭州：浙江大学，2016：66.

城镇化浪潮，传统聚落和地域建筑文化面临严重的"文化信仰危机"，本土化特色被同一化，造成"千村一面"的景象。因此，挖掘浙江传统聚落与民居所蕴含的文化信息，提炼地域文化精髓，保持传统聚落所具有的与生态和谐的物质环境、特点鲜明的聚落与建筑风格、浓郁的乡土文化与风土民俗，对树立民族文化自信、彰显中华民族优秀文化传统，具有不可忽视的价值。

三、浙江传统聚落的保护原则与对策

我国传统村落保护发展正处在一个前所未有的大好时机，各级政府大力开展传统村落保护利用工作。2012年，浙江省部署开展历史文化传统村落保护利用，通过整体保护、活态传承、活化利用，在村庄人居环境整治提升、传统文化发掘传承、乡村产业有序发展等方面都取得了显著的成效，保护了大量传统村落风貌的完整性和原真性，也让传统村落有了生命的活力和可持续性。浙江作为全国第一个在全省范围内部署实施历史文化（传统）村落保护利用工作的省份，经过近十年的传统村落保护利用建设，已实现传统村落保护利用的差异化发展之势，可为全国提供诸多可行性的参照样本。

（一）浙江传统聚落的保护原则

1. 应保尽保

尽可能保留所有的建筑历史信息，尽量延长材料的性能年限，以传统聚落的形态特征和历史建筑存续时间的最大化为目标。同时，保持浙江传统聚落特征的真实性和场所特征，继承并发展在地的社会交往和家庭生活模式，进一步弘扬当地的传统文化。按照保护浙江传统聚落及周边环境的原真性和长期协调发展的原则，不改变遗产原状，尽量减少对古建筑的干预。

2. 以用促保

为实现浙江传统聚落的永续利用，延续历史文脉，浙江传统聚落应利用并改进传统聚落及其古建筑的现有功能，同时发挥传统聚落在现代社会中的历史文化价值。"以用促保"既能实现古建筑的保护目标，又能有效改善使用人群居住使用条件，提高相应配套设施的标准。

3. 科学保护

由于浙江各地传统聚落具有地域的历史性和文化性特点，传统聚落保护必须以科学思想为指导原则，在开发保护的同时，应在保护利用的各个阶段采用具有科学的针对性措施，以实现适宜修缮、安全参观、合理展陈、精准研究。

4. 系统保护

浙江传统聚落中的古建筑保护、生态环境和乡土景观应协同保护。在保护古建筑的同时，保护山水空间格局、水系及周边生态环境。因地制宜地采取技术和营建措施实现聚落人居环境的系统协调发展，传统聚落保护与生态、社会系统各要素发展相适应，从政府到居民层面，全面系统性参与到传统聚落保护的全过程中。

（二）浙江传统聚落的保护策略

1. 传统村落的风貌保护

1）宏观尺度：保护传统生态安全格局

在宏观尺度上，如何以历史发展视角，提出传统聚落的风貌控制目标，是开展保护工作的第一项关键内容。这需要充分理解村落肌理的演变规律，分析并挖掘影响村落整体风貌的社会、经济、文化、气候、历史等要素特征，并将之作为未来聚落发展的引导要素，合理把控聚落风貌的控制目标[①]。

在景观风貌保护方面，注重传统聚落与自然山水环境有机结合，尽量避免采用城市园林的设计手法，突出浙江传统聚落中植被的多样性，采用地方草种、树种与农业景观相结合的植被覆盖方式，禁止乱采滥伐及过度采矿，获得自然和谐的视觉效果和四季景观。除景观的视觉效果外，还原集体记忆也是聚落景观保护的关键。重点挖掘村落中已遗失但仍有记录的遗存元素，通过文化地景修复等方式，恢复浙江传统聚落的历史记忆。

在聚落水系保护方面，浙江传统聚落中的水系在现代生活中仍然发挥其生活、生产、防灾的作用，是古代劳动人民科学利用自然、改造自然的智慧经验。在保护和修复过程中，应建立聚落水系及古河道的监测制度，定期清理水系中的淤泥和水体污染，保护原有的水系形态，维护水系的生态基质与生物多样性。针对有滨水特色的传统聚落，应根据相关历史信息，逐步恢复其水系驳岸的水系景观风貌。

2）中观尺度：延续传统生产生活景观

街巷不仅是传统聚落重要的交通空间，还作为村民生活、交往行为的场所，交织着多种文化和空间意蕴，是人们阅读、感受、理解浙江传统聚落的重要载体。如何保护街巷格局、还原街巷尺度、延续街巷界面、协调街巷色彩，是中观层面的聚落保护重点。

虽历经数百年，大部分浙江传统聚落的主要街巷空间保存状况较好，甚至一部分至今仍在发挥其功能作用。针对这部分保存现状良好的传统街巷，需要尽量维持其原有的肌理、尺度、形态，严格控制街巷的占用或改道。

针对已遭到破坏的街巷，需尽可能复原传统格局、道路材质、做法技艺，结合居民口述信息，参照

其他路段完整性较好的街巷做法，按照原材质、原规制、原工艺，对照所记录的数据信息进行原样复原。如有管线铺设必要，需对街巷现状进行勘察、测绘、拍摄、编号，绘制详细的路面铺装图。待翻新完成后，按照测绘信息，原样修复历史街巷。例如，浙江温州苍南福德湾村将原来工人上下山运矶的步道街巷修复后，开发为旅游线路以吸引游客，发展乡村经济。金华市浦江县嵩溪村的水网体系、街巷格局与古建筑和传统生活交织在一起，构成了浙江地区亦农亦商型村落发展的典范。嵩溪村规划保留了村内前后两溪穿村而过的形态，民居建筑或依水而建或直接横跨于嵩溪之上，形成高低错落、风貌独特的建筑群（图8-1-1、图8-1-2）。

3）微观尺度：关注聚落日常生活景观

建筑空间是聚落的物质载体，也是构成聚落的基本单元。在建筑维护过程中，可以调查归纳传统民居的建造体系和营造技艺，归纳浙江地区的营造制度、营造形制、营造技艺、建筑材料等信息，测绘记录聚落区域内的重点建筑，建立材料、工艺、色彩等方面的信息库，为民居修复提供参考依据。此外，在确保历史原真性的前提下，通过材料更新和新技术应用，提高建筑质量和居住舒适度，满足居民多样化的使用需求。

古桥、戏台、牌坊等构筑物是传统聚落形态中精彩的节点空间。针对这些构筑物需要采取差异化的保护措施，选取其中保存状态较好的、结构基本完整的构筑物，采用一般性的保护措施，延长其使用寿命。对于保存状态一般的构筑物，应采取局部构件补修、增添少量损坏构件的保护措施，维持安全使用功能。对于严重损坏的构筑物，应先记录其数据信息，按照村民生活生产和生活需求，对构筑物进行原样重建。

综上，聚落作为复杂的人居环境系统，聚落保护

---

① 吴昊天，谭良斌. 传统村落风貌保护目标及发展的研究综述［J］. 建筑与文化，2021（07）：53-55.

图8-1-1　福德湾村老街（来源：魏秦 摄）　　　　图8-1-2　嵩溪村的明溪与暗溪（来源：魏秦 摄）

也是一项复杂的多专业协同合作的系统性工程，其重点在于保存聚落的完整性与原真性。因此，在传统聚落保护过程中，需要以延续历史文脉的原则，确立宏观风貌控制目标，延续中观街巷肌理脉络，保留微观民居的营建特征，全面保护浙江传统聚落的历史文化风貌。

2. 从"分类"到"整体"的保护措施

传统聚落的风貌特征因子是影响聚落演化方向的重要因素，是历史、文化、社会遗产价值的最直接体现。不同风貌特征因子的认识决定了差异化的聚落保护和利用方式，是开展聚落保护需要解决的首要问题。总体而言，聚落风貌特征因子由环境因子、文化因子、社会因子三方面构成。环境因子指的是聚落形成与发展的物质基础，例如山川地形、湖泊水系、交通网络等。文化因子指的是聚落所体现的文化传承关系、发展演变历史、文化典型性等因素。社会因子则包括聚落的生产方式、

经济来源、社会结构等社会属性要素。以上三类风貌特征因子并非孤立存在，而是具有很强的相互关联性，对于聚落风貌共同产生动态影响。因此，在提出保护措施之前，应该全面认识聚落的风貌特征因子，分析特征因子之间的动态关联性，提出有利于环境保护、文化延续、社会发展的聚落保护措施。[①]

基于传统聚落风貌特征因子分类方式，聚落保护不能局限于点状历史资源，而是通过环境、社会、文化因子的叠合，制定综合性的全面保护措施。应基于宏观视角，梳理聚落内部不同资源之间的关联性，辨析聚落与外部传统聚落的差异性，归纳聚落与历史事件的契合性，将上述分析结果作为聚落发展定位的逻辑主线，为聚落保护措施提供全面的参考依据。同时，应注重分析各类聚落共性与特性，对具有明显不同特征的聚落采取差异化的保护与开发措施。强调以环境为基底，社会与文化属性层层堆叠、相互关联所共同构成的统一整体。聚落保护的认识方法应当从

---

① 杜祥，等. 传统村落类型划分及保护发展策略制定的一种新方法［J］. 建筑遗产，2020（02）：42-52.

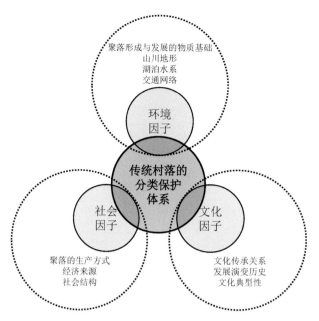

环境
因子

聚落形成与发展的物质基础
山川地形
湖泊水系
交通网络

传统村落的
分类保护
体系

社会
因子

文化
因子

聚落的生产方式
经济来源
社会结构

文化传承关系
发展演变历史
文化典型性

图8-1-3 传统村落的分类保护体系架构（来源：张卓源 绘）

"分"走向"合"，保护方法上从"分类保护"走向"整体保护"，形成文化遗产保护利用的整体性意识。

在聚落保护的实践环节，由于缺少全面协调环境治理、基础设施开发、文物保护等工作的组织机构。因此，应积极探索综合性的聚落发展、管理、协调机制，建立聚落保护的开放性管理平台。此外，居民作为利益相关者，是完成聚落保护工作的关键，因此，应从产权关系、教育需求、生产模式等层面，调查居民的社会诉求，针对具体情况，通过联合经营、空间置换、产权流转等的方式，找到契合居民需求的聚落保护方案（图8-1-3）。

3. 选择差异化的保护路径

浙江传统聚落资源丰富，在历史文化、地理特征、资源条件、产业基础、经济条件等方面具有明显差异性，难以用一个固定模式应用所有传统聚落的保护。因此，基于自然环境特定，发掘文化基因特质，

发挥经济和产业优势，构建适时、适地的传统村落发展模式，是当下传统村落保护与活化开发所面临的重要命题。[①]

生态环境是聚落差异化保护的重要抓手，在聚落保护过程中，应充分借鉴传统村落取法自然、师法自然、观照自然的规划理念，延续聚落生态环境的协调性和系统性。此外，乡土建筑沉淀了丰厚的地域历史文化，形成了独特的建筑景观风貌，是聚落原真性的重要指标。因此，可以通过分析聚落的形态肌理、街巷格局、建筑风格，提取差异化要素，并在保护中加以延续和强化。最后，地域文化是聚落重要的地域性基因。因此，应深入挖掘民俗风情、传统技艺、人文典故等地域性文化要素，通过工艺展示和文创产品等方式植入聚落保护系统工作，形成鲜明的地域文化名片。如金华武义县的俞源村依照历史上太极星象的规划理念，一条"S"形溪流穿村而过，村落整体空间布局依村落走向又呈"鱼"形，体现了自然景观与人文景观相融合的格局（图8-1-4）；湖州吴兴区义皋村是"夹河为市、沿河聚镇"的太湖溇港市集聚落形态的典型，义皋村充分发挥区位优势，深入挖掘溇港文化和蚕桑文化等资源，呈现出多元化的文化发展方式使村落成为南太湖溇港文化精品旅游带的重要节点（图8-1-5）。

图8-1-4 俞源村的聚落环境（来源：王晶 摄）

① 杨小军，丁继军. 传统村落保护利用的差异化路径 [J]. 创意与设计，2020（03）：18-24.

图8-1-5 义皋村的聚落环境（来源：王晶 摄）

第二节 浙江传统聚落的传承与发展

浙江传统聚落的发展和文化传承需要在保护传统聚落文化载体和生态环境的前提下开展，同时要有健全的开发保护、可持续发展的政策制度以及切实可行的具体措施，在可持续发展进程中，让传统聚落的文化内核与基因真正传承且创新发展。

一、浙江传统聚落的传承原则与对策

（一）传承原则

1. 生态优先原则

浙江传统聚落的传承首先应以遵从生态优先的原则，延续古人天人合一的传统人居环境观念。尊重自然生态的建造理念，挖掘传统聚落中蕴含的朴素生态原理和地域技术，并能将传统地方建造智慧与现代的科学技术手段结合，建构与传统聚落生态环境相适应的营建策略。

2. 尊重民俗习惯原则

浙江省地域风貌迥异，不同地域的传统聚落至今流传着异彩纷呈的民俗习惯，传统聚落受其影响展示出独特的生活形态，进而生成相对应的传统聚落空间形态，包括建筑布局、景观营造、建筑装饰和符号象征等。只有尊重地方特色的民俗习惯才能将传统聚落的精神内核更好地传承下去。

3. 可持续发展原则

自然生态环境与传统聚落的物质交换是动态平衡的，只有在顺应自然的整体格局下，进行合理适度的开发，秉持可持续发展思想，才能让浙江传统聚落的传承实现良性循环。

4. 延续形态原则

在聚落层面，根据地形地貌等地理因素和传统人居观念而形成了不同的聚落空间形态和肌理分布；在建筑层面，建筑营建技艺和形态特征体现出传统聚落中的居民传承已久的生活方式。因此，对传统聚落的形态传承应保持延续风貌的态度，整体呈现"大统一，小丰富"的整体风貌特色，注重宏观统一和微观差异并行，控制整体格局延续原有格局，织补残缺肌理形成完整统一的聚落肌理逻辑。延续现代传统聚落的空间形态不仅要在二维平面上进行合理延展，还要在有限的空间内进行三维方向的组织，各空间构成之间的联系要更加紧凑和高效，同时还要兼顾到适应居民现代的生活方式需求。在建筑层面，引导居民的自主建造，新建民居要考虑到立面形式、材料、技艺、装饰、布局等的类型风格与传统聚落整体的形态风貌需求相符合，完成居住空间形态特征的传承。

5. 重建精神空间原则

传统文化是传统聚落的精神所在，但是随着宗法观念瓦解，家族观念弱化，大家庭关系裂解，宗族共同体无法维系，对宗族共同体的现代转译和合理传承有助于重塑传统聚落的居民凝聚力，有利于保留和延续聚落的活态文化。在聚落内部宗祠等公共建筑中，采用功能重置与形态转译的方式，重塑其精神空间，树立"村落共同体"意识，激活乡村公共文化活动与社会交往，更好地传承与发展传统聚落所承载的浓郁的精神文化生活。

6. 再现生活形态原则

传统聚落的主体是人，传统聚落传承实际上传承的是人的生活方式，让人记得住乡愁。保留生活印记、还原院落生活、重构邻里关系是对传统聚落生活方式的场景再造的主要表现方面。旧的场景元素能够唤醒居民对传统聚落历史的鲜活记忆，从而建立情感依恋；院落的生活方式可以延续原有的生活状态，从而迅速建立对聚落的归属感和凝聚力。

7. 公共服务设施的现代化原则

传统聚落在传承和发展的过程中，还要考虑功能的适用性和多样化。居民对于提升生活品质的要求，也需要完善的基础设施，提供丰富的公共服务设施。对传统聚落中旧建筑进行现代化改造，如增加宗族祠堂的社区公共服务功能、增加戏台的多媒体功能、增加现代社区所需要的垃圾收集、公共交通等功能，传统聚落传承不仅在形神兼备，更需要满足居民对美好生活的需求。

（二）传承机制

1. 内生发展的理念

内在因素是事物永续发展的根本动力，而内生发展则是一个内在因素维持并发展的过程。在传统聚落保护中，内生发展理念强调村民依托地域性技术、产业、文化资源，结合外部支持要素，展开学习、计划及经营活动，实现村落可持续发展的发展模式。换而言之，内生发展追求的是：一种自下而上的经济可持续发展、物质及非物质文化的传承、生态环境优化。

在实践中，内生发展表现为：立足并活用传统村落自身资源，不单纯依赖外来的经济支持，依靠当地村民的创意和努力寻求经济的发展。此外，内生发展注重村落的供求关系，追求稳定、健全及可持续的经济增长，鼓励积极向外开拓市场，以此提升相关产业的竞争力。最后，内生发展鼓励村民参与及自主管理，设立相关的组织形态，建立村民有效参与制度，政府决策时以当地居民的需求作为主要参考依据。

2. 精明收缩的发展

精明收缩，是以人口收缩为前提，优化居住及生活空间，提高人居环境的高质量的发展对策。近年来，浙江传统聚落普遍存在血缘关系组织下的内聚生长、商业联结促进空间扩展、城市虹吸导致聚落生活空间萎缩。针对这一问题，精明收缩以动态的眼光来审视现阶段村落的特征与发展背景，着重解决农村人口空心化、社会老龄化等现象带来的在农村劳动力减少问题。根据这一原则，适度缩减村庄生活空间的规模，适当储备产业发展空间，维持村落保护和发展之间的良性平衡，从而实现传统聚落有限资源配置的整体优化。

（三）传承对策

1. 聚落风貌：整体统一与局部多样[①]

从宏观来看，同一地域范围内的传统聚落居民居住环境类似，因此其生活方式和居住文化也有一定共性。但在目前的聚落发展建设时，每个聚落都迫切希望突出自身特点。"就乡村论乡村"的发展方式导致浙江文化片区的建筑风貌彼此割裂。因此，在未来的聚落建设中，需要注重聚落与同一片区内其他聚落风貌的联系，从个体式的"点"走向整体式的"面"，形成整体风格协调、统一的聚落片区风貌。

在微观层面上，由于地理特征、生活方式、人文基底等因素的客观区别，同一片区的不同聚落在乡村肌理、构筑材料、营造方式、细部装饰等方面存在一定差异性。因此，在协调区域整体风貌前提下，需要充分考察特定聚落风貌特征的形成原因，并有意识调动材料、色彩、构筑方式等要素，形成差异化的地域性建筑语言，凸显聚落的微观独特性，并最终形成整体协调、局部丰富的区域性聚落风貌。

2. 聚落改造：整体调控，分类更新

在传统聚落的建筑改造中，并依据现有聚落风貌特征划分为核心保护区、建筑控制区及风貌协调区三种不同保护利用等级区域分别控制。在核心保护区内的建筑严禁随意改建、新建或扩建，维持聚落原来肌理特征。对于建筑控制区的建筑，需要严格控制建筑改建范围，延续原有路网特征，保证建筑尽量使用传统建筑材料与构筑方式，维持建筑原有尺度和风貌。对于需要风貌保护的协调区的建筑，则可以在保留主要建筑语

言（如屋顶）基础上，对内部空间进行布局改造，以适应现代化生活需要。此外，聚落的空间肌理也是原真性的重要指标。因此，在旧村改造中，应尽可能延续原有肌理，或通过建筑形态改造，织补聚落肌理中的断裂部分。根据居民活动需要，可以将局部建筑节点打开，以创造开放的公共活动空间。

3. 聚落新建：延续肌理，适度创新

随着村镇居民人口增加，新村建设势在必行。由于新村与旧村同宗同源，彼此之间存在继承关系，因此新村的建设应尽量延续传统聚落肌理和整体风貌形象。这里所述的延续并非村落形态上的简单模仿，而是在原有肌理的基础上，按照现代生活需求，确定新村街道的对位关系。在新村建设前，可以基于传统聚落的历史沿革、耕读文化、民间信仰等因素，预先规划居民宗祠、活动中心、中小学校等公共建筑方位以及主要街道的走向。在此基础上，根据日照、交通、生产、交往需求，细化确定街道尺度和邻里单元格局，并在挖掘传统建筑语汇的基础上探索新型乡村建筑形态的创新，形成精神继承、形态创新的新村风貌。

4. 聚落营建：规划控制，自主建造

村民是聚落营建的主体，让村民自主加入乡村建造过程中，不仅有助于增加村民对聚落家园的认同感，还能够激发社区公共参与，充分反映村民的日常生活需求。但是，由于大部分村民专业知识与对村民整体风貌把控的意识有限，需要专业人员介入整体规划与控制。专业人员设计出多样化的农居方案，并在材料选择与色彩空间等方面提供菜单式设计模板供村民选择与组合。聚落营建以"模式选择"结合"局部调整"的介入方式，鼓励村民对建筑材料选用、构件装饰等局部进行自主调

① 金通. 传统乡村聚落空间的传承与再造研究——以浙江丽水地区为例［D］. 杭州：浙江大学，2016：82-96.

整,调动居民的参与感和积极性,将居住需求、风貌控制、生活经验相结合,在协调聚落整体风貌前提下,满足居民的个性化生活与不同的审美需求。①

村通过发掘文化资源和文化品牌价值,特色产业得到发展壮大,取得了良好的经济效益和社会效益,村民生活水平日益提高,保护村落风貌的积极性进一步加强。

二、传统聚落传承与发展的案例

浙江省传统村落保护与传承是从聚落自然生长的历史和地理环境等多方面系统分析,总结其内在价值,提炼出继承和发展的内在基因,同时对村落进行科学的规划,村落风貌整体的调控,分类分期对历史建筑进行修缮整饬,努力消除建设过程中产生的困惑和矛盾,更好地延续传统居住文化,改善居民生活环境,探索找到一条既符合时代发展,又能解决传承与发展矛盾的新径。

(一)血缘型传统聚落的更新——兰溪市诸葛村

位于浙江省金华市兰溪市的诸葛村,是迄今发现的诸葛亮后裔的最大聚居地。村中建筑格局按"八阵图"样式布列,且保存了大量明清古民居,1996年,诸葛镇作为一个整体认定为全国重点文物保护单位。近年来,诸葛村依托文化遗产资源,将旅游服务业与村落保护相结合,形成了古村落保护与旅游开发共生、村民与村落共存的和谐局面,探索出一条全新的古村落保护模式。

1. 村落保护共识和成果共享

首先,诸葛村坚持坚持"整体保护,合法保护,合理利用"的保护原则。划定保护范围,在开发初期就进行了一次彻底的古建筑情况调查,收集建筑留存状况信息,并对每幢保护建筑进行挂牌。诸葛村与保护建筑所有者签订了保护责任书,明确责任范围,并通过《诸葛村村规民约》,让文物保护理念深入人心。此外,近年来,诸葛

2. 注重文化资源挖掘与利用

诸葛村在保护实体建筑的同时,注重对非物质文化的保护工作。收集史籍资料、民众口述等方式,挖掘自身特有的农耕文化、中药文化、商业文化、民俗习俗,并成功恢复后裔祭祖,元宵板凳龙等活动,不但延续了诸葛村文化传统习俗,又丰富了旅游者的参观体验内容,提升了旅游资源的开发。

3. 平衡村民生活需求和村落保护

针对水塘淤塞、建筑破败、绿化稀少等环境问题,诸葛村村委进行了一系列工作,包括:改造自来水、污水处理、三线地埋、道路维修、建造公厕、绿化植树、清理水塘淤泥等,切实提高村民人居环境。诸葛村还将村民从难以满足居住需求的建筑中迁出,并将空闲建筑作为村落文化生活的展示空间。对于需要修缮的古建筑,诸葛村收购旧城改造拆除的旧砖瓦、旧石材、旧木料、雕花构件用于村内古建筑维修,达到以旧修旧的效果(图8-2-1~图8-2-3)。

(二)业缘型传统聚落的更新——苍南县福德湾村

浙江省苍南县矾山镇福德湾村,始建于明洪武八年,是一座历史上因采矾、炼矾而生、而盛的村落。近年以来,福德湾村把人居环境作为推动旅游开发、加快转型发展的重要保障,推动传统村落保护与活态利用,2019年入选国家级文物保护单位,并获得联合教科文组织亚太地区文化遗产保护荣誉奖。

---

① 金通. 传统乡村聚落空间的传承与再造研究——以浙江丽水地区为例[D]. 杭州:浙江大学,2016:82-96.

图8-2-1 诸葛村村落航拍（来源：张健浩 摄）

图8-2-2 诸葛村的村落风貌（来源：张健浩 摄）

图8-2-3 诸葛村村落中心（来源：魏秦 摄）

福德湾村整合各方资源，协调福德湾村的保护和活化利用，采取划定保护范围、建立建筑保护档案、设立保护标志、收集民俗资料等一系列举措。在宣传动员工作上，凝聚群众共识，让村民参与到历史文化名村的保护开发中。其次，采用"以特色构建优势、以品牌助推发展"的思路，加强与新闻媒体沟通协作，充分利用网络平台，加强福德湾村的文化品牌影响力。最后，福德湾村通过改造福德湾入口、统一下埋线路等措施，完善村落基础设施；对村内的古民居进行修缮，切实保护历史遗存，提升村落的整体面貌；利用温州矾矿的旧厂房、旧仓库、旧炉窑，改造成旅游服务中心、民宿、小火车、观景平台等，促进传统业缘型村落的转型发展（图8-2-4～图8-2-7）。

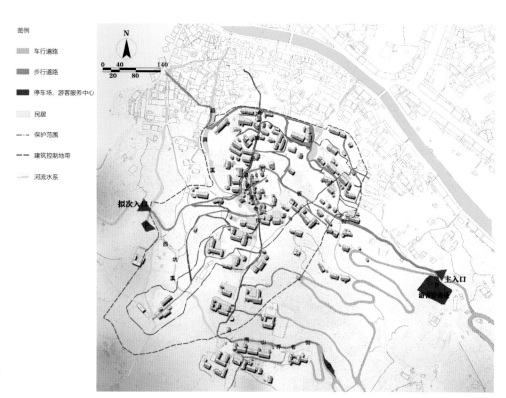

图8-2-4 福德湾村规划总平面图
（来源：乡政府提供资料）

图8-2-5 福德湾村全貌（来源：王晶 摄）

图8-2-6 福德湾村工业遗存（来源：魏秦 摄）

图8-2-7 福德湾村的旅游服务（来源：魏秦 摄）

第三节 浙江传统聚落的活态再生

　　随着自然和社会历史发展，传统村落承载的生态、生产、生活、文化要素也不断演化，呈现出活态发展的特征。活态性是传统村落持续发展最为突出的特征之一。如何通过对村落历史文化的调查研究，保障村落活态发展的能力，从产业经济、社会文化和空间环境三个方面培育其内生动力，是实现村落可持续发展的关键。"活态"不仅包括村落要有其自身的生活状态，也包括产业业态、文化动态和居住形态。同时，"再生"既不是保持村落的固有风貌，也不是全部拆除重建，而是在两者之间寻求适合村落可持续发展的第三条路①。因此，如何实现传统村落的创造性转型、创新性发展，让传统村落既扎根于传统，又兼具现代发展需要，是需要高度重视的时代命题。

一、浙江传统聚落活态再生的原则与策略

（一）浙江传统聚落活态再生的原则

1. 产业融合

在乡村振兴战略下，浙江传统聚落的活态再生需要从生态、生产和生活三位一体考虑，其主体分别是产业、村庄环境和人，其中关键在于产业，有业才有人，乐业才能安居，安居才需要改善村落的物质环境与生活品质。

单一业态已经难以激活融合，也难以带来持久性的作用，需要着重考虑产业建设，整合村落资源，植入新产业类型，引导产业融合以连接各要素的共生系统，打造一个具有"吃住娱游教展康"系统化的多元化平台，延长拓展产业链的同时，也让传统村落的地方产业得到转型，提升村落经济内生发展动力。②产业的融合需要充分挖掘当地文化和自然景观，依托农林渔牧等第一产业，结合手工业、户外运动、手工业、文旅产业、康养产业等第二、第三产业实现有机融合活态发展，建构适合当地的产业网络架构。

2. 在地文化融入

传统文化遗产是以村落居民为载体的乡土情感"粘连剂"，是村落的无形资产，传统聚落活化的其中一项核心目标是活态传承传统村落文化遗产，其传承主要从物质及非物质文化遗产保护和文化认同提升两方面展开。

对于物质文化遗产，保留宗族祠堂的中心功能、协调新老建筑关系、延续传统居住功能和习俗，还原村落历史格局等均是有效的保护方法。设置文化展示和体验的相关功能场所，增强在地文化与人的互动性；在文化空间中融入相关文化元素，主要考虑家具、文创等方面体现在地文化，从而达到乡村物质文化遗产的活态再生与传承。

对于非物质文化遗产，通过创办聚落文化学堂、建立生态博物馆、举办文化研学及打造文化空间等方式，能够达到宣传、传承和发展文化的目的。对根植于当地的生产性文化、生活性文化与民俗文化进行活动策划，营造在地故事性的情节体验与聚落独有的情境氛围，从而达到乡村非物质文化遗产的活态传承与再生。提升文化认同能够塑造村民的文化自信，增强村民的凝聚力；精准保护文化要素，即从人地关系、社会关系及区域关系出发，在把握村落文化内涵及空间表征的同时，制定精准的保护内容和措施，打造独特的乡土文化品牌。

3. 遵循乡村美学

传统村落的景观美学是自然景观和人文景观的综合反映，体现着村落的文化内涵，在营造村落自然意境的同时，延续村落传统生产生活方式及风俗习惯，构成古村落浓郁的原生乡土氛围。

在对浙江传统聚落进行活态再生时应保留原有的自

---

① 杨小军，丁继军. 传统村落保护利用的差异化路径——以浙江五个村落为例 [J]. 创意与设计，2020（03）：18-24.
② 程瑶. 旅游发展环境下传统村落保护与开发研究——以松阳杨家堂村为例 [J]. 建筑与文化，2021（05）：159-161.

然风貌与传统村落布局，遵循朴实自然的乡村美学，避免过度人工化的景观，彰显村落环境的自然美。在尊重地形地貌、气候条件、建筑材料和传统建造工艺等基础上进行适宜性改造提升的建筑技术，以满足宜居要求，展示古民居建筑的传统美，将人与自然融为一体；并利用村中的古树名木、潺潺溪流等营造至美的乡村氛围，随季节变换，传统聚落也具有不同空间与时间的美学体验。①

4. 培育村落社区共同体②

社区共同体不仅是联结村落的精神纽带，更是一种基层自我管理、自我协调的自组织系统，其培育主要在建立参与机制、完善动力机制和健全监管机制三方面。需要注意的是，传统村落的监管机制应区别于城市，乡规民约是较为合乎村落现状的村民自治行为依据。

参与机制的建立，是在明确各参与主体所扮演角色的基础上，制定出相互合作与沟通的运行机制，从而构建有效的共治平台。例如，基于村落旅游开发背景所提出的"政府主导+村民主体+公司经营+非营利组织介入+法制规范"的参与模式，既能凸显政府综合管理的能力，又能够在有效发挥非营利性组织帮扶作用的同时，提升村民参与营建的主动性；在"政府主导+村民主体+村委会辅之+非营利组织介入+企业经营"的参与模式下，村委会能够有效发挥其上下承接的功能，为村民与其他多元参与主体的交流搭建桥梁，有利于保护与发展工作的高效推进。

（二）浙江传统聚落活态再生的策略

浙江省经济环境优越、文化资源丰富、居民思路相对先进，更愿意去尝试对传统聚落活化再生与现代转译的不同路径探索。从现有实践来看，浙江传统聚落活态再生策略主要包括：政策支持引导、文化复兴引领和多元主体参与。

1. 政策支持引导

传统聚落的活态再生离不开政府"自上而下"的支持引导，政府在传统村落的保护发展中主要承担着政策制定、监督实施、培训教导、导则制定、资金支持等任务。自2012年开始，包括中央、住建、文旅、农业农村、财政部门等各级政府相关部门印发了大量的政策文件和指导意见。自2013年起，每年中央1号文件均提出传统村落保护要求。除出台政策支持外，政府部门还对传统村落保护给予了大量的资金支持，如国家级传统村落均会得到国家财政支持的经费补贴，也会得到地方财政的相应支持。

浙江省最先在政策层面鼓励设计下乡，乡村振兴的政策推动了高校学者深入研究、鼓励民众积极的自建活动、引导专业机构的逐步介入、吸引明星建筑师的多方位探索，促进了在传统聚落活化过程中形成多元身份参与的活化设计实践，贯穿于传统聚落中观和微观各个层面的活态再生探索。

2. 文化复兴引领

文化引领的乡村复兴是传统村落活化的主要策略之一。基于有机发展的活态保护理念，系统推进生态修复、经济修复、文化修复、人心修复。同时，引入针灸式活态介入概念，挖掘乡土文化资源禀赋，提炼每个村庄的差异化历史文化传统和特色产业，精准定位的不同保护方式和发展目标③。在此基础上，通过村村联

① 程瑶. 旅游发展环境下传统村落保护与开发研究——以松阳杨家堂村为例［J］. 建筑与文化, 2021（05）: 159–161.
② 范书琪, 陈晓健. 基于社区营造视角的传统村落保护与发展研究［J］. 小城镇建设, 2021, 39（06）: 50–55.
③ "文化与建筑——乡村发展的驱动力"浙江松阳乡村振兴论坛综述［J］. 时代建筑, 2019（01）: 188–191.

系和城乡互动，构建第一、第二、第三产业深度融合的资源生长型经济发展体系，融合发展成为住建部的"中国传统村落保护发展示范县"和国家文物局的传统村落保护利用试验区，以实现乡土文化的保护传承与当代复兴。

3. 社会多元主体参与

1）村民主体及利益相关者

以本地乡贤为代表的村民人群主要包括本地居民、农家乐从业者、民宿从业者、下乡文青、返乡创业者、乡绅人士在内各类人群。这一类人群往往既是使用者也是设计者，也有不少是以投资者的身份进入乡村。事实上这一类人群建造的乡村建筑最多，属于没有建筑师的建筑，设计审美往往受个人意愿和喜好的影响较大，建造则主要受到当地匠人的建造经验和技术影响。最具代表性的是安吉县的本地乡贤任卫中，利用夯土、木材进行了"生态农宅"的系列建造实践（图8-3-1）。

2）学者

各大高校和研究机构的学者作为知识分子是最早关注乡村的群体，并长期保持着对乡村较高的研究热度。随着乡村振兴战略的进一步实施，建筑学的乡村课题研究也开始逐渐与社会学、人类学、美学、经济学、农学等其他学科的研究相结合。高校学者作为一直深耕于乡村的群体，在浙江各个地区的传统聚落活化探索都取得了一系列的丰硕成果。丽水市松阳县的聚落活化实践在当地政府引导、本地乡贤和居民参与、政策资金支持、商业资本涌入、文化复兴引领、国内外顶级建筑学者的多方合力之下形成了"松阳模式"的乡村振兴运动。

3）职业建筑师

当下，乡村越来越成为职业建筑师的试验田，职业建筑师经过专业训练，职业化素养较高，职业化团队具有系统化协作优势。但是，在乡村实践中，非标准化、乡土性的特征限制设计院里生产型建筑师的发挥。此外，如果将城市建设的经验生搬硬套在乡村聚落中，往往产生传统聚落的"建设性"破坏。因此，职业建筑师应充分解读浙江传统聚落，将当代性的建筑观念、技术、审美内化到乡村建设中，创造适合现代生活与审美需求的乡土聚落空间。

4）艺术家

在建筑师没有介入乡村之前，艺术家就已经以"艺术下乡"的方式介入到乡村建设中，很多乡村建筑的设计和建造都由艺术家跨界创作的。建筑师下乡之后，艺术家与建筑师结合产生的"艺术乡建"更能够为传统聚落的活化利用注入活力。

5）商业资本

2016年，浙江省古村落（传统村落）保护利用基金成立，是浙江省专门用于传统聚落活化利用的基金组织。通过引入商业资本参与村落保护，经过市场化运作，为传统聚落的活化利用注入活力是村落保护与利用的重要路径。比较典型的是：浙江省古村落（传统村落）保护利用基金与武义旅投企业合资成立旅游发展公司开发俞源村的景观资源，致力于俞源村的乡村振兴和传统聚落活态利用，通过对固有建筑功能的更新，实现了乡村产业的转型，激发了乡土聚落生活新的叙事方式。

图8-3-1 任卫中建造的生态夯土农宅（来源：网络）

二、浙江传统聚落的活态再生案例

（一）松阳模式

2013年以来，浙江省松阳县立足"文化引领的乡村复兴"的乡村振兴理念，以传统村落"活态传承、有机发展"为核心原则，通过保护传统村落风貌，激发传统民居生命力，催生传统村落经济活力，传承传统村落的文化基因，积极探索"绿水青山就是金山银山"的绿色发展之路，着力改变乡村落后衰败的局面。

松阳是首批中国传统村落保护发展示范县，是全国唯一的传统村落保护利用试验区和"拯救老屋行动"整县推进试点县。以传统村落的系统保护为前提，激活乡村发展动能，鼓励社会资本投资，发展民宿吸引"古村游"游客，激发传统村落内生活力。先后引进了诸多优质社会资源融入松阳各地传统聚落活化利用的实践过程。

1. 松阳县传统聚落活态再生的机制

1）建设长效保护制度

松阳县县委专门组建了名城古村老屋保护发展领导小组办公室和古村落保护利用专家委员会，负责传统聚落保护和活化利用的综合协调、政策制定、风貌管控等工作，并对有价值的传统建筑进行挂牌保护。除此之外，规范保护，科学管理，涉及传统村落的项目建设必须事先报县名城古村老屋保护发展领导小组办公室进行审查，形成民间传统村落保护组织和奖惩制度。通过引导村民对原有住房进行修缮和改造，并给予一定的经济补助，有效缓解传统聚落保护与居民改善居住环境需求之间的矛盾。

2）激发内生经济活力

松阳创新性提出"传统聚落+X"的复合活化方式，以传统村落为底本，充分利用地域文化特色、乡土建筑风貌、优良生态环境，发展艺术创作、休闲度假、养生养老等主题的服务产业。目前，已经开发多个文化体验线路，建设浅山茶园与茶室、乡土艺术创作基地、传统手工艺品制作工坊等，成为松阳县对外输出品牌形象的名片。发展农村电子商务，农村电子商务创业孵化中心等为依托，推进电子商务新模式，创建国家级农村电子商务强县；通过挖掘地域性文化与生态价值，松阳逐渐成为浙江独具特色的文化品牌。

3）实现文化遗产的活态利用

近年来，松阳开展传统村落物质和非物质文化遗产普查，建立系统详尽的文字、图片和音像档案，编制《传统建筑修缮利用技术图册》技术图册。在此基础上，通过农耕博物馆、红糖工坊、茶叶博物馆、契约博物馆、豆腐工坊等文化建筑，保存并展示地域文化遗产信息。此外，松阳通过恢复竹溪摆祭等一系列民俗活动，并利用传统聚落空间成为民俗节会的空间载体，活态保护历史建筑并延续历史文脉。松阳还在设计师的帮助下，研发出了完整的汉仪松阳体字，将之应用于松阳街道门牌，实现了文化遗产的有序传承[①]。

4）拯救老屋计划

2016年4月，由中国文物保护基金会发起的"拯救老屋行动"项目在松阳县古市镇山下阳村正式启动。松阳作为全国第一个整县推进试点县，首期投入资金4000万元。2018年9月初，松阳"拯救老屋行动"一期项目142幢老屋全面完工验收，初步探索出了一条社会组织与地方政府合作推动，群众自发参与的私人产权文物建筑保护利用的新路径。[②]

在项目总体实施体系设计层面，提出"申请初选→修缮方案和概算编制审核→项目合同签订→施工组织→

---

① 罗德胤，孙娜，付敔诺. 村落保护和乡村振兴的松阳路径 [J]. 建筑学报，2021（01）：1-8.
② "文化与建筑——乡村发展的驱动力"浙江松阳乡村振兴论坛综述 [J]. 时代建筑，2019（01）：188-191.

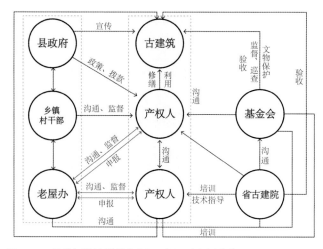

图8-3-2 拯救老屋计划的操作流程（来源：《建筑学报》）

竣工验收→档案整理"的实施流程。以村民（即老屋的产权人）为项目主体，充分发挥产权人的自主性、自愿性，自主选择工匠，由工匠配合产权人共同完成项目申报、修缮方案、概算编制和施工组织。"拯救老屋行动"工作领导小组对村民开展项目全程帮扶、指导，具体承担申报项目初选、方案和概算审核、工程监管、施工竣工验收以及档案整理工作，起到辅助和监督作用。中国文物保护基金会承担社会资本的角色，资助50%的保护修缮资金[1]（图8-3-2）。

许多修复的老屋，用电更加安全可靠、网络全面高速覆盖，在改善居民生活条件，提供村民公共活动空间，培育乡村新型业态等方面发挥了积极作用，并有效提升了普通百姓对老屋的价值判断和文化自觉，修缮项目还带动了乡土工匠的回归以及传统手艺的传承。国务院在《乡村振兴战略规划（2018—2022）》中提出实施拯救老屋行动，开展乡村遗产活化示范项目，探索古村落古民居活态利用新途径，促进古村落的保护和振兴。

5）建筑师引领下的乡村文化针灸

中国的建筑师们在乡村建设浪潮中积极地探寻乡村振兴的建筑策略，以小尺度介入的模式、渐进式推动的思维，力求做到对传统聚落原有格局、文脉的尊重态度、营建技术的简便易行等特点，完成了一系列较为成功的建筑案例，形成以建筑师为先导的乡村针灸式的营建模式。

2. 文化"叙事空间"的建立——王维仁在界首村的实践

界首村是浙江省丽水市松阳县赤寿乡下辖行政村，位列中国传统村落名录，是古驿道由北进入松阳交界的第一个村落，故名界首。2015年后，王维仁在浙江省松阳县界首村进行了界首大会堂改造、禹王宫改造等一系列针灸式的公共建筑改造实践，设计师没有采用推倒重来的"全盘式规划"，而是基于关键空间节点的重点改造，循序渐进式的优化环境，是一次乡村文化针灸的实验[2]。

作为历史上的商贸村落，界首村贯通南北的商铺老街保留了牌坊、庙宇、祠堂等大量具有文化价值的历史建筑。王维仁将其作为针灸的关键空间点，推动渐进式风貌改造。例如：在界首大会堂改造中，设计师将其定位成村落的"客厅"和联系内外的公共空间，通过打开建筑山墙、屋顶增加点状亮瓦等方式，使之与村民日常生活产生联系，修复了乡村会堂这一空间节点。在禹王宫侧殿与震东小学的改造项目中，王维仁团队严谨地根据历史文字记载还原院落空间布局，并借由点到线的设计过程，逐步地改善村落人居环境，建构界首村的公共叙事，创造性地延续了地域文化价值和村民集体记忆[3]（图8-3-3~图8-3-5）。

① 张喆，王凤莹，朱正. 传统村落的建筑保护修缮探索——松阳"拯救老屋行动"实践［J］. 建筑学报，2021（01）：34-37.
② 王维仁，冯立. 界首空间叙事——点线·针灸·触媒的乡建策略［J］. 时代建筑，2019（01）：78-87.
③ 王维仁. 不只是地域主义：乡建自述四书十二帖［J］. 建筑学报，2018（12）：1-9.

图8-3-3　界首村全貌（来源：施铭　摄）

图8-3-4　界首村大礼堂（来源：王晶　摄）

图8-3-5　界首村老街（来源：王晶　摄）

3. 回归日常的新型乡村公共文化设施建造——徐甜甜的建筑针灸

松阳县位于浙江省西南部的丽水市，县域范围内保留有上百个古村落，多个村落被住建部列入中国传统村落名录。自2014年开始，松阳县展开乡村复兴计划，在这一背景下，DnA建筑设计事务所在此完成了二十余个乡村公共文化设施的建造实验，贯彻"建筑针灸"的理念，根据乡村具体需求创新设计了新型的乡村文化公共建筑，以建筑点激活文化经济发展，实现文化业态的可持续发展。[①]

徐甜甜敏锐捕捉"日常性"，将展示乡村日常性作为建筑针灸的关键。在樟溪红糖工坊设计中，村民生产

① 贺勇. 源于土地与日常生活的诗意建造 [J]. 时代建筑，2019（01）：61-68.

图8-3-6　蔡宅村豆腐工坊（来源：王晶　摄）

图8-3-7　石仓契约博物馆（来源：王晶　摄）

活动、日常生活和游客体验平行展开，在传统生产功能基础上，赋予其公共文化价值，使之成为活态展示文化传统的博物馆。此外，红糖工坊作为松阳县"一村一品"系列建筑，推广了地方品牌知名度，为乡村振兴提供了新的思路。在地建造也是展现乡村日常性的方式之一。在蔡宅豆腐工坊设计中，DnA设计事务所与本地工匠合作，利用当地材料，开发一系列具有地域特征的构造方式，就地取材、因地制宜的建造策略，使得建筑低调融入场地。王景纪念馆以松阳历史名人王景的故地为文化切入点，在建筑功能上不仅传承了乡村祠庙的公共活动的特点，为村民提供了弹性的活动空间，还提供

了凝聚乡村精神空间的载体——"现代祠堂"[①]（图8-3-6～图8-3-9）。

4. 重塑乡村精神文化空间——刘家琨的文里街区更新

文庙城隍庙街区位于松阳县城，自古就是松阳的公共活动场所与精神中心。设计师刘家琨首先通过场地梳理，细致评估现存建筑；采用微介入方法，在梳理后的基地内植入连续廊道，使得新旧建筑并置。同时，设计师重新疏解了场地与周边联系的通路，并植入书店、美术馆、民宿、廊道系统等业态，不仅打开了封闭的

---

① 叶涧枫. 从宗社祠堂到现代祠堂——对浙江松阳王村王景纪念的解析与思考［J］. 时代建筑，2019（01）：126-131.

图8-3-8 王景纪念馆（来源：魏秦 摄）

图8-3-9 樟溪红糖工坊（来源：谷德设计网）

图8-3-10 文里街区更新（来源：谷德设计网）

街区，还重新为街区注入活力。通过文庙城隍庙街区改造，新旧界面的交互对话，让城隍庙再度成为松阳的城市活动中心，重新凝聚起老城的人气，整个街区转型为展示绵延百年的建筑遗存与动态文化生活的泛博物馆，以开放之姿拥抱周边社区（图8-3-10）。

5. 空间在地性与乡村美学经济——张雷的松阳实践

松阳县四都乡陈家铺村依山而建，地势北高南低，保留着祠堂、香火堂、社庙、民居等传统建筑，整体呈现出典型的浙西南山地型聚落类型。2014年，陈家铺

图8-3-11　陈家铺村的先锋书店（来源：谷德设计网）

村入选第三批中国传统村落名录，为整村保护提供了较为完善的政策和物质保障。在陈家铺先锋书局改造实践中，设计师张雷老师遵循空间在地性原则，对聚落的乡土建构体系展开研究，调查传统材料性能、工法谱系、技术工艺、工法口诀等内容，将设计隐匿于地方工匠传统之中。书局通过木屋架次级联系杆件增加，强化原建筑主体结构。同时，这种具有地域性特征的工艺，让更新后的建筑形象与传统聚落产生微妙联系。空间的在地性营造体现了前工业化时期工匠精神的新价值，松阳陈家铺村的乡村复兴经验表明，通过发展乡村设计美学，为业态外化提供了新的动力。先锋书局在更新中，在浏览山峦风光的最佳位置，加设三处楼梯及共享空间，以便为定期举办的诗文分享交流活动提供场所。同时，建筑取材柴火墙、扫把草等村民熟悉的材料，形成具有鲜明标识性的新乡土建筑形象。设计美学与媒体宣传结合，让城市居民产生阅读乡村的欲望，进而激活乡村传统聚落的品牌价值，积极推动乡村复兴和产业转型（图8-3-11）。

（二）美丽农居——富阳东梓关村回迁农居

东梓关村位于富阳区场口镇，历史悠久，村内现存清末民初的建筑百余幢，形成了颇具规模的古建筑群。2016年，在50户回迁房设计项目中，设计师孟凡浩以传统聚落为空间原型，通过基本居住单元的有机组织，模拟聚落形态多样性和有序生长，最终形成带有公共院落空间的组团。自建成后，东梓关村回迁建筑实践获得媒体的广泛关注，一方面，东梓关村的成功来源于形体与空间映射出大家对于乡村意向的期待[①]；另一方面，通过对传统聚落生长模式的回应，使得物质空间与场所之间建立良好的对应关系。新建筑与老建筑在统一与差异中和谐共生，设计的元素与村落的文化内涵相互映衬，东梓关村也借由建筑所带来的话题与流量，发展休闲旅游与民宿产业，为古村发展注入生机与活力（图8-3-12~图8-3-14）。

（三）高校研究团队介入的乡村活化实践

1. 同济大学的黄岩古村实践

活态再生是通过调查研究村落历史文化，从产业经

① 贺勇. 再谈基本建筑——建筑师孟凡浩的三个作品解析 [J]. 时代建筑，2019（04）：84-95.

图8-3-12　东梓关村新区全貌（来源：王晶 摄）

图8-3-13　东梓关村新区的农居单元（来源：谷德设计网）

图8-3-14　东梓关村新区的总平面图（来源：谷德设计网）

济、社会文化、空间环境层面培育其内生动力，实现村落的可持续发展。活态再生的关键在于重新定义物质空间的新功能和新的社会结构，为村落再生的内在活力（图8-3-15）。因此，传统村落活态再生是一项富有挑战性的实践。

2013年，同济大学乡村规划教学实践团队在浙江省台州市黄岩区，进行了一系列的传统村落保护和再利用的规划建造实践，在村落活态再生方面取得丰硕成果。在实践中，教学实践团队归纳出乡村振兴工作法，文化定桩、功能注入、点穴启动、适用技术是实现活化的重点[①]（图8-3-16）。

文化定桩是指寻找到村民的文化认同点。教学团队通过深入细致调查，总结村落的物质与非物质文化遗产，归纳乡村独有的文化内涵，实现地域文化要素的挖掘与定位；功能注入是指通过适应性改造，在保证传统村落乡土风貌特征基础上，满足现代化的生活需要和良好的人居环境；点穴启动是指改造关键节点，为村民服务的民生项目，提高村民对于项目的认同感和参与感，例如通过柴火房改造为小卖部、荒废住宅改造为村民活动空间，不仅提高村民生活便利性，还为将来发展村庄文化旅游打好基础；适用技术则是基于地域风貌特点，改造传统建造技术，优化地域材料，以提升建筑性能，例如：团队利用回收材料制作街巷地面和栏杆，应用新材料提高屋顶结构热工性能，充分体现了适用技术的价值理念（图8-3-17）。

传统村落的活态再生是乡村振兴战略的重要内容，同济大学在黄岩古村的活化实践，实现了乡村传统文化要素与当代宜居需求的平衡，在把握整体空间结构价值情况下，精准发掘关键空间节点价值，使之成为传统村落保护和利用的重要尝试。

① 杨贵庆等. 探索传统村落活态再生之道——浙江 岩乌岩头古村实践为例［J］. 南方建筑, 2018（05）：49-55.

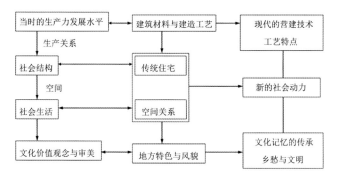

图8-3-15 传统村落活态再生的逻辑框架（来源：《南方建筑》）

图例

"文化定桩"案例
① 双桥伴溪
② 民俗博物馆

"功能注入"案例
③ 村民文化礼堂活动室
④ 艺术工坊
⑤ 呆吧

"点穴启动"案例
⑥ 公厕
⑦ 小卖部
⑧ "鸟凤阁"村民活动场所

"适用技术"案例
⑨ 停车场
⑩ 街巷道路
⑪ 保温隔热屋面

☐ 宅基老屋
☐ 五部溪

图8-3-16 浙江黄岩乌岩头古村重点活态的空间节点（来源：《南方建筑》）

改造前（2012年）　　改造后（2017年）

图8-3-17 村口柴火房改造前后（来源：《南方建筑》）

① 贺勇. 鄣吴十年变迁［J］. 建筑技艺，20120（12）；64-71.

2. 浙江大学乡村人居环境研究中心——小美农业

小而美农业模式（简称小美农业）是由中国城市规划学会乡村规划与建设学术委员会委员、浙江大学建筑工程学院王竹教授、浙江大学乡村人居环境研究中心主任助理钱振澜博士等人发起的探索适合中国小农户发展的乡村建设探索试验。在自身定位上，小美农业专注于大资本不踏足的小农领域，致力于解决城乡信息不对称问题，连接城市消费端与乡村生产端，帮助城市消费者直接对接优质农产品生产者。一方面，市民能够获得安全、健康、放心的优质农产品；另一方面，帮助农户增加收入，并以此为基础，发展观光农场、农活体验、民宿农居等第三产业，推动乡村"经营与永居"。小美农业是一次从"建造本体"延伸至"营建本体"的转变尝试，通过分析地方需求痛点，精准提供设计产品，并与"规模农业"形成有益互补（图8-3-19、图8-3-20）。

鄣吴村位于浙江省湖州市安吉县鄣吴镇。自2010年以来，浙江大学贺勇教授团队开始介入鄣吴村规划与建设，并着力探讨传统村落的建设与治理途径。贺勇教授在对历史建筑和街巷进行保护同时，完成公交站、书画馆、社区中心等一系列公共建筑设计，公共服务设施的完善不仅有利于提高居民日常生活质量，还是优化村庄结构的过程。通过将公共设施相对均衡地置于村落之中，如针灸般激发不同区位的活力，重塑场所特征，为乡村健康长远的发展打下基础。在设计思路上，设计团队试图淡化建筑师的主导模式，以村民日常生活的具体问题为出发点。这种从公共设施入手，由建筑师、村民、工匠共同介入的"非正式"设计建造模式，以此来提高村民生活品质、促进产业转型，有望给乡村注入健康的发展活力。[①]（图8-3-21～图8-3-23）

改造前（2012年）　　　改造后（2017年）　　　改造前（2012年）　　　改造后（2017年）

图8-3-18　中心广场改造前后（来源：《南方建筑》）

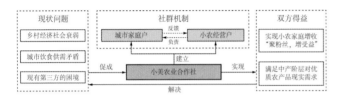

图8-3-19　小美农业运行机制（来源：浙江大学王竹教授团队 提供）

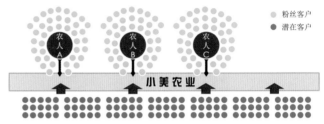

图8-3-20　小美农业连接城市消费端与乡村生产端（来源：浙江大学王竹教授团队 提供）

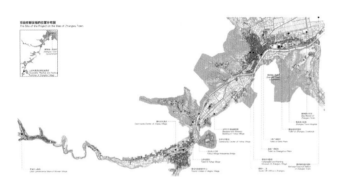

图8-3-21　郇吴村改造项目分布（来源：贺勇教授 提供）

图8-3-22　郇吴垃圾站（来源：贺勇教授 提供）

图8-3-23　郇吴公交站（来源：贺勇教授 提供）

图8-3-24　无蚊村小卖店（来源：贺勇教授 提供）

三、浙江传统聚落活态再生的未来展望

1. 推进城乡基本公共服务均等化

村民是村落更新的主体，村落的发展和获益最终应该惠及村民，通过提高经济收入、改善生活环境，让村民充分感受到传统村落的保护和开发与自身利益攸关，进而调动村民参与的积极性。实现城乡基本公共服务均等是乡村振兴的长期目标，这不仅包括道路交通、供水供电、能源建设、网络通信、垃圾处理、污水处理、休闲场地、锻炼器材等硬件设施建设，还应将教育配套、医疗卫生、养老保障、住房供给等公共服务纳入传统村落更新议题，并且根据社会、经济、文化发展，不断调整相关标准，保障村民生活品质。

2. 激活传统村落内生动力

传统村落不是固化的文物，保护传统村落关键在于利用外源力量和内生动力相互协调，推动传统村落的可持续发展。提高村落文化产品和服务的有效供给能力是提高内生动力的关键。通过建立健全新型职业化农民教育、恢复传统村落的公共文化生活等方式，延续村落历史文化，重塑村落公共精神，提高村落民众对家乡的认同感和归属感，为实现村落永续发展提供动力。此外，汲取如城乡规划、建筑设计、环境设计等专家对传统村落有机更新，提升村落格局、优化人居环境，为传统村落保护提供外部动力。

3. 推进智慧村落的建设

我国智慧城市建设方兴未艾，乡村建设也逐步走向智慧型道路。传统村落分布广、规模大，呈现种类多、来源广、容量大、多学科的数据特点，是典型的大数据。在这一背景下，基于云数据平台，结合云计算等信息技术手段，挖掘并整理村落格局、建筑风貌、古树名木、民俗文化等信息，形成集文字资料、图片资料、音频和视频资料于一体的浙江传统村落数据库。这不仅有利于抢救传统村落文化遗产，也为开发村落文化产品提供了基本素材，还能够为学术研究和决策制定提供数据支持。

4. 完善中国传统村落保护与发展的管理机制

在中国新型城镇化发展进程中，应探索出符合地域特征的管理机制，为中国传统村落保护与发展保驾护航。保护范围不仅包括物质村落、房屋、农田等物质实体，还应容纳日常生活、民俗民艺等乡土生活相关的人文资源。管理机制需要统筹区域内传统村落开发，实现资源整合、优势互补。管理机制还需要划出村落开发红线，杜绝大拆大建和同质化建设等盲目开发现象。此外，通过保护与发展奖励机制，引导村落有序更新，挖掘历史文化资源，支持媒体宣传报道，对传统村落文化遗产的有效保护，以及持续发展产生良性促进作用。

序号	聚落（村落）名称	地点	现存主体聚落形成年代	类型	规模（面积等）	户数/人口	民族	级别（历史文化名村、名镇、第几批传统村落、文保等级）	页码
1	石阜村	浙江省杭州市桐庐县石阜镇	明清	平原聚落	村域面积6.5平方公里	852户/3230人	汉族	第四批传统村落	050
2	六里村	浙江省嘉兴市海盐县澉浦镇	明清	平原聚落	村域面积5.19平方公里	996户/3095人	汉族	第一批浙江省级传统村落	038
3	鹤鹿溪村	浙江省湖州市安吉县	明清	平原聚落	村域面积1.17平方公里	875户/2598人	汉族	第五批浙江省级传统村落	047
4	青云村	浙江省宁波市奉化区	清代至民国	平原聚落	村域面积2.84平方公里	1261户/3568人	汉族	第三批传统村落	075
5	横河陈村	浙江省台州市椒江区下陈街道	明清	平原聚落	村庄面积0.37平方公里	285户/807人	汉族	第五批传统村落	035
6	深澳村	浙江省杭州市桐庐县	明清	平原聚落	村域面积5.19平方公里	1400余户/8800余人	汉族	第一批传统村落	062
7	潮济村	浙江省台州市黄岩区北洋镇	明清	平原聚落	村域面积1.27平方公里、村庄面积0.24平方公里	330户/1126人	汉族	第五批传统村落	037
8	珠山村	浙江省杭州市江南镇	清代	平原聚落	村域面积4.82平方公里	1290户/4076人	汉族	第一批浙江省级传统村落	280
9	东梓关村	杭州市富阳区场口镇	明清	平原聚落	村域面积2.77平方公里	645户/1810人	汉族	第四批传统村落	421
10	上泗安村	浙江省湖州市长兴县泗安镇	明清	平原聚落	村域面积1.74平方公里	485户/1758人	汉族	第四批传统村落	039
11	西坞村	浙江省宁波市西坞街道	明清	平原聚落	村域面积4.50平方公里	2261户/5681人	汉族	第四批传统村落	041
12	蜜岩村	浙江省宁波市海曙区章水镇	明清	平原聚落	村域面积5.40平方公里	765余户/1750人	汉族	第三批传统村落	041
13	窄溪村	浙江省杭州市桐庐县	清代	平原聚落	村域面积7.80平方公里	2300余户/7355人	汉族	第一批浙江省级传统村落	045
14	梅枝田村	浙江省宁波市宁海县越溪乡	明清	平原聚落	村域面积2.70平方公里	455户/1496人	汉族	第三批传统村落	048
15	荻港村	湖州市南浔区和孚镇	明清	水乡聚落	古村面积6.3平方公里	1146户/4126余人	汉族	第六批历史文化名村、第一批传统村落	067

序号	聚落（村落）名称	地点	现存主体聚落形成年代	类型	规模（面积等）	户数/人口	民族	级别（历史文化名村、名镇、第几批传统村落、文保等级）	页码
16	新兴港村	湖州市南浔区旧馆镇	元末明初	水乡聚落	村域面积2.94平方公里	365户/1350人	汉族	第四批传统村落	038
17	竹墩村	湖州市南浔区菱湖镇	明清	水乡聚落	村域面积5.00平方公里	657户/2429人	汉族	浙江省级传统村落	一
18	商墓村	湖州市南浔区千金镇	宋代、民国	水乡聚落	村域面积5.28平方公里	586户/2110人	汉族	浙江省级传统村落	389
19	义皋村	湖州市吴兴区织里镇	明清	水乡聚落	村域面积2.25平方公里	519户/1784人	汉族	第三批传统村落	047
20	大钱村	湖州市吴兴区高新区	明末清初	水乡聚落	村域面积4.2平方公里	758户/2697人	汉族	浙江普通传统村落	041
21	马鸣村	嘉兴市桐乡市洲泉镇	清代	水乡聚落	村域面积6.08平方公里	955户/3980人	汉族	浙江普通传统村落	074
22	路仲村	嘉兴市海宁市斜桥镇	明代	水乡聚落	村域面积5.10平方公里	1229户/4864人	汉族	浙江省级传统村落	393
23	荃步村	湖州市南浔区练市镇	明代	水乡聚落	村域面积3.13平方公里	508户/1896人	汉族	浙江省级传统村落	一
24	凤凰村	杭州市萧山区衙前镇	清代	水乡聚落	村域面积2.44平方公里	590户/2146人	汉族	浙江省级传统村落	172
25	马厩村	嘉兴市平湖市曹桥街道	清代	水乡聚落	村域面积6.26平方公里	1104户/4105人	汉族	浙江省级传统村落	一
26	东浦村	绍兴市越城区东浦镇	宋代	水乡聚落	村域面积3.84平方公里	853户/2227人	汉族	第五批中国传统村落	一
27	白彪村	湖州市德清县新市镇	清代	水乡聚落	村域面积7.63平方公里	942户/3642人	汉族	浙江省级传统村落	一
28	泉益村	湖州市吴兴区东林镇	宋代	水乡聚落	村域面积1.08平方公里	303户/1003人	汉族	浙江省级传统村落	一
29	射中村	湖州市南浔区菱湖镇	清代	水乡聚落	村域面积5.5平方公里	876户/3276人	汉族	浙江省级传统村落	一
30	汾南村	浙江省嘉兴市嘉善县	清代	水乡聚落	村域面积3.4平方公里	756户/2553人	汉族	浙江省级传统村落	一
31	郭洞村	浙江省金华市武义县熟溪街道	清代	丘陵聚落	村域面积5平方公里	603户/2001人	汉族	中国历史文化名村第一批、第一批中国传统村落	088
32	俞源村	浙江省金华市武义县俞源乡	明清	丘陵聚落	村庄面积0.08平方公里	598户/2000人	汉族	第一批中国历史文化名村、第一批中国传统村落	097
33	嵩溪村	浙江省金华市浦江县白马镇	宋代至明清	丘陵聚落	村域面积6.5平方公里	810户/2835人	汉族	第六批中国历史文化名村、第一批中国传统村落	125
34	斯宅村	浙江省绍兴市诸暨市东白湖镇	清代	丘陵聚落	村域面积10.46平方公里	788户/2758人	汉族	第一批中国传统村落	271

序号	聚落（村落）名称	地点	现存主体聚落形成年代	类型	规模（面积等）	户数/人口	民族	级别（历史文化名村、名镇、第几批传统村落、文保等级）	页码
35	碗窑村	浙江省温州市苍南县桥墩镇	明清	丘陵聚落	村域面积7.4平方公里	200户/718人	汉族	第六批中国历史文化名村、第一批中国传统村落	300
36	蒲壮所城	浙江省温州市苍南县马站镇蒲城乡	明清	丘陵聚落	村域面积11平方公里	1714户/6358人	汉族	全国重点文物保护单位	317
37	福德湾村	浙江省温州市苍南县矾山镇	明清	丘陵聚落	村域面积0.4497平方公里	475户/1523人	汉族	第六批中国历史文化名村、第一批中国传统村落	305
38	岩头村	宁波市奉化市溪口镇	清代	丘陵聚落	村域面积15.2平方公里	709户/2505人	汉族	第一批中国传统村落	089
39	芙蓉村	浙江省温州市永嘉县岩头镇	明清	丘陵聚落	村庄面积0.143平方公里	686户/2537人	汉族	第一批中国传统村落	106
40	岩头村	浙江省温州市永嘉县岩头镇	明清	丘陵聚落	村域面积0.715平方公里	2352户/8235人	汉族	省级历史文化名镇	098
41	苍坡古村	永嘉岩头镇	宋代至明清	丘陵聚落	村庄面积0.143平方公里	431户/1509人	汉族	第二批中国传统村落	091
42	屿北村	浙江省温州市永嘉县岩坦镇	宋代至明清	丘陵聚落	村域面积2.8平方公里	408户/1562	汉族	第五批中国历史文化名村、第一批中国传统村落	118
43	溪口	浙江温州市永嘉县溪口乡	明清	丘陵聚落	村域面积3.5平方公里	652户/2264人	汉族	浙江普通传统村落	100
44	东屏村	浙江省台州市三门县横渡	清代	丘陵聚落	村庄面积0.365平方公里	677户/2416人	汉族	第二批中国传统村落	130
45	岩下村	浙江省台州市三门县横渡	清代	丘陵聚落	村庄面积0.243平方公里	302户/932人	汉族	第五批中国传统村落	098
46	宫头村	丽水龙泉市西街街道	明清	丘陵聚落	村庄面积0.224平方公里	392户/1516人	汉族	第一批中国传统村落	093
47	下樟村	丽水龙泉市西街街道	宋代至明清	丘陵聚落	村庄面积0.148平方公里	142户/505人	汉族	第二批中国传统村落	086
48	金村	丽水龙泉市小梅镇金村	清代	丘陵聚落	村庄面积0.2平方公里	156户/596人	汉族	第一批中国传统村落	096
49	白水村	丽水遂昌县北界镇白水村	明清	丘陵聚落	村庄面积0.47平方公里	282户/1298人	汉族	浙江普通传统村落	093
50	奕山村	丽水遂昌县湖山乡奕山村	明清	丘陵聚落	村域面积2.95平方公里	992户/3532人	汉族	第五批中国传统村落	086
51	横樟村	丽水松阳县大东坝镇横樟村	明清	丘陵聚落	村域面积12平方公里	252户/862人	汉族	第二批中国传统村落	101
52	蔡宅村	丽水松阳县大东坝镇蔡宅村	明清	丘陵聚落	村域面积5平方公里	326户/1142人	汉族	第四批中国传统村落	086
53	七村	丽水松阳县大东坝镇七村	清代	丘陵聚落	村庄面积0.359平方公里	182户/600人	汉族	第五批中国传统村落	100

序号	聚落（村落）名称	地点	现存主体聚落形成年代	类型	规模（面积等）	户数/人口	民族	级别（历史文化名村、名镇、第几批传统村落、文保等级）	页码
54	杨家堂村	丽水松阳县三都乡杨家堂村	清代	丘陵聚落	村庄面积1.2平方公里	69户/250人	汉族	第二批中国传统村落	092
55	酉田村	丽水县三都乡酉田村	清代	丘陵聚落	村庄面积0.227平方公里	59户/284人	汉族	第三批中国传统村落	086
56	三门源村	浙江省衢州市龙游县石佛乡	明清	丘陵聚落	村域面积15.4平方公里	396户/1386人	汉族	第七批全国重点文物保护单位、第一批中国传统村落	086
57	柿林村	浙江省宁波市余姚市大岚镇	明清	丘陵聚落	村庄面积6.05平方公里	200户/713人	汉族	第七批中国历史文化名村	292
58	西坑村	丽水市松阳县四都乡	明代	山地聚落	村庄面积0.10平方公里	104户/314人	汉族	第三批中国传统村落	140
59	塘后村	丽水市松阳县四都乡	明代	山地聚落	村庄面积0.16平方公里	121户/398人	汉族	第三批中国传统村落	160
60	陈家铺村	丽水市松阳县四都乡	明代	山地聚落	村庄面积0.17平方公里	175户/497人	汉族	第三批中国传统村落	141
61	下田村	丽水市松阳县三都乡	明代	山地聚落	村庄面积0.38平方公里	239户/870人	汉族	第四批中国传统村落	156
62	南岱村	丽水市松阳县叶村乡	明代	山地聚落	村庄面积0.15平方公里	106户/360人	汉族	第三批中国传统村落	141
63	平田村	丽水市松阳县四都乡	明代	山地聚落	村庄面积0.21平方公里	102户/321人	汉族	第三批中国传统村落	172
64	庄后村	丽水市松阳县新处乡	明代	山地聚落	村庄面积0.35平方公里	280户/1218人	汉族	第三批中国传统村落	140
65	东弄村	丽水市景宁县鹤溪街道	清代	山地聚落	村庄面积0.22平方公里	91户/344人	畲族、汉族	第四批中国传统村落	—
66	季庄村	丽水市景宁县沙溪区	清代	山地聚落	村庄面积0.34平方公里	203户/765人	畲族、汉族	第五批中国传统村落	262
67	董川村	丽水市景宁县英川镇	清代	山地聚落	村庄面积0.32平方公里	240户/883人	畲族、汉族	第五批中国传统村落	262
68	小佐村	丽水市景宁县大漈乡	清代	山地聚落	村庄面积0.21平方公里	88户/335人	畲族、汉族	第五批中国传统村落	141
69	隆川村	丽水市景宁县英川镇	清代	山地聚落	村庄面积0.353平方公里	210户/1037人	畲族、汉族	第四批中国传统村落	—
70	深垟村	丽水市景宁县东坑镇	清代	山地聚落	村庄面积0.46平方公里	216户/764人	畲族、汉族	第五批中国传统村落	262
71	桃源村	丽水市景宁县东坑镇	清代	山地聚落	村庄面积0.40平方公里	112户/430人	畲族、汉族	第四批中国传统村落	—
72	大柯村	丽水市遂昌县蔡源乡	清代	山地聚落	村庄面积0.39平方公里	169户/527人	汉族	第四批中国传统村落	140
73	独山村	丽水市遂昌县焦滩乡	明代	山地聚落	村庄面积0.14平方公里	118户/421人	汉族	第一批中国传统村落	163

序号	聚落（村落）名称	地点	现存主体聚落形成年代	类型	规模（面积等）	户数/人口	民族	级别（历史文化名村、名镇、第几批传统村落、文保等级）	页码
74	龙井村	丽水市龙泉市龙南乡	清代	山地聚落	村庄面积0.15平方公里	165户/623人	汉族	第五批中国传统村落	157
75	大窑村	丽水市龙泉市小梅镇	明代	山地聚落	村庄面积0.35平方公里	291户/1145人	汉族	第四批中国传统村落	141
76	上畲村	丽水市龙泉市屏南镇	清代	山地聚落	村庄面积0.19平方公里	98户/371人	汉族	第五批中国传统村落	140
77	新叶村	杭州市建德市大慈岩镇	南宋至清代	盆地聚落	村域面积18.5平方公里	1087户/3480人	汉族	第五批历史文化名村、第一批传统村落	213
78	山头下村	金华市金东区傅村镇	明清	盆地聚落	村域面积0.11平方公里	238户/760人	汉族	第五批历史文化名村、第一批传统村落	—
79	寺平村	金华市婺城区汤溪镇	元末至清代	盆地聚落	村域面积3.2平方公里	468户/1650人	汉族	第五批历史文化名村、第一批传统村落	181
80	郑宅镇区	金华市浦江县郑宅镇	宋代至清代	盆地聚落	镇域面积41.09平方公里	2600余户/8000余人	汉族	第一批传统村落	—
81	后吴村	金华市永康市前仓镇	南宋至清代	盆地聚落	村域面积2.45平方公里	800余户/3000余人	汉族	第三批历史文化名村、第一批传统村落	188
82	三门源村	衢州市龙游县石佛乡	南宋至清代	盆地聚落	村域面积0.043平方公里	415户/1386人	汉族	第四批历史文化名村、第一批传统村落	204
83	大陈村	衢州市江山市大陈乡	明清	盆地聚落	村域面积0.98平方公里	404户/1293人	汉族	第六批历史文化名村、第一批传统村落	180
84	高迁村	台州市仙居县白塔镇	元代至清代	盆地聚落	村域面积12平方公里	1047户/3284人	汉族	第一批传统村落	179
85	大漈乡	丽水市景宁畲族自治县	明清	盆地聚落	辖区面积56.9平方公里	924户/3152人	汉族/畲族	第一批传统村落（西一村）、第五批传统村落（小佐村）	220
86	姚村	金华市兰溪市兰江街道	明清	盆地聚落	村域面积1.2平方公里	430余户/1400余人	汉族	第二批传统村落	204
87	渡渎村	金华市兰溪市女埠街道	宋代至清代	盆地聚落	村庄面积0.18平方公里	1100余户/3600余人	汉族	第二批传统村落	185
88	虹霓山村	金华市兰溪市女埠街道	北宋至清代	盆地聚落	村域面积4.2平方公里	800余户/2700余人	汉族	第二批传统村落	187
89	诸葛村	金华市兰溪市诸葛镇	宋代至清代	盆地聚落	村域面积2平方公里	1400余户/5000余人	汉族	第二批传统村落	206
90	长乐村	金华市兰溪市诸葛镇	元代至清代	盆地聚落	村域面积1.8平方公里	750余户/2100余人	汉族	第二批传统村落	179
91	泽随村	衢州市龙游县塔石镇	元代至清代	盆地聚落	村域面积2.1平方公里	956户/3047人	汉族	第七批历史文化名村、第二批传统村落	187
92	霞山村	衢州市开化县马金镇	南宋至民国	盆地聚落	村域面积5.43平方公里	710余户/2300余人	汉族	第二批传统村落	—
93	张思村	台州市天台县平桥镇	明清	盆地聚落	村域面积1.56平方公里	968户/2918人	汉族	第七批历史文化名村、第二批传统村落	179

序号	聚落（村落）名称	地点	现存主体聚落形成年代	类型	规模（面积等）	户数/人口	民族	级别（历史文化名村、名镇、第几批传统村落、文保等级）	页码
94	上街下街村	台州市仙居县磻滩乡	宋代至清代	盆地聚落	村域面积2平方公里	280余户/900余人	汉族	第二批传统村落	—
95	界首村	丽水市松阳县赤寿乡	南宋至清代	盆地聚落	村域面积25.3平方公里	268户/862人	汉族	第二批传统村落	417
96	社峰村	金华市兰溪市永昌街道	南宋至清代	盆地聚落	村域面积1.408平方公里	458户/1318人	汉族	第三批传统村落	179
97	芝堰村	金华市兰溪市黄店镇	南宋至清代	盆地聚落	村域面积7.47平方公里	337户/1459人	汉族	第三批传统村落	179
98	蔡宅村	金华市东阳市虎鹿镇	南宋至清代	盆地聚落	村域面积8.02平方公里	1286户/3804人	汉族	第三批传统村落	185
99	街二村	台州市天台县街头镇	清代	盆地聚落	村域面积5平方公里	800余户/2500余人	汉族	第三批传统村落	179
100	李村	杭州市建德市大慈岩镇	北宋至清代	盆地聚落	村域面积18平方公里	1045户/3249人	汉族	第七批历史文化名村、第三批传统村落	190
101	上吴方村	杭州市建德市大慈岩镇	南宋至清代	盆地聚落	村域面积2.5平方公里	390余户/1239余人	汉族	第七批历史文化名村、第三批传统村落	190
102	里叶村	杭州市建德市大慈岩镇	南宋至清代	盆地聚落	村域面积1.6平方公里	463户/1512人	汉族	第四批传统村落	190
103	永昌村	金华市兰溪市永昌街道	南宋至清代	盆地聚落	村域面积2.31平方公里	717户/2077人	汉族	第四批传统村落	179
104	西姜村	金华市兰溪市水亭畲族乡	元代至清代	盆地聚落	村域面积2.52平方公里	286户/1030人	汉族/畲族	第四批传统村落	185
105	李宅村	金华市东阳市城东街道	元代至清代	盆地聚落	村域面积6平方公里	1100余户/3700余人	汉族	第四批传统村落	—
106	星火村	衢州市龙游县湖镇	明清	盆地聚落	村域面积1.2平方公里	550户/1760人	汉族	第四批传统村落	—
107	芝英镇	金华市永康市	东晋至清代	盆地聚落	村域面积约65平方公里	22000余户/73000余人	汉族	第六批历史文化名镇、第五批传统村落（一村）	263
108	东门渔村	宁波市象山县石浦镇	明清	滨海海岛聚落	村域面积1.53平方公里	1210户/3806人	汉族	第一批传统村落	245
109	东山村	台州市温岭市石塘镇	明清	滨海海岛聚落	村庄面积0.35平方公里	387户/1137人	汉族	第三批传统村落	228
110	里箬村	台州市温岭市石塘镇	明清	滨海海岛聚落	村域面积0.14平方公里	406户/1240人	汉族	第二批传统村落	241
111	前红村	台州市温岭市石塘镇	明清	滨海海岛聚落	村域面积平方公里	300余户/1300余人	汉族	第一批浙江省级传统村落	227
112	东海村	台州市温岭市石塘镇	明清	滨海海岛聚落	村庄面积0.34平方公里	300余户/900余人	汉族	第四批传统村落	238
113	炮台村	台州市温岭市石塘镇	明清	滨海海岛聚落	村域面积平方公里	100余户/400余人	汉族	第五批传统村落	237

序号	聚落（村落）名称	地点	现存主体聚落形成年代	类型	规模（面积等）	户数/人口	民族	级别（历史文化名村、名镇、第几批传统村落、文保等级）	页码
114	石浦渔港古城	宁波市象山县石浦镇	明清	滨海海岛聚落	村域及海域面积27平方公里	530户/1327人	汉族	浙江普通传统村落	230
115	东岙村	浙江省宁波市宁海县一市镇	明清	滨海聚落	村庄面积0.35平方公里	987户/4020人	汉族	第三批中国传统村落	295
116	南浔古镇	浙江省湖州市南浔镇	西晋至明清	村镇聚落	景区面积2.18平方公里	6440户/16873人	汉族	第二批中国历史文化名镇	327
117	鸣鹤古镇	浙江省宁波市慈溪市观海卫镇南部	唐至明清	村镇聚落	古镇面积0.5平方公里	7000多人	汉族	浙江省级历史文化保护区	327
118	西塘古镇	浙江省嘉兴市嘉善县	唐至明清	村镇聚落	古镇核心区面积1.01平方公里	人口近6万	汉族	首批中国历史文化名镇	333
119	乌镇	浙江省嘉兴市桐乡市	唐至明清	村镇聚落	镇域面积71.19平方公里	1.2万人	汉族	首批中国十大历史文化名镇、浙江省历史文化名镇	330
120	东浦古镇	浙江省绍兴市西北郊	南北朝至明清	村镇聚落	镇域面积30.78平方公里	4.2万人	汉族	第三批国家历史文化名镇	333
121	龙门古镇	浙江省杭州市富阳区龙门镇	三国至明清	村镇聚落	古镇面积2平方公里	2758户/7654人	汉族	浙江省旅游风情小镇	337
122	前童古镇	浙江省宁波市宁海县西南	南宋至明清	村镇聚落	古镇面积68平方公里	2.6万人	汉族	中国历史文化名镇、浙江省历史文化名镇	336
123	廿八都古镇	浙江省衢州市仙霞岭	北宋至明清	村镇聚落	镇辖面积66.7平方公里	3728户/12424人	汉族	国家级历史文化名镇、浙江省首批历史文化名镇	341
124	皤滩古镇	浙江省台州市仙居乡皤滩乡	唐宋至民国	村镇聚落	古镇现存面积10.8万平方米	200多户/1000人左右	汉族	国家级历史文化名镇、浙江省省级历史文化保护区	342

参考文献

一、专著

[1] 穆尔（W.G.Moore），刘伉. 地理学词典 [M]. 北京：商务印书馆，1980，9：255.

[2] 朱丽东，张建珍. 简明浙江地理教程 [M]. 武汉：武汉大学出版社，2012：7.

[3] 丁俊清，杨新平. 浙江民居 [M]. 北京：中国建筑工业出版社，2009：12.

[4] 李龙. 耕阜石阜 [M]. 上海：文汇出版社，2019：2.

[5] 中华人民共和国住房和城乡建设部编. 中国传统建筑解析与传承 浙江卷 [M]. 北京：中国建筑工业出版社，2016：9.

[6] 费孝通. 乡土中国 [M]. 北京：生活·读书·新知三联书店，2013：9.

[7] 金亮希，周功清，薛思源. 蒲城乡土建筑 [M]. 北京：团结出版社，2018：2.

[8] 蔡榆. 蒲城拔五更 [M]. 北京：团结出版社，2018：2.

[9] 阮仪三. 江南六镇 [M]. 石家庄：河北教育出版社，2003.

[10] 东浦镇志编纂办公室. 东浦镇志 [M]. 绍兴：浙出书临，1998：97-104.

[11] 赵之枫. 传统村镇聚落空间解析 [M]. 北京：中国建筑工业出版社，2015：191-192.

[12] 胡念望. 芙蓉、苍坡以及楠溪江畔的其它村村落. [M]. 杭州：浙江摄影出版社，2001：120-125.

[13] 陈志华. 楠溪江中游古村落 [M]. 北京：生活·读书·新知三联书店，1999：19-26.

[14] 胡念望. 芙蓉、苍坡以及楠溪江畔的其它村村落 [M]. 杭州：浙江摄影出版社，2001：80-85.

[15] 宋绍杭. 屿北：楠溪耕读村状元归隐地 [M]. 杭州：浙江大学出版社，2010：7-14.

[16] 王沪宁. 当代中国村落家族文化 对中国社会现代化的一项探索 [M]. 上海：上海人民出版社，1991.

[17] 徐铮，袁宣萍. 杭州丝绸史 [M]. 北京：中国社会科学出版社，2011：53-55.

[18] 骆平安，李芳菊，王洪瑞. 商业会馆建筑装饰艺术研究 [M]. 郑州：河南大学出版社，2019：55.

[19] 朱成腾. 碗窑有约 [M]. 北京：中国民族摄影艺术出版社，2019：68.

[20] 潘谷西. 中国建筑史（第七版）[M]. 北京：中国建筑工业出版社，2015：87.

[21] 孙大章. 中国民居研究 [M]. 北京：中国建筑工业出版社，2004：12.

二、连续出版物

[1] 常青. 传统聚落古今观——纪念中国营造学社成立九十周年 [J]. 建筑学报，2019（12）：14-19.

[2] 马新. 远古聚落的分化与城乡二元结构的出现 [J]. 文史哲，2008（3）：94.

[3] 裴安平. 史前聚落的群聚形态研究 [J]. 考古，2007（08）：45-56，2.

[4] 王心喜. 小黄山遗址新石器时代早期遗存的考古学观察 [J]. 绍兴文理学院学报（哲学社会科学），2006（02）：6.

[5] 黄定福. 宁波先秦时期的原始建筑雏形——干栏式建筑分析研究 [J]. 文物建筑，2014（01）：21.

[6] 潘欣信. 河姆渡聚落建筑浅析 [J]. 南方文物，1999（02）：32.

[7] 赵淑红，王昕，仲利强. 交通与节点：浙东传统海洋商贸聚落溯源及其保存现状思考 [J]. 建筑与文化，2016（12）：185-187.

[8] 张焕，王竹，张裕良. 海岛特色资源影响下的人居环境变迁——以舟山群岛为例 [J]. 华中建筑，2011，29（12）：98-102.

[9] 张焕，万吉祥，江升. 家族传承下的海岛农耕聚落演变——以舟山群岛南岙村张氏聚落为例 [J]. 建筑与文化，2016（06）：230-232.

[10] 桑坚信. 浅谈聚落形态考古与浙江史前聚落形态的考察 [J]. 南方文物，1992（03）：104-105.

［11］郑铎. 马家浜文化聚落形态研究［J］. 东南文化，2020（05）：85-87.

［12］业祖润. 传统聚落环境空间结构探析［J］. 建筑学报，2001（12）：21-24.

［13］蔡丽. 浅析宁波传统民居大木作构架特色［J］. 华中建筑，2013，31（05）：150-155.

［14］郭巍，侯晓蕾. 宁绍平原圩田景观解析［J］. 风景园林，2018（09）：21-26.

［15］边怿翾，郝占鹏. 文化视阈下的浙江深澳村传统民居空间特征分析［J］. 四川建筑，2017（02）：60-62.

［16］张聪. 抱水而居得水之灵——浅谈浙北民居村镇聚落的生长性［J］. 小城镇建设，2004（10）：68-71.

［17］郭巍，侯晓蕾. 宁绍平原圩田景观解析［J］. 风景园林，2018（09）：21-26.

［18］谢湜. 14-18世纪浙南的海疆经略、海岛社会与闽粤移民——以乐清湾为中心［J］. 学术研究，2015（01）：99-113.

［19］潘聪林，赵文忠，潜莎娅. 滨海山地渔村聚落特征初探——以舟山为例［J］. 华中建筑，2015（03）：191-194.

［20］张焕，王文洪. 舟山群岛人居环境营建体系探讨［J］. 中外建筑，2018（07）：41-44.

［21］宫凌海. 明清东南沿海卫所信仰空间的形成与演化——以浙东乐清地区为例［J］. 浙江师范大学学报（社会科学版），2016（05）：42-49.

［22］董朝阳，童亿勤，薛东前，马蓓蓓，周艳丽. 海岛旅游文化景观特征及影响因素分析——以舟山桃花岛为例［J］. 陕西师范大学学报（自然科学版），2018，46（05）：98-107.

［23］武弘麟. 浙闽沿海文化环境演变对比研究——以温州、漳州为例［J］. 干旱区资源与环境，1989（03）：139-141.

［24］李王鸣，倪彬. 海岛型乡村人居环境低碳规划要素研究——以浙江省象山县石浦镇东门岛为例［J］. 西部人居环境学刊，2016，31（03）：75-81.

［25］张昕，陈捷. 权力变迁与村落结构的演化——以静升村为例［J］. 建筑师，2006（05）：68.

［26］田玛琛，贾发义. 官方信仰与民间信仰的互动——以明代泽州商汤与二仙信仰为例［J］. 中北大学学报（社会科学版），2017（05）：38-42.

［27］田中娟，季丰来. 浙西南香菇山歌对香菇经济的作用探析［J］. 艺术探索，2007（06）：29-31.

［28］尹福生. 龙泉龙井五显庙的香菇庙会调查［J］. 东方博物，2008（03）：112-118.

［29］陈金凤. 宋代婺源五显信仰的流变及其相关问题［J］. 地方文化研究，2014（06）：84-95.

［30］姜平. 江南水乡金三角：乌镇西塘南浔［J］. 中国国家地理，2002（2）：25.

［31］李伯重. 简论"江南地区"的界定［J］. 中国社会经济史研究，1991（1）：100-105.

［32］阮仪三，陶文静，袁菲. 乡愁情怀中的江南水乡及其当代意义［J］. 中国名城，2015（9）：4-8.

［33］丁农 金瑞丰. 菱湖"桑基鱼塘"系统及其农业文化遗产的保护与利用［J］. 蚕桑通报，2015（1）：5-8.

［34］应军，李涵，陈井. 永康芝英应氏祠堂探析［J］. 东方博物，2010（02）：114-120.

［35］王卡，曹震宇. 芝英古镇祠堂群的空间特征及其场景意义诠释［J］. 建筑与文化，2015（08）：120-122.

［36］赵辰，李昌平，王磊. 乡村需求与建筑师的态度［J］. 建筑学报，2016（08）：46-52.

［37］吴昊天，谭良斌. 传统村落风貌保护目标及发展的研究综述［J］. 建筑与文化，2021（07）：53-55.

［38］杜祥等. 传统村落类型划分及保护发展策略制定的一种新方法［J］. 建筑遗产，2020（02）：42-52.

［39］杨小军，丁继军. 传统村落保护利用的差异化路径［J］. 创意与设计，2020（03）：18-24.

［40］程瑶. 旅游发展环境下传统村落保护与开发研究——以松阳杨家堂村为例［J］. 建筑与文化，2021（05）：159-161.

［41］范书琪，陈晓键. 基于社区营造视角的传统村落保护与发展研究［J］. 小城镇建设，2021，39（06）：50-55.

［42］"文化与建筑——乡村发展的驱动力"浙江松阳乡村振兴论坛综述［J］. 时代建筑，2019（01）：188-191.

［43］罗德胤，孙娜，付敬诺．村落保护和乡村振兴的松阳路径［J］．建筑学报，2021（01）：1-8.

［44］张喆，王凤莹，朱正．传统村落的建筑保护修缮探索——松阳"拯救老屋行动"实践［J］．建筑学报，2021（01）：34-37.

［45］王维仁，冯立．界首空间叙事——点线·针灸·触媒的乡建策略［J］．时代建筑，2019（01）：78-87.

［46］王维仁．不只是地域主义：乡建自述四书十二帖［J］．建筑学报，2018（12）：1-9.

［47］贺勇．源于土地与日常生活的诗意建造［J］．时代建筑，2019（01）：61-68.

［48］叶涧枫．从宗社祠堂到现代祠堂——对浙江松阳王村王景纪念的解析与思考［J］．时代建筑，2019（01）：126-131.

［49］贺勇．再谈基本建筑——建筑师孟凡浩的三个作品解析［J］．时代建筑，2019（04）：84-95.

［50］杨贵庆等．探索传统村落活态再生之道——浙江 岩乌岩头古村实践为例［J］．南方建筑，2018（05）：49-55.

［51］贺勇．鄣吴十年变迁［J］．建筑技艺，20120（12）：64-71.

三、硕士、博士论文

［1］王斌．马家浜文化研究［D］．上海：上海大学，2019：174.

［2］王丹丹．浙江史前建筑技术若干问题研究［D］．杭州：浙江大学，2009：16-17.

［3］林莉．浙江传统村落空间分布及类型特征分析［D］．杭州：浙江大学，2015.

［4］林涛．浙北乡村集聚化及其聚落空间演进模式研究［D］．杭州：浙江大学，2012.

［5］李笑言．浙江传统特色平原村镇空间研究［D］．杭州：浙江大学，2010.

［6］黄黎明．楠溪江传统民居聚落典型中心空间研究［D］．杭州：浙江大学，2006.

［7］肖佳琳．基于空间句法的浙东传统聚落景观空间形态研究［D］．杭州：浙江农林大学，2017.

［8］李政．深澳村理水探究［D］．杭州：中国美术学院，2012.

［9］何倩．宁波集市型历史文化名村空间形态特征与保护策略研究［D］．武汉：华中科技大学，2018.

［10］陆明明．桐庐深澳村传统民居建筑空间形态研究［D］．杭州：浙江理工大学，2017.

［11］张耀．浙江典型地区传统村落风貌研究［D］．杭州：浙江理工大学，2015.

［12］温正灿．明代温州海防体系建设研究［D］．杭州：浙江师范大学，2016.

［13］白书升．舟山海岛文化生态保护研究［D］．杭州：浙江大学，2014.

［14］张焕．舟山群岛人居单元营建理论与方法研究［D］．杭州：浙江大学，2013.

［15］黄铃斌．浙江地区传统乡村聚落公共空间平面形态的量化研究［D］．杭州：浙江大学，2019.

［16］仲金玲．基于社会结构重组的传统村落空间更新策略研究［D］．北京：北京建筑大学，2017.

［17］王瑞军．民间信仰的社会功能及作用机制研究［D］．南京：南京航空航天大学，2012.

［18］程蕾．浙江传统聚落发生发展机制研究［D］．杭州：浙江大学，2012.

［19］刘锐．礼制、宗族、血缘与空间——张谷英聚落景观空间形态的文化人类学解析［D］．天津：天津大学，2014.

［20］林志森．基于社区结构的传统聚落形态研究［D］．天津：天津大学，2009.

［21］潘娜．浙中诸暨斯宅古村传统民居院落文化研究［D］．杭州：浙江农林大学，2015.

［22］吴晓路．浙江诸暨新宅古村落文化遗产研究［D］．桂林：广西师范大学，2011.

［23］程琼．浙江省山地丘陵居住空间形态研究［D］．杭州：浙江大学，2010.

［24］罗俊．浙江丘陵地区村落景观规划设计研究［D］．杭州：浙江农林大学，2010.

［25］王飒．中国传统聚落空间层次结构解析［D］．天津：天津大学，2011.

［26］王挺．浙江传统聚落肌理形态初探［D］．杭州：浙江大学，2011.

［27］张楠．作为社会结构表征的中国传统聚落形态研究［D］．天津：天津大学，2010.

［28］刘旭．风景园林视角下浙江传统海塘景观探究［D］．北京：北京林业大学，2019.

［29］金通．传统乡村聚落空间的传承与再造研究［D］．杭州：浙江大学，2016.

后 记

　　本书即将付梓之际，回望丛书编撰以来，从框架确立、体例审核、过程研讨、到书稿修改的整个过程，深感著作撰写过程中的巨大收获与诸多不易。虽然身在毗邻浙江的上海工作生活，但是对浙江聚落的关注与研究从2002年就开始了，在我的导师浙江大学王竹教授的带领下对浙江乡村人居环境的研究，到后来围绕浙江乡村聚落而展开的教学工作、设计实践与研究活动已经历时17年，对浙江乡村聚落的田野调查也覆盖了从浙北平原水乡、到浙中盆地丘陵、浙南山地到浙东南滨海海岛等较大的地域范围。但是对于传统聚落保存较好、数量巨大的浙江省而言，调研积累工作还远远不够。

　　2018年我非常有幸能够加入"十三五"国家重点图书《中国传统聚落保护研究丛书》的编撰团队，负责浙江聚落的编写工作，并有机会向常青院士、陆琦教授及国内在传统聚落研究领域深耕多年的各位学者与专家请教与交流，对我们团队而言，确实是弥足珍贵的学习与研究经历。通过四年来对浙江传统村镇聚落的系统梳理与对116个传统村镇的实地调研，也让我有机会对浙江传统聚落获得了更为全景的认知，对浙江传统聚落形成的自然、社会经济与文化动因有了更清晰的把握，力图探究浙江聚落形态的生成机制与规律。

　　浙江聚落的发生，产生于聚居之需，受制于自然限定，着意于规划建造，创造出千姿百态的浙江聚落，聚落形态的演化过程呈现出一种自组织的生长规律。首先，浙江传统聚落是顺应多样化的自然地理环境限定，寻取宜农宜居的微环境营建。其次，浙江聚落是协调自然与人工环境的物质载体，无论是聚水、沿路、聚族、立业与防卫，聚落格局均呈现出因势利导、随物赋形的布局。第三，社会结构制约、宗族迁移、产业吸引与交通驱动是聚落结构与形态变迁的内在动力，自然地貌与人工环境是聚落结构的限定与外在动力。最后，在不同自然地理与社会结构限定下的传统聚落，聚落形态始终表达出集聚向心而有秩序的生长，伴随着以公共性空间为核心的聚落建筑原型的同化与异化过程。本书从多样化的自然地理环境入手，对异彩纷呈的浙江村镇聚落形态与建筑特征的归纳与解析，从自然地理、社会学与生态学视角下探究浙江聚落生成生长的自组织规律，力求为乡村人居环境建设、传统聚落保护与传承研究的同行提供浙江聚落研究的第一手资料与有益启发。

　　整个聚落研究与丛书编撰过程历时4年有余，又经历了新型冠状病毒疫情，一度暂停田野调研工作，但是我和研究团队的每一位伙伴利用课程、周末与假期空余，在严寒冬日与盛夏酷暑中挥汗如雨的调查场景都历历在目。虽然调研工作颇辛苦，但是大家都深感收获颇丰，受益良多，本书每一章节都倾注了研究团队的对浙江传统聚落的详实记录与深入思考。衷心感谢对本书编写与出版作出贡献与提供帮助的前辈、老师、同学与朋友！

本书由魏秦主要完成著作的编撰、统稿与修改工作，编写组成员合力分工完成。

第一章由魏秦、田常赛撰写。

第二章、第三章第一节、第四章第一节、第六章与第七章由魏秦独立撰写。

第三章由魏秦统稿，张卓源、林雪晴同学负责平原水乡与海滨海岛聚落；在王晶同学的带领下，施铭、田常赛与康艺兰几位同学协力负责丘陵聚落的撰写；纪文渊同学负责山地聚落的撰写；张健浩同学负责盆地聚落的撰写。

第四章由魏秦统稿，张卓源同学负责地缘与神缘型聚落的撰写、王晶同学负责业缘型聚落的撰写、纪文渊与张健浩同学共同负责血缘型聚落的撰写。

第五章由魏秦统稿，由林雪晴同学负责水乡古镇的撰写、常琛同学负责家族迁居与交通商贸古镇的撰写。

第八章由魏秦、周天夫与田常赛共同撰写。

书中大量图表绘制由康艺兰同学完成。

本书的聚落视频制作由张卓源、王晶、张健浩与田常赛四位同学完成。

本书记录的所有聚落均为团队成员历经3年的实地调查成果，与我共同参与聚落调研的硕士研究生同学有：纪文渊、施铭、张健浩、张卓源、王晶、林雪晴、康艺兰、田常赛、石帅波、韩一鸣，感谢他们为本书第一手资料的收集做出了巨大贡献。

在整个著作编撰过程中，也得到了很多老师与同学的鼎力支持，上大建筑设计院规划分院的姚正厅副院长为聚落调研的顺利开展，对接村镇管理部门提供了巨大帮助；我的同事张维老师参与了前期研究的讨论与汇报工作；我的同事周天夫老师、研究生常琛参与了部分章节内容的撰写工作；刘瑾、吴欣桐同学参与了部分图表绘制工作。感谢浙江大学贺勇教授与钱振澜老师为本书提供了部分图片资料。

本书编撰中也得到不少前辈与老师的指导与点拨：感谢同济大学常青院士、重庆建筑大学李先逵大师的点拨！感谢华南理工大学陆琦教授和我的恩师浙江大学王竹教授给予了本书细致周到的指导与无私的帮助！

还要感谢众多浙江村镇地方政府管理部门与工作人员为我们的调研工作提供了诸多引导与便利，保证了大量调研任务的顺利完成。

特别感谢中国建筑工业出版社的李东禧主任、唐旭主任长期以来对我的引导与帮助，为丛书的编撰与出版倾注了大量心血。尤其感谢本书的负责编辑张华老师在书稿校对、排版诸多方面耐心而细致的工作，精益求精的态度，在此衷心感谢！

由于浙江聚落数量之大、范围之广，限于编写团队的学术积累与能力所限，本书还远未做到覆盖全面，书中难免会有错漏之处，敬请诸位前辈、同行与读者包涵与指正。

图书在版编目（CIP）数据

中国传统聚落保护研究丛书. 浙江聚落 / 魏秦著
. —北京：中国建筑工业出版社，2021.12
ISBN 978-7-112-26993-8

Ⅰ.①中… Ⅱ.①魏… Ⅲ.①乡村地理—聚落地理—
研究—浙江 Ⅳ.①K928.5

中国版本图书馆CIP数据核字（2021）第266942号

　　浙江聚落通过对浙江地区的不同自然地理条件下的传统聚落形态与民居建筑特色
进行深入分析，归纳与总结在不同地理地貌和社会结构条件下的传统聚落选址、空间
格局、公共建筑与民居建筑特征、聚落景观特征，并总结聚落营建的技术体系，以期
能够对浙江传统聚落的传承与发展、保护与活化的实践工作，提供可借鉴和参照学习
的依据。全书不仅重视理论的归纳与总结，更注重对聚落案例的深度解读与剖析，为
专业人员提供实地测绘、图形解析、案例影像等详尽的资料。本书可供建筑、城乡规
划、风景园林、人文地理、文物保护等相关专业的读者及文化旅游爱好者参与阅读。

责任编辑：吴　绫　胡永旭　唐　旭　张　华　贺　伟
文字编辑：李东禧　孙　硕
书籍设计：付金红　李永晶
责任校对：王　烨

扫一扫
观看本卷聚落视频资源

中国传统聚落保护研究丛书

浙江聚落

魏秦　著

*

中国建筑工业出版社出版、发行（北京海淀三里河路9号）
各地新华书店、建筑书店经销
北京锋尚制版有限公司制版
天津图文方嘉印刷有限公司印刷

*

开本：889毫米×1194毫米　1/16　印张：29½　插页：9　字数：770千字
2022年12月第一版　　2022年12月第一次印刷
定价：**308.00**元（含视频资源）
ISBN 978-7-112-26993-8
　　　（36769）